ARAGUAIA

Carlos Amorim

ARAGUAIA

HISTÓRIAS DE AMOR E DE GUERRA

1ª edição

EDITORA RECORD
RIO DE JANEIRO • SÃO PAULO
2014

CIP-BRASIL. CATALOGAÇÃO NA PUBLICAÇÃO
SINDICATO NACIONAL DOS EDITORES DE LIVROS, RJ

A543a
Amorim, Carlos
Araguaia / Carlos Amorim. –1. ed. – Rio de Janeiro: Record, 2014. il.

ISBN 9788501090287

1. Partido Comunista do Brasil (1961-). 2. Guerrilhas – Araguaia, Rio, Região – História. 3. Comunismo – Brasil. 4. Brasil – Política e governo – 1969-1974. 5. Ditadura militar – Brasil. I. Título.

14-14946

CDD: 322.420981
CDU: 32(81)

Copyright © Carlos Amorim, 2014

Capa: Estúdio Insólito

Todos os esforços foram feitos para localizar os fotógrafos das imagens reproduzidas neste livro. A editora compromete-se a dar os devidos créditos em uma próxima edição, caso os autores as reconheçam e possam provar sua autoria.

Todos os direitos reservados. Proibida a reprodução, armazenamento ou transmissão de partes deste livro através de quaisquer meios, sem prévia autorização por escrito. Proibida a venda desta edição em Portugal e resto da Europa.

Este livro foi revisado segundo o novo Acordo Ortográfico da Língua Portuguesa.

Direitos exclusivos desta edição reservados pela
EDITORA RECORD LTDA.
Rua Argentina 171 – 20921-380 – Rio de Janeiro, RJ – Tel.: 2585-2000

Impresso no Brasil

ISBN 978-85-01-090287

Seja um leitor preferencial Record.
Cadastre-se e receba informações sobre nossos
lançamentos e nossas promoções.

EDITORA AFILIADA

Atendimento direto ao leitor:
mdireto@record.com.br ou (21) 2585-2002.

Este livro é dedicado
aos médicos David Salomão Levi,
Amâncio Ramalho Júnior
e Susana dos Reis Braga,
que me socorreram com zelo
e eficiência.

Com tantas pessoas perdidas,
chorar pelas coisas seria
desrespeitar a dor.

EDUARDO GALEANO

Sumário

Xambioá, Canudos (apresentação de Palmério Dória)   11

1ª PARTE
A inocência

Capítulo 1	17
Capítulo 2	103
Capítulo 3	123
Capítulo 4	141
Capítulo 5	181
Capítulo 6	203
Capítulo 7	223

2ª PARTE
A luta

1 O guerrilheiro e o menino bandido	237
2 O soldado pagodeiro	293
3 O comandante Grabois	301
4 Um repórter na floresta	321
5 Liniane procura o passado	327
6 Rioco ficou sozinha	331
7 O holocausto de Suely	337
8 Zezinho e os fantasmas	341

9 Um general nordestino destruiu a guerrilha 357

10 O fim não é agora 361

3ª PARTE
Documentos

1 O Relatório Arroyo 365

2 O Comunicado nº 1 395

3 A carta de Pedro Pomar ao Comitê Central do PCdoB 399

4 O Programa dos 27 Pontos 405

5 Manifesto dos sequestradores do embaixador 415

6 Uma autocrítica do PCdoB? 419

7 PCB: O Manifesto de Agosto de 1950 439

A lista dos guerrilheiros 457

Índice onomástico 485

Xambioá, Canudos

Palmério Dória*

Araguaia — histórias de amor e de guerra, de Carlos Amorim, consolida a ideia de que a Guerrilha do Araguaia foi a moderna Canudos. O espírito de Antônio Conselheiro, ao se insurgir contra a República, pode ser vislumbrado em cerca de cem brasileiros que se lançaram contra a ditadura. Eles tinham a mesma fé cega e a mesma faca amolada dos insurgentes do sertão baiano. O Estado brasileiro, um século depois, agiu da mesma forma: violentamente, cruelmente, criminosamente.

Xambioá é Canudos da floresta. A memória nacional insiste em conhecer mais e mais aquela matança. Sem o talento de Euclides da Cunha (ah, quem nos dera!), mas o mesmo faro jornalístico, nos multiplicamos na tarefa de não permitir que o tempo engula aqueles acontecimentos, já que a mata engoliu os cadáveres.

Quanto mais as Forças Armadas insistem em queimar arquivos, esconder fatos e negar evidências, depois de ter enveredado na seara maldita da tortura, mais a história repete sua estranha e divina tradição de jogar a luz do Sol sobre o que as trevas engolem.

Desta vez a tarefa coube ao repórter Carlos Amorim. Ele faz parte do plantel de jornalistas que se divertia dando o drible da vaca na censura

---

*Palmério Dória é jornalista e escritor, autor de *A guerrilha do Araguaia* e de *O príncipe da privataria*, entre outros durante a ditadura. E hoje, para não perder a forma, desnorteia de novo os militares com a clássica jogada.

Costumava aplicá-la desde moleque na escola de malandragem e medo da zona sul carioca. Ao tornar-se um jovem militante político, teve que usá-la sistematicamente contra adversários que iam tomando conta do seu Rio de Janeiro a partir do Golpe de 1964, movimento deflagrado em Juiz de Fora por uma "vaca fardada", como se autodenominava o general Olímpio Mourão Filho.

Dedurado como subversivo (não tinha idade suficiente para ser enquadrado pela Redentora como corrupto por algum cocoroca nos chamados IPMs, Inquérito Policial Militar), teve que fugir para Salvador. Tinha todas as credenciais para ser apagado na flor da idade como tantos jovens daqueles tempos, mas virou jornalista e não parou mais.

Com seu 1,90 metro de raio que o parta, que pegada o Amorim tem! Brilhou nas principais redações do país como repórter, editor, diretor, escreveu livros premiados. E agora, com este *Araguaia — histórias de amor e de guerra*, aplica outra finta desconcertante, deixa estatelados os netinhos da ditadura.

Sabe-se que as Forças Armadas destacaram um batalhão de incendiários para apagar os rastros de seus desvios. Mas Amorim se antecipa e reconstitui as pistas daqueles crimes. Após tantas obras sobre a Guerrilha do Araguaia, ele tem uma vantagem inestimável: a última palavra. Abebera-se de tudo o que foi publicado. Tendo uma cultura enciclopédica, põe o leitor dentro dos fatos narrados e ainda os conecta com os acontecimentos nacionais e mundiais.

Sendo Amorim atleta, naturalista, poucas vezes vi um relato tão preciso sobre a floresta amazônica. Põe o leitor dentro dos fatos narrados num ritmo cinematográfico: a tragicomédia de erros das campanhas do Exército com milhares e milhares de recrutas e seus comandantes perdidos na mata até que se organizaram para o massacre final dos guerrilheiros no Natal de 1973.

E mais: leva o leitor a depreender que na campanha (secreta) do Araguaia, a contabilidade de bilhões de cruzeiros também foi secreta.

Campeou o superfaturamento de tropas, equipamentos, armas, transporte em pleno Pra Frente Brasil. A ditadura, além de derramar o sangue da população civil, também sangrou o erário. Militares de um nível de Sebastião Rodrigues de Moura, o "major Curió", da noite para o dia viraram potentados. Não eram só os donos da vida das pessoas, mas também gestores de bilhões de cruzeiros.

Amorim introduz novos e fascinantes personagens, mas também dá outra dimensão a figuras conhecidas, como o mítico Osvaldo Orlando da Costa, símbolo da guerrilha, e "Zezinho do Araguaia", um pingo de gente, ser encantado da floresta.

Enfim, nada detém um repórter como Carlos Amorim, que acima de tudo lança aqui um olhar inédito do amor entre os guerrilheiros.

1ª Parte

A inocência

"Com sol e chuva
você sonhava que ia ser melhor depois
você queria ser o grande herói das estradas
tudo que você queria ser
[...] só pensa agora em voltar
não fala mais na bota e no anel de Zapata."

MÁRCIO BORGES E LÔ BORGES,
"Tudo que você podia ser",
Clube da Esquina, v. 1

1

Quatro horas da tarde. É quase noite na mata. O sol não consegue **atravessar** completamente a sombra das gigantescas seringueiras e castanheiras, cujas copas se sacodem ao vento 40 metros acima do solo úmido da floresta. Palmeiras enormes, carregadas de frutos, estão por **toda parte**. A mão de Deus salpicou o mogno e o jacarandá sobre o fim do mundo. Valem sangue e dinheiro. A luz do dia deixa rastros entre o verde, como estranhas holografias. O emaranhado de galhos, cipós e parasitas projeta desenhos ondulantes na terra coberta de folhas mortas e vegetação rasteira intrincada, que se enrola nos pés.

Tudo se move num balé de claro-escuro ao ritmo do vento noroeste, a brisa quente que percorre a Amazônia. Quem não conhece a floresta há de pensar que uma multidão se mexe de um lado para o outro, sem sair do lugar. Uma dança quase imóvel. E o roçar dos galhos produz a voz rouca desses espectros. A mata é viva e assustadora.

O barulho rasgado dos macacos negros, os bugios de quase um metro e meio de altura, que percorrem a cabeleira das árvores, parece um riso de zombaria. O assobio triste e cansado dos mutuns de bico alaranjado, chamando as fêmeas, é a nota dissonante nessa sinfonia gutural. Um tom acima dos ruídos insistentes da mataria virgem. E tem o voo largo dos tucanos e das araras coloridas. Bichos barulhentos. Outra nota é o grito rouco e de mau agouro do gavião-rei, que pode estar a 300 metros de altura, olhos vivos, procurando uma presa ou uma carniça. E a mata está povoada de seres espectrais — os curupiras de pés voltados para trás; os sacis que se escondem nos redemoinhos de poeira; as iaras da água dos igarapés; o boto dos grandes rios que vira gente na lua nova; índios ancestrais com sua dança dos mortos-vivos, que se comunicam com os viventes por meio de assobios estridentes. Há música no sussurro dos fantasmas. Só quem viu pode acreditar.

Quem não sabe desses seres deveria saber. Porque a floresta não recebe bem os forasteiros. Ali tudo é mistério — e a morte espreita em cada sombra. É a gata faminta das madrugadas, a onça-pintada e a diauarum, a pantera-negra de 300 quilos, o maior felino das Américas. Dentes enormes e amarelados. Ou é o porco queixada de presas longas, capaz de quebrar uma perna com facilidade — ou é o índio bravo com arma de fogo, ardiloso caçador. Ou as serpentes venenosas, as aranhas peludas que pulam meio metro de altura, as sucuris de abraço inarredável, 8 metros de comprimento. O saci, capuz vermelho e cachimbo, diverte-se com a fraqueza dos mortais. Enlouquece as pessoas perdidas nessa floresta — sopra a fumaça de ervas mágicas na cara do infeliz e o põe para sonhar um sonho sem volta. Aqui as lendas estão vivas.

Cobras avermelhadas e pequenas, ou enormes, camufladas de verde, amarelo e marrom, as cores da Amazônia, ficam dependuradas como cipós. É encostar e sofrer. Formigas vermelhas de costado preto, cegas (chamadas correição ou tauoca), deslocam-se em fileiras de dezenas de milhares. Devoram insetos e carnes em minutos. Viventes ou carcaças, tanto faz. De gente ou de bichos. Cada passo nessas brenhas contém uma armadilha. Você pisa na água e é atacado por um jacaré — e olha que eles podem ter até 3 metros de comprimento, com uns 60 centímetros de boca aberta. Nas lagoas rasas, de meio metro de profundidade, há arraias de ferrão venenoso, as arraias-de-fogo, cuja picada traz a febre e dissolve a carne no local ferido, produzindo deformações para toda a vida. Não é raro encontrar índios com essas cicatrizes.

E são os indígenas que ensinam: nunca pise em nada que for amarelo ou vermelho — pode não haver chão por baixo. Onde o solo é firme, a terra é verde e marrom, coberta com a decomposição das folhas. E, quando for correr, corra a favor do vento. Os espíritos do vento empurram você para a frente. Assim dá para percorrer quilômetros sem se cansar.

Há tanto peixe nos rios que você pode lançar um anzol sem isca e trazer o bicho brigador de meio metro. Tem gente que pesca (ou caça) os grandes tucunarés com tiro de cartucho. Sem falar nas piranhas, que mordem qualquer coisa. É preciso saber viver num ambiente como esse, selvagem e impiedoso. Espinhos arrancam as suas roupas. O capim nativo, chamado arranha-gato, acaba com a pele. Deixa lanhos vermelhos. Se coçar, inflama.

E a gritaria dos pássaros é tão desconcertante que você perde o rumo, anda em círculos e logo não sabe mais onde está. Não há muitos pontos de referência, porque a mata encobre quase tudo. O homem da mata orienta-se observando a lua e as estrelas — as poucas estrelas que você vê entre as árvores. E você precisa saber que o sol nasce no leste e se põe no oeste. De frente para o nascente, seu braço esquerdo aponta para o norte — e o direito, para o sul. E não se esqueça do vento: na maior parte do ano, sopra do norte para o leste. Ou para o sul, na estação das chuvas. Pelo vento, explicam os mateiros, você consegue saber se há grandes obstáculos pela frente, elevações do terreno. E nunca ande em terras alagadas, porque os perigos são muitos. Para não se perder, na falta de uma boa bússola, suba com o rio à sua esquerda. E desça com o murmúrio das águas à sua direita. Não se perca. Por favor, não se perca. Sair do labirinto de folhagem é muito difícil. As grandes árvores estão distantes uns 3 metros umas das outras, mas, no meio, o matagal intrincado complica tudo. Feche os olhos agora: imagine o jardim primitivo dos primeiros tempos do homem sobre a Terra.

Não fosse a vegetação rasteira, você andaria normalmente, porque há caminhos entre as grandes árvores. Mas vencer o mato ralo é uma tarefa por demais exigente. Se quiser seguir no muque, facão na mão, fica esgotado em pouco tempo, encharcado de suor. Os mateiros conhecem as passagens naturais, por meio das quais podem se deslocar sem maiores sofrimentos. Mas essa gente é rara. Além do mais, a floresta bruta arrasta qualquer um para uma solidão sem nome. Os barulhos do próprio corpo — respiração, coração, o roncar do estômago — parecem vir de fora. Tudo mostra que você está irremediavelmente sozinho. E o medo toma conta do infeliz. Nunca faça isso sem companhia: a voz humana é um socorro necessário na aflição verde da floresta.

Caminhe erguendo os pés, para não tropeçar em tudo o que o Divino pôs no caminho. Tire os olhos do chão, observe adiante. Senão não vai ver o bicho olhando para você. Os índios ensinam que você nunca deve dormir na praia branca dos rios: ali, durante a madrugada, todo ser selvagem aparece. Dormir mesmo, só no meio do mato, encostado numa boa árvore, protegido pela densa folhagem. Ou — o melhor — numa rede de liames da própria floresta, pendurada entre dois troncos, metro e meio acima do chão. As redes que os índios fabricam, de palha, cuidadosamente trançadas e pintadas com urucum, são leves e resistentes. Você pode facilmente carregar uma delas atravessada no peito.

Por volta das 3 horas da manhã é o horário mais crítico na mata. Você pode ouvir o urro dos felinos famintos, sempre seguido de alguns minutos de um silêncio assustador. O mundo para, congelado. Nem tatu. Nem os pequenos roedores. Nem os pássaros da madrugada se mexem. Até as formigas vermelhas ficam quietas. Quando a pantera diauarum berra, até índio range os dentes de puro terror. Você não vale nada diante de uma fúria como essa. Só quem viveu é que sabe. Por isso é que o povo da mata dorme abraçado com uma boa carabina carregada. E ainda traz, na cintura, um revólver cheio de balas. Mesmo assim, você não é nada diante do mundo livre e selvagem da floresta.

CORTA
Vamos abrir a lente sobre o palco da batalha.

Nesse sertão selvagem, começou uma luta sem fim, cuja essência estava em dominar a natureza, dobrar os poderes da terra e dos espíritos, tomar posse do Éden pintado de verde-escuro. Nessa Amazônia, ouro, diamantes e ametistas afloravam sem querer na praia dos rios. Os índios não davam valor às pedras. Nem conheciam o garimpo e a fundição. Os adornos rituais eram feitos sobre o próprio corpo nu a partir de corantes vegetais, penas coloridas de pássaros e liames da floresta. Os brancos ou quase brancos, que vinham para a conquista, tinham sede de valores materiais. E os jovens rebeldes, que pretenderam mudar o mundo lá do fundo da mata, não sabiam muito bem o que estavam fazendo.

Essas histórias de amor e de guerra no Araguaia não poderiam começar de outra maneira. O ambiente bruto, antes de qualquer outra coisa, produziu os resultados que são o objeto deste livro. Luta armada na selva, uma juventude disposta a trocar a vida pelo ideal revolucionário, lavradores pobres e ignorantes, catadores e garimpeiros, fazendeiros ambiciosos, uma ditadura militar sem medidas. E tudo virou silêncio. Porque quase ninguém se lembra dos nomes, rostos e datas dessa tragédia.

Aquele lugar espetacular, no entanto, foi o paraíso do homem primitivo no Brasil, antes dos colonizadores, das motosserras, das queimadas, do pasto a perder de vista e das estradas que arreganharam as matas. Ali viveu o índio, forte e feliz. Senhor da floresta e dos rios. Mais de vinte nações indígenas. Quando aqui chegaram os invasores portugueses, delicadamente chamados "descobridores", havia 4 milhões de índios no Brasil, uma terra ainda sem nome. Ou 6 milhões de índios, segundo o antropólogo Darcy Ribeiro, mutuários da Terra Brasilis.

Eram filhos dos netos de Mavutsinim, o índio mágico, primeiro habitante do mundo. Um dia, cansado de viver sozinho, no escuro e no silêncio, o velho Mavutsinim pegou uma concha na lagoa de Ipavu, no Alto Xingu, e a transformou em mulher. Casou com ela e teve dois filhos homens: o Sol e a Lua. Na gênesis do índio brasileiro, o Sol virou o povo agricultor — e a Lua virou o caçador, o índio nômade, guardião das matas. A história, nunca escrita, transmitida verbalmente para os jovens indígenas brasileiros, conta algo muito parecido com o mito judaico-cristão de Adão e Eva e dos seus dois filhos homens, Abel e Caim. Se você já sobrevoou a lagoa de Ipavu, ao norte de Mato Grosso, bem perto do Araguaia, sabe que ela tem a forma de um feto humano. Já estive lá. Sobrevoei Ipavu num avião da Força Aérea Brasileira (FAB). Tomei banhos naquelas águas cálidas e limpas — o berço dos brasileiros.

Hoje são menos de 500 mil índios vivendo em reservas e no meio rural, conforme o Censo 2010, do IBGE. Mesmo assim, muitas etnias estiveram perto da extinção, recuperando-se, do ponto de vista demográfico, a partir dos anos 1970. Com a presença dos brancos ou quase brancos, que representavam a vanguarda da civilização, o pior dos predadores, o Armagedom dos índios atendeu pelos nomes de gripe, tuberculose, sífilis. Três milhões e meio de índios desapareceram com a colonização das terras ao norte do país.

O Brasil moderno chegou aos territórios indígenas armado, desdentado, analfabeto e com sede de ouro, gado, fazendas sem tamanho. A mata foi arrancada com as mãos, derrubada com facões, enxadas e grandes incêndios. Depois, com tratores e caminhões. Foram criados, já no século XX, novas senzalas e novos escravos. Bem mais tarde vieram as grandes empresas, os bancos e o dinheiro estrangeiro. O trabalho na terra foi mecanizado. Surgiu o agrobusiness, a mecanização da lavoura. Terras e mais terras plantadas com soja substituíram a mataria e o cerrado. E mesmo assim o tratamento desumano dos trabalhadores continuou. Ainda hoje, o Ministério do Trabalho informa que há dezenas de milhares de empregados rurais em condição análoga à escravidão neste país de riquezas e maravilhas.

No início da colonização do Araguaia — e da Amazônia em geral —, as matas eram tão grandes e inexploradas que muita gente se instalou por conta própria, sem patrões e sem coronéis. Boa parte veio do Norte e do Nordeste. Plantaram filhos e cercas de arame farpado, puseram um gadinho e umas lavouras. Tocaram fogo no cerrado e na mata fresca, derrubaram tudo, inclusive os pássaros, os animais e os índios. Começou um conflito de interesses que já dura mais de um século, agravado a partir dos anos 1960-70, particularmente com a chegada dos militares ao poder, porque eles acalentavam o sonho de construir novos Eldorados no Brasil profundo.

Um dos generais-presidentes do ciclo militar de 1964 chegou a declarar que a região amazônica seria tomada "pelas patas do gado", frase profética num tempo em que ainda não havia preocupações ecológicas e o país não era o maior produtor mundial de grãos e um dos maiores exportadores de carne.

No início, foi uma disputa dura por sobrevivência e riqueza. A questão essencial era a posse da terra e de seus frutos. Terras de ninguém, porque o índio não era ninguém. Simples assim.

Compreenda: não foram militantes de esquerda que deram início à luta armada na região do Bico do Papagaio, cujo nome vem da confluência dos rios Araguaia e Tocantins sobre o mapa do Brasil, desenho que forma o bico de uma ave. Foram jagunços e pistoleiros a soldo de patrões de outras terras, outras partes do Brasil, cobiçando a natureza selvagem do Araguaia e do restante da Amazônia. Milhões de quilômetros quadrados de vida bruta, onde só existiam uns índios e uns caboclos que atendiam pela denominação de "posseiros", "marisqueiros", caçadores e garimpeiros. E o povinho pobre daquelas bandas nem se pode chamar de cidadão. Não tinham certidão de nascimento, quanto mais título de propriedade. Mas esse pessoal reagiu com espingardas de caça e emboscadas, foices e facões, fugindo para o mato e voltando a seguir.

A resistência contra a invasão do progresso (ou do desenvolvimento, se você preferir) foi nos termos do cangaço. O sujeito se juntava a uns vizinhos, com cartuchos e facões. Em geral, morriam na mira de pistoleiros. Ainda não havia associações de classe, muito menos sindicatos rurais. No início da "colonização", que remonta ao final do século XIX, Chico Mendes não tinha nascido. Marina Silva ainda era projeto de anjo.

O conflito agropastoril, opondo fazendeiros, políticos e investidores aos pobres em geral, está na base do evento histórico que ficou conhecido como a "Guerrilha do Araguaia". Um episódio nebuloso na história contemporânea do Brasil, onde quase tudo é mistério. Mas o conflito agrário, ao longo de décadas, foi a raiz social e a razão da luta armada iniciada em 1966. Naqueles rincões já existia — repito — um pessoal de armas na mão, tentando proteger seus direitos e suas posses. E foi exatamente esse o motivo da escolha daquela quadra quase desabitada como "área estratégica" da luta revolucionária. Uma decisão tomada por opositores do regime militar a milhares de quilômetros do palco exuberante de matas e rios. A zona guerrilheira tinha 7.200 km² de florestas e grandes rios. Mas em todo esse território viviam menos de 20 mil pessoas.

O Partido Comunista do Brasil (PCdoB), uma das mais antigas agremiações políticas do país, agora completando noventa anos de fundação, entendeu que o Araguaia reunia "as condições objetivas" para a deflagração do movimento guerrilheiro. Aquele caldeirão de conflitos e contradições poderia sustentar um movimento armado que tivesse, inclusive, adesão popular. Porque o habitante local saberia reconhecer as razões da luta e a ela se somaria de maneira óbvia. Não foi o que aconteceu. A guerrilha pretendia organizar todos os embates isolados em um único e grande movimento. Ledo engano. Essa matemática política de dois mais dois, maniqueísta, não funcionou.

A guerrilha teve adesão popular? Teve. Os militares registraram: além dos efetivos do próprio PCdoB — 73 combatentes —, cerca de duzentas pessoas da região apoiaram a luta armada. Mas boa parte das mortes dos guerrilheiros ocorreu por conta de moradores locais e índios, que serviram de guias e informantes do Exército em troca de dinheiro — ou para escapar de ameaças e torturas. As forças de segurança da ditadura prenderam mais de mil pessoas nas vilas e lugarejos do Araguaia, especialmente na área das vilas de Marabá, Xambioá e Bacabá. Prendiam e soltavam, numa campanha de intimidação nunca vista. Muitos foram torturados e mortos.

Os dois métodos de cooptação — corrupção e violência — foram empregados a granel. O peso da repressão quebrou os laços de simpatia que os militantes comunistas haviam conquistado entre as comunidades locais ao longo de cinco ou seis anos de convivência, antes que o movimento fosse descoberto. Existe, na cidade de Marabá, até uma "Associação dos Torturados da Guerrilha do Araguaia", entidade civil que luta pela preservação da memória dos tempos da guerrilha e que patrocinou ações judiciais para obter reparação para as vítimas. Nos anos recentes, o governo concedeu anistia política e benefícios a 48 lavradores locais, reconhecendo que foram vítimas de perseguições e violência. As listas oficiais de mortos e desaparecidos do Araguaia registram mais de uma dezena de moradores. Os militares disseram que eles eram "elementos de apoio" da guerrilha.

Para se ter uma ideia do clima de terror instalado na região, em um único dia — 7 de outubro de 1973, quando começou a terceira expedição militar —, 161 moradores foram detidos pela Brigada Paraquedista do Exército, vinda do Rio de Janeiro, e pelo Batalhão de Infantaria de Selva, de Belém, reforçados por agentes da Comunidade de Informações. Foram cavadas valas no chão, com tratores, e os presos foram colocados ali dentro, cobertos por grades e arame farpado. Sob o sol inclemente da zona equatorial — ou sob a chuva impiedosa da Amazônia. Com armas apontadas dia e noite. Esses 161 infelizes estavam numa lista de 203 suspeitos de ajudar os comunistas. Essa lista dá a ideia do apoio que a guerrilha obteve. Alguns desses moradores viraram, eles mesmos, guerrilheiros. Morreram todos os que pegaram em armas.

O levantamento de quem deveria ser preso foi feito por 35 agentes secretos que o Exército infiltrou na região meses antes. Por incrível que pareça, a primeira e a segunda expedições militares foram um retumbante fracasso. Os generais comandantes chegaram à conclusão de que não sabiam nada sobre o que estava acontecendo no Bico do Papagaio. Não entendiam a natureza do movimento, diferente de toda a forma de oposição que já haviam enfrentado nas cidades. Infiltraram os espiões, cuidadosamente treinados, durante quatro meses, nas pequenas cidades-satélites de Brasília, como lavradores ou birosqueiros. Eram todos voluntários, correram risco de vida, aproximaram-se dos guerrilheiros. O Exército considera que foi a maior e mais importante operação de inteligência de todos os tempos em terras brasileiras, denominada "Operação Sucuri". Não havia novatos entre eles: eram sargentos, tenentes, capitães. Esses sujeitos — anônimos até hoje, na maioria — respondem pela destruição final da guerrilha, uma campanha de extermínio. A ordem era não fazer prisioneiros.

A luta armada no Araguaia foi diferente. O registro histórico mais importante da guerrilha rural no país tinha sido a Guerra de Canudos. Mas o Araguaia apontava para situações novas. Em primeiro lugar, Canudos era comandada por um líder religioso místico. Antônio Conselheiro (Antônio Vicente Mendes Maciel, nascido em Quixeramobim, no Ceará, em 13 de março de 1830), também chamado de "o Peregrino", não pretendia a reforma do sistema político e econômico vigente. Seu projeto, como o de Jesus e outros profetas bíblicos, não era deste mundo. Alguns intérpretes disseram que Conselheiro era contra a República (instituída em 15 de novembro de 1889) e que não aceitava a moeda estabelecida pelo movimento republicano. A Guerra de Canudos ocorreu entre 1896 e 1897, no sertão da Bahia, em pleno período histórico dedicado às pelejas relacionadas com o fim do Império e com a construção da Primeira República.

Antônio Conselheiro não sabia nada de história nem de economia, mas foi identificado como o maior inimigo do movimento republicano brasileiro. Era um miserável, falava pouco, quase um mendigo, sempre viveu da caridade alheia. Mas a pregação dele sobre o fim do mundo, arrependimento e salvação atraiu o povo pobre. Estava cercado por uma ralé armada, cangaceiros, ofendidos de todos os matizes nesta vida de meu Deus. Há quem diga que foi seguido por 10 mil homens e mulheres. Outros falam em 20 mil. Aquele povinho do arraial de Canudos, no entanto, representava muito bem o sentimento dos oprimidos: queria a posse da terra, queria plantar e colher, alimentar os filhos e seguir vivendo. Tudo o que lhe era recusado. Aquele povinho pegou em armas. Como não pegar, naqueles tempos? O número de mortos no conflito é indefinido até hoje. Só na batalha final, no segundo ano da guerra, foram contados 5.300 corpos. Os historiadores afirmam: só entre as forças militares foram milhares. Talvez 5 mil soldados da República. O total é desconhecido.

No entanto, o conflito de Canudos estava restrito geograficamente e não tinha a intenção de se alastrar pelo país. A luta guerrilheira estava concentrada num território de menos de mil quilômetros quadrados —

e não pretendia sair dali. Antônio Conselheiro dizia que o arraial era a fundação de um novo mundo, ali mesmo, sem sair do lugar. O próprio Reino de Deus entre os homens. A maioria dos combatentes era de cangaceiros, gente pobre expulsa de suas terras. Um pessoal que pegou em armas muito mais para garantir suas posses do que para construir um "novo mundo". Conselheiro, porém, era um líder carismático, cujo discurso influía decisivamente. "O sertão vai virar mar — e o mar vai virar sertão." Essa era a revolução do Conselheiro. Mesmo depois de morto, por causas naturais, em 22 de setembro de 1897, a luta prosseguiu. Violenta e terrivelmente. Foram quatro expedições militares, uma a mais do que no Araguaia. A campanha terminou com o bombardeio do arraial de Canudos, também chamado de "Monte Santo". Depois, a força repressora desenterrou os mortos e arrancou as cabeças, que foram fotografadas. Criou-se um espetáculo horroroso de decapitações e vilania.

CORTA
Luta na floresta: o pesadelo dos generais.

No Araguaia, diante da perspectiva de uma guerra rural radical, que pretendia se espalhar por outras regiões do país, o general comandante da Brigada Paraquedista do Exército, Hugo de Abreu, naqueles anos da luta armada, declarou: "É o mais importante movimento rural já ocorrido no país." A ditadura viveu naquele conflito um ponto de torção, uma volta sobre si mesma: era preciso aniquilar o movimento no Araguaia, a qualquer preço, sob pena de perder o controle. Nunca antes havia sido colocada uma perspectiva de oposição tão factível: luta armada na Amazônia, o pesadelo dos militares. Por isso, valia qualquer esforço, desde o exagero das mobilizações de tropas, com enorme suspeita de superfaturamento e corrupção, até o abandono das regras morais e éticas.

O deputado Jair Bolsonaro (PP-SP), oficial reformado do Exército, vários anos após o fim dos combates, fez um discurso na Câmara dos Deputados, em Brasília, que reflete esse temor que os militares tinham de que o Araguaia saísse do controle. Ele afirmou: "O povo brasileiro, de joelhos, deve agradecer aos seus militares, que acabaram com a Guerrilha do Araguaia. Senão hoje haveria uma Farc no coração do Brasil."

Como se vê, era um temor arraigado no imaginário dos militares. Para se livrar daquela ameaça, fariam qualquer coisa.

"Matamos, sim. Matamos todos os que pudessem se parecer com o inimigo. Nesse caso, o perigo era real e enorme. Foi preciso virar a cara para o outro lado, cometer atrocidades, porque o sistema todo estava em risco. A luta no Araguaia poderia ter mudado o país de forma irreversível. Foi a maior ameaça de todos os tempos." Essa frase me foi dita por um militar que não posso identificar, porque assumi o compromisso do silêncio em troca de informações valiosas e sinceras. Não havia nenhuma alternativa. Ele me contou muitas coisas que nunca chegaram ao conhecimento público. E não seria possível escrever esse livro sem respeitar os códigos de anonimato. A seguir, leitor, você verá cada uma dessas situações. Todo repórter sabe que há compromissos inerentes à profissão. Quando você é obrigado a omitir um nome, o faz em troca de revelar a verdade que existe por trás desse compromisso. E a verdade é o que importa. Não é? Ao longo da minha carreira — e lá se vão quatro décadas —, fiz essa mesma opção muitas vezes. E não me arrependo. Quantas boas informações só foram possíveis em troca de anonimato? Escrevi sobre violência urbana, crime organizado e terrorismo no Brasil. São temas que exigem compromissos, infelizmente. Gostaria que todas as fontes viessem a público, mas não posso torcer a realidade: muita gente só fala mediante o compromisso de silêncio sobre suas identidades. Quem já leu os meus livros anteriores deve ter percebido essas difíceis escolhas do repórter. Como evitar?

(Agora, ao escrever, ouço uma música de Sílvio Rodrigues, o criador da "Nova Trova Cubana", uma espécie de Chico Buarque caribenho. "Te doy una canción" fala de alguém que se perde na madrugada, lembrando um amor esquecido num balcão da vida, "como um livro, uma palavra, uma guerrilha". Um amor desesperado do qual a gente quer se curar. Escrever, especialmente sobre coisas verdadeiras, é uma tortura. É preciso parar, de vez em quando, para tomar algum ar. Para tentar recolocar a condição humana ao digitar as teclas do computador. Escrever é horrível. Sílvio Rodrigues, ele mesmo um revolucionário na música, me dá algum alento. Coloco o comentário entre parênteses porque fica melhor assim. E se você, leitor, quiser viver esse clima, ouça a música agora, procure na internet, feche os olhos e tente imaginar o drama do autor.)

O general Hugo de Abreu sabia que havia uma diferença entre Canudos e o Araguaia. Antônio Conselheiro pretendia criar um mundo novo aqui na Terra. Guerrilheiros do PCdoB queriam promover uma revolução socialista no Brasil, a partir de uma insurreição camponesa. "Cercar as cidades pelo campo." Em Canudos, milhares de militares republicanos morreram no combate. Segundo a maioria dos autores, foram mais de 5 mil. As baixas entre os civis e os combatentes do Conselheiro são estimadas em 10 mil. No Araguaia foram quantos? O número exato ninguém sabe.

Segundo algumas fontes, como veremos, morreram 75 pessoas no conflito, 58 guerrilheiros e dezessete camponeses (números do PCdoB). A Comissão dos Mortos e Desaparecidos Políticos do Ministério da Justiça concorda com essa soma. Documentos reservados dos militares, especialmente as memórias de combate de 27 oficiais superiores que estiveram no Araguaia, reveladas pelo pesquisador Hugo Studart, somam 86 mortos na guerrilha, onze a mais do que as listas dos próprios comunistas. Podem ter sido mais de noventa, talvez 94, incluindo os militares — cerca de um quarto das mortes durante a ditadura.

A contabilidade dos militares, como veremos a seguir, é estranha e utiliza o recurso de dizer que houve sete desertores, sem maiores detalhes. O primeiro desses documentos, produzido entre 2000 e 2001, tinha 174 páginas e foi batizado de "Suplantando a Guerrilha". Foi Studart que deu o nome definitivo a essas memórias: "Dossiê Araguaia". Ele acrescenta, em seu livro:

> No *Dossiê*, os militares relacionam pela primeira vez seu próprio saldo da guerrilha. Dos 107 guerrilheiros, 64 teriam morrido; 18 teriam "paradeiro desconhecido"; 15 foram presos e sobreviveram; 7 teriam

desertado; 2 teriam cometido suicídio; 1 teria sido "justiçado" pelos próprios companheiros — tema dos mais delicados para a esquerda brasileira. O *Dossiê* revela ainda a data provável de cada prisão ou morte; e as possíveis baixas nas Forças Armadas: 6 mortos e 8 feridos.*

Nessa contabilidade, o que os militares chamam de "desertores" inclui gente que rompeu o cerco e escapou, como Crimeia Alice Schmidt de Almeida, Ângelo Arroyo, Miqueas Gomes de Almeida, João Amazonas, Elza Monnerat, Lúcia Regina Martins e outros. Arroyo morreu fuzilado pela repressão em São Paulo, após escapar, e não aparece na conta. Pedro Pomar, também morto em São Paulo, não faz parte da lista. Além do mais, a guerrilha teria executado três jagunços que serviram de mateiros para as tropas e que não entraram nessa conta. E há a suspeita de que os guerrilheiros tenham "justiçado" o companheiro "Mundico" (Rosalindo Cruz Souza).

Também não está registrada a morte de Carlos Danielli, dirigente do PCdoB responsável pela ligação entre a militância rural e urbana do partido, apanhado em São Paulo (31 de dezembro de 1972). Incluindo os seis militares caídos em combate, soma registrada oficialmente, mas muito questionada, o número final seria de 94 mortos, desde que somemos também, como é lógico, os dezoito desaparecidos. De todo modo, o "Dossiê Araguaia" é peça importantíssima para compreender o conflito no sul do Pará. Apesar de informal, é o principal documento produzido pelos militares nesses mais de quarenta anos.

CORTA
Doutores de armas na mão.

Os guerrilheiros do PCdoB, jovens arrojados, universitários, alguns com diploma de doutor, além de veteranos das lutas pelas liberdades no Brasil, não possuíam as necessárias moedas de troca para sobreviver

---

*STUDART, Hugo. *A lei da selva*. São Paulo: Geração Editorial, 2006, p. 33.

àquela luta na mata. Boa parte deles estava ali porque havia sido identificada pela repressão e precisava fugir. A maior parte tinha origem no movimento estudantil de resistência à ditadura. Na zona guerrilheira, construíram muitas amizades entre os moradores. Mas nada do que fizeram mudaria substancialmente a vida daquele povinho do Araguaia, cuja sobrevivência diária era a verdadeira razão de existir.

Rapazes e moças do Sul, os "paulistas", como eram chamados carinhosamente pelo morador local, tiveram apenas uma atuação assistencial, como professores, parteiras, dentistas, dono de farmácia — até um fazendeiro que tratava os peões como gente. No entanto, naquela disputa pelas terras e pela dominação da floresta, quase nada puderam fazer. Arriscaram a vida, sacrificaram carreiras, morreram por um ideal libertário que o próprio país não compreendeu direito. Até hoje. Em alguns casos, nem mesmo suas famílias entenderam o que estava acontecendo. Deram exemplos de heroísmo e abnegação. Tudo em silêncio. O país, submetido a uma radical censura nos meios de comunicação, com a atividade política controlada, nem soube que eles existiram.

O Araguaia era um endereço inóspito do Brasil. O nome decorre de um dos maiores rios brasileiros, com volume de água capaz de iluminar cinco vezes a cidade de São Paulo. Em frente à vila de Marabá, o rio tem um quilômetro e meio de largura. Quase não se vê a margem maranhense. Quando os comunistas chegaram, uma luta feroz já transcorria. A bala valia mais do que a escritura das terras — coisa que, aliás, pouca gente tinha.

Para quem quer saber, o termo "grilagem" (reivindicar propriedades por meio de documentos falsos, prática muito comum na região) vem de colocar uma escritura de terras fajuta dentro de uma gaveta cheia de grilos. Os bichinhos defecam sobre o papel e dão a ele o aspecto de um documento muito antigo, com assinaturas, timbre de cartório e tudo o mais. Com base nisso, apoiado por tabeliães comprados a peso de ouro, literalmente, alguém pretende tomar um lote ou uma fazenda. E se sobrarem dúvidas, entram em ação os jagunços, os pistoleiros e — às vezes — o delegado de polícia ou o juiz da comarca. Um, dois ou três tiros de 38 solucionam qualquer questão fundiária nos sertões. Se ficar muito complicado, toca-se fogo no cartório ou no fórum. É assim até hoje.

Pequenos lavradores do Araguaia viviam nessa balança precária, tentando se defender de fazendeiros, madeireiros e mineradores. Também enfrentavam os "marisqueiros", os catadores nômades, "gateiros" (caçadores de peles), fora os índios. Garimpeiros e aventureiros em geral também estavam misturados no conflito. E os índios viam a terra milenar sendo recortada e pilhada: a aldeia dos suruís, na área de São Geraldo, tinha centenas de indígenas. Foras da lei de vários estados do país procuravam refúgio naquelas brenhas, ocupando alguma gleba, expulsando moradores, represando rios para instalar os garimpos de ouro. Atiravam para matar contra os indígenas, os verdadeiros proprietários da mata. Os índios, por sua vez, também esfolavam os brancos ou quase brancos. Defender a terra, o território de caça e de pesca, únicas fontes de proteínas, significava sobreviver por mais um tempo, talvez um ano ou dois. Naquele fim de mundo, ninguém conseguia pensar num futuro muito longo. Era uma vida pequena, um dia de cada vez.

E a vida era duríssima. Imagine um lugar onde só há verão (seco e quente) e inverno (chuvoso e quente). A natureza resolveu dividir o ano em apenas duas estações. E você que se cuide, porque pode chover torrencialmente por vários meses, em razão da evaporação da umidade amazônica. Um pancadão ao amanhecer, outro por volta do meio-dia e mais um pancadão às cinco da tarde, quando já anoiteceu. Em geral, na mata, o dia dura de nove da manhã às cinco da tarde. E chove fino nos intervalos. As chuvas regulam a vida e os relógios. E os rios sobem. Transbordam. Enormes áreas ficam alagadas.

Vem a fome para as gentes e os animais de criação. Só quem se deu bem nas safras do verão amazônico é que sobrevive sem maiores dificuldades. Precisa ter charque e algum dinheiro guardado, uma cabrinha de leite, queijo curado e grãos. Caso contrário, a miséria é total. As chuvas também trazem as doenças tropicais — e a malária reina sobre os infelizes. O regime pluviométrico da Amazônia e arredores é quase um mistério. Tem que rezar bastante para o santo de devoção, fazer novena e romaria.

"Viver, seu moço, é muito perigoso" — como diria Riobaldo, o narrador de Guimarães Rosa em seu extraordinário *Grande sertão: veredas.*

Na metade seca do ano também há tempestades e vendavais ao entardecer. O calor é aviltante, ultrapassando com facilidade os 42 graus. Pode chegar a até 45 graus, como pude experimentar em Nova Xavantina, Mato Grosso, antigo território dos índios xavantes. Parece que o ar pesa em cima de você. Mas é a época de colher o feijão-de-vara e o milho, a mandioca, a banana e o arroz-bravo das lagoinhas. É tempo de festas, casamentos e batismos. As vilas se enfeitam para as celebrações religiosas.

As igrejas se enchem de fiéis. Os padres estrangeiros do Araguaia, franceses e italianos, de língua enrolada e vocabulário difícil, repetem o discurso da libertação aqui mesmo, nessa vida dura do povo, antes mesmo da vida eterna e do Reino dos Céus. Falam de justiça e dos direitos do povo, levam a sério o sacerdócio cristão. Esses padres vão travar amizade com os guerrilheiros. E vão sofrer as dores de Cristo aqui mesmo, nessa terrinha de maleitas e maldades. Serão perseguidos, presos, espancados e expulsos pelos militares. Serão chamados de "padrecos comunistas" e de "terroristas", mesmo sendo gente de bem e caridosa. Vão ficar diante de homens armados e furiosos. Alguns nunca mais voltarão ao Brasil.

Um dos religiosos perseguidos foi o bispo católico de Marabá, dom Estevão Cardoso Avelar. Um padre e uma freira (Humberto Rialland e a irmã Maria das Graças), da paróquia de Palestina, apontados por militares como "líderes da guerrilha", foram presos em 30 de maio de 1973 e barbaramente espancados. As torturas sofridas pelos religiosos foram descritas em relatório da Conferência Nacional dos Bispos do Brasil (CNBB) ao Vaticano. A violência sofrida pela irmã Maria das Graças foi de tal ordem que a CNBB, em seu relato, se escusou de descrevê-la, porque era algo "impublicável".* O padre dominicano francês Roberto Vallicourt chegou a ser incluído na principal lista do Exército relativa a

---

*Para mais detalhes, ver PORTELA, Fernando. *Guerra de guerrilhas no Brasil.* São Paulo: Global Editora, 1979.

"terroristas a serem capturados". Qualquer um que se identificasse com a luta no Araguaia, para os militares, era um terrorista. Os religiosos, que conheciam os "paulistas", nem imaginavam que estava em curso um movimento guerrilheiro. Como toda a gente, levaram um susto quando a luta começou.

O jornalista Palmério Dória, que esteve na zona de combates e reconstituiu a história da guerrilha,* recolheu o seguinte relato de dom Pedro Casaldáliga, bispo de São Félix, a mais de mil quilômetros da guerra de guerrilhas:

> [...] o povo da região e mais concretamente a equipe pastoral de São Félix sofreram realmente a repressão, que imaginava que nós [os religiosos] só podíamos ser isso mesmo: guerrilheiros, como sinônimo ainda de terroristas. [...] [Os soldados] visitavam casa por casa no sertão, e caíam sobre a população, criando um clima de terror, apreendendo até faca de cozinha.

No Bico do Papagaio também havia conflitos entre fazendeiros e índios, porque as reservas indígenas não eram demarcadas. E ainda havia conflitos entre índios e catadores, uma gente que levava a vida sem demarcações e estava em todos os lugares. Inclusive na terra indígena milenar. A morte rondava todos eles. Era um tempo em que a proteção do meio ambiente não fazia qualquer sentido, nem havia políticas públicas a respeito. O termo *ecologia* não existia. Desmatamento? Uma ação natural e necessária do progresso. Pensava-se assim antes dos tempos de aquecimento global. Antes de surgir no mundo uma consciência de que o planeta estava sendo destruído.

O regime militar rasgou estradas pela Amazônia, derrubando as matas com enormes tratores, as maiores máquinas jamais vistas naquela região. Duas dessas rodovias, a Perimetral Norte (entre os estados

---

*A descrição detalhada está em DÓRIA, Palmério. *A guerrilha do Araguaia*. São Paulo: Editora Alfa-Omega, 1978.

do Amazonas, Pará, Amapá e Roraima) e a Transamazônica (ligando Paraíba, Ceará, Maranhão, Tocantins, Pará e Amazonas), podem ser vistas do espaço, com os olhos eletrônicos dos satélites. Os militares consideravam aquela uma área estratégica para o regime. Era um polo de expansão agrícola, onde hoje está uma das maiores zonas produtoras de grãos do país. Havia minerais preciosos, inclusive ouro, em grandes quantidades, além de cristais que afloravam no cascalho dos rios, bem como ferro, manganês e minerais radioativos em abundância. E ainda tinha o interesse militar propriamente dito: não se pode governar um país com 3,4 milhões de quilômetros quadrados de selva — a maior floresta tropical do mundo — sem estradas. Isso era quase a metade do território brasileiro.

Em um livro notável,* os jornalistas Taís Morais e Eumano Silva, baseados em documentos secretos das Forças Armadas, descrevem à estratégia dessas rotas de ocupação dos rincões:

> O regime militar tratou a Amazônia dentro da doutrina de segurança nacional. A riqueza das florestas, dos rios e do subsolo, com a incidência de cristais, despertava o interesse interno e externo. A construção da Transamazônica atendia à estratégia de ocupação territorial e dava ao governo uma obra monumental para simbolizar o "milagre". O primeiro trecho, entre Estreito (MA) e Marabá (PA), foi aberto em 1º de setembro de 1970. O Exército iniciou as obras da Cuiabá-Santarém no mesmo dia — dois meses antes de dar início à Operação Carajás no Bico do Papagaio.

Essa "Operação Carajás" foi uma demonstração de força do regime. Incluiu bombardeio aéreo na mata, com napalm e bombas de fragmentação. Os militares tinham informações, nunca confirmadas, de que a oposição revolucionária estava tentando se implantar na região. Com base em prisões nos grandes centros urbanos, especialmente em São

---

*MORAIS, Taís; SILVA, Eumano. *Operação Araguaia*. São Paulo: Geração Editorial, 2005.

Paulo e no Rio de Janeiro, ficaram sabendo que a Ação Libertadora Nacional (ALN) e o Movimento de Libertação Popular (Molipo) pretendiam instalar bases guerrilheiras naquela área de florestas e grandes rios. O pessoal da ALN, segundo se soube anos mais tarde, pretendia se instalar nas margens do rio Tocantins, no Maranhão, não muito longe da guerrilha do PCdoB. O Molipo estava ainda mais perto, ao norte de Goiás, hoje estado do Tocantins.

Mas essas informações, obtidas sob tortura, representavam apenas um desejo das duas organizações revolucionárias de começar ali uma guerrilha rural. A ALN não fez nada nesse sentido. Já o Molipo tentou a implantação de alguns militantes na região. Foram encontrados e — ao que se saiba — mortos. Mas não surgiu a prometida guerrilha de "libertação popular". José Genoino Neto, um dos guerrilheiros do PCdoB, coordenador de um grupo de sete combatentes do partido no Araguaia, integrantes do Destacamento B, na área do rio Gameleira, me disse que sabia da existência dos militantes do Molipo. Mas nunca os viu nem teve qualquer contato com a organização que pretendia atuar na mesma região. Ele me contou que uns quatro deles fugiram para o Araguaia, mas nunca soube de seu destino.

Veja bem: ao planejar e executar essas obras "monumentais" — as grandes estradas dentro da mata, algo que hoje seria chamado de crime ambiental, pura e simplesmente —, os militares ainda não tinham conhecimento da presença de quadros do PCdoB na região. Os "meninos" já estavam lá havia anos. A preparação da guerrilha foi o maior segredo da esquerda armada, sob um silêncio inédito nesse tipo de campanha. As grandes estradas de barro — até agora sem asfalto, em muitos trechos, mais de quarenta anos depois — atendiam a uma visão militar dos problemas da Amazônia, principalmente em relação a um indeterminado "inimigo externo". Nem sequer supunham que seriam obrigados a fazer a maior mobilização de combate do Brasil, após a Segunda Guerra Mundial, a custos inimagináveis, para enfrentar um improvável "inimigo interno". Mas foi o que se deu.

E mais, ainda segundo Taís e Eumano:

> As pranchetas militares projetavam a ligação da Transamazônica com a BR-232, entre Pico e Recife, no litoral pernambucano. Na outra direção, juntava-se com a Manaus—Porto Velho e a Brasília—Acre. No final, uma diagonal de 6.368 quilômetros cortaria o país de leste a oeste.

De leste a oeste desse imenso país, as Forças Armadas teriam caminhos seguros a percorrer, devidamente mapeados. Os pensadores do regime sonhavam com esse "Brasil Grande" integrado num único sistema político e econômico, superando de uma vez por todas a "teoria dos dois Brasis", que nos definia como a "Belíndia", uma mistura de Bélgica com Índia. Um país capitalista moderno que convivia com um país totalmente miserável e abandonado à própria sorte. Essa teoria fez sucesso entre a intelectualidade brasileira da primeira metade do século XX, incluindo os comunistas do Partido Comunista Brasileiro (PCB) e, mais tarde, os dissidentes do PCdoB. Essa teoria, aliás, está na base dos grandes equívocos cometidos por aqueles camaradas que conceberam a guerrilha, imaginando uma grande insurreição camponesa, como veremos mais à frente.

Nos anos 1960, o Estado brasileiro estava totalmente ausente na região das grandes florestas tropicais. Ainda havia tribos indígenas que nunca tiveram contato com a civilização branca ou quase branca. E os militares tinham verdadeira paranoia a respeito de uma guerra na Amazônia. As estradas que construíram — quatro décadas mais tarde ainda inacabadas — tinham por objetivo permitir o deslocamento rápido de tropas, caminhões pesados, tanques e artilharia. Durante o período das chuvas, seriam intransitáveis para o tráfego civil porque eram estradas abertas no chão bruto, com lodaçais quase intransponíveis e vegetação germinando no barro. Mas os veículos de lagartas poderiam seguir com relativa facilidade, oferecendo razoável velocidade ao avanço de grandes contingentes. Com a cobertura de aviões e helicópteros, teríamos uma força imbatível.

Além do mais, o projeto das estradas na selva era acompanhado de programas de doação de lotes de terra pelo Incra, para permitir a vinda de desbravadores de outros pontos do país. Era — na verdade — um amplo projeto de ocupação e colonização. Dezenas de milhares de títulos de propriedade foram distribuídos. E, depois, após a desarticulação da guerrilha, outro projeto apoiado pelo regime militar resultou em Serra Pelada, o maior garimpo a céu aberto do mundo. Mais de 50 mil miseráveis se lançaram na aventura de arrancar ouro do chão bruto do Araguaia.

O regime, que combateu brutalmente a guerrilha comunista e causou enormes danos a toda aquela gente, ainda é uma lenda viva na região. Dezenas de toneladas de ouro foram extraídas naquele lugar pelas mãos de umas pessoas miseráveis que viviam nas encostas de uma pequena montanha, onde surgiu — depois — um lago motivado pelas águas do garimpo. Umas águas poluídas de mercúrio. E, uma década mais tarde, foi tudo desfeito. Serra Pelada desapareceu. O lago, até hoje, é um lugar proscrito, porque está definitivamente contaminado. Até por material radioativo. Os militares conseguiram fazer ali o que a guerrilha comunista nunca conseguiu: um movimento de pobres fiel ao governo. Serra Pelada, o garimpo surgido após a guerrilha, é um símbolo do exercício do poder do Estado. Há quem diga que o movimento, incentivado pelos militares, agregou, até o final, 80 mil pessoas. Foi o maior "movimento de massas" da Amazônia.

O garimpo de Serra Pelada ocupou 5 mil hectares de terras, dos quais foram retiradas, à mão, 30 toneladas de ouro puro. E também tinha platina e outros metais preciosos, como o paládio. Os garimpeiros cavaram um buraco gigantesco, com mais de 100 metros de profundidade, que corresponderia a um prédio de 33 andares enfiado na terra. No final dos anos 1980, após a queda da ditadura militar, foi tudo interditado. Crime ambiental. Técnicos do governo avaliam que ainda há 350 toneladas de ouro por lá. Em 2011, um consórcio internacional, formado por empresas canadenses e associações dos trabalhadores de Serra Pelada, ganhou uma concorrência para explorar a riqueza do Araguaia. As escavações, mecanizadas, devem começar neste ano de 2014. Porém, nunca mais se verá aquele espetáculo degradante, de homens cobertos de lama se arrastando pelos declives com sacos de suposto "ouro" nas costas, que ganhou manchetes e filmagens em todo o mundo. O novo garimpo será nos termos do capitalismo avançado, com enormes máquinas extratoras.

CORTA

Vamos derrotar os americanos na selva.

Como já disse, os militares tinham paranoia sobre uma guerra na Amazônia. Certa vez, ao fazer uma palestra no Rio de Janeiro, em 1995, para oficiais de Estado-Maior das Forças Armadas e do Bope, sobre crime organizado, um coronel, comandante do Regimento de Polícia do Exército, me confidenciou durante o almoço: "Se pudéssemos atrair os americanos para uma guerra na Amazônia, seria um novo Vietnã, só que de enormes proporções. E teríamos boas chances."

A inconfidência do coronel pode parecer um sonho delirante, mas não é. A Amazônia era chamada de "pulmão do mundo", a maior floresta tropical do planeta — e o maior celeiro de águas doces. A cobiça era tamanha que surgiram propostas de internacionalização da região, supostamente para protegê-la, num mundo em que os especialistas garantiam: a água potável será a causa da Terceira Guerra Mundial.

De fato, a região amazônica parece ter sido criada pelo sobrenatural para a guerra irregular, nos termos vietnamitas: o combate guerrilheiro, o deslocamento de pequenos exércitos com apoio de forças aerotransportadas. Pode, inclusive, sediar Forças Armadas que se sustentem apenas da floresta, seus animais, peixes e frutos, tamanha a abundância.

E isso explica, em parte, a sobrevivência da luta armada na Colômbia, onde as Forças Armadas Revolucionárias da Colômbia (Farc) e o Exército de Libertação Nacional (ELN) resistem, desde 1964, numa guerra de movimentos na selva e nas montanhas. Os guerrilheiros colombianos, comunistas até hoje, mesmo após a queda da União Soviética de Lenin e Stalin, aprenderam a usar os rios como importantes vias de deslocamento, percorrendo quilômetros e mais quilômetros em embarcações que podiam levar sessenta homens cada uma. Coisa que os combatentes do Araguaia não souberam fazer. O rio Araguaia foi utilizado como rota de fuga em missões sorrateiras para trazer ou levar guerrilheiros. Miqueas Gomes de Almeida, o "Zezinho do Araguaia", tornou-se um especialista nessas escapadas. Mas os rios não foram utilizados como uma estrada de água para grandes deslocamentos. Ainda assim, a repressão apanhou e matou a pancadas um barqueiro que servia aos guerrilheiros. Os gritos de Lourival Paulino, torturado na delegacia de polícia de Xambioá, foram ouvidos da rua.

A guerrilha do PCdoB, aliás, nunca deixou a área de implantação inicial, confiando que os militares não se arriscariam na selva fechada. Apesar de enorme, do ponto de vista geográfico, estava demarcada. Os guerrilheiros, principalmente, acreditando que a população local iria compreender os motivos da luta e reforçaria o movimento, nunca saíram daquele pedaço da floresta. Esse imobilismo foi fatal. Uma guerrilha só sobrevive se atender a uma demanda inarredável: "Somos fortes onde não somos esperados." Se ficar parada — ou relativamente parada, no mesmo território — será destroçada por forças muito superiores. Foi o que se deu.

Coloco essas questões de táticas e métodos de combate para dar uma ideia do simplismo da ação guerrilheira no Araguaia. O despreparo dos comunistas era gritante, tanto do ponto de vista do armamento e dos suprimentos quanto do próprio plano de batalha. Tudo era preenchido pelo voluntarismo mais ingênuo. Achavam que iriam se abastecer da boa vontade dos moradores, numa região onde a densidade demográfica era ínfima e a população, miserável, se esforçava para viver um dia de cada vez.

Dividir um prato de arroz, uma espiga de milho ou uma carne de caça significava grande sacrifício para o morador. Mesmo assim, inicialmente, eles ajudaram os "paulistas", especialmente com comida. Os militares, apesar de terem se envolvido conscientemente num projeto de extermínio, costumam dizer, jocosamente, que não podem ser responsabilizados pela fraqueza do adversário. "Os guerrilheiros são chamados de heróis porque enfrentaram o regime descalços e famintos; nossos combatentes são chamados de torturadores." Um dia, talvez os arqueólogos do futuro possam responder a isso de maneira coerente, desenterrando os fósseis da guerrilha. Mas o fato é que o agrupamento de combate do PCdoB foi destruído numa proporção de mais de dez comunistas mortos para cada baixa entre os militares. No Vietnã, a morte de um combatente comunista só valia se fosse em troca da vida de dez americanos.

A guerrilha também construiu depósitos de alimentos, remédios e munição no meio da mata. Os militantes cavavam poços em forma de "L", uma tentativa de proteger seus gêneros de primeira necessidade. Mas esses depósitos foram descobertos e detonados pelos militares ou ficaram muito tempo expostos à umidade da região, que chega a 90% de concentração no ambiente. Assim, tudo se estragava rapidamente.

Munição úmida não explode como deveria, sabemos disso. Há muitas histórias de gente que tomou um tiro no peito e nada sofreu: a bala bateu e caiu no chão, após o impacto, sem causar maiores danos. Não se trata de proteção divina: é munição úmida ou estragada. "Fulano levou um tiro justamente onde carregava uma medalhinha de Nossa Senhora." Munição úmida! Apenas isso!

Os guerrilheiros também fizeram cercados nas capoeiras, onde criavam porcos e galinhas, geralmente nas proximidades de sítios ocupados por moradores amigos, que se encarregavam de dar água e farelos aos bichos. Com a presença dos soldados — e com denúncias dos sitiantes —, esses locais viraram armadilhas mortais. Militantes comunistas foram mortos tentando resgatar galinhas e porcos. Entre eles, André Grabois, filho do comandante em chefe da guerrilha, o veterano comunista Maurício Grabois. Na imensa floresta, a fome é um fantasma. A sede nem tanto, porque existe água abundante por todo lado. A fome afeta mais o psicológico das pessoas do que o corpo. É um tipo de insanidade. Para conseguir um bocado de carne — de frango, de jabuti ou de porco —, cometem-se muitos erros. Vários dos guerrilheiros foram abatidos pela necessidade de comida, principalmente durante o último ano do movimento. Era uma luta impiedosa.

CORTA

Abastecer-se do inimigo era ilusão.

Os guerrilheiros tinham a ilusão de que iriam se armar capturando recursos do inimigo, numa guerra em que só o próprio inimigo teve a iniciativa. Provavelmente, nunca leram nada da Biblioteca do Exército (como tive a pachorra de ler), que descreve a experiência histórica das Forças Armadas brasileiras, na qual se insere a Guerra de Canudos, o maior e mais dramático episódio de guerrilha rural no país. Nem sequer ouviram falar do *Special Warfare*, o manual das tropas de elite dos Estados Unidos, envolvidas na guerra irregular, fundamentado na terrível experiência vietnamita. Para eles, tudo era muito simples e muito fácil. A revolução era inevitável. Mas o preço da fantasia foi altíssimo.

A guerrilha do PCdoB estava armada com velhos revólveres e espingardas de caça, além de umas poucas carabinas Winchester 44 e pistolas automáticas, especialmente Beretta 22, de fabricação italiana, e Colt Combat 45, americana. Os calibres diferentes das armas também eram um problema. Naquelas brenhas, conseguir cartuchos de caça era fácil. Você podia comprar em qualquer armazém. Balas 32 ou 38 também. Mas o resto não existia. Chegaram a fabricar munição e construíram, artesanalmente, duas metralhadoras de mão, calibre 38, coisa muito improvisada. Ao longo de todo o tempo do envolvimento do PCdoB no Araguaia, não tiveram muita iniciativa militar — e só capturaram seis fuzis de um posto da Polícia Militar na Transamazônica. E, mesmo nesse caso, não tinham como conseguir munição para essas armas.

No Vietnã, os guerrilheiros do vietcongue, a força irregular do Sul, e o exército do Norte, utilizavam a mesma arma, o fuzil russo AK-47 (Automatic Kalashinikov 1947, calibre 7.62 mm), que empregava a mesma munição da arma-padrão de infantaria dos Estados Unidos, o fuzil Colt M-16 (AR-15 A1). No campo de batalha, os comunistas vietnamitas podiam facilmente se abastecer com munição do inimigo. No Araguaia, isso não acontecia. Você podia capturar um caixote de munição do inimigo (o que nunca aconteceu) contendo mais de mil projéteis, mas não havia o que fazer com eles. Talvez desmontar as balas, retirar a pólvora granulada e as espoletas de fulminato de mercúrio — cuja fórmula química é $Hg(CNO)_2$ —, que dá início à explosão da pólvora, e produzir outro tipo de munição. Mas não há registros sobre esse tipo de iniciativa da guerrilha. Entenda: aqueles rapazes e moças do PCdoB queriam fazer uma revolução baseada na sua própria consciência. A luta era inevitável. Todos esses detalhes técnicos eram considerados insignificantes. Eles estavam diante da maior força armada do continente, estimada, na época, em 200 mil homens dotados de equipamentos eficientes — e não davam a menor bola para isso. A coragem daquele pessoal impressionou até o inimigo.

E também não tinham preocupações a respeito da montagem de sistemas de comunicação. Não existiam rádios nem telefones (os celulares levariam mais de uma década para serem inventados). Não tinham comunicações virtuais, como conhecemos hoje, que os colombianos usam à farta. Precisavam se comunicar por contatos pessoais, ou bilhetes, ou sinais deixados em árvores. Era puro improviso. O contato entre os destacamentos guerrilheiros dependia de algum morador local disposto a se arriscar. Dinheiro ou ameaça: isso está na base das denúncias que resultaram em capturas e mortes. Captura, aliás, era sinônimo de morte. A ausência de um sistema de comunicação entre as forças guerrilheiras explica, em parte, o desastre que se seguiu.

Eles estavam motivados por uma vontade indomável: lutar contra a ditadura militar que oprimia o país. Ponto. E isso constituiu o seu maior valor. Foi uma geração que se lançou ao sacrifício. Ponto. Não esperava sobreviver. Nunca pensou nisso. A escolha que fez foi a da luta a qualquer preço. Uma política de tudo ou nada. Ponto. E foi o que aconteceu. Exemplos de coragem, verdadeiro heroísmo, foram reconhecidos pelo próprio inimigo. "Estávamos mais preparados para morrer do que para matar." Foi o que me disse, numa conversa muito particular, o guerrilheiro José Genoino Neto, chamado "Geraldo", hoje conhecido de todos nós, que me recebeu em sua modesta casa, em São Paulo, quarenta anos após a guerrilha.

Palmério Dória, o repórter que escreveu a primeira grande obra jornalística sobre o Araguaia, em um encontro em 2013, me ofereceu a melhor definição do movimento guerrilheiro: "Foi uma revolução infantojuvenil."

A frase de Palmério ficou martelando na minha cabeça. Até agora. "Uma revolução infantojuvenil." Seria essa a explicação? Tenho a frase gravada em áudio e vídeo. Costumo ouvi-la e revê-la com frequência. Fico aqui olhando a cara paraense do Palmério, nascido às margens de um rio da região amazônica, o Tapajós, que beira a cidade de Santarém, no Pará. Ele diz que é o rio mais bonito do mundo, onde aprendeu a nadar antes de aprender a andar. Adoro o Palmério, que manca de uma perna, usa bengala e um chapéu-panamá.

Será que esse jornalista paraense, revelador da luta guerrilheira no Bico do Papagaio, desvendou a charada? Fazendo um esforço de concentração, acho que sim. Aquela juventude armada abriu mão de qualquer possibilidade de vitória contra os militares encastelados no poder. Preferiu morrer para deixar um exemplo na história do país, alguma coisa que nunca seria explicada — e nunca entendida, e nunca esquecida. E, provavelmente, nunca vencida.

Como pesquisador de história contemporânea do Brasil, sem filiação partidária e sem financiadores, deveria ter uma visão distanciada desses acontecimentos. Mas não consigo tirar da minha mente aquele exemplo de coragem e determinação dos revolucionários do Araguaia. Morreram em vão? Não pode ser. Não pode ser. Mas eram de uma ingenuidade quase constrangedora. Por isso dei à primeira parte do livro este título: "A inocência."

Nada retira desses jovens, que se lançaram na aventura do Araguaia com um sonho libertário, a bravura e a determinação revolucionárias. Até o "inimigo" reconhece isso, não custa repetir. A História vai lhes reservar um espaço pequeno, é verdade. Mas isso não denigre a sua vontade de lutar diante de um país calado e oportunista. É preciso reconhecer, no entanto: o simplismo era avassalador.

Durante todo o tempo da presença dos guerrilheiros do PCdoB no Araguaia, entre 1966 e 1974, apenas duzentas pessoas mantiveram relações de amizade e simpatia com o grupo. Algo em torno de 1% da população local. E o número de colaboradores diretos, combatentes, foi muito menor: em torno de dez pessoas, segundo alguns autores — ou cerca de trinta, de acordo com os militares. O povinho da região estava mais preocupado em sobreviver do que com qualquer outra coisa.

O problema do regime vigente no país dos generais — e a política em geral — naufragava diante de um prato de comida. Tanto que o cruzeiro e depois o cruzeiro novo, as moedas da época, foram armas fundamentais na mão dos militares, corrompendo as escassas simpatias ao movimento. Quando o dinheiro não era bastante para convencer o habitante local, os militares usavam "a taca". Porrada, pura e simples. Batiam neles. Torturavam. Davam choques elétricos.

Um camponês, que achava que estava preso por ter deflorado uma menina, perguntou a Genoino: "O que é esse negócio que eles põem na minha orelha e que faz o meu corpo todo tremer?" O camponês não conhecia a luz elétrica. Muito menos a energia elétrica utilizada como forma de tortura. Sofria dentro da maior ignorância. E não tinha nada a ver com a guerrilha comunista. Comeu a garota. Ponto.

Os militares ameaçavam de toda forma. Ou dinheiro ou "taca". A opção era difícil. A maioria preferiu colaborar. Muitos daqueles pobres ameaçados inventavam histórias para obter algum benefício financeiro ou alguma facilidade. Quando as histórias se demonstravam apenas invenções, "taca". Era um mato sem cachorro. Outros fizeram opções mais radicais: entrar na mata, guiar as forças de repressão, dispostos a matar, cortar cabeças de guerrilheiros — ou supostos guerrilheiros — e sobreviver a qualquer custo. Alguns estavam motivados pela ambição pura e simples: a morte de um militante do PCdoB podia valer um butim de guerra equivalente, na época, a um sítio de quarenta hectares de terra. Uma única traição podia mudar a vida daquele miserável.

Além do mais, aquela gente pobre nem sabia — nunca entendeu — que se tratava de uma luta política. O PCdoB não fez um trabalho político na região, para convencimento das massas — e que massas? Ao contrário de sua própria tradição, sempre envolvida com movimentos sociais de grande porte, greves operárias, levantes e insurreições, limitou-se a uma ação assistencialista. Os "paulistas" eram amigos do povo. Só amigos. Essa foi a tese principal do maior crítico da guerrilha, o dirigente comunista Pedro Pomar, assassinado pela repressão em dezembro de 1976, em São Paulo. Pomar afirmou que ali se travou "uma guerra particular — e não uma guerra popular".

Um exemplo da guerra revolucionária, muito diferente da nossa experiência, pode ser citado. E posso citar porque o PCdoB adotou a linha maoista da Revolução Chinesa, a guerra popular prolongada, mais tarde modernizada pelos revolucionários vietnamitas: "Cercar as cidades pelo campo." Esse segmento dos comunistas brasileiros, o PCdoB, acreditava que a vitória de Mao Tsé-tung, na China, em 1949, abria uma possibilidade de romper com as orientações de Moscou, que dominavam o movimento comunista internacional. Ainda veremos isso em detalhes.

A teoria revolucionária chinesa, no Vietnã, contra o opressor externo, ganhou uma feição tática especial: o sujeito era trabalhador rural de dia e guerrilheiro de noite. Nem saía de suas vilas e aldeias. Quando havia grandes operações, combatentes de várias partes se reuniam de madrugada e partiam para os ataques. De manhã, estavam de novo cuidando dos campos e dos animais. Apesar das florestas tropicais acima do Paralelo 38, que dividia o Vietnã em dois países, a luta se dava quase em campo aberto, nas áreas alagadas de plantações de arroz, onde veículos pesados não podiam circular — e nas quais o helicóptero era uma arma fundamental. Só que o vietcongue atuava à noite, complicando tudo. Além do mais, a Frente Nacional de Libertação do Vietnã — o próprio vietcongue, que no jargão militar americano quer dizer "vietnamita comunista", ou "VC", ou "Charlie" — tinha apoio integral da população. Porque ele era a própria população — e não um grupo de pessoas vindo de fora.

Vou repetir: a guerrilha vietnamita era a própria população, um povo que enfrentava inimigos externos havia milhares de anos. Não se tratava de uma vaga definição de "imperialismo", mas um inimigo real que pisava em seus campos e confiscava seus animais e os frutos do trabalho. Aquele povinho das margens do rio Mekong, que irriga as terras de cultivo, via o inimigo diariamente. Um inimigo que falava língua estrangeira. Francês. Japonês. Ou os americanos. Não era preciso explicar muita coisa para aqueles miseráveis que pegavam em armas. A determinação de lutar estava no âmago daquela gente.

No Brasil, essa definição de "luta de libertação nacional", pregada pelos comunistas desde os anos 1950, sem qualquer estrangeiro presente no solo pátrio, baseada num conceito intelectual a respeito de um indefinido "imperialismo internacional", não mobilizava o povo, que nunca tinha ouvido falar em semelhantes coisas. Foi essa falta de povo que destruiu a esquerda armada brasileira. Foi a diferença entre o discurso (teórico, incompreensível) e a prática (o desejo revolucionário) que confundiu todo mundo. A falta de povo foi o que, concretamente, remeteu a nossa experiência moderna de guerrilha rural ao fracasso. Além do mais, o evento de luta vietnamita (foram 31 anos de ferrenho combate) não se aplicava às nossas condições.

As teses da Guerra Popular Prolongada, cuja base teórica pertence a Mao Tsé-tung e cuja aplicação prática foi desenvolvida pelo general vietnamita Vo Giap, só faziam sentido para países pré-capitalistas, onde as relações feudais de produção ainda vigoravam. Nesses países, o extrativismo agrícola era fundamental para a economia — e emprestava ao campesinato um protagonismo revolucionário. Mas o Brasil era um país capitalista, inserido no modo avançado de concentração de capitais, internacionalizado. Isso conferia à classe operária e aos trabalhadores urbanos o papel central na luta por transformações econômicas e sociais. Esse foi o erro básico do PCdoB. De fato, não éramos nenhuma "Belíndia".

A guerrilha no meio das matas amazônicas, portanto, era um equívoco de grandes proporções. Em pouco menos de meia década, antes mesmo do início dos combates, ocorreu o chamado "milagre econômico" brasileiro, com taxas de crescimento iguais ou superiores a 10% ao ano. Um "milagre" patrocinado pelo endividamento externo do país, pela repressão política e pelo arrocho salarial (uma forma de financiamento indireto para o empresariado). Em pouco tempo, a maioria da população brasileira estava concentrada em centros urbanos. Não seria possível "cercar as cidades pelo campo".

Não se tratava de combater à noite e trabalhar de dia. Os guerrilheiros, especialmente, eram gente de fora, estranha ao ambiente. Quem falava uma língua estrangeira eram os próprios revolucionários. Tanto que eram chamados de os "paulistas", como a demonstrar que não eram daquelas brenhas. Esse fato — um pessoal de fora chegar para desencadear uma revolução camponesa — também está entre os pecados originais do movimento. Não canso de repetir isso, para que você entenda bem o contexto da luta armada no sul do Pará. Aqueles rapazes e moças do PCdoB, empurrados para a luta armada pela ditadura, que excluía toda forma de participação política e oprimia o país, entenderam que não havia alternativas. E eles se lançaram a uma luta obstinada e valente, porém equivocada. Depois, quando a luta armada realmente começou, em abril de 1972, cinco ou seis anos após a implantação dos comunistas na região, foram chamados de "o povo da mata". E nisso criaram mais parecença com o povinho local, identificando-se melhor com a realidade concreta do Araguaia: a vida na mata hostil, onde a sobrevivência era uma questão cotidiana. E é a partir desse momento que surge um dos maiores apoios populares ao movimento comunista, entre a primeira e a segunda expedição militar, quando o morador da beira dos rios compreendeu melhor aquelas propostas de luta dos "estrangeiros". Os locais entenderam mais de perto o significado da presença deles no sertão verde-escuro: lutar pela posse da terra e de seus frutos. Contra os jagunços e os pistoleiros, contra os grandes fazendeiros, os bancos, a favor dos humildes da terra. E contra o governo do Brasil. Aí, os humildes ficaram em dúvida. Mesmo vivendo à distância do país chamado Brasil, o povinho do Araguaia não aceitou muito bem essa proposta. E os militares se apresentavam, mesmo sem o uniforme pátrio, como os legítimos representantes do governo. Que coisa mais confusa!

Entre 1972 e 1973, os comunistas, que se consideravam vitoriosos nos primeiros embates com a ditadura — e de fato o foram, nas duas primeiras expedições militares ao Araguaia —, lançaram as bases políticas daquilo que chamavam de Movimento de Libertação do Povo (MLP), o braço ideológico e político das Forças Guerrilheiras do Araguaia. Essas forças guerrilheiras, na verdade, não passavam de um grupo de militantes de classe média que acreditava que iria promover uma revolução socialista no Brasil a partir de uma insurreição camponesa. Ironicamente, os militares rebatizaram a guerrilha de "FOGUERA" — uma corruptela de Forças Guerrilheiras do Araguaia. É um português canhestro, mas resume bem a impressão que a ditadura tinha a respeito do que estava acontecendo naquela região do pé da Amazônia. Os documentos internos do PCdoB falavam em "FFGG". Então, na mesma região havia o Movimento de Libertação do Povo e o Movimento de Libertação Popular. Eram vizinhos, mas nunca se falaram. A esquerda tinha mesmo uma dificuldade de conviver com diferenças de estilo e conteúdo.

Nesse interregno da luta armada na região, entre as duas primeiras expedições militares, os guerrilheiros emitiram comunicados, publicaram cartilhas explicando a razão da luta, escreveram poemas e fizeram canções que o povo repetia. O governo central estava atônito com o movimento, que chegou a ser noticiado na primeira página do *The New York Times*, o mais importante jornal do mundo.

As tropas foram todas retiradas da região, para que pudesse ser preparado um plano de combate mais eficiente. Nas duas primeiras fases da guerrilha, havia contingentes da Polícia Militar de Goiás e do Pará, uma polícia odiada pela população, além de soldados sem qualquer experiência de guerra na selva. Muitos eram recrutas, não tinham motivação para entrar na mata e foram derrotados. Em alguns episódios, fugiram apavorados ao ouvir os primeiros tiros: caíram em armadilhas e emboscadas.

Os comunistas estavam mais bem preparados para o combate. Estavam, principalmente, ambientados à floresta. Os comunicados da guerrilha foram divulgados mundialmente, porque até o segundo semestre de 1972 ainda existia um dispositivo de apoio partidário fora da área conflagrada. Também criaram um movimento popular baseado num documento chamado "Programa dos 27 Pontos", com as principais reivindicações das populações locais, como vamos descrever mais tarde.

Esse documento reunia as principais razões da luta armada no Araguaia. E o povinho local concordava com cada item do manifesto. Mas isso não representou uma adesão em massa. Pelo contrário: o medo imperava entre a população local.

Mais uma vez, a diferença entre o discurso e a prática. Um grupo de "doutores" do sul do país pregando a luta armada ao povo pobre. De novo: não discuto a bravura daqueles jovens, apenas chamo atenção para as condições objetivas (e subjetivas) em que o movimento ocorreu. Até o português praticado naquelas brenhas era diferente, quase um dialeto. Os guerrilheiros não falavam a mesma língua. Estive por lá e sei que não é exatamente o idioma de Camões. É uma mistura de regionalismos com expressões indígenas. Quase outra língua.

Podemos até afirmar que populações locais apoiaram decisivamente alguns episódios de lutas libertárias no Brasil, como a revolta de Antônio Conselheiro, no arraial de Canudos, ou nas guerras gaúchas.* Fora isso — nem a Coluna Prestes é um bom exemplo —, quase tudo decorreu em silêncio, longe das massas populares e da opinião pública em geral. Na maior parte das vezes, os movimentos revolucionários pertenciam a um determinado segmento social — como os tenentes, os alfaiates e sapateiros, os estivadores, os marinheiros etc.**

Na revolta militar de 1924, em São Paulo, os tenentes se recusaram a aceitar apoio dos sindicatos, porque estes eram anarquistas e socialistas.*** Desde a Guerra de Canudos (1896-1897), é uma longuíssima história de equívocos e de subestimação do papel transformador dos trabalhadores. Todos esses episódios resultaram em mortandade e fracasso. Nenhum deles sequer arranhou as estruturas do poder.

---

*Ver SEVERO, José Antônio. *100 anos de guerras no continente americano*. Rio de Janeiro: Editora Record, 2012. Série em dois volumes: *Rios de sangue* e *Cinzas do sul*.
**Ver BANDEIRA, Luiz Alberto Moniz. *O ano vermelho*: a Revolução Russa e seus reflexos no Brasil. A obra está esgotada, mas pode ser encontrada na internet.
***Para mais detalhes, ver MEIRELLES, Domingos. *As noites das grandes fogueiras*. Rio de Janeiro: Editora Record, 2008.

É verdade que o tenentismo chegou até a Revolução de 1930, liderada por Getúlio Vargas, que deu início à Segunda República e ao moderno Estado brasileiro. A resistência contra a ditadura levou à Nova República, em 1985, e à moderna Constituição de 1988. Mas, de um modo geral, os movimentos revolucionários no país estiveram sempre restritos a uma atuação de grupos ideológicos, jamais envolvendo o conjunto das classes sociais. Uma revolução de verdade pressupõe o rompimento da estrutura de classes, fazendo com que uma se sobreponha às demais. Significa também a mudança radical no modo de produção e apropriação de riquezas numa determinada sociedade. E isso nunca ocorreu em terras tupiniquins.

Alguns episódios da nossa história recente produziram movimentos radicalizados e armados com apoio popular: as revoltas camponesas de Trombas e Formoso, em Goiás, no final dos anos 1950, e do vale do Paranapanema, no Paraná, no mesmo período; e a luta das Ligas Camponesas de Francisco Julião, no Nordeste. Esses acontecimentos, que envolveram milhares de famílias de lavradores pobres, estão na base da decisão do PCdoB ao imaginar a guerrilha no pé da região amazônica. A Amazônia, com 3,4 milhões de quilômetros quadrados de florestas intocadas, era como um outro país dentro do Brasil. Nele, o Estado moderno estava ausente.

O partido tinha chegado à conclusão de que o campo era o ambiente mais adequado para a luta revolucionária. Estava errado. O aprendizado custou o sangue dos seus militantes. A subestimação do papel dos trabalhadores urbanos, que chegaram ao poder quatro décadas depois, com o líder metalúrgico Luiz Inácio Lula da Silva, só pode ser explicada pela análise incorreta da realidade brasileira. Não éramos dois países, um moderno e capitalista, outro quase feudal, no campo; éramos, sim, um país só, capitalista, avançado e dependente do capital internacional.

A revolução brasileira não poderia ser por meio de uma revolta camponesa. Teria de ser através da luta dos trabalhadores urbanos organizados, como de fato se deu, apesar de que a vitória dos trabalhadores urbanos, com Lula, se deu nos termos da democracia capitalista — isto é, nem de longe pode ser considerada uma revolução. O que houve foi um consenso nacional por mudanças, iniciado, aliás, com a suposta social-democracia de Fernando Henrique Cardoso e do PSDB. Não foi com armas, mas com votos. E não foi uma revolução!*

A vitória eleitoral do Partido dos Trabalhadores (PT), em 2002, foi a retomada do processo de reformas iniciado com Getúlio, continuado por João Goulart e interrompido pelo movimento militar de 1964. Mas o golpe militar não foi uma simples quartelada. Tinha base social: apoio decisivo da elite econômica do país, que ansiava por desenvolvimento, e das classes médias. E também tinha apoio diplomático internacional. As classes médias da população temiam as reformas de Jango, sustentadas por sindicatos, intelectuais, militares de baixa patente e pelas Ligas Camponesas. Tinham atuação direta de alguns setores políticos radicalizados, como comunistas e socialistas. As reformas de base (agrária, tributária, direito de voto do analfabeto, elegibilidade de qualquer cidadão brasileiro, nacionalização de recursos básicos da economia) pareciam um caminho para o comunismo. No ambiente da Guerra Fria, de embate entre Ocidente e Oriente, o espectro do comunismo, descrito por Marx e Engels na primeira linha do *Manifesto comunista*, assustava muita gente no Brasil. Gente de terno e gravata, farda e batina.

O PT não fez nenhuma revolução, não custa frisar. Em vez de acelerar a organização das massas populares, resolveu sobreviver com base na política partidária tradicional, estabelecida nos privilégios da classe política e na corrupção, em troca da aprovação de medidas destinadas a oferecer algum benefício para o povo. Conseguiu? Sim, conseguiu. Mais de 30 milhões de brasileiros, beneficiados pelos programas de distribuição de renda, ascenderam socialmente.

---

*Os clássicos da ciência política, com centenas de autores no século XIX, sintetizados por Karl Marx e Friedrich Engels no *Manifesto comunista de 1848*, deixam claro que revolução é a ruptura da estrutura de classes e a mudança do modo de produção e de apropriação das riquezas. Como sabemos, nada disso ocorreu no Brasil, nem em 1889, com a República, nem em 1930, com Getúlio Vargas, e muito menos com os militares revoltos de 1964.

Hoje a classe média responde pela maior parte da população brasileira. Os números afirmam que representa mais de 60%. Milhões de novos postos de trabalho foram criados: talvez mais de 20 milhões até agora, enquanto os governos neoliberais do PSDB extinguiram 1,2 milhão de empregos. A mortalidade infantil foi erradicada. A taxa de desemprego é inferior a 6% — e isso pode ser considerado pleno emprego. Houve crescimento econômico com distribuição de renda, contrariando os economistas conservadores. As taxas de juros caíram de forma vertiginosa. Depois subiram lentamente, acompanhando uma inflação que já chega aos 6% ao ano. Mas o PT, com uma plataforma revolucionária ao ser criado, agora é um partido como outro qualquer.

Com Fernando Henrique Cardoso (1994-2002), Lula (2002-2010) e Dilma Rousseff (2010-?), o Brasil deixou para trás o chamado Terceiro Mundo. Saltou para as primeiras posições entre as nações mais desenvolvidas economicamente, apesar da sobrevivência de imensas desigualdades, injustiças e forte corrupção. O Banco Mundial (BID) chegou a dizer que a corrupção no Brasil é um dado econômico. Agora estamos no tabuleiro das nações mais poderosas da Terra.

É o "Brasil Grande" que os militares golpistas sonharam e nunca realizaram, mesmo em duas décadas no poder. Mas as desigualdades econômicas e sociais permaneceram. E uma epidemia de violência, resultado dessas desigualdades, toma conta do país desde o início dos anos 1990. Nos últimos 25 anos, mais de 1,1 milhão de pessoas foram mortas por armas de fogo no país. É mais do que nos cinquenta anos de guerra civil na Colômbia. E a impunidade impera: apenas 1% dos crimes cometidos resulta em prisões. A Justiça, fortemente apoiada numa dissimetria de classe, ainda é só para os pobres, pretos e favelados.

Quando vemos os movimentos populares de 2013 contra a corrupção e a impunidade, podemos compreender que são, de fato, motivados por esse modelo de desenvolvimento recheado de desigualdades. Ao mesmo tempo que o formato de "governo popular" de Lula e Dilma se preocupou com o crescimento econômico com distribuição de renda, deixou de lado questões fundamentais: saúde, educação, segurança pública, eficiência do Judiciário, combate à impunidade. O movimento espontâneo de massas, surgido em 2013, convocado pelas redes sociais na internet — e não por sindicatos e universidades —, mostra que a falta de atenção com áreas tão importantes do desenvolvimento humano provoca indignação cada vez mais violenta. Essa indignação pode (e deve) ter consequências eleitorais. É bom lembrar que partidos foram expulsos das manifestações de rua.

Mas o que falta a esse movimento de rua é a mesma coisa que faltava na luta armada dos anos 1960-70: um povo organizado para mudar o modo de vida. E o Partido dos Trabalhadores, confiando na correção de suas propostas para o país (e que em tese estão corretas), adentrou o modelo parlamentar conservador, que já destruiu outros partidos políticos: a construção de uma base aliada no Congresso Nacional não se fundamenta em questões programáticas, menos ainda ideológicas, mas num certo "é dando que se recebe". Em troca da aprovação de boas políticas, pratica-se a má política, fundamentada numa atividade parlamentar mercantil e na sustentação de privilégios para a classe política. Isso pode vir a cobrar um alto preço eleitoral. Certamente vai cobrar!

CORTA
Cena em preto e branco: o cenário internacional dos anos 1960-70.

Na Indochina, o batismo de fogo de um novo vietcongue, em geral um garoto de doze ou treze anos, era atingir sozinho um americano ou um soldado do exército sul-vietnamita, aliado do Tio Sam. Não precisava matar. Matar era um luxo, que podia resultar em reprimenda do comandante local. O sujeito, ferido na barriga com um tiro do fuzil russo AK-47, calibre 7.62 mm, gritava desesperadamente, baixando o moral da tropa. Para socorrê-lo, eram necessários outros quatro homens. Os feridos provocavam enorme dano ao contingente. E ainda levavam a dor a seus familiares, muito longe do campo de batalha. Se fosse um americano, viriam helicópteros de resgate, expondo as aeronaves ao fogo inimigo. Aí o prejuízo seria de muitos milhões de dólares.

Todas essas técnicas de combate de Davi contra Golias faziam parte da doutrina chinesa da "Guerra Popular Prolongada", aprimorada pelos vietnamitas, cuja tropa de infantaria é considerada a melhor do mundo. O PCdoB aderiu a tal estratégia. Mas os guerrilheiros do Araguaia não tinham o menor preparo para esse tipo de enfrentamento. A luta deles foi baseada na coragem pessoal, no voluntarismo e nos sonhos idealistas. Não se pode tirar deles o mérito da resistência armada contra a ditadura. Mas é preciso admitir que eram rapazes e moças com a mente povoada pelas ilusões heroicas de mudar o mundo a partir do sacrifício pessoal, como sacerdotes de uma seita secreta. Mesmo assim, altruístas, não faziam ideia da brutalidade exigida pela guerra de guerrilhas.

Só para dar um exemplo: em 1963, ainda durante o governo de John F. Kennedy nos Estados Unidos (foi ele quem iniciou o envolvimento americano na guerra do Sudeste Asiático), assessores militares do Pentágono e autoridades sul-vietnamitas, com a presença de observadores internacionais, realizaram uma campanha de vacinação das crianças da etnia meo, tribo indígena milenar que habitava o Vietnã muito antes da chegada dos colonizadores ocidentais. Meninos e meninas receberam injeções no braço, sob espanto dos líderes tribais. Quando as câmeras de televisão se apagaram e todos foram embora, os pais daquelas crianças deceparam seus bracinhos com facões, porque haviam sido "invadidas por demônios estrangeiros".

Uma barbaridade desse tipo — provavelmente — jamais entraria num coração brasileiro. Mas, no Araguaia, vimos violência semelhante, com fuzilamentos, decapitações e corpos pendurados no trem de pouso de helicópteros. É bom não esquecer que o próprio Kennedy provou de seu veneno: foi assassinado a tiros na sexta-feira 22 de novembro de 1963, na cidade de Dallas, Texas, por volta de meio-dia e meia. O tiro fatal foi disparado por um fuzil italiano Carcano, calibre 6.5 mm, da Segunda Guerra Mundial. Seus miolos foram espalhados sobre o porta-malas do carro oficial conversível. A munição empregada tinha traços de nitroglicerina, destinada a explodir a cabeça do maior potentado da Terra. Dez dos 44 presidentes dos Estados Unidos foram baleados. E quatro morreram.

Qualquer subestimação da violência política é pura leviandade. E esse erro da subestimação do inimigo foi fartamente praticado pelo movimento guerrilheiro do Araguaia. Os "meninos da área estratégica", como eram carinhosamente chamados pelos companheiros do PCdoB, não sabiam que apareceria por lá um oficial do Exército, à época capitão, depois major, hoje coronel, promovido por antiguidade e valores, chamado José Sebastião Curió. Também se chamava Marco Antônio Luchinni, ou "doutor Luchinni". Esses nomes todos, aliás, eram falsos, porque ele foi batizado como Sebastião Rodrigues de Moura.

Como quase todos os militares envolvidos na repressão à guerrilha, o "major Curió" usava documentos frios, "oficialmente" emitidos pelo governo. Uma prova, entre tantas, da ilegalidade da ação anticomunista no Araguaia. Além de abandonar suas fardas e verdadeiras identidades, também abandonaram uma história inteira das Forças Armadas brasileiras e adentraram o território sombrio do terrorismo de Estado. Os "meninos" do PCdoB eram inocentes demais, ingênuos mesmo, para perceber a máquina de guerra que se voltou contra eles. Também não imaginavam que um mateiro local se tornaria célebre por decepar cabeças de pessoas envolvidas com a resistência armada.

Nem podiam imaginar que soldados do Exército constitucional disparariam mais de cem tiros de metralhadoras, fuzis e pistolas contra uma guerrilheira presa e já ferida. O corpo ficou destroçado. Outra militante comunista, que feriu gravemente dois oficiais do Exército (o capitão Lício Maciel, ferido no rosto, e o próprio Curió, atingido na barriga e no braço), levou mais de oitenta tiros. Ângelo Arroyo, metalúrgico paulista, um dos comandantes da guerrilha e integrante da Comissão Militar (CM) do movimento, foi executado em São Paulo, um ano e pouco depois de desbaratada a guerrilha, com mais de cinquenta disparos. Mais adiante veremos esses episódios em detalhes.

Os integrantes do agrupamento de combate do PCdoB não faziam ideia da brutalidade inerente à guerra de guerrilhas. Aprenderam a duras penas — e também praticaram violência desmedida, como o "justiçamento" de lavradores que colaboravam com o Exército, inclusive um rapaz de dezessete anos, João Pereira, o "Jonas", filho do sitiante Antônio Pereira. O jovem costumava guiar pela mata a tropa do capitão Lício Maciel, o "Dr. Asdrúbal", em troca de dinheiro: em valores de hoje, 100 reais por dia. Foi morto a golpes de facão, em meados de julho de 1972.

CORTA
Militares eram nacionalistas radicais.

Nossos militares, mesmo os de extrema-direita, apesar do alinhamento genérico com os Estados Unidos no tabuleiro da Guerra Fria, cultivaram sentimentos nacionalistas radicais e antiamericanos. Isso durou décadas, desde o tenentismo dos anos 1920. Derrubaram o governo constitucional de João Goulart, em 31 de março de 1964. A Casa Branca disponibilizou uma poderosa força naval em apoio ao movimento militar, a famosa "Operação Brother Sam". Mas nossos generais não queriam nada com o verdadeiro Tio Sam, o imperialismo norte-americano. Acreditavam que o golpe era uma revolução nacional e libertadora. Foi citada como "redentora".

Muitos dos nossos homens em uniforme olhavam para o futuro. Sabiam que, se o Brasil se tornasse uma potência sul-americana, não demoraria a travar contradições com a política externa da Casa Branca e do Pentágono. Eles preferiam um posicionamento internacional independente. Um oficial-general me contou, sob a condição de omitir seu nome, que o projeto da "Operação Brother Sam" se resumia no seguinte: a 7ª Frota americana, sediada em Miami (Flórida), deslocou para o litoral brasileiro, porém em águas internacionais, entre o Espírito Santo e o Rio de Janeiro, seis destróieres, um navio porta-helicópteros e um porta-aviões com modernos caças a jato. Além disso, havia uma tropa de Marines embarcada, estimada pela minha fonte em 6 mil homens. Se alguma coisa desse errado no golpe de 31 de março, a esquadra americana se dirigiria para o Rio de Janeiro, ocuparia o porto da capital fluminense e estabeleceria uma "cabeça de ponte" com os Marines. Ali, então, seria possível estabelecer um governo provisório que pediria apoio oficial à

Casa Branca. Como sabemos, não houve resistência ao movimento militar de 1964. E a "Operação Brother Sam" foi discretamente cancelada. Outras fontes afirmam que a força militar americana ocuparia a cidade de Recife, porque a maior resistência era esperada no Nordeste.*

CORTA
O PCdoB foi criado para fazer a guerrilha.

O palco amazônico era — e ainda é —, na opinião de nossos oficiais, um provável campo de batalhas. Os revolucionários que iniciaram a guerrilha no Araguaia também pensavam assim. Mais adiante, vamos discutir suas razões, que remontam ao XX Congresso do Partido Comunista da União Soviética (PCUS), quando Nikita Kruchev (1894-1971) denunciou os crimes de Stalin, em fevereiro de 1956, e iniciou uma nova etapa, chamada "revisionista", do comunismo internacional.

O novo secretário-geral do PCUS buscava uma convivência mais ou menos pacífica com o Ocidente capitalista, provocando um verdadeiro cisma no movimento e gerando dissidências em todo o mundo. Suas teses foram recebidas como um abandono do processo revolucionário, enquanto eram saudadas na Europa. Deram início às teorias da luta armada libertadora na América Latina, Caribe, África e Ásia. A China de Mao Tsé-tung, recém-saída de uma revolução vitoriosa, se fortalecia diante da metade dos comunistas. No Brasil, o impacto das conclusões do XX Congresso do PCUS foi devastador. Stalin, o "genial guia dos povos", foi denunciado como um criminoso vulgar e genocida. Isso levou à divisão dos comunistas brasileiros. Em novembro de 1961, os dissidentes começaram a se organizar para deixar o PCB. Em 1962, o "racha" se confirmou. Surge o PCdoB, cujos dirigentes se apropriaram da sigla criada durante a fundação do partido, em 1922. João Amazonas e Maurício Grabois despontam como as lideranças mais expressivas do novo-velho partido.

---

*Para quem deseja aprofundar a pesquisa, ver o documentário *Jango*, do cineasta Silvio Tendler, em que há, inclusive, imagens da frota americana.

A confusão política no "Partidão" começa em agosto de 1960, quando seus integrantes realizaram o V Congresso da agremiação. O grupo liderado por Luís Carlos Prestes, o mitológico dirigente do PCB, batizado pelo escritor baiano Jorge Amado de "O Cavaleiro da Esperança", comandou um processo que visava eliminar qualquer oposição às novas orientações de Moscou. O Congresso afastou doze dos 25 membros do Comitê Central, além de vários suplentes, justamente a facção que resistia à orientação soviética, acusada de "atividades antipartido" — ou, simplesmente, "traição".

João Amazonas, Maurício Grabois e Diógenes de Arruda não conseguiram votos para se reeleger ao CC. Carlos Danielli, Pedro Pomar e Ângelo Arroyo também ficaram de fora. A eles se somaram Lincoln Oest, José Duarte, Walter Martins e Calil Chade. Essa turma iria constituir a direção do novo-velho PCdoB e formular a tese que ficou conhecida como *Guerra popular: caminho da luta armada no Brasil,** o fundamento teórico para a luta guerrilheira no sul do Pará. Grabois, jornalista experiente na imprensa clandestina comunista, e João Amazonas foram os principais autores do documento, que só foi publicado doze anos mais tarde. Os dissidentes acusaram o grupo liderado por Luís Carlos Prestes de "negar o Partido revolucionário em troca de uma hipotética legalidade". Disseram também que o PCB estava adotando "um programa inaceitável para um partido operário, próprio de um partido burguês, mais atrasado que os programas do PTB e do PSB".

Isso, por si só, já seria uma ofensa terrível. Mas as críticas não pararam aí. E a troca de insultos na imprensa comunista, especialmente no jornal *Novos Rumos*, continuou até o dia 5 de janeiro de 1962, quando a direção do PCB comunicou a expulsão de todos os dissidentes. Um editorial, de inspiração prestista, dizia: "O grupo fracionista Amazonas-Grabois-Pomar não tem futuro." O historiador Osvaldo Bertolino, autor de uma notável biografia sobre Grabois,** registrou:

---

*Lisboa: Edições Maria da Fonte, 1974.
**BERTOLINO, Osvaldo. *Maurício Grabois*: uma vida de combates. São Paulo: Editora Anita Garibaldi, 2012.

A esposa de Maurício Grabois, Alzira, também fora "expulsa", junto com Lincoln Oest. O jornal *Novos Rumos* publicou a seguinte nota: "Os comunistas de Niterói, capital do Estado do Rio, comunicam aos trabalhadores e ao povo que Lincoln Cordeiro Oest e Alzira Reis Grabois não mais pertencem às fileiras do movimento comunista, das quais foram expulsos em virtude de suas atividades fracionistas e contrárias aos interesses da classe operária e do povo."

A direção do PCB, publicando os nomes e sobrenomes, expulsava publicamente os comunistas dissidentes. Repito: dando os nomes e sobrenomes deles à repressão. Já utilizando a sigla PCdoB, os dissidentes iniciaram a reorganização do partido. O jornal *A Classe Operária*, que estava registrado na Associação Brasileira de Imprensa (ABI) em nome de Maurício Grabois, foi relançado. Inicialmente, funcionou numa pequena sala na rua Senador Dantas, 117, no centro do Rio de Janeiro. Desde o início, o novo-velho partido já pregava a ação revolucionária pelas armas e, internamente, discutia a guerrilha, que começaria a ser implantada quatro anos depois.

Maurício Grabois assumiu a direção de redação de *A Classe Operária* e Pedro Pomar o cargo de editor-chefe. Já em março de 1962, apenas dois meses apos o "racha", o jornal estava em circulação. Sabemos que o documento político que rompia com a orientação de Moscou fora assinado por cem dirigentes e destacados militantes do PCB, tanto que ficou conhecido como "A Carta dos Cem". Mas não sabemos quantos militantes deixaram o partido. Nem ao menos é possível determinar quantos eram, ao todo, os comunistas brasileiros. Entre outubro de 1945, quando o PCB obteve registro eleitoral e se tornou um partido legal, e abril de 1947, quando o diploma eleitoral foi cassado pela Justiça, o partido teve 200 mil filiados. Durante o "racha" de 1962, não se sabe quantos eram.*

Com o partido sendo mais uma vez lançado à clandestinidade, é possível que tenha perdido mais da metade de seus quadros. É quase im-

---

*Para detalhes, ver *Anarquistas e comunistas no Brasil*, do brasilianista John W. Foster Dulles (Rio de Janeiro: Nova Fronteira, 1977).

possível precisar o número de militantes, muito menos quantos ficaram em cada lado da luta interna nos anos 1960.*

CORTA
O grande "racha".

Os dissidentes de 1962 apoiam suas posições nos documentos do próprio PCB, especialmente os manifestos programáticos de 1950 e 1954, que defendiam a luta armada como o único caminho para a tomada do poder e a construção do socialismo no Brasil. A Revolução Brasileira, de acordo com os dissidentes, se fundamentava na "luta armada de libertação nacional", por um regime democrático, popular e anti-imperialista. Davam ao campesinato — e isto foi o erro maior — um papel revolucionário decisivo. Citam as revoltas camponesas de Goiás e do Paraná. Apontam as Ligas Camponesas do Nordeste, focadas na reforma agrária, durante os governos de Jânio Quadros e João Goulart, como um movimento revolucionário.**

Os comunistas erram ao subestimar o papel transformador dos trabalhadores urbanos, deixando de considerar que o país ensaiava os primeiros passos no modelo capitalista avançado. O modo de apropriação econômica no país apontava para a urbanização industrial acelerada e para um papel cada vez mais destacado da classe operária e dos trabalhadores nas grandes cidades. Os comunistas brasileiros do final dos anos 1950 não foram capazes de entender o processo histórico — tarefa que julgavam essencial, mas na qual falharam. Estavam muito influenciados pela "teoria dos dois Brasis", corrente que impulsionava fortemente os intelectuais da época: seríamos um país capitalista convivendo com

---

*No site do PCdoB, em www.pcdob.org.br, há atualmente as seguintes informações: em 2001, o partido tinha aproximadamente 34 mil filiados; em 2006, cerca de 70 mil; em 2009, mais de 103 mil.

**Os manifestos de 1950 e de 1954 podem ser conferidos na parte final deste livro. Na ocasião em que o autor trata da história de José Genoino, o tema também é destacado.

outro, semifeudal, no mesmo território nacional, o que apontava para uma revolução democrático-burguesa, onde a massa camponesa teria fundamental importância.

Nem se deram conta da dramática inversão que iria ocorrer poucos anos mais tarde. Hoje, 80% dos brasileiros estão nas cidades. E no campo, o que predomina é a agricultura mecanizada e de alta concentração de capitais. O Brasil semifeudal, com um campesinato revolucionário, simplesmente não existia naquela época. E não existe até hoje. A "teoria dos dois Brasis" não tinha base real, muito menos "científica". Aí está a origem do erro teórico dos comunistas daquele período histórico. Isso teria consequências desastrosas no futuro imediato.

A proposta dos dissidentes comunistas pós-Kruchev leva a uma aproximação com o próprio programa comunista chinês. Naqueles anos, mais de 75% da população brasileira ainda estavam no campo. O modo de exploração do trabalho no meio rural era dramático, com traços escravagistas. Mas o rolar dos acontecimentos apontava para outros rumos, como vimos anteriormente. Apesar da identificação com o maoismo, é da Cuba revolucionária que o PCdoB vai se aproximar primeiro. Ficava mais perto e fazia mais sentido: luta armada pela tomada do poder, mobilizando o campo.

Cuba era um país atrasado, com a lavoura de açúcar constituindo a base da economia, sem um Estado forte e centralizado, com o predomínio de oligarquias regionais. Parecia com o Nordeste do Brasil. Mas essa era toda a semelhança que havia. Fora isso, a vitória avassaladora dos revolucionários de Fidel Castro, que tomaram o poder em apenas três anos, entre 1956 e 1959, impressionava a América Latina.

Grabois e Amazonas vão à ilha caribenha. Encontram-se, no início de 1962, com Fidel Castro e Ernesto "Che" Guevara. A experiência dos dois líderes comunistas brasileiros, baseada na história do PCB, indicava que precisavam de "uma fronteira amiga". A União Soviética recebia os quadros comunistas brasileiros com destacada atenção. Frequentavam a escola de formação do PCUS. Obtinham recursos financeiros, estudavam marxismo-leninismo, discutiam estratégia militar global e geopolítica. Um trecho do livro de Osvaldo Bertolino* nos dá uma boa ideia do que estou dizendo:

> O PCdoB entrou no campo de visão dos revolucionários liderados por Fidel Castro, quando Cuba procurava ampliar seu leque de relações, rompendo os limites que os soviéticos procuravam impor. O Brasil era um lugar em que as organizações que lutavam contra o modelo moldado pelo regime norte-americano na "Guerra Fria" não se limitavam a seguir o pensamento de Nikita Kruschev. Demonstravam isso as Ligas Camponesas, lideradas por Francisco Julião, que se recusavam a seguir cegamente o que ditava a direção do PCB. As relações entre os cubanos e os camponeses das Ligas se estreitaram a ponto de duas turmas de brasileiros serem enviadas para fazer treinamento político-militar na ilha revolucionária. Com a colaboração, campos de treinamento guerrilheiros foram montados no Brasil, mais tarde desmantelados pela repressão. A simpatia de Cuba pelo Brasil cresceu quando o governo brasileiro se absteve na votação que aprovaria a expulsão da ilha revolucionária da Organização dos Estados Americanos (OEA), em janeiro de 1962, convocada pelos Estados Unidos.

Ainda naqueles anos, Maurício Grabois fazia acenos aos cubanos. Em abril de 1961, quando ocorreu a invasão da Baía dos Porcos, em Cuba, por forças mercenárias apoiadas pelos Estados Unidos, numa tentativa fracassada de derrubar o regime comunista, militantes de esquerda ligados à dissidência do PCB — e que já se identificavam com o PCdoB — estavam na ilha e se alistaram como voluntários. Combateram ao lado de Fidel. A invasão foi derrotada em três dias, um dos maiores fiascos da política externa americana. Carlos Danielli, dirigente histórico do PCB, mas já comprometido com o novo partido, estava lá.

No final daquele ano, em novembro de 1961, já às vésperas de serem expulsos do PCB por se recusarem a assumir a nova linha soviética, os

---

*BERTOLINO, Osvaldo. *Maurício Grabois*: uma vida de combates. São Paulo: Editora Anita Garibaldi, 2012, obra já citada. [Publicado pela Fundação Maurício Grabois.]

dirigentes do futuro PCdoB declaram apoio a Cuba. Criam, no Rio de Janeiro, uma editora de livros e jornais chamada Futuro. O primeiro livro a ser publicado é *Guerra de guerrilhas*, de Ernesto Guevara, com prefácio de Maurício Grabois. O novo líder do PCdoB, cuja ascendência entre os dissidentes se divide com João Amazonas, em texto entusiasmado — sem saber que morreria fuzilado no Araguaia, sem imaginar que um golpe militar tomaria o poder no Brasil —, diz o seguinte:

> Sem receio de incidir em erro, podemos afirmar que a Revolução Cubana constitui para os povos latino-americanos um dos acontecimentos mais importantes do século que vivemos. Pela primeira vez em terras da América Latina, tão pródigas em golpes e pronunciamentos militares de cunho reacionário, foi levada a cabo uma revolução que aniquilou o domínio dos latifundiários e dos capitalistas, conduzindo ao poder os trabalhadores e acabou para sempre em Cuba com a submissão aos monopólios norte-americanos.

Como podemos ver, esse entusiasmo ocorreu pouco antes do episódio conhecido como a "Crise dos Mísseis", quando o regime soviético instalou foguetes nucleares em Cuba, a menos de 200 quilômetros da pátria do Tio Sam, em troca de defender Cuba de futuras invasões, além da garantia de comprar todos os produtos cubanos por atacado: açúcar trocado por petróleo e coisas mais. Fidel se rendeu à lógica soviética das coisas — e o mundo esteve à beira de uma guerra nuclear. O físico Albert Einstein havia dito: "A Terceira Guerra Mundial será com armas atômicas, mas a Quarta Guerra Mundial será com paus e pedras." Fidel sobrevive no poder até os dias de hoje, apesar de velho e doente. Seus aliados circunstanciais, nem tanto. Grabois está morto. Amazonas também. A submissão ao regime soviético afastou os comunistas brasileiros envolvidos com a dissidência do PCB. Já que Cuba não era uma boa alternativa, sobrava a China, supostamente fora da influência de Moscou. E os chineses receberam os brasileiros de braços abertos.

Maurício Grabois resolveu procurar outros aliados. Cuba declarou apoio integral à União Soviética. Nesse processo, o novo-velho PCdoB estava sozinho. Não podia voltar atrás, sob pena de perder a militância. Optou pela linha chinesa. E deu certo: os aliados no Oriente ajudaram a construir o novo partido. Na China e na Albânia, no Leste Europeu, conseguiu recursos e apoio logístico. Podemos dizer que a busca por "uma fronteira amiga" continha um pouco de oportunismo político. Verdade? O fato é que manter uma militância clandestina, profissional, imprimir jornais ilegais e outras coisas mais custava algum dinheiro.

Não há pesquisas específicas sobre este ponto da história dos nossos comunistas. Considerando a precariedade do movimento armado desencadeado no Araguaia, a acusação de financiamento externo é quase ridícula. No entanto, sabemos que vários dos militantes do PCdoB envolvidos na luta armada no sul do Pará frequentaram uma escola de formação de quadros em Pequim. Entre eles, Miqueas Gomes de Almeida, o guerrilheiro "Zezinho do Araguaia", que me contou a sua história, em 2013.* O próprio filho de Maurício Grabois, André, pouco mais do que um adolescente, fez curso de guerrilhas na China. Comunistas brasileiros treinaram técnicas de combate nas neves chinesas, que seriam utilizadas numa floresta tropical. Há farta documentação sobre isso.

CORTA
Continua o filme em preto e branco.

No XX Congresso do PCUS, Kruchev, aliás, estava atrasado em suas propostas, porque em Cuba os revolucionários de Fidel e Raul Castro, com o apoio do argentino Ernesto Guevara, naquele mesmo ano de 1956, já haviam rompido com a nova linha soviética e iniciado uma revolução popular armada, que os levaria ao poder na noite de ano-novo de 1959. E isto só para falar no Caribe. Na África, os comunistas estavam na luta de libertação em Angola, Moçambique, Açores e Cabo Verde — só para citar as colônias portuguesas. Elas se tornaram independentes após a revolta militar de 1974, em Portugal, conhecida como a "Revolução dos

---

*Ver segunda parte do livro.

Cravos", na qual soldados ostentavam as flores na ponta dos fuzis. A independência das colônias portuguesas, após décadas de guerra colonial, era uma realidade. Em Angola, um poeta guerrilheiro, Agostinho Neto, chegava ao poder.

No Vietnã, após atuar decisivamente na expulsão dos japoneses, durante a Segunda Guerra Mundial, a Frente de Libertação Nacional, chamada "Vietminh", à época, investiu contra os franceses, que haviam voltado à colônia asiática após a expulsão dos japoneses. Oito anos depois, em 1954, os franceses foram derrotados na batalha de Dien Bien Phu, cercados na região nordeste do país. A Organização das Nações Unidas (ONU), entidade criada pouco antes, decidiu que o Vietnã deveria ser dividido em dois países: o Norte, comunista, e o Sul, apoiando o mundo ocidental.

Eleições gerais foram marcadas para o ano de 1956, aquele ano de Kruchev. Mas um golpe militar no Vietnã do Sul, apoiado pelos americanos, levou ao poder o ditador Ngo Diem, favorável ao Ocidente capitalista. Começou uma nova guerra. O "vietminh" virou "vietcongue", "vietnamitas comunistas", em inglês. Com a solidariedade chinesa e russa (os soviéticos contrariavam as decisões do XX Congresso do PCUS, estranhamente), a guerra se alastrou. Os russos, possivelmente, apoiaram os comunistas vietnamitas porque se tratava de um enfrentamento envolvendo diretamente os Estados Unidos. Era mais do que uma disputa localizada.

Entre 1962 e 1963, o presidente dos Estados Unidos, John F. Kennedy, mandou 1.500 assessores militares para o Vietnã. Depois da morte do presidente, assassinado em novembro daquele ano, o vice Lyndon Johnson aumentou esse número para 15 mil. Até o fim da guerra, na qual os americanos sofreram a maior derrota de sua história, quase 3 milhões de soldados do Tio Sam estiverám no Vietnã. Foram 350 mil baixas e 57 mil mortos, mais do que o país sofreu na Segunda Guerra Mundial.

Os revolucionários chineses de Mao Tsé-tung tinham tomado o poder em 1949 — e também discordaram da nova linha política soviética, de

1956, apresentando-se como alternativa política e militar e estimulando a revolução armada no Sudeste Asiático, na África e na América Latina. A teoria maoista da guerra popular prolongada era a nova bandeira de lutas. É importante citar essas reminiscências históricas para compreender um pouco melhor a opção de Amazonas e Grabois. Na cabeça dos organizadores da guerrilha no Araguaia, a experiência vietnamita ocupava lugar privilegiado.

CORTA.

O filme preto e branco vai ficar colorido na volta ao Araguaia.

Nas margens das estradas amazônicas, quase sem qualquer infraestrutura, o regime militar, através do Incra, criou vilas destinadas a povoar e desenvolver a região. Não havia saneamento básico nem luz elétrica. Os militares criaram um Plano de Integração Nacional, incluindo um programa de doação de lotes de terras para facilitar a ocupação. (A estratégia militar propriamente dita ficava no subtexto do projeto.) Vieram milhares de famílias do Sul e do Sudeste do país. Do Nordeste também. Esses brasileiros, desbravadores, iriam competir com o povinho do Araguaia, ampliando o conflito. Além disso, as frentes de integração nacional também invadiram as terras indígenas e levaram doenças graves aos nativos.

A Perimetral Norte atravessou o território ianomâmi, presenteando os índios com um surto de sarampo que quase os dizimou. Hoje, ao longo dessas assim chamadas rodovias, é possível ver indígenas que se tornaram mendigos, crianças e jovens se prostituindo para os caminhoneiros por 10 reais. Meninas de doze anos são "vendidas" pelas próprias mães — por 500 reais — aos motoristas da Transamazônica. Os "compradores" ficam com as garotas por uns 350 quilômetros e as abandonam às margens da estrada para que outros possam "comprá-las" por mais umas centenas de quilômetros. E assim a vida segue. Em 2010, o programa *Fantástico*, da TV Globo, mostrou uma reportagem sobre esse comércio de carne humana como se fosse uma novidade. Resultou na prisão de uma mãe miserável e bêbada, que tentou vender uma garota para o repórter pelos mesmos 500 reais. E assim a vida segue.

No Bico do Papagaio, surgiu uma raça de índios miscigenados, o povo da floresta, que reuniu o melhor das origens com o pior da civilização branca (ou quase branca), totalmente predadora. Gente estranha, doente e sem instrução que, no entanto, aprendeu a difícil arte de sobreviver na floresta e criou um modo de vida quase à parte do país chamado Brasil. O ouro voltou a ser moeda circulante, como nos tempos da colônia portuguesa. O cruzeiro valia 0,45 do dólar americano. E o escambo movia a economia.

De comum com o resto da *terra brasilis*, apenas a velha moeda, o cigarro sem filtro Continental, o rádio de pilhas e um idioma próprio que misturava regionalismos nordestinos, sulistas e indígenas. O médico Amâncio Ramalho Júnior, que andou por aqueles sertões, me contou que precisava de um intérprete para decifrar o português canhestro das gentes. Quando filmes e documentários de televisão dão voz a esses habitantes do sertão verde-escuro, é preciso colocar legendas.

Mesmo nessas condições — pensando em sobreviver na floresta —, um grupo de pessoas, vindo da civilização, acreditou que poderia iniciar, entre os matutos, uma revolta contra tudo e contra todos. Uma revolução guerrilheira capaz de derrubar o regime militar a partir da luta armada no interior, distribuir terras e implantar o socialismo. *Guerra do povo: exército do povo*, do general vietnamita Vo Giap, que derrotou os americanos no Sudeste Asiático, era um dos livros de cabeceira desses jovens. *Guerra de guerrilhas*, de Ernesto Guevara, e *Revolução na revolução?*, de Régis Debray, eram leituras constantes.

Mudar o mundo parecia fácil e dependia apenas da vontade de fazer a revolução. Nada mais simples. "Quase matemático", como ironizou o escritor Antonio Callado no espetacular romance *Bar Don Juan*.* E pura

---

*CALLADO, Antonio. *Bar Don Juan*. Rio de Janeiro: Nova Fronteira, 1971.

ilusão. Os rapazes e moças do PCdoB dedicaram suas vidas e o melhor de suas esperanças numa aventura quase inexplicável, quando a consideramos a partir do Brasil moderno. Foram despedaçados na luta — e nem assim recuaram. Não recuaram nem na prisão ou na tortura. Até o "inimigo" reconheceu a sua bravura.

Escrever sobre isso, quatro décadas depois, pode parecer fácil. Mas você pode apostar: não é nada fácil. Pelo desastre da inocência daqueles jovens e de suas famílias. Por causa do desperdício de toda aquela energia, que faria falta no país de hoje, tomado por desigualdades sociais, violência, corrupção e dominado por velhacos. O senador Pedro Simon (PMDB-RS) chegou a declarar recentemente à imprensa: "É uma pena que os bons se foram e os canalhas continuam." O Brasil seria muito diferente só com os bons. Se aquela centena de rapazes e moças tivesse sobrevivido, alguma coisa poderia ser diferente entre nós, nos dias atuais.

Aquela luta toda foi um sonho com a bota e o anel de Zapata. De Emiliano Zapata (1879-1919), um dos líderes populares da Revolução Mexicana, descrito na canção politizada de Lô e Márcio Borges "Tudo que você podia ser", na voz de Milton Nascimento, que serve como epígrafe deste capítulo de abertura. (Antes de prosseguir na leitura, ouça essa música, para que a poesia abra a sua mente aos acontecimentos que virão a seguir.) Foi um sonho com os Virgulinos Ferreira da Silva, os Lampiões desses nossos sertões desesperados, nossos rincões de caatinga ou de matas assombradas.

Foi um sonho com os Antônios Conselheiros, que levantaram o povo pobre contra tudo mesmo, a civilização ou a República, não fazia muita diferença. A guerra pela destruição do arraial de Canudos (1896-97), no sertão baiano, resultou em 5 mil mortos só entre as tropas federais, sem contar um número indefinido de civis. Talvez 10 ou 20 mil. Ninguém sabe ao certo. Canudos foi um marco na modalidade de luta guerrilheira rural no Brasil.* Antes disso, só o Quilombo dos Palmares, na serra da

---

*Para detalhes, ver *Os sertões*, de Euclides da Cunha, obra definitiva sobre Canudos.

Barriga, hoje Alagoas, onde 20 mil escravos fugidos de canaviais nordestinos resistiram aos brancos ou quase brancos durante quase um século, a partir da segunda metade dos anos 1600. O líder da revolta negra, Zumbi dos Palmares, foi emboscado e morto em 20 de novembro de 1695. Mas o quilombo resistiu até 1710.* A guerra irregular — a guerrilha — não era nenhuma novidade no Brasil.

E olha que dessa vez, no Araguaia, não era gente bruta, não. Eram jovens estudados, com diploma, até título de doutor. E moças também educadas, porém monumentais, cuja determinação faz sombra a qualquer das Marias Bonitas dessa terra de meu Deus. Faltam palavras para descrever a coragem e a entrega desses jovens à causa da libertação. Não queriam pouco, não. Queriam começar uma guerra popular prolongada, a revolução socialista armada, a reforma agrária, a distribuição das riquezas. De armas na mão, promover a paz e a igualdade entre os homens.

Os "meninos da área estratégica" davam um exemplo extraordinário de fé e determinação. E de disciplina também. Não eram gado comum, mesmo entre uma juventude que mostrava crescente rebeldia contra a ditadura. Seus objetivos não eram pequenos, não. Mas eles eram poucos, só um punhado, talvez uns cem. A geração que sobreviveu à ditadura tem uma dívida com esses rapazes e moças, muitos dos quais nem sequer tiveram um enterro decente. O governo militar escondeu seus corpos, como a se desculpar perante a História pelas atrocidades cometidas. Se a morte do inimigo fosse justa — ou legal — não haveria necessidade da dissimulação.

Esses rapazes e moças, inconformados com a opressão no país, se lançaram à luta em 1966, como já disse, antes mesmo de o próprio regime se saber terrível e se transformar num monstro devorador de corações e mentes. Foi antes do Ato Institucional nº 5, das torturas como rotina e dos assassinatos. Eles enxergaram longe? Entenderam o significado daquele governo desagregador, corrupto e violento antes do tempo? Eram

---

*Ver ALVES FILHO, Ivan. *Memorial dos Palmares*. Brasília: Fundação Astrojildo Pereira, 2010.

movidos por uma lógica diferente, distante do real processo político naquela quadra da vida brasileira? Não importa. Essa é uma discussão para historiadores, não para quem pretende compreender a bravura daqueles jovens. E põe bravura nisso! Um major do Exército perfilou a tropa diante do corpo de uma guerrilheira magra e esfarrapada e gritou para os seus homens:

— Vocês estão vendo? Isto aqui é um soldado de verdade.

Lá do fundo do Brasil, esses rapazes e moças lançaram o seu grito de Palmares pela libertação dos novos escravos. Entregaram suas vidas e sua vontade, diante de um país calado, covarde e oportunista. Um país que nem ao menos tomou conhecimento da existência deles, tamanha foi a censura que desabou sobre os meios de comunicação, o Congresso e a vida comum das pessoas. Lutaram e morreram em silêncio, invisíveis, perdidos no emaranhado da vegetação do Araguaia.

Enquanto a luta se desenrolava, o brasileiro comemorava a Copa do Mundo de 1970 e o "milagre econômico". As elites engordavam, a classe média crescia e comprava, aumentavam a produção agrícola e as importações. Jeans, chiclete e camisas Lacoste vermelhas domavam os jovens de todos os cantos do Patropi. Os anos 1960-70 foram o auge dos Beatles e da Jovem Guarda, do biquíni, dos festivais da música popular e da caipirinha. Aliás, a caipirinha, bebida legítima nacional, vencia a cuba libre e o uísque com guaraná. No bar Limão Sul, no Posto Seis, em Copacabana, onde a esquerda estudantil se reunia, a bebida dominante era justamente a caipirinha, da qual provei muitas vezes.

Jornalistas, estudantes, professores, intelectuais, religiosos e artistas resistiam à ditadura, num murmúrio que quase não se ouvia e não mudava muita coisa — nem mesmo chegava até essa entidade sociológica denominada "povo". Jornalistas, estudantes, professores, intelectuais, religiosos e artistas iam para a cadeia e para o exílio. Nada mudava essencialmente. A ditadura era onipresente e toda a resistência, que não foi pouca, naufragava no isolamento social. As grandes massas populares nem desconfiavam que uma resistência armada estava em curso em meio à beleza da Amazônia.

Um gesso cobria o país do samba e do futebol. Ao deixar o Brasil, Gilberto Gil gravou a música "Aquele abraço", quase profética:

> Alô moça da favela — aquele abraço!
> Todo mundo da Portela —
> aquele abraço! [...]
> Pra você que me esqueceu —
> aquele abraço!

Reinava o silêncio. O pessoal mais politizado se jogava no tobogã da resistência. O jornalista Renan Miranda, que foi meu chefe de reportagem em *O Globo*, nos anos 1970, tinha uma definição espetacular para tobogã: "Lá vou eu sem mim!" Assim nos sentíamos, naquela espiral sem rumo. Qualquer prática associativa, como cinema, teatro ou festinhas, continha uma nota de perigo. Você ia encontrar os amigos para uma caipirinha no Limão Sul — e lá estavam agentes disfarçados do Departamento de Ordem Política e Social (Dops), da polícia carioca. Um delegado ensandecido percorria o bairro, à noite, e costumava cortar com uma tesoura as calças boca de sino que encontrava com a garotada. O policial as considerava "imorais". Mais tarde, ficamos sabendo que o tira, defensor dos bons costumes, era um corrupto de marca maior.

O policial esteve envolvido, inclusive, com a primeira organização do tráfico de drogas no Rio de Janeiro e em São Paulo, a "Conexão Ilha Bela", organizada pela máfia siciliana. O "poderoso chefão" era dom Masino, codinome de Tommaso Buscetta (1928-2000). O mafioso da Cosa Nostra, que controlava o tráfico nos Estados Unidos, México e Brasil, foi preso pela polícia brasileira em 2 de novembro de 1972 e extraditado para a Itália. Tornou-se o maior traidor da história da máfia. O nosso delegado, que cortava calças boca de sino e aparecia em programas de televisão, estava associado com esse bandidão italiano.

Uma parte da juventude brasileira, talvez a mais consciente e politizada — certamente a mais revoltada —, pegou em armas contra a ditadura. Especialmente quando a violência do regime estreitou — e gradualmente impediu — todas as formas de manifestação política e quase toda a vida cultural. Em 1968, o Ministério da Justiça vetou 44 peças teatrais. Além disso, no mesmo ano, a ditadura resolveu que os sessenta maiores municípios do país, incluindo as capitais, não teriam mais eleições para prefeito. E pronto. Surgem os governantes "biônicos".

A música popular e os sambas-enredos dos carnavais do Rio de Janeiro eram os últimos veículos de contestação. E, mesmo assim, com muito cuidado. Ao todo, durante o período de exceção, 20 mil músicas foram censuradas. O cinema e o teatro sofreram muito. Várias peças teatrais foram interrompidas por homens armados, que se intitulavam Comando de Caça aos Comunistas, o CCC. Destruíam os teatros, lançavam gás lacrimogêneo e espancavam os atores. Em fevereiro de 2013, a Comissão Nacional da Verdade, criada para pesquisar os crimes da repressão política no Brasil, informou que, só no primeiro ano da ditadura, ocorreram mais de 50 mil prisões no país. O número total ainda é desconhecido.

Não sei bem o porquê, mas sempre me lembro da letra sofisticada de Milton Nascimento e Fernando Brant na canção "Ao que vai nascer":

> Respostas virão do tempo
> Um rosto claro e sereno me diz
> E eu caminho com pedras na mão
> Na franja dos dias esqueço o que é velho,
> O que é manco
> E é como te encontrar
> Corro a te encontrar.

Apareceram dezenas de pequenos grupos e organizações de estudantes e intelectuais, militares punidos pelo golpe de 1964 e desertores, comunistas históricos e uns poucos operários. Eles romperam com a via pacífica para a solução dos problemas nacionais. Escolheram caminhar "com pedras na mão". Não foi uma opção terrorista — foi acreditar que ações armadas espetaculares, como o sequestro de embaixadores, seriam uma forma de romper o silêncio imposto pela ditadura. Tais organizações pretendiam se constituir em vanguardas de um processo revolucionário. Até mesmo pela força do exemplo, que deveria motivar a organização espontânea de outros focos de luta.

O veterano Carlos Marighella, líder e fundador da ALN, explicava a tese da luta espontânea gerada pelo exemplo revolucionário num documento divulgado em Cuba, durante uma conferência da Organização Latino-americana de Solidariedade (Olas, que em espanhol quer dizer "ondas"). Foi em 1967, sob o impacto da notícia da morte de "Che" Guevara na Bolívia. Marighella estava em Havana liderando o "Agrupamento Comunista de São Paulo", uma tendência dissidente no PCB paulista. O dirigente e seus companheiros se recusavam a aceitar a nova linha política soviética, adotada por Moscou dez anos antes, após o XX Congresso do PCUS.

A divulgação do documento do dirigente comunista de São Paulo, intitulado "Algumas questões sobre as guerrilhas no Brasil", resultou na sua expulsão do Comitê Central do partido. Curiosamente, em desafio aberto à ditadura, o *Jornal do Brasil* publicou na íntegra o texto de Marighella. Foi na quinta-feira 5 de setembro de 1968, quando os militares preparavam um grande desfile para o Dia da Independência, no sábado. A matéria saiu apenas três dias depois que o deputado federal Márcio Moreira Alves (MDB, à época) discursou na Câmara Federal, exortando as mães brasileiras a não levar seus filhos à parada de 7 de Setembro. Esses episódios — uma clara contestação ao regime — levaram à decretação do AI-5. Ou pelo menos serviram como pretexto.

No livro *Carlos Marighella: o inimigo número um da ditadura militar*,* o jornalista Emiliano José descreve o ambiente em que ocorreu o novo "racha" no PCB:

---

*JOSÉ, Emiliano. *Carlos Marighella*: o inimigo número um da ditadura militar. São Paulo: Editora Sol & Chuva, 1997.

Em Cuba, Marighella recebe a notícia da morte de Che Guevara na Bolívia, e é sob o impacto dessa perda que desenvolve reflexões sobre a guerra de guerrilhas no Brasil. [...] Acredita, mais do que nunca, ser o único caminho para expulsar o imperialismo, destruir as oligarquias e levar as massas ao poder. [...] Os guerrilheiros iam ganhar a confiança dos camponeses porque seriam homens honestos, leais, que estimariam e respeitariam o povo e seus costumes.

Ou seja: o "exemplo" de homens honestos e leais, por si só, conquistaria o campesinato e as massas populares. Puro voluntarismo. Ilusão. Isso não aconteceu. Nem no Araguaia, onde os guerrilheiros tiveram muito tempo para estabelecer um bom relacionamento com os moradores, só rompido pela brutalidade da repressão. De volta ao texto de Marighella, citado por Emiliano José, é possível notar que o dirigente comunista estava superestimando a questão do papel do revolucionário como indivíduo diferenciado. E confundia a vanguarda surgida na luta do povo com a vanguarda que "provocaria" a luta do povo. Destaco um trecho que Marighella dedicou a Guevara: "[Pretendia] homenagear a memória do comandante Che Guevara, cujo exemplo de guerrilheiro heroico perdurará pelos tempos e frutificará por toda a América Latina."

Como se sabe, Guevara e seus homens passaram onze meses isolados nas matas de La Higuera, província remota na Bolívia. Foram caçados por tropas especiais bolivianas, com assessores militares americanos em seus calcanhares. Indígenas e camponeses pobres fugiam dos guerrilheiros como o diabo foge da cruz, por medo de represálias. Numa anotação em seu diário de campanha, no dia 4 de julho de 1967, Che descreve um encontro com "o camponês Manuel Carrillo, que nos recebeu com um misto de terror e pânico".*

O exemplo de luta, mesmo com abnegação total, por si só, não bastava. Aliás, naquela mesma província, menos de um ano antes do Che, o governo de René Barrientos havia promovido uma grande distribuição

---

*Ver CUPULL, Adys; GONZÁLEZ, Froilán. *O diário do Che na Bolívia*. Rio de Janeiro: Editora Record, 1997.

de títulos de terra aos lavradores pobres da região. E Barrientos acabara de ser reeleito presidente, com mais de 60% dos votos, em primeiro turno. Os camponeses de La Higuera não queriam nem ouvir falar em guerrilhas. Mais adiante volto ao tema.

E por que deu certo em Cuba, quando apenas doze homens iniciaram a luta armada em Sierra Maestra, o conjunto de montanhas que domina o centro da ilha? Porque o Movimento Revolucionário 26 de Julho (MR-26), dos irmãos Castro, soube interpretar o sentimento popular e catalisou a rebeldia já existente na sociedade cubana. Não foi o MR-26 que iniciou a revolução. Ela já estava em curso, motivada por condições objetivas de exploração e opressão de trabalhadores e estudantes. O que o castrismo fez foi dar a partida num método de luta, que se mostrou o mais adequado para a situação cubana. Mas o processo revolucionário já havia se instalado em Cuba. O MR-26 se tornou a vanguarda armada da luta do povo — e não o contrário, como sonharam os guerrilheiros do Brasil.

O próprio Carlos Marighella, após o rompimento com o PCB, só teria mais dois anos de vida. Antes de voltar ao Brasil, deixou combinado com os dirigentes do PC cubano que grupos de militantes da ALN seriam enviados à ilha caribenha para treinamento de guerrilha nos campos de Sierra Maestra. A primeira equipe seguiu ainda em 1967; duas outras, em 1968 e 1969. Ao retornar a São Paulo, Marighella passou seus últimos meses de vida na mais severa clandestinidade. As duríssimas condições de luta que encontrou radicalizaram ainda mais suas posições.

Agora acreditava que a guerrilha urbana serviria para divulgar a causa revolucionária, recrutar adeptos e realizar "finanças" (roubo de bancos, armamentos etc.) para o movimento armado no campo. A guerrilha rural era a prioridade da direção da ALN, que esperava iniciar os combates na região subamazônica. Sem saber, a organização chegara à mesma conclusão que o PCdoB, já posicionado na região do Bico do Papagaio. O tema, porém, nunca foi discutido entre os dois grupos — mesmo a ALN e o PCdoB tendo saído do mesmo berço, o velho PCB.

Marighella chegou a escrever o *Manual do guerrilheiro urbano*, distribuído numa versão mimeografada e jamais publicado formalmente.

No livreto artesanal, que tive a oportunidade de ler, admitia o terrorismo como método legítimo de luta. Outro documento da ALN, "O papel da ação revolucionária na Organização", escrito pelo próprio dirigente, também justificava o terror, como forma de se opor "à violência inominável da ditadura":

> Sendo o nosso caminho o da violência, do radicalismo e do terrorismo (as únicas armas que podem ser antepostas com eficiência à violência inominável da ditadura), os que afluem à nossa organização não virão enganados, e sim atraídos pela violência que nos caracteriza.*

Por maior que seja a crueza dessas afirmações, é preciso reconhecer que a violência revolucionária estava na mente daquelas pessoas e era entendida como uma necessidade da própria guerra. E era de fato uma guerra — e bem cruel. É claro que a violência institucional foi bem maior: era o próprio Estado, usando dinheiro e recursos públicos, incluindo até as Forças Armadas nacionais, agindo abaixo das leis e cometendo atrocidades. Os revolucionários nem tiveram tempo de completar suas organizações e definir planos e objetivos. Foram apanhados antes. É preciso reconhecer que a repressão, na forma de um terrorismo de Estado, estava mais bem preparada e utilizou métodos muito mais eficientes do que os surgidos a partir dos sonhos da esquerda armada.

A violência daqueles "anos de chumbo" desabou sobre Carlos Marighella às oito da noite do dia 4 de novembro de 1969. Duas equipes do Dops, num total de 29 efetivos, alguns disfarçados de garis, cercaram o comandante da ALN na alameda Casa Branca, nos Jardins, capital paulista, e o mataram com quatro tiros. A excitação da repressão foi tanta que os policiais chegaram a disparar uns contra os outros. A investigadora Estela Borges Morato foi atingida na cabeça e morreu. O delegado

---

*Citado em FIGUEIREDO, Lucas. *Olho por olho*: os livros secretos da ditadura. Rio de Janeiro: Editora Record, 2009. Os originais desse documento, assim como o *Manual do guerrilheiro urbano*, foram incluídos numa coleção de textos de Marighella, organizada por Adérito Lopes e publicada pela Editora Assírio & Alvim.

Rubens Cardoso Tucunduva, um dos chefes da operação, levou um tiro na perna esquerda, ferimento que o obrigou a incontáveis intervenções cirúrgicas e que seria a causa de sua morte, anos mais tarde. Um dentista de origem alemã, Friederich Rohmann, 54 anos, que não tinha nada a ver com o conflito e que apenas passava pelo local, dirigindo um carro, foi metralhado por policiais e morto instantaneamente.

A confusão foi causada, principalmente, pelo medo que os tiras tinham do líder comunista, que sempre andava armado e tinha fama de valente. Marighella estava com um pequeno revólver calibre 32 que não teve tempo de sacar. No bolso da calça que vestia foram encontradas duas cápsulas de cianureto de potássio, poderoso veneno que pretendia usar para evitar ser preso. A morte do comandante da ALN, uma execução extrajudicial e sumária, foi comemorada pelo regime. O delegado Sérgio Paranhos Fleury, chefe do Dops, foi alçado a um status de "herói nacional". Acabou morto misteriosamente, num suposto acidente, ao cair de um iate, na madrugada de 1º de maio de 1979. Foi na Ilhabela, litoral de São Paulo.*

Agora, ao finalizar este capítulo, recebo um trabalho de reconstituição histórica da vida do velho comunista. É o livro *Marighella: o guerrilheiro que incendiou o mundo,*** do jornalista Mário Magalhães, profissional muitas vezes premiado no país e no exterior e que foi ombudsman da *Folha de S. Paulo*. O livro de Magalhães aprofunda as questões que levantei nos parágrafos anteriores e merece ser consultado.

Por iniciativa de vereadores paulistas ligados à esquerda, foi apresentado na Câmara um projeto de lei destinado a mudar o nome da alameda Casa Branca para alameda Carlos Marighella. Não passou. No entanto, no exato local em que tombou o líder guerrilheiro, foi colocada uma pequena placa comemorativa.

---

*Para detalhes, ver *Autópsia do medo* (São Paulo: Editora Globo, 2000), livro notável do jornalista Percival de Souza, que biografou o delegado Fleury.
**MAGALHÃES, Mário. *Marighella*: o guerrilheiro que incendiou o mundo. São Paulo: Companhia das Letras, 2012.

CORTA

As coisas ainda vão piorar muito.

No Brasil, socialmente isoladas nos segmentos mais politizados da classe média, desconectadas do mundo da produção e das classes trabalhadoras, as organizações revolucionárias foram devastadas por prisões ilegais, tortura e assassinato. A opinião pública percebia que alguma coisa de podre ocorria no reino dos generais-presidentes, mas não sabia o quê. A imprensa internacional estava mais bem informada do que a nossa, publicando seguidas denúncias de violação dos direitos humanos. Isto, porém, chegava aos ouvidos brasileiros como um murmúrio distante. O terrorismo de Estado, praticado pelo regime, sempre foi assunto de conversas à boca pequena — e nunca chegou às massas populares de forma clara e explicativa do momento político tenebroso vivido pelo país. A mordaça imposta à mídia, ao Congresso e ao ambiente intelectual foi a arma mais eficiente dos militares, permitindo que a repressão aos opositores ocorresse sob a névoa protetora do silêncio.

Em suas monumentais obras sobre a ditadura, *As ilusões armadas*,* e *O sacerdote e o feiticeiro*,** baseadas no arquivo pessoal do general Golbery do Couto e Silva, o jornalista Elio Gaspari anota uma frase do general Ernesto Geisel, pouco antes de assumir a Presidência da República, e que aparece no volume 3 da coleção, *A ditadura derrotada*: "Esse negócio de matar é uma barbaridade, mas acho que tem que ser."***

Nada mais linear, simples e verdadeiro. A dor e a morte rompiam os laços de solidariedade e tornavam o exemplo de luta algo perigoso e fatalmente destinado à prisão e à tortura. Aderir à resistência significa-

---

*GASPARI, Elio. *As ilusões armadas*. São Paulo: Companhia das Letras, 2002. Série em dois volumes: *A ditadura envergonhada* (vol. 1) e *A ditadura escancarada* (vol. 2).

**GASPARI, Elio. *O sacerdote e o feiticeiro*. São Paulo: Companhia das Letras, 2003-2004. Série em dois volumes, subsequentes aos anteriores: *A ditadura derrotada* (vol. 3) e *A ditadura encurralada* (vol. 4).

***A frase também foi publicada pela revista *Veja* em 12 de novembro de 2003, por ocasião do lançamento do livro.

va fazer uma opção radical que envolvia a própria sobrevivência física. Mas dizer que a violência institucional explica inteiramente o fracasso da esquerda armada é subestimar os erros cometidos pelas próprias organizações envolvidas no processo revolucionário.

Os próprios chefes militares aceitavam a violência política como um ato corriqueiro. Em *Segredo de Estado: o desaparecimento de Rubens Paiva*,* o autor Jason Tércio relata o sequestro e o assassinato do ex-deputado federal do PTB, um dos poucos a se despedir do presidente João Goulart, na base aérea de Brasília, um dia após o golpe militar. Rubens Paiva foi cassado pela ditadura, perdeu os direitos políticos e foi cuidar da vida confortável que tinha com a família na praia do Leblon, no Rio de Janeiro. Nunca mais se envolveu em atividades políticas, o que não o impediu de ser assassinado na tortura. Seu corpo nunca foi entregue aos familiares.

O livro de Jason Tércio nos dá mais um exemplo da brutalidade do regime, quando descreve um diálogo entre líderes do governo militar a respeito da morte do ex-deputado. Paiva, severamente espancado e submetido a choques elétricos, teve ruptura de órgãos internos e morreu de hemorragia, sem qualquer ajuda. Os militares comentaram que foi uma "morte em combate".

Jason Tércio, jornalista e escritor (chegou a trabalhar na BBC de Londres), diz em seu livro que a morte do ex-deputado Rubens Paiva foi comunicada pelo então ministro do Exército, Orlando Geisel, ao general-presidente de plantão, Emílio Garrastazu Médici, que comandou a fase mais aguda da repressão no país. Cito o trecho:

> No pé da escada de um avião estacionado na Base Aérea do Galeão, o presidente Médici fuma um cigarro, na companhia de dois coronéis da Aeronáutica. Aproxima-se o ministro do Exército, general Orlando Geisel, cumprimenta os coronéis e chama o presidente para uma conversa particular. Os dois são amigos e se tratam com informalidade.

---

*TÉRCIO, Jason. *Segredo de Estado*: o desaparecimento de Rubens Paiva. Editora Objetiva, 2010.

"Emílio, tenho um assunto de certa importância. Foi preso aqui no Rio um subversivo, ex-deputado, cassado..."

"Qual o nome?"

"Rubens Paiva. Tinha envolvimento com terroristas exilados no Chile. Na sessão de interrogatório ele reagiu, levou uns tapas e morreu."

Médici dá uma tragada no cigarro, olha para o general sem pestanejar e diz com sua voz cavernosa:

"Então morreu em combate, né, Orlando?"*

A ditadura, adotando a violência sem medidas, se concentrou na oposição do tipo revolucionária, que pretendia não só a derrubada do regime como a implantação do socialismo e da ditadura do proletariado. Os militares cobraram sangue de quem optou por esse caminho e pegou em armas. Mesmo aqueles opositores que não estavam envolvidos com as guerrilhas, como Rubens Paiva, pagaram um tributo de sangue. Um terço dos integrantes do Comitê Central do PCB, que era contra a luta armada, também foi assassinado, entre 1973 e 1975. Os militares, apesar de se concentrarem inicialmente nos homens e mulheres que pregavam a revolução violenta, pretenderam a eliminação total de qualquer oposição — como se isso fosse possível.

No entanto, importantes movimentos de massa, apoiados pela Igreja católica (os evangélicos ainda não tinham a importância que têm hoje), cresciam à sombra dos coturnos, com suas comunidades eclesiásticas de base, com a eleição de lideranças legítimas nos sindicatos, movimentos de bairro e pela posse da terra improdutiva. Já na segunda metade dos anos 1970, aparecia um jovem metalúrgico chamado Luiz Inácio (Lula) da Silva, que chegaria ao poder com o Partido dos Trabalhadores três décadas mais tarde. No movimento operário, as últimas grandes greves tinham ocorrido em 1968, em Osasco e Betim — e foram desbaratadas pelo Exército, inclusive usando blindados.

Segredo de Estado: o desaparecimento de Rubens Paiva, obra já citada, p. 248-249.

Dos movimentos rurais, mesmo sob o tacão da repressão, surgiria o Movimento dos Trabalhadores Sem Terra (MST), que anos mais tarde reuniria aproximadamente 250 mil famílias de lavradores pobres. Os militares, focados na destruição das organizações da resistência armada, custaram a perceber que o principal inimigo crescia de forma discreta — e chegaria ao poder inexoravelmente, pela via legal, com mais de 53 milhões de votos (61% dos válidos), em 2002. Já nas eleições municipais de 1974, a oposição parlamentar mostraria forte crescimento.

A incapacidade de prever o movimento histórico foi — seguramente — a maior derrota do ciclo militar de 1964, cuja ideologia e prática política eram imediatistas e cuja cegueira permitiu que o verdadeiro inimigo do regime crescesse e se fortalecesse a ponto de conquistar o Planalto por meio do voto democrático.

A resistência de cunho revolucionário reuniu o melhor dos nossos jovens, aqueles que não cantavam "Eu te amo, meu Brasil" — e preferiam um "Caminhando e cantando" de Geraldo Vandré, hino de uma geração que se lançou na luta. Mas esse segmento da população jovem estava circunscrito às elites intelectuais e à classe média. Quando o governo militar apertou os parafusos, a esquerda jovem foi empurrada para a clandestinidade, vivendo intenso e inarredável isolamento social, que seria fatal para os seus projetos. Os únicos contatos com o mundo real ocorriam por meio de seus próprios companheiros, amigos e familiares, produzindo seguidas e incontroláveis quebras de segurança.

A repressão soube explorar a fraqueza das organizações com inteligência e crueldade. Havia competição entre as polícias e os órgãos militares, por prestígio, promoções ou saques do "butim de guerra" (inclusive o dinheiro dos assaltos a banco da esquerda armada e de "retomadas", como no roubo de 2,5 milhões de dólares do cofre que um ex-governador de São Paulo, Ademar Pereira de Barros, mantinha na casa de uma amante no Rio de Janeiro). Mas os órgãos de segurança sabiam explorar cada detalhe. Companheiro denunciava companheiro. Amigo entregava amigo. A ciranda de ilegalidades e violações dos direitos humanos cobrou um preço muito alto para a história deste país — mas funcionou, do ponto de vista do governo militar.

Aqueles rapazes e moças envolvidos na resistência estavam dispostos a trocar o conforto pequeno-burguês de seus lares por uma navegação em mar de sargaços, onde o perigo e a morte eram dados objetivos e cotidianos. Foi um tempo de doação e perdas, uma dobra no nosso tempo. Aos olhos de agora, o que devemos escolher: esquecimento ou as dolorosas lembranças? Eu me lembro dos nomes, rostos e datas daquele "pessoal da pesada", como disse Chico Buarque — ou que "partiu num rabo de foguete", como na letra de João Bosco e Aldir Blanc.

Me lembro das passeatas de protesto, do enterro do estudante Edson Luís de Lima Souto, um garoto de dezoito anos (mais velho do que eu, à época) que teve o peito atravessado por uma bala de metralhadora INA calibre 45, no restaurante do Calabouço, centro do Rio de Janeiro, dando início a grandes manifestações de massas populares contra o regime.

Lembro bem da batalha da rua Maria Antônia, em São Paulo, entre o Mackenzie e a Faculdade de Filosofia da USP. O líder estudantil Luís Travassos, trepado num poste, sacudindo a camisa ensanguentada de um companheiro morto. José Dirceu, que comandou os cem dias de ocupação da USP, também aparece em foto semelhante, no mesmo episódio. Órbita desgovernada, que empurrava aqueles moços para uma vida rápida. "De susto de bala ou vício", nas palavras de um Caetano Veloso que resumiu as expectativas daqueles que não confiavam em ninguém com mais de trinta anos. Matar ou morrer.

Os jovens envolvidos na resistência achavam que era assim mesmo — matar ou morrer. Em meio ao conflito, forjavam-se grandes amizades e amores clandestinos. Elos quebrados na tortura, irmão denunciando irmão, amantes se entregando. A violência contra os jovens foi nossa segunda experiência histórica de terrorismo de Estado (a primeira foi no Estado Novo, a ditadura de Getúlio Vargas). Aquilo marcou uma geração inteira. E produziu vítimas de parte a parte. Produziu — ou reforçou — a ideia de que pela luta pacífica não ia dar. Ambos os lados chegaram à mesma conclusão.

Numa daquelas manifestações de rua, típicas da época, uma bala de revólver deixou um risco azulado na minha têmpora esquerda. O pai de um dos meus companheiros secundaristas, o jornalista Ivan Alves, chamado de "Pato Rouco", membro do secretariado do PCB, me recebeu em seu apartamento, na rua Siqueira Campos, em Copacabana, com olhos marejados. O filho dele, Ivanzinho, havia sido preso naquele mesmo dia e passou dez anos exilado na França. Ao me ver, com aquele ferimento de raspão, bem na cara, o jornalista Ivan Aves, à época correspondente brasileiro do diário francês *Le Monde*, soltou as lágrimas e me disse, referindo-se também ao próprio filho: "Vocês são a única esperança desse país. Só mesmo essa juventude será capaz de enfrentar a ditadura."

Ivan Alves era contra a resistência armada e a violência, seguindo a linha do Partidão. Acreditava na solução democrática, mesmo num país que renunciara a toda forma de democracia. Não viveu o bastante para ver a chegada de Fernando Henrique Cardoso (PSDB) ao poder. Muito menos a de Lula, o metalúrgico presidente do Partido dos Trabalhadores. Foi a pessoa mais correta que conheci em toda a minha vida, mesmo discordando dele.

Ivan Alves foi um homem de extraordinária cultura, lia até os anúncios classificados dos jornais. ("Neles está a vida prática das pessoas", costumava me dizer.) Quando me recebeu com aquelas lágrimas em Copacabana, tive certeza de que a luta dos jovens contra a ditadura era justa e não estava desamparada. Se comoveu o velho comunista, fortemente influenciado pela herança stalinista, também comoveria todos os demais. Engano pueril. De um modo geral, o brasileiro não estava interessado em saber qual regime jurídico ou político regia o país. Para a classe média bem instalada na Zona Sul do Rio de Janeiro, "dar praia no sábado era bem mais importante", como disse Zuenir Ventura.*

A luta foi desigual. A repressão era desproporcional e invadia todos os segmentos da vida nacional. *Memórias póstumas de Brás Cubas*,** romance do genial Machado de Assis, chegou a ser apreendido pelo Dops.

---

*Ver VENTURA, Zuenir. *1968*: o ano que não terminou. São Paulo: Editora Planeta, 2008.
**Publicado pela Tipografia Nacional, com primeira edição em 1881, e republicado centenas de vezes desde então.

Os tiras acharam que esse negócio de "cubas" tinha algo a ver com a ilha de Fidel Castro. A censura prévia aos meios de comunicação e às manifestações artísticas foi de uma bestialidade a toda prova. Chico Buarque de Holanda inventou o pseudônimo de Julinho da Adelaide para aprovar canções que, supostamente, não eram do Chico.* São tantos os exemplos da burrice da censura que seria tedioso ficar descrevendo.

Aquele Brasil dos anos 1960-70 não é reconhecível aos olhos de hoje. Minha filha mais nova, Ghabriela, que tem 21 anos e estuda arquitetura, não consegue acreditar quando conto essas histórias para ela: "Pai, isso aconteceu mesmo?" Por isso é tão difícil escrever a respeito. Faltam palavras para dar a noção exata das coisas. Fazer uma festa que tivesse música ao vivo precisava de liberação do Departamento de Censura da Polícia Federal, que se arvorava o direito de aprovar (ou não) as canções. A violência institucional entrava na vida cotidiana, nas escolas, no ambiente de trabalho e até nos bailes. Tudo ficava ainda mais nebuloso se a atividade pretendida como diversão envolvesse teatro, cinema, literatura ou debates culturais. Vivendo no Brasil de hoje, país de amplas liberdades democráticas, é difícil recriar o ambiente daqueles anos. Quem nasceu após a ditadura, então, não sabe de nada. Converso sobre esses temas com a minha filha mais nova e ela fica me olhando com olhos incrédulos.

Mas, no campo oposto à resistência contra a ditadura, principalmente na jovem oficialidade, também havia gente idealista e determinada, que entrou na batalha de peito aberto. Uma rapaziada em uniformes que também sonhava com um país melhor. E que trabalhou duro em projetos de cunho social, como alfabetização e saúde. Até hoje, na região amazônica, não dá para pensar em atendimento médico para populações ribeirinhas sem as Forças Armadas. São elas que garantem, também, as eleições livres no país profundo. É preciso dizer isso, porque em qualquer guerra há razões opostas. Esses jovens oficiais, originários das classes trabalhadoras,

---

*Para detalhes, ver a ótima entrevista que Mário Prata fez com Julinho, que pode ser encontrada em: <http://www.chicobuarque.com.br/sanatorio>.

eram anticomunistas de coração, ou assim se tornaram, numa época em que a Guerra Fria dividia o mundo em apenas dois pedaços. Ou se estava em um deles — ou se estava no outro.

E mesmo no seio das famílias militares havia fortes embates. Ou eram os pais que não aceitavam as camisas vermelhas, os cabelos compridos e as minissaias — ou eram os filhos que se recusavam a entrar para colégios e academias militares. Filhos de oficiais lutaram no movimento estudantil e nas organizações revolucionárias. Chico Buarque descreveu muito bem o choque de gerações em uma de suas canções — "Você não gosta de mim, mas sua filha gosta", referindo-se a uma declaração da filha do general Ernesto Geisel, que disse adorar o Chico. As primeiras trincheiras dessa luta foram cavadas dentro de casa.

Muitos dos nossos militares eram contra a transformação dos quartéis em delegacias de polícia política. Acreditavam que o movimento militar de 1964 era legítimo, mas defendiam a devolução do poder aos civis e a redemocratização. Havia enorme tensão nas casernas. Por ocasião do assassinato, sob tortura, do militante Stuart Angel Jones, do Movimento Revolucionário 8 de Outubro (MR-8), filho da estilista de moda Zuzu Angel, ocorrido no Centro de Informações e Segurança da Aeronáutica (CISA), na base aérea do Galeão, Rio de Janeiro, os militares de plantão na instalação militar tentaram impedir o crime, inclusive apontando armas para os torturadores. Stuart estava sendo arrastado pela pista do aeroporto, com o rosto amarrado junto ao escapamento de um jipe da base.*

Muitas famílias de militares também choram seus mortos até hoje. Algumas foram à Justiça para pleitear direitos de indenizações e outros tipos de reparação para suas vítimas, muitas das quais foram tratadas de forma indigna pelo próprio regime militar.** Dos mais de 70 mil pedidos

---

*Para detalhes, ver ARNS, Paulo Evaristo. *Brasil*: nunca mais. Petrópolis: Editora Vozes, 1985. Você pode conferir também o filme *Zuzu Angel*, do diretor Sérgio Resende, lançado em 2006, que conta a história da morte do militante, até hoje na lista dos desaparecidos políticos. A própria estilista, que fazia sucesso internacional, morreu num misterioso acidente de carro, no dia 14 de abril de 1976. Até uma de suas modelos, a exótica Elke Maravilha, que é ucraniana, chegou a ser presa.
**Ver o capítulo "O soldado pagodeiro", na segunda parte do livro, que trata da primeira vítima fatal entre os militares na campanha do Araguaia.

de anistia política e reparações recebidos após 2001 pelo governo, 11.800 eram de militares. Lidar com a verdade é uma coisa complicada. Porém necessária. Não podemos negar aos mortos de uniforme aquilo que justamente queremos que seja feito com as nossas próprias vítimas: um enterro digno, no mínimo. O reconhecimento público de sua tragédia.

Carregando as culpas da ditadura, os pensadores militares brasileiros escolheram o autoexílio, após a redemocratização do país. Um exílio aqui mesmo. Refugiaram-se numa espécie de clausura que interrompe um largo ciclo de reflexão histórica. Tudo se reduziu a documentos secretos, muitos dos quais foram destruídos. Há um parêntesis na história militar, entre 1968 e 1985. Entre outras coisas, o estudo da Guerrilha do Araguaia ficou prejudicado, porque um dos lados não se manifesta. Os documentos secretos — vale dizer — sobrevivem em coleções particulares de protagonistas do regime. De vez em quando, uma peça aparece.

Um coronel reformado do Exército, Júlio Miguel Molina Dias, de 78 anos, foi assassinado em Porto Alegre. Na casa dele foram encontrados documentos sobre a prisão do ex-deputado Rubens Paiva, morto na tortura. O crime ocorreu em 1º de novembro de 2012, quarenta anos após a morte do parlamentar cassado pela ditadura. Documentos secretos aparecem assim, por acaso. Mas isso demonstra que a memória dos "anos de chumbo" está escondida. O coronel Molina Dias havia servido no Destacamento de Operações e Informações do Centro de Operações de Defesa Interna (DOI-Codi) do Rio de Janeiro, a partir de 1980, ainda durante a ditadura. Ele mantinha um acervo de documentos do tempo das sombras.* Assim a vida segue, com revelações homeopáticas. Como se a verdade brotasse de um conta-gotas.

Agora revendo o texto, acho que o parágrafo anterior ficou mal resolvido. A ideia central, que era determinar o caráter político e ideo-

---

*Para detalhes, ver notícia do portal G1, do dia 4 de novembro de 2013. Disponível em: <http://g1.globo.com/rs/rio-grande-do-sul/noticia/2013/11/justica-condena-2-pms-por-morte-de-coronel-do-exercito-em-porto-alegre.html>.

lógico das forças em choque, restou confusa. Vamos retomar: a guerra revolucionária, a guerra civil, o seu estágio mais avançado, se dá no seio da sociedade e envolve todos os segmentos da população. Ninguém consegue ficar alheio ao conflito, porque este polariza e radicaliza todas as tensões sociais preexistentes: a luta de classes, divergências políticas, raciais, religiosas etc.

A luta se circunscreve às fronteiras nacionais, mas sofre influências externas (ou apoio concreto, para qualquer dos lados) desde sempre, seja por meio de vizinhos hostis ou aliados, seja pelas divisões ideológicas globais. Portanto, trata-se de um conflito local, porém internacionalizado, constituindo-se num evento que se desdobra dentro da geopolítica mundial.

No caso brasileiro, a guerra revolucionária nem havia começado, apesar de os militares, desde a deposição do presidente João Goulart, em 31 de março de 1964, terem levantado a tese de que o país estava ameaçado pelo comunismo internacional, por causa de uma suposta "república sindicalista", que dominaria o governo vigente de uma forma socializante. O golpe militar, desde logo, por seus próprios autores, foi inserido no contexto da guerra revolucionária global, representada pelo conflito leste—oeste, entre capitalismo e comunismo, síntese da Guerra Fria. Nada mais distante da realidade do país. Só que os militares precisavam de um pretexto para o golpe, diversas vezes adiado, por episódios como o suicídio de Getúlio Vargas, a eleição e a renúncia de Jânio Quadros, a posse de Jango, a tentativa de criar um regime parlamentarista, rejeitado depois por um plebiscito popular. Do suicídio de Vargas até o golpe, passou-se uma década de grandes tensões na sociedade brasileira. Mas não havia nenhuma guerra revolucionária em curso no país. Só reformas de cunho econômico e social. Só isso.

Os nossos generais arguiram a guerra total ao comunismo para justificar seus atos "revolucionários" de violação das leis para a tomada do poder. Com isso, desencadearam uma suposta "guerra revolucionária" em solo pátrio — o que, objetivamente, não existia. Mas, quando a oposição pegou em armas contra a ditadura, o fato ocorreu, "justificando" medidas governamentais cada vez mais truculentas e danosas ao país. Mesmo assim, observando a vida brasileira com imparcialidade, é possível afirmar que não transcorria no Patropi nenhuma guerra revolucionária. Muito menos uma guerra civil.

As teorias internacionais da guerra revolucionária, dos anarquistas europeus a Mao Tsé-tung, passando por Giap, Guevara, Régis Debray e Carlos Marighella — e há farta literatura para sustentar tais afirmações —, estabelecem um itinerário de situações que nunca vivemos nos anos 1950-70. Para facilitar a compreensão, destaco por tópicos:

O núcleo inicial. A luta começa por meio da consolidação de sentimentos oposicionistas, galvanizados por eventos históricos de perseguições e injustiças, **referendados pelas experiências e conclusões** intelectuais de caráter global (as grandes revoluções, os episódios de **libertação dos povos, a consolidação das teorias revolucionárias in**ternacionais etc.). Disto resulta a criação de um núcleo de militância afinado política e ideologicamente. Todos — e são poucos — perseguem o mesmo objetivo. E disto resulta uma coisa extraordinária: as ideias de revolução e salvação dos povos podem ser praticadas no microcosmo do grupo, onde se desenvolve uma ética própria, um modo alternativo de vida, baseado na solidariedade. Como se o novo mundo acontecesse ali mesmo, entre os integrantes da irmandade revolucionária. Não precisam esperar pela grande revolução, porque ela já ocorreu em suas vidas cotidianas e em suas mentes.

Os militantes revolucionários têm leis próprias, códigos de conduta, baseados na lealdade, como se já estivessem no poder. Para essas pessoas, a revolução não é um evento futuro: já aconteceu em suas consciências, é vivenciada psicológica e praticamente, motivando qualquer sacrifício. A formação do núcleo é a etapa inicial do processo. No entanto, por mais coeso e coerente que possa se apresentar, isso, por si só, não é garantia de sucesso. A realidade exterior é vista como um tabuleiro que deve ser estudado e criticado, sobre o qual são desenhadas estratégias e táticas de atuação e de comportamento. Esse projeto alternativo de existência, apartado dos demais — e clandestino —, pode conduzir a erros de avaliação, na medida em que opera numa espécie de bolha social e política. E se essas lideranças não tiverem saído de movimentos sociais concretos o isolamento é ainda maior e mais perigoso.

Os integrantes da irmandade revolucionária podem ser levados a confundir os dois ambientes: a sociedade historicamente constituída e a visão e a prática de uma revolução acontecida dentro de si mesmos, mas não, necessariamente, no mundo concreto. Viver entre parêntesis (numa bolha social e política) é uma proposta sedutora, porque resolve uma série de questões pessoais que a sociedade objetiva se recusa a solucionar: diferenças de classe, o preconceito, as chances de se elevar e de ser reconhecido na hierarquia do modo de vida. De qualquer maneira, o DNA da vanguarda revolucionária pode ser rastreado em todas as revoluções já ocorridas. A fração dirigente se move ao lado do processo histórico, tratando de entendê-lo e procurando descobrir as formas de se articular politicamente. Pretende não só se tornar o representante legítimo do processo social em curso, como dirigi-lo, na forma de um movimento, uma facção ou um partido. Para se expressar publicamente, assume um nome, uma sigla e uma legenda, refletindo o programa da organização e sua tendência ideológica. Se a vanguarda teve origem no movimento real, suas chances são melhores. Mas se ela pretende dirigir esse movimento de fora para dentro, o fracasso é a conclusão mais evidente.

Uma questão fundamental é saber se esse grupo revolucionário surgiu a partir de tal movimento social ou se é fruto de motivação intelectual apartada das condições reais de luta transformadora naquela sociedade. Se for o segundo caso, tem grandes chances de naufragar. A "implantação" de vanguardas tem dado errado ao longo da História.

A defensiva estratégica. Caracteriza-se por uma série de providências que dão início à luta concreta. Formam-se os grupos combatentes (setores ou destacamentos), instalam-se as bases de apoio, definem-se o território e o teatro de operações. Começa o trabalho de convencimento das camadas sociais envolvidas, o recrutamento de quadros (combatentes ou não) e são planejadas e executadas as primeiras ações, cujo objetivo é o de agitação e propaganda da revolução. Nessa etapa, ocorrem os embates iniciais e a repressão toma conhecimento da existência do movimento. Todos os esforços são feitos para sufocar o processo revolucionário no momento em que o campo da revolta é frágil, carente de recursos e do apoio popular. Era nesse estágio que estava a guerrilha no Araguaia quando as tropas chegaram.

O equilíbrio de forças. Ocorre quando o movimento finca raízes no sentimento popular, obtém adesões em grande número e multiplica suas forças. A justeza de suas propostas políticas e ação militar encontra ressonância no modo de vida da população envolvida no conflito. A luta se amplia, inclusive do ponto de vista territorial. Os atores da revolução e da reação se mostram incapazes de resolver o problema: a primeira, por não conseguir romper a ordem institucional e a hierarquia social; a segunda, por não ser capaz de virar o jogo político a seu favor ou liquidar os inimigos. Fica estabelecido um impasse que pode durar muito tempo. É o caso da Colômbia, por exemplo.

A ofensiva. É quando um dos campos, por acúmulo de forças, acertos táticos e estratégicos, consolidação de aliados e supremacia de recursos, rompe o impasse. Aqui se dá a queda do regime, local ou nacional, que pode conduzir à substituição de um sistema político-econômico por outro. Ou pode representar a derrota do movimento revolucionário, que será empurrado de volta à defensiva estratégica ou desaparecerá.

Estas teses eram dominantes na esquerda armada, tanto na Ásia como na África e na América Latina. As variantes se davam quanto ao caráter da revolução: socialista, nacional-libertadora, democrática ou outro qualquer. No Brasil, em relação à luta armada dos anos 1960-70, não aconteceu nada além da formação do núcleo inicial. Podemos até considerar que o regime militar, olhando adiante, tenha antecipado o que poderia ocorrer, dando início ao discurso sobre a existência de uma guerra revolucionária. Mas isso não ocorreu na prática.

No evento da Guerrilha do Araguaia, o próprio núcleo inicial ainda estava em fase de construção quando foi descoberto e atacado. Mas, com o início dos combates, a primeira fase se encerrou involuntariamente, dando a partida ao momento seguinte, da defensiva estratégica.

De um modo geral, o movimento de resistência armada contra a ditadura não sobreviveu nem para evoluir no palco da defensiva estratégica. Iniciada com um atentado a bomba, em 1965, contra a sede do jornal *O Estado de S. Paulo*, sem vítimas, a resistência ficou mais evidente no ano seguinte. No dia 25 de julho de 1966, houve um atentado com explosivos no Aeroporto dos Guararapes, em Recife. O alvo era o marechal Arthur da Costa e Silva, ministro do Exército, que seria escolhido presidente em 15 de março de 1967, o segundo mandatário do regime militar.

A bomba matou duas pessoas e deixou dezessete feridos. Os mortos foram o almirante Nelson Gomes Fernandes, diretor da Companhia Energética do São Francisco, e o jornalista Édson Régis de Carvalho, da assessoria de comunicação do governo pernambucano. Costa e Silva, além do susto, nada sofreu. Os dois atentados foram atribuídos ao Movimento Nacionalista Revolucionário (MNR), formado por militares dissidentes, que se alinhava com Leonel Brizola, já exilado. O MNR, assim como a Resistência Armada Nacionalista (RAN), era uma evolução do "Grupo dos Onze", uma forma de organização surgida em 1962, também de inspiração brizolista.

Ainda em 1966, foi descoberto um foco de guerrilha na serra do Caparaó, entre o Rio de Janeiro, Minas Gerais e o Espírito Santo. A guerrilha foi organizada pelo recém-criado MNR e rapidamente debelada pelos militares. No geral, a resistência armada arrastou-se até 1974, já exaurida, e teve seus atos finais justamente no Araguaia. Nenhuma das organizações chegou a se consolidar. A guerrilha do PCdoB no sul do Pará foi o mais longo e complexo movimento de resistência.

CORTA

A oposição estava nas ruas.

As passeatas estudantis se transformaram em ações de guerrilha urbana, após o AI-5, em 13 de dezembro de 1968. Confrontos entre estudantes e a polícia fizeram de nossas capitais o palco dramático de um enfrentamento que cobrou dezenas de vidas. Quem algum dia falou em "ditabranda", comparando o regime militar brasileiro às ditaduras argentina e chilena, que ceifaram 40 mil almas, não sabe o que diz. A ditadura no Brasil abriu o caminho para um modelo de repressão a qualquer preço, destinado a suprimir todo tipo de oposição, revolucionária ou não. E "los hermanos militares" argentinos, chilenos e uruguaios utilizaram esse aprendizado "made in Brazil" de modo radical, matando milhares. Foi o modelo tupiniquim de ditadura que orientou o resto do Cone Sul.

Recordo o centro do Rio de Janeiro, naqueles 1968-69, coberto por uma nuvem de gás lacrimogêneo. Tomado pelo som de rajadas de metralhadoras e pelo ruído assustador do casco de cavalos e de blindados. Além de faixas e cartazes, grupos estudantis organizados levaram às ruas revólveres e bombas incendiárias, bem como bolas de gude e estilingues para derrubar a cavalaria. Como numa intifada nacional. A tropa de choque da Polícia Militar, com aquele uniforme preto e capacetes azuis, usava cassetetes, escudos e gás lacrimogêneo. Mas os tiras do Dops e os homens dos órgãos militares de inteligência tinham revólveres, pistolas e metralhadoras. E atiravam para todos os lados. Em muitos protestos, havia pessoas baleadas — e morreu gente a granel. Estudantes de Medicina e Farmácia montavam "esquemas de segurança" para cuidar de militantes feridos. Estudantes de Química ensinavam a fazer bombas: coquetéis-molotovs sem pavio e as temidas "termitas", uma combinação de substâncias que podia derreter o motor de uma viatura.

Mas o embate era desproporcional, porque as forças de segurança tinham tanques, cavalaria, tropas de choque, policiais infiltrados fazendo provocações cada vez mais violentas. Carros reforçados da Polícia Militar, chamados "brucutus", um ancestral dos "caveirões" modernos, percorriam as ruas com enorme alarido, lançando gás e tiros para quem quisesse ver. As balas de borracha ainda não tinham sido inventadas — a munição empregada pela repressão era real. E a morte estava sempre presente.

A vanguarda estudantil, principalmente após o desastrado XXX Congresso da UNE, em Ibiúna, São Paulo, em 12 de outubro de 1968, terminou refluindo para organizações clandestinas, pequenos grupos ideológicos, que chamávamos de "igrejinhas", todos perseguidos e destruídos em pouco tempo. A partir de 1973, a única resistência ainda de pé era a guerrilha no sul do Pará. Entre a própria esquerda armada não havia um consenso político ou ideológico. Os grupos pensavam um Brasil que era diferente para cada um deles, ditando formas díspares de atuação. Cada qual tinha um dicionário, um idioma particular. *Imagens da revolução*,* como diriam os professores Daniel Aarão Reis Filho e Jair Ferreira de Sá, ambos militantes. E um sectarismo inarredável pairava sobre todos. No interior do movimento estudantil e nas associações de classe, a discussão entre as tendências resultava em desentendimentos, insultos e até ameaças.

Na época, poucas vezes a esquerda armada se aliou a um trabalho conjunto. Poucas vezes mesmo. As discussões, às vezes ásperas, eram sobre o caráter da revolução. De libertação nacional, democrático-socialista, apenas socialista e popular — o quê? Inimizades ferrenhas surgiram, e as acusações de "revisionista" ou "liberal" ou "foquista" — e até de "obreiro" — eram lançadas a torto e a direito. Distanciado pelo tempo, digo essas coisas sem medo de ser mal interpretado. Toda a liderança da época — uns poucos que sobreviveram até hoje — diz a mesma coisa. A esquerda era um saco de gatos.

---

*REIS FILHO, Daniel Aarão; SÁ, Jair F. de. *Imagens da revolução*. Rio de Janeiro: Editora Marco Zero, 1985.

Mário Zanconato é um ex-militante do PCB que aderiu à luta armada. Um dos presos políticos cuja liberdade foi obtida em troca da vida do embaixador americano sequestrado no Rio de Janeiro. Em depoimento dramático ao cineasta Silvio Da-Rin,* disse o seguinte:

> Uma das imagens que eu tenho da prisão é uma sala onde companheiros estavam sendo violentamente espancados, torturados. E, de repente, sai de lá um dos interrogadores. Ele pegou a minha cabeça, pelas duas orelhas, e me sacudia: 'Ô seu filho da puta, vocês acham que assim tão divididos vocês vão ganhar da gente?' Isso foi, talvez, dos cinco meses de prisão, o que mais me impactou. O filho da mãe tinha razão.

A divisão na esquerda prenunciava o desastre das organizações dedicadas à luta armada. Alguns autores garantem que eram 29 grupos diferentes. Os militares registraram 32. José Dirceu, para o mesmo documentário de Silvio Da-Rin, disse a seguinte frase, que anoto por ser bastante explicativa:

> Eu lutei, durante a ditadura, desde o começo, contra as leis que afetavam a minha faculdade [de Direito da PUC paulista]. Me aproximei do Travassos [o líder estudantil Luís Travassos]. E procurava levar aquela vida de volta ao Brasil [após o sequestro do embaixador americano e do exílio em Cuba, de volta a São Paulo, clandestino] totalmente incógnito. Era muito difícil, cumprindo pontos, passando os dias dentro de cinemas. Era preciso manter uma rotina, com hora de sair e de chegar à pensão onde eu morava.

Sob tal clandestinidade, praticamente morando em cinemas, não havia tempo para estudar os dados da realidade brasileira — e não havia segurança para discussões de cunho teórico com os companheiros. Sobreviver era a única questão que de fato se colocava. E a própria militância, lá por volta de 1972, já não acreditava que iria escapar da fúria da repressão.

---

*Ver o documentário *Hércules 56*, Bretz Filmes, 2007.

Tudo o mais, inclusive entender o caráter da revolução brasileira, ficou para depois. E esse *depois* nunca chegou. Resumindo a experiência da luta armada, Dirceu afirmou:

> Eu acho que foi um desastre. Nós fomos derrotados em toda a linha. Não deu certo em praticamente nada. Se fosse uma resistência armada combinada com uma luta política e social, uma luta institucional, eu acredito que teria sido o mais correto. Mas nós negamos a luta institucional, as eleições, o processo político. Nós temos que fazer uma avaliação realista...

Vladimir Palmeira, o grande líder estudantil do Rio de Janeiro, também libertado em troca do embaixador americano, não gostava de Cuba. "Aquele pessoal andava de uniforme verde-oliva, o tempo todo, era tudo militarizado." Não se sentia bem. Fez treinamento de guerrilhas — e também não se sentiu à vontade. "Alguns companheiros diziam que aqueles campos de treinamento eram fábricas de cadáveres." Quem voltava morria.

Foi assim que se deu, na maioria dos casos. O depoimento sincero dos militantes é uma aula de história. História viva. Ou história morta, se levarmos ao pé da letra a frase de Vladimir Palmeira. E esse filme é imperdível para quem pretende compreender a resistência contra a ditadura. Dos quinze presos políticos libertados no sequestro do embaixador, seis já morreram. E você, que aguentou essa leitura até aqui, veja *Hércules 56*, cujo título remete ao prefixo do avião que levou os presos políticos até a Cidade do México. Ainda vou voltar a esse ponto da história, mais adiante.

E as questões táticas também dividiam a esquerda: guerrilha urbana, guerrilha rural, guerra popular prolongada, movimento de massas — o quê? Na contramão dessa confusão, grupos operários de São Paulo, compreendendo melhor o que era o Patropi sob a ditadura, se concentraram num movimento de massas que resultaria nas grandes greves dos metalúrgicos do ABC, ainda na segunda metade dos anos 1970, e que deixariam o país boquiaberto. As questões levantadas pelo vitorioso movimento operário não eram relativas a nenhuma revolução, não havia discursos ideológicos. Estavam ligadas aos salários, garantias trabalhistas, emprego.

As reivindicações, de um ponto de vista político, estavam principalmente ligadas ao direito de organização independente dos trabalhadores, negado formalmente pelas leis da ditadura, que consideravam o sindicalismo uma atividade "potencialmente subversiva", termo inventado pelos militares para designar qualquer forma de oposição. É preciso não esquecer que um dos pilares do governo militar era o arrocho salarial, de modo a financiar indiretamente o crescimento econômico, beneficiando o empresariado nacional e o capital estrangeiro.

Portanto, pretender aumento de salário era adentrar automaticamente no campo da "subversão". Desafiando o regime sem discursos, os metalúrgicos do ABC paulista envolveram dezenas de milhares de trabalhadores fabris em sua luta por melhores condições de vida. A esquerda armada jamais teve uma base social desse porte. Essas lideranças tinham apoio da Igreja católica — e muitos padres e freis estavam ligados ao movimento. Entidades internacionais de trabalhadores também acompanhavam esse novo sindicalismo brasileiro. Após 1974, um grande grupo de intelectuais e militantes das organizações de esquerda, já então derrotadas, se aproximara dos metalúrgicos. Essa adesão cria as condições para fazer germinar a ideia do Partido dos Trabalhadores (PT).

Mesmo os generais não previram o rumo dos acontecimentos. A elite intelectual das casernas, reunida na Escola Superior de Guerra (ESG), no Rio de Janeiro, foi incapaz de prever os desdobramentos do movimento operário. E a criação do PT (1980) produziu uma rara unanimidade na esquerda, que o recebeu como "o partido estratégico", para o qual convergiu a maioria dos sobreviventes das organizações armadas. Em 2013, o PT tinha 1,7 milhão de filiados.

CORTA
Foram anos de chumbo.

Prisões, tortura, fugas, clandestinidade, exílio. Foram anos terríveis, que transcorriam sob a névoa do silêncio e do desinteresse geral da nação. Mesmo assim, mais de 450 pessoas perderam suas vidas, de acordo com os registros oficiais. Houve aproximadamente 17 mil processos de cunho político. Cinco mil desses processos chegaram ao Superior Tribunal Militar (STM), a corte maior do regime. Após 2001, com a aprovação pelo Congresso da Emenda Constitucional nº 32, que estabelecia reparação em dinheiro para vítimas da ditadura, transformada em lei no ano seguinte, 70 mil brasileiros entraram com processos para redimir danos pessoais e materiais causados pelo regime militar. Esses números dão uma vaga ideia do tamanho da repressão que se abateu sobre o país. Qual "ditabranda"? As perseguições não eram apenas por razões objetivas. Havia vinganças pessoais por parte dos perseguidores. E muita maldade também.

Em princípios de 1970, quando tinha nove anos de idade o agora advogado Marcus Vinícius Cordeiro, atual secretário-geral da Ordem dos Advogados do Brasil (OAB) no Rio de Janeiro, foi ao DOI-Codi acompanhando a mãe. Dona Nilce Cordeiro foi até o quartel da Polícia do Exército, na rua Barão de Mesquita, um centro de torturas, para saber notícias do marido, o jornalista Henrique Cordeiro Filho, que estava desaparecido. Na verdade, estava preso ali mesmo. Um capitão do Exército, que não deixou a mulher entrar, disse àquela mãe e esposa aflita: "Aqui ele não está, mas não fique preocupada, não. Ele deve ter fugido com outra mulher." O cinismo descarado fazia parte do "protocolo" militar para lidar com suspeitos de subversão? O secretário-geral da OAB me contou que nunca mais esqueceu o rosto daquele homem.

Prisioneiros foram encarcerados em ilhas e porões de navios. Intelectuais, professores, jornalistas, religiosos e estudantes foram trancafiados em penitenciárias, misturados aos criminosos comuns. O Presídio Tiradentes, em São Paulo, e a Ilha Grande, no Rio, viraram locais de concentração dos prisioneiros políticos. Sem esquecer a Ilha das Flores, na Baía da Guanabara, onde não havia flores. E também a Casa de Detenção do Recife, hoje um centro cultural. Anos de chumbo. Depois, o regime se deu conta de que era um perigo misturar presos políticos com bandidos, porque os primeiros assumiam facilmente a liderança prisional. Então foram criadas galerias de isolamento.

Em maio de 2013, a presidente Dilma Rousseff, que atuou como guerrilheira urbana da Vanguarda Armada Revolucionária Palmares (VAR-Palmares) nos anos 1970, quando nem sonhava com o poder, recebeu um relatório da Comissão Nacional da Verdade, criada pelo Governo Federal democrático para apurar crimes políticos cometidos no Brasil entre 1946 e 1988. Esse relatório informava que as mortes sob a ditadura eram três vezes mais numerosas do que constava nos registros oficiais. Chegariam a 1.200, incluindo líderes camponeses e sindicalistas no interior do país. Casos jamais investigados.

O advogado Wadih Damous, presidente da Comissão Nacional de Direitos Humanos da Ordem dos Advogados do Brasil (OAB) — e também presidente da Comissão da Verdade do Rio de Janeiro —, me contou que esse número pode ter sido ainda maior. Na terça-feira 3 de dezembro de 2013, me encontrei com Wadih Damous na antiga sede da OAB, no centro do Rio de Janeiro. Um lugar emblemático na história da resistência contra o regime militar. Naquela mesma sala, onde tomava um cafezinho com minha equipe de produção, aguardando a chegada do advogado, às duas da tarde de 27 de agosto de 1980 uma carta-bomba explodiu. O artefato, que chegou pelo correio, estava endereçado ao então presidente da OAB, o jurista Eduardo Seabra Fagundes.

Dona Lyda Monteiro da Silva, sessenta anos, secretária do presidente da OAB, abriu a carta-bomba. Junto com ela, um funcionário da Ordem, José Ramiro dos Santos, também foi atingido pela violenta explosão, que destruiu a sala. Dona Lyda morreu a caminho do Hospital Souza Aguiar. A ocorrência foi registrada pela 3ª Delegacia Policial, sob o número 0853/80, como "ato de sabotagem ou terrorismo", jamais investigado e nunca esclarecido. Naquele mesmo dia, duas outras bombas foram encontradas e desarmadas: a primeira, no jornal de oposição *Tribuna da Imprensa*; a segunda, no gabinete do vereador Antônio Carlos de Carvalho (PMDB).

Por causa desses acontecimentos, meu encontro com o presidente da Comissão Nacional de Direitos Humanos da OAB, 33 anos após o atentado, estava revestido de fortes emoções. Na sala, havia um grande pôster de Lyda Monteiro. Wadih Damous gravou um depoimento contundente. Segundo ele, o número real de mortes sob a ditadura pode ultrapassar 4 mil vítimas, se nele incluirmos a matança de indígenas durante a construção das grandes rodovias amazônicas, como a Transamazônica e a Perimetral Norte:

> O nome disso é genocídio. Genocídio, pura e simplesmente. Crime contra a humanidade. Cometido em nome da segurança do Estado e em nome de certo "desenvolvimento". No Brasil, ao contrário dos nossos países vizinhos, onde ditadores e torturadores assassinos foram levados aos tribunais e à cadeia, o Supremo Tribunal Federal (STF) decidiu que a Lei da Anistia [promulgada em 1979] representou uma espécie de perdão para todos os crimes políticos ocorridos no período discricionário. Mesmo assim, o trabalho das Comissões da Verdade ainda tem uma grande importância: recontar a história real, preencher as lacunas do obscurantismo, abrir para as famílias das vítimas a possibilidade de reparações cíveis.

Com um depoimento como esse, a "ditabranda" fica cada vez mais distante. Wadih Damous acrescentou: "Os governos democráticos não tiveram coragem de investigar a fundo essas questões; Fernando Henrique, Lula e Dilma ficaram batendo continência para os generais."

Entre 1968 e 1972, a repressão inviabilizou a luta armada nas grandes cidades, fortalecendo as teses da guerrilha rural. A luta armada no campo já havia começado, mas pouca gente sabia disso. Mesmo a repressão custou a reconhecê-la, como veremos. Mas, depois que os militares chegaram à conclusão de que os comunistas estavam tentando sublevar as massas rurais, a reação mudou de tom. Ficou pior do que a violência homicida praticada nas grandes cidades. Tornou-se uma campanha de extermínio. Dali ninguém sairia vivo.

Lá no fundo do Brasil, a guerrilha havia iniciado a construção de suas bases. Pôde atuar em relativa tranquilidade entre 1966 e 1971, anos em que seus integrantes, transferidos lentamente para o Bico do Papagaio, obtiveram a simpatia de populações locais. Tornaram-se bons vizinhos: trabalharam com as comunidades, frequentaram a igreja, fizeram mutirões de trabalho na lavoura, construíram casas. Mas não chegaram a ser líderes políticos revolucionários. Aliás, ninguém sabia que eram revolucionários. Quando foram localizados pela repressão, ainda não estavam prontos para a luta. "Fomos para o Araguaia com uma passagem só de ida; era uma opção para toda a vida" — me contou José Genoino, o guerrilheiro "Geraldo", que chegou à área dos combates no segundo semestre de 1970. O MLP, organizado pelo PCdoB, era um segredo total. Até mesmo os militantes do partido eram mantidos na ignorância completa do que estava sendo preparado. Rioco Kayano, estudante paulista, integrante de um núcleo do partido na USP, descoberta pela repressão, teve que fugir. Foi levada ao Araguaia por Elza Monnerat, sem saber aonde estava indo ou o que iria fazer. Segredo total.

2

A mulher está metida até a cintura num dos igarapés. Água morna que se arrasta silenciosamente, coberta de plantas e algas verdes e douradas. Milhares de pequenas borboletas azuis e brancas estão por todo lado. Ela calça botas de couro, curtas e surradas. Veste uma bermuda larga e uma camisa de homem com as mangas arregaçadas acima dos cotovelos. Sobre o peito de seios pequenos estão cruzados dois cinturões de balas. À esquerda, sob a axila, vai o revólver 38. Ela mantém os braços erguidos, segurando o rifle Winchester 44 sobre os ombros, junto à nuca. Vista de longe, parece crucificada naquela arma de ferro e madeira, tão conhecida de caçadores e jagunços.

Completamente imóvel, respira devagar pela boca entreaberta. Dentes amarelados e malcuidados aparecem de vez em quando. Os cabelos escuros e cacheados, nem longos nem curtos, estão presos por um lenço camuflado. É só um tecido de estampas florais, que se faz de camuflado. Sobre a cabeça, um chapéu de palha. Está de olhos fechados, concentrada em distinguir o barulho dos homens do barulho da mata.

A cena é registrada pela câmera imaginária do autor. Como um Oliver Stone que nunca esteve lá.

Metida naquelas brenhas, ela nem se lembra de que um dia se chamou Dinalva Oliveira Teixeira, tem quase trinta anos e se formou em geologia pela Universidade Federal da Bahia. Veio de Jequié, cidade quente e seca, a mais hospitaleira do interior baiano, tão diferente da floresta tropical úmida, quente de dia e fria de noite. Nesse lugar chove de quatro a cinco meses por ano. Água torrencial, que alimenta rios, bichos, mosquitos e floresta. "Dina" não se move. É uma figura famosa na região, tanto que seu marido, Antônio Carlos Monteiro Teixeira, também geólogo baiano, era conhecido como "Antônio da Dina".

A guerrilheira "Dina", na crendice popular, transformava-se em folhagem para despistar os inimigos. "Até virava borboleta", como disse o major Curió. Nunca era apanhada, apesar de sempre se arriscar, chegando perto das tropas. "Dina", no imaginário popular, encarnava o mito das amazonas. Não tinha medo de nada. Aproximava-se dos acampamentos à noite e ficava atormentando o sono dos soldados. Virar borboleta era a mais fácil das tarefas dela.

Naquele lugar, quando você tem algum espaço aberto para olhar, pode ver a cortina de chuva se deslocando de oeste para leste, cobrindo centenas de quilômetros de mata desabitada. Dinalva está ali. Agora é só "Dina", a guerrilheira que se tornou professora e parteira muito querida entre a população miserável do Araguaia. É uma das mais notáveis combatentes do PCdoB. Olha tudo com olhos arregalados. O alvo que aparece à sua frente, uns 150 metros adiante, está entre as árvores. É um homem de estatura mediana, mas não usa o uniforme verde-oliva. É um militar, ela reconhece. Apesar dos trajes civis, calça coturnos pretos. Botas pesadas do Exército. Tem um revólver na cintura. E carrega uma metralhadora INA 45 em uma das mãos.

"Dina" apoia a Winchester no ombro direito. Levanta a alça de mira de longa distância, prende o ar nos pulmões e pressiona levemente o gatilho. Mas desiste. As mãos estão trêmulas. Respira novamente pela boca, para se acalmar. Não tem pressa nenhuma. Sabe que não será vista pelo inimigo. O soldado anda tropeçando, não tem experiência na mata. Ele anda olhando para o chão: falha grave de quem não conhece o ambiente hostil, preocupado apenas em não cair. Não dá mais do que dez passos até ficar novamente na mira. Continua olhando para o chão. Assim não pode ver a figura imóvel da guerrilheira dentro do igarapé. "Dina" respira pela boca entreaberta. Agora está bem calma. Sabe o que fazer.

O cabo Odílio Cruz Rosa, do Batalhão de Infantaria de Selva de Belém, está em missão do Centro de Inteligência do Exército (CIE). Nem ouve o tiro que o mata instantaneamente. Cai de cara no chão, num pequeno filete de água que corre no areal. A bala calibre 44, de ponta reta, atravessa o coração dele e sai pelas costas. O sargento Morais vem logo atrás e ainda brinca, achando que o outro tinha tropeçado:

— Levanta daí, cachorrão...

Só o Velho China percebe o que está acontecendo. Mateiro que guia o grupo, recrutado à força de dinheiro e ameaças, José Bezerra por batismo, um "gateiro" (caçador de peles de onça e jaguatirica, que vende ou troca por víveres em Marabá), sabe que o cabo Odílio Rosa não vai levantar nunca mais.

— É tiro! — grita o capiau, enquanto se joga no chão.

Mas o aviso é abafado pela gargalhada assombrada que vem da mata. "Dina" ri e rosna como um bicho. Salta do riacho como se fosse o próprio gato-do-mato, a pintada. Corre uns 20 metros, a favor do vento e seus passos não são ouvidos. Senta no chão, costas apoiadas no tronco de uma árvore, joelhos erguidos. Está mais perto da tropa. Levanta a 44 e atira. Dessa vez é o sargento quem cai, atingido violentamente no ombro direito. O homem rola como um boneco de pano. Grita de dor. "Dina" solta a gargalhada medonha. E a tropa é tomada pelo pânico. Na confusão, o tenente Nélio dá um tiro de pistola no próprio pé. Grita de dor. Os demais — são só doze agora — recuam em desabalada carreira. Deixam cair dois fuzis FAL 7.62 mm, uma metralhadora INA 45 e uma caixa de algemas. É incrível: os militares tinham um caixote de algemas na floresta. Afinal, estavam ali para prender "uns estudantes barbudos do Sul".

"Dina" recolhe as armas e some no labirinto verde. As algemas ficaram caídas na mata, perto dos feridos e do cadáver do cabo Rosa. A guerrilheira não foi vista pelos militares. O Velho China se afasta silenciosamente e também vai se esconder dentro de um igarapé. Fica dois dias com água até o queixo. Se for apanhado pelos soldados, será morto. Pode ter levado a tropa para uma emboscada. Se for apanhado pela guerrilha, será morto. Só por ter levado os militares até o coração da floresta.

CORTA

Vamos voltar o filme.

Não foi assim que aconteceu!

A história é comentada por moradores do Araguaia, ao pé do fogão de lenha. Não é verdadeira. A lenda de "Dina" se confunde com as crendices populares da Amazônia. Isso influenciou a versão fantasiosa daquele rápido combate. "Dina" teria enfrentado sozinha uns quinze militares. Mas não é verdade. Só 33 anos mais tarde, em 2005, quando documentos secretos das Forças Armadas foram revelados pelos jornalistas Taís Morais e Eumano Silva,* é que a história real apareceu.

No entardecer prematuro da floresta amazônica, a luz do sol dura apenas de nove da manhã até, no máximo, cinco da tarde. A região do Bico do Papagaio tem milhares de quilômetros quadrados de matas frescas. São quatro os militares guiados pelo Velho China. Não usam uniformes. Eles se fazem passar por funcionários do Departamento Nacional de Produção Mineral (DNPM), um órgão do Ministério de Minas e Energia do Governo Federal. Seria uma expedição para mapear zonas de mineração e estudar a viabilidade de uma nova estrada naquela área. Tudo mentira.

É um disfarce meio sem-vergonha para funcionários públicos sediados em Xambioá. Os quatro estão armados com revólveres, pistolas Colt Combat 45, padrão do Exército brasileiro, além de uma metralhadora INA 45. Só isso. Não tinham fuzis nem algemas. Vestiam calças jeans, tênis, camisas folgadas e usavam bonés e chapéus de palha comuns na região. Mas também não se pareciam com funcionários públicos. O armamento pesado os denunciava.

Os militares chegam de barco à vila de Santa Cruz, na margem paraense do Araguaia. Vão se embrenhar na mata e sabem que a missão é extremamente perigosa. Não conhecem a floresta densa. (Ainda não existia o GPS.) Nem bússola eles têm. A segurança e o rumo estão entregues a um mateiro pouco confiável, como se verá em breve, o Velho China.

---

*Em *Operação Araguaia*, obra já citada.

Em Santa Cruz, encontram o guia com um cavalo para levar as mochilas, alguma comida e os supostos aparelhos de pesquisa para minérios radioativos. O capiau José Bezerra leva um velho revólver 32, de seis tiros, coronha de madrepérola, e uma carabina de cartuchos CBC, calibre 20, arma de caça useira e vezeira na região. A espingarda tem tiro pesado, capaz de derrubar qualquer bicho do Araguaia. Inclusive — e principalmente — o bicho homem. O Velho China calça sandálias de couro cru, como o pessoal do Nordeste. Como os cangaceiros dos anos 1930.

Traz um embornal de pano atravessado no peito, contendo lascas de carne-seca, biscoitos e uma pequena garrafa de água. Provavelmente, leva alguma pinga também. Caloria para vários dias. A calça do homem é de brim e bastante surrada, fazendo companhia a uma camisa de algodão, branca, porém suja. Aberta até a metade do peito, com as mangas arregaçadas, como se pode ver numa foto da época. Usa chapéu de couro do tipo dos vaqueiros do Pantanal. É uma figura comum daquelas brenhas, incluindo as armas. Povinho do Araguaia.

CORTA
Uma explicação sobre o autor.

Andar por esses sertões — e sair vivo — é sempre uma aventura. Só quem esteve por lá pode saber. As armas são necessárias, não só para se proteger de homens e bichos, mas também para obter alguma comida. E, no entanto, o perigo continua. Você até escapa de bicho e de jagunço, de índio bravo, mas não do mosquito e da malária.

Estive no Alto Xingu, norte do Mato Grosso, em setembro de 1973 e mais além, durante a guerrilha. É uma região muito parecida com o Araguaia. Andava com botas de cavalaria até quase os joelhos. Usava calça jeans e jaqueta do Exército. E uma camisa abotoada até o colarinho. E um chapéu de caçador, parecido com aqueles que os europeus usavam na África. (Guardo esse chapéu comigo até hoje.) Com toda essa indumentária, preferia o calor durante o dia aos mosquitos.

Esses mosquitos, do tipo "piumhi", na língua indígena da região, podem ser vistos a distância. Formam nuvens em torno das árvores e capoeiras. Eu suava abundantemente, mas me mantinha com a roupa pesada e me hidratava o tempo todo, porque ali há rios em toda parte. E à noite a temperatura cai verticalmente. A floresta não retém o calor. Para quem precisava dormir no meio do mato, como eu, as roupas pesadas são um bom abrigo.

Quando estive no Xingu, acompanhei um treinamento de sobrevivência na selva, promovido pelo PARA-SAR, o grupamento de resgate da Aeronáutica, muito empregado em salvamentos nos acidentes aéreos. Era parte de um curso para soldados da Brigada de Infantaria Paraquedista do Exército, que seguiria até o Araguaia. O chefe da operação era certo major Guaranys, cujo nome completo não me recordo e não fui capaz de pesquisar.

Durante uma das instruções, com todos nós sentados no chão, ao lado de uma pequena lagoa, observei que o major falava sem tirar os olhos de uma bolha de ar que aparecia na superfície da água. De repente, o militar enfiou a mão naquela salmoura e de lá trouxe uma rã. E começou a comer o bicho vivo, que esperneava, bem ali, na nossa frente. E continuava falando. Cuspia uns pedaços de pele e mordia as pernas da rã. Uma aula prática de sobrevivência. Foi esse major quem me deu um conselho valioso: "Nesse tipo de região, meu jovem, cuide dos pés. Só tire as botas para lavar bem os pés, com água e sabão. Esfregue bastante. Se você ferir os pés, pode ter uma grave infecção e morrer. Ou, no mínimo, pode ficar incapacitado para andar. Aqui, se você não puder andar, está ferrado."

É uma advertência curiosa, porém fundamental. Sem dúvida, a vida naquelas brenhas é em cima dos pés. Certa vez, perguntaram ao líder guerrilheiro Ernesto "Che" Guevara qual a coisa mais importante para o revolucionário envolvido na guerrilha. Quem esperava um discurso ideológico se enganou. Guevara, com a tranquilidade que o caracterizava, respondeu: "Os pés, meu caro, os pés!" Na experiência boliviana, que encerrou a carreira dele, o "Che", médico que era, costumava cuidar pessoalmente dos pés dos combatentes. Com lavagens, unguentos e até pequenas cirurgias para drenar abscessos. Ele chegou a operar sozinho o próprio pé direito, que estava infeccionado.*

No Alto Xingu, como já disse, preferia suportar o calor do que as ameaças físicas. Nunca tirava as botas — nem para dormir. Tinha pavor de cobras e aranhas. Mas acabei sendo mordido por uma pequena aranha vermelha. Não sei como, o bichinho estava dentro da manga da minha camisa, no braço direito. Sentindo o roçar das patas, dei um tapa com a mão esquerda. Pronto. Dois dias de febre alta e dor. Tinha trazido do Rio de Janeiro duas caixas de antibióticos e mais duas de analgésicos. Foi o que me valeu. E também estava vacinado contra malária e febre amarela. Tomei as vacinas, que valem por dez anos, no posto médico do Aeroporto de Congonhas, em São Paulo. É de graça.

Levava comigo um revólver S&W 44 e uma Winchester 12, de cinco tiros. Armas americanas. Pescava (ou caçava) os peixes tucunarés com tiros de 12, naqueles igarapés de águas rasas e transparentes. Olhava o peixe de um metro de comprimento e dava um tiro nele. Simples assim. Pesava mais de dez quilos. Comíamos com arroz, farinha de mandioca, cachaça e café. A carne era preparada em fogueiras, sobre uma chapa de metal encardida, apoiada sobre seixos dos rios.

Aprendi a fazer fogueiras, coisa mais complicada do que parece. Na mata, a lenha é abundante, mas úmida. Não acende de jeito nenhum — nem com o meu isqueiro Zippo, que mantinha sempre abastecido. Você precisa começar o fogo com palha, pequenos fragmentos dos liames da floresta, não com galhos. E é um aprendizado doloroso. Consegue uma brasa, fica assoprando para estimular o fogo. Põe um galhinho fino. Vai acrescentando lenha úmida — e a fogueira, já vistosa, exala muita fumaça branca, que pode ser vista de longe.

Isso consome mais de meia hora. E o fogo forte, vibrante, não aparece em menos de uma hora. E ainda é necessário limpar o terreno à volta,

---

*Ver Adys Cupull e Froilán González, *O diário do Che na Bolívia*, obra já citada.

fazer uma barreira de troncos grossos, para evitar um incêndio. A carne é espetada em gravetos, que ficavam fincados no chão, sobre o fogo. O arroz se cozinha em panelas com água, um pouco de sal e umas ervas nativas, diretamente sobre as chamas. Tudo ficava pronto em minutos, mais rápido do que o tempo de fazer as fogueiras.

Comíamos a gororoba com café (feito do mesmo jeito) e cachaça, a "mardita", que nos ajudava a dormir na mata. A pinga, em doses moderadas, é um relaxante maravilhoso. E a gente dormia de oito da noite às três da manhã, muitas horas antes do sol aparecer sobre a mata. E esse período, no fim da noite, era usado para preparar mais comida e levantar o acampamento. A marcha só começava com o dia claro.

Estava na companhia de índios nus, só com arcos, flechas, penas e pinturas, das tribos kamaiurá e kuicuru, para escrever uma série de reportagens, publicada pela revista *Manchete* em novembro de 1973, sob o título de "Os últimos homens livres". Essas reportagens também foram publicadas na *Der Spiegel*, alemã, e na *Scope*, da África do Sul. Nunca mais esqueci aqueles índios em estado natural, sempre sorridentes, muito fortes, que se divertiam com as bobagens que eu fazia. Toda vez que eu caía, eles davam gargalhadas. No entanto, tinham certo respeito por mim. Atirava muito bem. Carregava armas poderosas. Não tinha medo de me embrenhar na selva. O "carahiba", homem branco no idioma gê, se virava bem na floresta.

Certa vez, ganhei de um índio numa prova de natação no rio Tuatuari, em frente ao Posto Leonardo Villas-Bôas, da Funai. E ganhei com larga vantagem. Fui criado em Copacabana, num tempo em que ainda havia ondas de 3 metros de altura na praia mais famosa do mundo, antes do aterro que duplicou as pistas da avenida Atlântica. As ondas da minha infância foram domesticadas pelo progresso. Mas, naquele rio de águas calmas, era sopa para mim. Quando cheguei à margem, fui cercado pelas crianças indígenas, que gritavam "carahiba, carahiba". Não tive muito orgulho do título. O índio derrotado sorriu para mim e fez um gesto com as duas mãos, como a dizer que éramos diferentes. Isso me ajudou a obter a confiança deles. Ganhei tapinhas na barriga, um símbolo de amizade. Era um jovem magro e forte, barbudo, com musculatura para encarar as matas. Hoje nem pensar.

Naquele ano de 1973, iria acontecer no Xingu o primeiro e único quarup (o ritual dos mortos, uma festa tradicional das nações indígenas), dedicado a um homem branco: o antropólogo Noel Nutels (1913-1973). Essa era a pauta da minha viagem ao Xingu como repórter. Quem me deu a missão foi o chefe de reportagem da revista *Manchete* na época, o jornalista Celso Kinjô, de quem tenho as melhores lembranças. Mas, ao chegar lá, com o fotógrafo Newton Ricardo, a bordo de um avião Búfalo, da FAB, imaginei que poderia fazer algo maior: uma extensa reportagem sobre aquele zoológico humano chamado Parque Nacional do Xingu, inteiramente apartado do país chamado Brasil. Daí surgiu a ideia da série "Os últimos homens livres".

Vi de perto o drama de sobreviver na imensa floresta. O mesmo drama daqueles jovens que seguiram para o Araguaia. E não pretendo voltar. Nunca mais. Tinha uns vinte anos naquela ocasião. O labirinto verde é assustador demais. De vez em quando, sonho com a floresta, os rios e os pássaros da noite. Acordo sobressaltado. E levo um tempo para me dar conta de que estou em São Paulo. Em relativa segurança, mesmo na selva de pedra. A mata bruta exerce um efeito avassalador: ali você não é nada. Só uma poeira que o vento pode carregar.

De um ponto de vista literário, é como estar num dos mundos mágicos de Monteiro Lobato (1882-1948), como o Reino das Águas Claras, do livro *Reinações de Narizinho*, escrito em 1931. Ou adentrar *As crônicas de Nárnia*, do escritor britânico Clive Staples Lewis, posteriormente uma série de filmes de sucesso. Você abre uma porta — no meu caso, a de um avião da FAB — e sai em outro mundo. Quando o Búfalo pousou na pista de terra do Posto Leonardo, os militares mal pararam. Nossas coisas foram jogadas para fora: mochilas, equipamento fotográfico, remédios para os índios, malotes da Funai para os administradores do posto. Já no chão de terra batida, ficamos atônitos, cercados por dezenas de índios nus. Homens, mulheres e crianças, para quem a chegada de um avião do outro mundo era uma espécie de festa. Estávamos em Nárnia — ou nas "Reinações".

Lembro que um índio muito alto e forte, cujos ombros eram um palmo maiores dos que os meus, para os dois lados, me disse: "Muito calor." O português, duvidoso. Começou a desabotoar a minha camisa, sem a menor cerimônia. E me dava tapinhas na barriga, um sinal amistoso que só mais tarde pude compreender. Outros pegavam nossas coisas no chão, enquanto eu e o Newton ouvíamos os motores do Búfalo arrancando para decolar. Em poucos instantes, todos haviam sumido. Inclusive nossos "pertences". Câmeras, mochilas, até a minha camisa. Percebi que havia uma trilha na mata, no lado direito da pista de pouso. E por ali seguimos. Uns dez minutos depois, andando na picada, chegamos ao Posto Leonardo. Sozinhos. Todos os nossos apetrechos estavam intactos, diante da "casa do rádio", bem em frente da sede da Funai. E os índios, dezenas deles, um pouco afastados, nos olhavam sorridentes. "Carahibas."

Quando saí do Posto Leonardo Villas-Bôas, para uma viagem de canoa até o Diauarum, outro posto da fundação, a uns 100 quilômetros de distância, não sabia que essa viagem mudaria a minha vida. Pretendia entrevistar o famoso Cláudio Villas-Bôas, indigenista que vivia isolado na mata, na área dos índios jurunas, que desprezavam o homem branco. Os jurunas eram perigosos. O melhor era ficar longe deles.

Durante anos, esses índios foram conhecidos como "a polícia" do parque, porque eliminavam caçadores e garimpeiros. Matavam mesmo. A tribo, com uns seiscentos integrantes, era meio nômade. Caçadores. A base deles era o Diauarum, uma área que tinha esse nome por causa das panteras negras. Mas podiam ser encontrados na floresta, em bandos de vinte, sempre perigosos, caçando.

Os meus guias kamaiurá e kuicuru não queriam chegar perto deles. Essas duas tribos eram amigas e viviam no mesmo território, nas redondezas do Posto Leonardo. Toda vez que percebiam rastros dos jurunas mudavam de rumo. Rastros que nunca notei. Eu perguntava o que estava acontecendo — ignorante total — e eles apenas meneavam a cabeça negativamente. Optavam pelo silêncio. E assim ficávamos dez ou doze horas sem emitir um som. Só andando a favor do vento.

As nações indígenas da Amazônia, no passado, travaram guerras fratricidas. Sequestravam mulheres e crianças uns dos outros. A luta era motivada não só pela defesa (ou conquista) de territórios de caça e pesca, mas também pela afirmação de diferenças culturais. No mundo primitivo, o índio que usasse cabelos longos, como os txucarramães ou os kren-a-karore, era um bicho diferente.* Esses se pintavam de preto e vermelho, usavam arcos e bordunas de coqueiro preto. O povo da lua de Mavutsinim, os caçadores.

As tribos que usavam o cabelo cortado em cuia, com arcos brancos e grandes aldeias, eram sedentárias e agricultoras. O povo do sol de Mavutsinim. Gente da terra. Era muito mais fácil conviver com esses indígenas, que nos recebiam bem nas tabas, oferecendo água, rede para descansar e comida. Nas proximidades do índio bravo, o caçador, nunca me sentia em paz.

O farfalhar dos pés no chão está grudado na minha mente. Nunca mais na minha vida enfrentei emoções tão espetaculares. Aquelas matas, aquelas trilhas que pareciam me engolir. O peso das armas carregadas. O alívio de uma brisa quente na nuca. Andávamos a favor do vento. Quero dizer: com o vento sempre pelas costas. Os espíritos do vento empurram você adiante e dissimulam o seu cheiro. De um modo geral, na floresta, o perigo também vem por trás. Quando caçávamos porco queixada, o javali brasileiro, sempre pegávamos os últimos — e o bando nem parava para ver o que estava acontecendo. Por último, vinham os animais velhos e cansados. Se você atirasse num dos porcos da vanguarda, os outros investiam contra você.

---

* Optei por escrever o nome dessas tribos de uma maneira apenas fonética porque naquelas culturas não havia linguagem escrita. Não há uma exata tradução portuguesa para o nome de gentes e tribos.

Cláudio Villas-Bôas era irmão de Orlando e de Leonardo, a trinca de sertanistas que fundou o Parque Indígena do Xingu. Para entrevistá-lo, partimos pelo rio Tuatuari, um dos afluentes do Xingu. E fomos cada vez mais para dentro da região de matas fechadas, em duas canoas. Na minha canoa, descendo as águas, o espetáculo da floresta se descortinava diante dos meus olhos. Era quase um menino, na época, da classe média do Rio de Janeiro, filho de uma professora de artes e de um funcionário de carreira do Banco do Brasil. Tive vontade de nunca mais sair dali. Estava diante do paraíso.

Em muitas ocasiões, precisamos sair dos rios e caminhar pela floresta, carregando as canoas sobre os ombros. Era para evitar corredeiras e outros acidentes naturais do percurso. À noite, tínhamos que ficar longe das praias brancas dos rios, onde a onça bebe água e um jacaré pode morder os seus pés. E só dormir no mato. Os índios davam essas lições básicas de sobrevivência rindo, numa linguagem que misturava palavras em português com o idioma gê — e muita mímica. Gê, tupi, karibe, aruaki e trumai são as línguas básicas dos indígenas da Amazônia. Procurava me concentrar mais na linguagem mímica dos companheiros de viagem. E eles gostavam de mim, porque, com as minhas armas pesadas, sempre conseguia algum alimento.

Muitas vezes, ao caçar na escuridão da noite, não conseguia enxergar nada. Um índio, ao meu lado, apontava insistentemente para um ponto da mata e eu não via nada. Passava a 12 para ele. Bum... Caía um animal que não tinha visto. Era assim. Os sentidos básicos de um homem da cidade não serviam para nada na floresta. Não sentia os cheiros que eles sentiam. Não ouvia as palavras que sussurravam. Não via nada.

Aos poucos, ao longo de meses, fui melhorando. Já não fazia tantas bobagens, motivo das risadas dos índios ao redor da fogueira. Para eles, o homem branco é sempre meio ridículo. E aqueles índios, no interior da mata fresca, eram um povo feliz. Riam à toa. Por qualquer coisa. Eram muito limpos: tomavam banhos nos rios quatro ou cinco vezes por dia. As aldeias cheiravam a palha e a lenha queimada. Eles já nasciam casados.

E andavam de mãos dadas (ou abraçados) com suas mulheres. Às vezes, mais de uma. E olha que as índias jovens, com menos de vinte anos, eram uns monumentos à condição feminina. Depois dos trinta, ficam acabadas pela maternidade constante e o trabalho pesado.

Aqueles índios tinham olhos que atravessavam a escuridão. O governo militar os proibia de usar munição superior ao calibre 22. Eu tinha um revólver 44 e uma carabina 12, um canhão portátil. Eles pediam para carregar as minhas armas, só pelo prazer de pôr as mãos numa arma dos brancos. Podia emprestar uma delas, geralmente a Winchester, mas mantinha o revólver comigo. Nunca me separava de uma daquelas armas.

É claro que não levei essas armas do Rio de Janeiro para o Xingu. Elas me foram emprestadas lá no posto local da Funai. Aliás, o chefe do posto se chamava Sérgio. Fazia ótimas caipirinhas lá no mato. Quando fui do Posto Leonardo para o Diauarum, tive instruções elementares com Sérgio, que me apresentou os guias. Não me recordo qual era seu sobrenome. Cheguei a perguntar ao jornalista Valdir Zwetsch, hoje diretor executivo do jornalismo da Band, que esteve comigo no Xingu, em 1973, para cobrir o quarup de Noel Nutels para a revista *Realidade*. Ele também não se lembra do nome completo de Sérgio.

Quando andava por aqueles sertões, não conseguia comer macacos. Pelados, os bichos se parecem com um bebê humano, ardendo sobre brasas. Preferia peixe e farinha de mandioca. Certa ocasião, dei um tiro de 12 no pescoço de um cervo. O bicho caiu. E ficou me olhando com olhos redondos, enquanto arfava pela boca e morria, fazendo uma baba branca. Nunca mais comi uma carne que não fosse de supermercado.

Naquela travessia das matas, andávamos sempre em fila indiana, um atrás do outro. Os kamaiurás conversavam, sussurrando. Eu não conseguia ouvir o que diziam. Meus ouvidos não estavam treinados para o leve murmúrio dos índios, até porque falavam naquela língua incompreensível, o gê, idioma misterioso. Mas, de todo modo, não conseguia mesmo ouvir nada. Estava na companhia de seres humanos quase primitivos, cujo olfato, audição e paladar estavam muito além da minha compreensão. É uma pena que tudo isso tenha sido destruído em nome do tal de "progresso". Ou "desenvolvimento", se você preferir. Essas coisas todas restam na minha mente como sonhos. De vez em quando, lá se vai meio século, sinto o cheiro da floresta.

CORTA
O arrepio da noite.

Registro a cena, capturada pela câmera imaginária do autor. Umas doze pessoas, incluindo dois brancos, num plano elevado. Ao redor da fogueira.

Tomado pela solidão, em volta do fogo, com os meus companheiros daquele outro mundo, fiquei mais de meia hora falando sem falar. O português era quase inútil, apesar de que os índios pescavam algumas palavras. Disse coisas incompreensíveis sobre a minha mulher, Verena, que morava comigo no Rio de Janeiro naquela época. E sobre o meu primeiro filho, Pablo, que estava por nascer. Um desabafo. Alterei o tom de voz. Talvez tenha gritado. Disse coisas intraduzíveis. Eles me observavam em completo silêncio. Aqueles índios. Nenhum deles se moveu. Observavam um ser de outro mundo tentando se comunicar com os espíritos da mata.

Décadas depois desse episódio, ao escrever, não sei dizer com precisão como a cena se encerrou. Lembro que me calei, repentinamente. Faltaram palavras para continuar. Estava exausto. Minhas costas doíam. Minhas pernas doíam. No Xingu, sonhava com batata frita do Bob's e com as ondas da minha infância em Copacabana. E um dos índios mais velhos sorriu e pôs os dois braços para o alto. Como a dizer: é assim que as coisas são. Apesar de não compreender as palavras, entenderam o significado. E foi nesse momento, por volta de 3 horas da manhã de uma noite no fim de 1973, quando acabáramos de acordar, que ouvimos o urro da onça-preta, a pantera diauarum. A mata inteira ficou em silêncio. Foi quando percebi que os índios tinham medo daquele bicho. Os dentes, muito brancos, rangendo. Medo! Abracei o rifle Winchester com força.

Chegamos ao Diauarum. E Cláudio Villas-Bôas não estava. Tinha ido a Brasília, explicar não sei o quê ao governo. Ficamos por ali um dia, talvez dois, descansando. Vimos os jurunas, que não falaram conosco. E voltamos. Tudo de novo. Rios acima.

CORTA
Um combate revela a guerrilha.

Os quarenta anos do Velho China parecem uns cem. A pele é enrugada de sol, vento, água salobra. O mateiro tem poucos dentes na boca. Está ali, no meio da mata do Araguaia, para guiar uma força militar cujo objetivo é determinar se existe ou não uma guerrilha comunista naquelas brenhas. Ele mesmo não acredita nisso. Acha que as pessoas estranhas que andam por ali são só um novo tipo de gente que procura se estabelecer. Como tantas vezes antes se viu. Não necessariamente são criminosos. Muito menos terroristas. O mateiro tem muitas dúvidas sobre o que realmente está acontecendo ali, pelas beiras do rio Araguaia.

Aceitou colaborar em troca de algumas vantagens: uma diária que paga todas as suas contas, umas roupinhas novas, algum tipo de reconhecimento pessoal. Poderia se tornar um agente do governo ou algo parecido. Conhece os "paulistas", sabe que são boa gente. Nos últimos anos, se deu conta de que havia uns "estranhos" se aproximando da região. Sabe onde alguns deles estão vivendo. Assim, em troca de dinheiro e favores, concordou em guiar um grupo de homens, que ele sabe serem do governo, até os "paulistas".

A câmera imaginária do autor acompanha o avanço pela mata.

O grupo segue pela trilha do Couro D'Água, picada aberta na mata, que nem de longe parece um caminho seguro. É preciso andar em fila indiana, cuidando para não tropeçar em pedras e raízes. Mesmo o pangaré vai desconfortável. Estão num trecho entre os rios Araguaia e Gameleira.

Ao fundo desse cenário radical, a serra das Andorinhas é uma barreira selvagem, que dá o tom da tragédia que se aproxima.

A força é composta por um tenente, dois sargentos e o infeliz do cabo que vai morrer. Um dos sargentos nem é do Exercito — é da Marinha. Imaginem só! Longe do mar.

— Ô, China. Nós queremos ir até o lugar onde estão os "paulistas" — diz o tenente Nélio, referindo-se aos rapazes de fora que andam pela região. Supostamente, um grupo terrorista.

O militar não sabe que aqueles "paulistas" são uma vanguarda dos militantes do PCdoB. Na verdade, não sabe nada. Está ali para tentar descobrir alguma coisa. Qualquer que seja. É uma missão de inteligência, não de combate. Veio de Belém, a capital do Pará. Pertence à infantaria de selva do Exército. Mas, na verdade, não tem nenhuma experiência de combate na selva. Talvez uns trinta anos de idade. Não muito mais do que isso. E vai se defrontar com uma gente disposta a lutar até a morte. O tenente Nélio não sabe disso — e não está preparado.

O mateiro muda de rumo, pega uma trilha secundária e ainda pior do que a primeira. Conduz os militares a um sítio, recentemente abandonado pelos guerrilheiros. Não tem ninguém ali, mas o local se parece com um campo de treinamento, com obstáculos de madeira para exercícios físicos e tudo. Já passa das três da tarde — e a noite na floresta se aproxima, com sombras e ruídos que provocam arrepios. O lugar parece assombrado.

Eles decidem voltar para a trilha do Couro D'Água e procurar abrigo na choupana de um morador qualquer. Mesmo com a baixíssima densidade demográfica, mora gente naquelas bandas. Antes de escurecer completamente, os militares e o Velho China encontram pouso para uma noite de nervos à flor da pele. Não sabemos quem os abrigou. Mas a equipe do CIE passa a noite num sítio supostamente amistoso. O dia seguinte promete um desastre.

Partem na primeira luz do dia, sem terem encontrado o sono. Estão cansados. Abrem caminho à força, com facões. A mata densa resiste — e o cavalo vira um estorvo. É preciso dar uns tapas nas ancas do cavalo: "Anda, cavalinho, anda! Mas que bicho teimoso!"

Seguem na direção da Grota Rasa, onde pretendem descansar e comer, ao lado do rio Gameleira. A manhã inteira se passou naquela lide de empurrar o pangaré teimoso. A Grota Rasa é chamada assim porque tem um filete de água, menor do que um igarapé, no meio de um areal. Tem a beleza brutal dessa quadra inóspita da geografia brasileira, inicialmente visitada por aventureiros em busca de ouro e pedras, ainda no Império. Não é à toa que a serra das Andorinhas, ali no fundo, foi chamada, em primeiro lugar, de serra dos Martírios, tamanha a crueza do ambiente.

Os militares aproveitam a Grota Rasa para encher os cantis, antes de seguir em frente. O mateiro vai uns 20 metros adiante dos quatro, se esgueirando silenciosamente entre troncos e vegetações rasteiras. Não seria percebido nem por cobra. Nem por onça. Nem por índio. É um caçador experiente, que conhece a sabedoria do silêncio: um profissional. Tem aquela idade indefinida, curtida pelo calor exigente da floresta, que pode chegar, de vez em quando, a 46 graus centígrados, durante os dias do verão amazônico. Mesmo assim, há madrugadas frias, e o pessoal dorme enrolado em panos e cobertores. Essa gente de sob o manto amazônico é toda enrugada como os pescadores de jangada que conhecemos do Nordeste do país.

De fato — acreditem — o China não é daqui, apesar de conhecer a área como a palma da mão. Veio de algum lugar no estado do Maranhão, onde trabalhava de jagunço para os criadores de gado. Um homem recheado de histórias — e talvez algumas mortes. Fugiu para o Araguaia, a fim de se livrar de pendengas com a Justiça. Ou coisa pior, ninguém sabe. É chamado de China porque tem os olhos um pouco puxados, sabe-se lá as malandragens da família dele. Possivelmente, um traço indígena. E o Araguaia é cheio de pessoas como ele: abandonam uma vida de mistérios e se recolhem a um pequeno lote de terra, derrubando o mato a muque e lavrando algo para sobreviver. Caçam e pescam para dispor de alguma proteína — e sempre têm um cachorro sem raça definida, chamado "Neguinho" ou coisa que o valha. Formam famílias de vários filhos, batizados com nomes de santo ou de jogador de futebol. Alguns têm mais de uma mulher, quando se misturam ao que resta das tribos indígenas.

Um famoso colaborador do Exército era conhecido como "Manuelzinho das Duas", justamente porque tinha duas mulheres. De qualquer forma, filhos e mulheres são mão de obra para a lavoura de subsistência.

Em geral, essas pessoas são "católicas", seja lá o que isso signifique. Vão às missas dos padres estrangeiros e mal entendem o que está sendo dito. A grande diversão é o rádio de pilhas, o forró (*for all*, como diriam os ingleses construtores da ferrovia Madeira—Mamoré), a cachaça e fazer "minino", o sexo nas redes. Para além da vida duríssima, de sol a sol, são alegres — até felizes mesmo — e riem de qualquer bobagem. Como os índios.

A mente está permanentemente povoada de superstições, crenças religiosas inconfessáveis e daquele misterioso sincretismo que caracteriza o povo pobre no Brasil. Sacis, curupiras e iaras fazem parte do cotidiano do povinho local. Pergunte a qualquer um: quase todo mundo já viu o curupira, de pés voltados para trás, arrepiando as matas com o seu assovio estridente. E o pé de vento? Toda vez que aparece um redemoinho de poeira, dentro está o saci. E a voz gutural da floresta, produzida pelo roçar dos galhos, é o idioma dos espíritos. Tem também o "povo da mata", índios, gateiros e um pessoal de fora que anda agora por aquelas bandas. Nas matas do Araguaia, tudo é mistério. (No imperdível documentário *Histórias do rio Negro: uma viagem pelo imaginário da Amazônia*, o diretor Luciano Cury, com rara sensibilidade, traça o perfil cinematográfico dessa gente que se mudou para o meio das florestas. Veja o filme para entender melhor a psicologia dessa gente do sertão.)

CORTA
De volta à cena do combate.

A câmera imaginária do autor está montada sobre uma grua inexistente. A imagem digital, tomada do alto, percorre a Grota Rasa, recortando os militares em missão de reconhecimento e informações. A lente fecha lentamente no mateiro, recrutado à força de cruzeiros e ameaças. "Quem anda com comunista é comunista também." O Velho China está incorporado às Forças Armadas, sem saber o que significa. Enquanto isso, o foco da câmera ilusória se concentra nos olhos do mateiro. China joga um olhar perdido sobre o areal, talvez procurando entender o que faz ali. Os raios de sol dão uma cor amarela sobre o verde-escuro. Como a registrar que faltam só alguns minutos para se ouvir o primeiro tiro de espingarda.

Quando se coloca um peão como o Velho China guiando uma tropa federal, alguma coisa pode dar errado. Não é que ele não tenha qualidades — o que ele não tem é mandado legal para a missão militar, porque está ali obrigado. Não pode ser responsabilizado pelo que vai acontecer. Ao primeiro sinal de confusão, o Velho China vai fugir para salvar a própria pele.

3

Naquela tarde de sábado, 8 de maio de 1972, nas proximidades da Grota Seca, vale do rio Gameleira, todo o mecanismo instintivo do Velho China o informa que alguma coisa vai mal. Os quatro militares (o tenente Nélio, os sargentos Morais e Lourine, este último da Marinha, além do cabo Odílio Rosa), supostamente envolvidos numa operação de reconhecimento, falam alto demais. Contam piadas, riem à toa. O cabo Rosa, que vem pouco atrás do mateiro, tropeça seguidamente, motivando novas gracinhas e mais barulho. Apesar de ser um soldado regular do Batalhão de Infantaria de Selva, sediado em Belém, o cabo não entende nada da floresta. Mas o Velho China sabe que alguma coisa vai dar errado. Talvez tenha notado que o ar ficou mais denso — ou que a marcha do tempo tenha mudado. O Araguaia sinaliza o desastre. Repentinamente, as vozes da mata se calam. Os militares, enviados à floresta por altas autoridades de Brasília, que habitam gabinetes refrigerados, ainda se divertem. Não enxergam nada. Não ouvem nada. Nem têm a sensibilidade epitelial do mateiro.

(Conheci algumas pessoas que já estiveram em combate: policiais, bandidos, militares brasileiros em missão no exterior, outros que passaram pelo Araguaia. Todos dão o mesmo depoimento. Resumo na fala de um deles: "Alguma coisa estranha acontece, como se a atmosfera circundante ficasse mais espessa, e como se todos os movimentos entrassem numa câmera lenta..." É como numa nuvem, uma realidade alterada, onde tudo se explica e se desculpa.)

De repente, os ouvidos de gato-do-mato do velho mateiro captam algo diferente nos ruídos da mata. Uns 100 metros adiante. Barulho de gente, não de bicho. Num relance, percebe dois vultos (ou mais) dissimulados entre a folhagem. Um dos homens é negro e muito alto, o "Osvaldão", sujeito conhecido na região. O outro é branco e muito magro. China também o conhece: é "Simão", suposto nome de um gaúcho que frequenta a área com os "paulistas". Não deu para perceber mais alguém, se é que havia mais alguém. China nem teve tempo de dizer coisa nenhuma. Ouviu o primeiro tiro de 44 e se jogou no chão. O rifle Winchester faz um "pá!" rasgado, inconfundível. Quem já ouviu não esquece.

O cabo Rosa é atingido no peito. A bala, que provoca um impacto de 400 quilos sobre um centímetro quadrado, vara o coração do paraense abnegado de 26 anos, um brincalhão e idealista, que sempre ia à frente dos companheiros. A bala sai pelas costas. O 44 é um projétil de ponta reta: faz um estrago enorme ao sair. E o homem desaba de cara numa poça de lama, apanhado de surpresa e já morto.

Outras informações garantem que o tiro pegou na virilha e arrebentou a veia femoral, o que provoca grande perda de sangue, inconsciência e a morte em minutos. Odílio Rosa era um sacana, pagodeiro, jogava bola. Adorava a vida em uniforme. A família dele até hoje tenta receber uma indenização do Governo Federal por sua morte prematura e inglória, caído lá no meio do nada. O caso está na Secretaria Especial de Direitos Humanos, em Brasília.

O sargento Morais, que vem logo atrás do cabo Rosa, ainda diz, achando que o colega havia tropeçado:

— Levanta daí, cachorrão... — O sargento não tinha ouvido o disparo.

O Velho China grita, sem ser ouvido:

— É tiro! É tiro!

O novo disparo, um ou dois segundos mais tarde, soa diferente. É outra arma, outro calibre. Dois homens estão atirando. A segunda bala morde o ombro direito do sargento Morais, que roda feito um boneco de pano, com a clavícula despedaçada. O China grita novamente: "É tiro!" Ninguém percebe. O sargento urra de dor. É tarde demais. Na confusão, o tenente Nélio saca a pistola automática 45 (dizem que era um revólver civil de calibre 32, coisa improvável para um oficial do Exército) e procura alvos que não enxerga. Rasteja até onde está o cabo Rosa e recupera a metralhadora INA 45, que está no chão. O tenente também grita, estabelecendo o caos. Não é verdade que o tenente tenha dado um tiro no próprio pé. O quarto militar, o sargento Lourine, ajuda Morais a fugir. Os dois desaparecem na mata.

O Velho China percebe o desastre e também cai no mato, deixando o tenente e o cadáver abandonados. Corre uns 200 metros e se lança num igarapé. Dentro daquela água morna e silenciosa, fica dois dias escondido. Se fosse apanhado pelo Exército, seria morto, por ter levado os militares a uma emboscada. Se fosse apanhado pela guerrilha, seria morto, só por estar guiando a pequena tropa no território rebelde.

CORTA
Havia um país real, ansioso por liberdade.

Tempos depois, cerca de seis anos após o combate da Grota Rasa, o Velho China contaria a sua história ao repórter Fernando Portela, de *O Estado de S. Paulo*. O Grupo Estado foi um dos poucos a publicar uma série de reportagens sobre a luta armada no Araguaia, mais tarde reunida em livro pelo jornalista.* Anos haviam se passado desde o encontro da Grota Rasa — e o Brasil estava mergulhado na campanha pela "Anistia Ampla, Geral e Irrestrita", poderoso movimento que envolvia toda a sociedade civil organizada, os partidos de oposição, as igrejas, os artistas e intelectuais, com amplo apoio internacional.

Os militares pretendiam apenas uma "revisão de punições", mas a campanha pela anistia queria a edição de uma lei pelo Congresso Nacional

---

*Fernando Portela, *Guerra de guerrilhas no Brasil*, obra já citada.

que funcionasse como perdão para todos os crimes políticos. Repito: perdão para todos os crimes políticos, incluindo sequestros, homicídios, torturas, prisões ilegais. A Lei nº 6.683 foi promulgada, em 28 de agosto de 1979, pelo último general-presidente do ciclo militar, João Baptista de Oliveira Figueiredo. A campanha pela anistia encostou a ditadura na parede. Representou um dos últimos atos do processo de abertura política, liderado pelo general Ernesto Geisel. E os militares ainda teriam pela frente a campanha popular pelas "Diretas Já", que levou centenas de milhares de pessoas às ruas. O povo havia finalmente acordado. A ditadura estava pela bola sete.

Os presos condenados pela Lei de Segurança Nacional (LSN), com a anistia, foram libertados em grande festa. Nos dois anos seguintes, voltaram os exilados. Leonel Brizola, Miguel Arraes, Luís Carlos Prestes e centenas de outros. A comunidade internacional comemorava o fato de o Brasil ter promulgado uma lei de anistia que tinha o perdão como essência. Algo inédito. No Chile, na Argentina e no Uruguai, onde governos militares mataram mais de 40 mil pessoas, as leis de anistia excluíram os chamados "crimes de sangue". Por isso os ditadores foram levados à Justiça. No Patropi, a ânsia por liberdades democráticas fez com que a oposição abrisse mão da possibilidade — já historicamente colocada — de punir os tiranos. Talvez porque a própria esquerda revolucionária também tivesse cometido os tais "crimes de sangue".

O processo a que eu respondia, como revel, na 2ª Auditoria da Aeronáutica, foi extinto, o que melhorou muito a minha vida. Curiosamente, eu era funcionário com carteira assinada do jornal *O Globo*, no Rio, com endereço fixo, telefone e CPF. Trabalhava umas dez horas por dia no velho prédio da rua Irineu Marinho, 35, centro da cidade, inclusive cobrindo a polícia e a Justiça — e a repressão não me encontrava. Nunca juntaram o nome à pessoa. Sorte?

Nesse processo, na peça de denúncia, o procurador militar me chamou de "Carlinhos ou Comprido" (porque era muito alto), como se fossem alcunhas, ou vulgos, de um bandido. Esse promotor a serviço da ditadura, cujo nome fiz questão de esquecer, para não guardar rancores, nunca me viu — nem me interrogou —, mas me classificou como "famigerado terrorista foragido". A anistia, nos termos da Lei nº 6.683, mesmo sancionada por um general que preferia "o cheiro dos cavalos ao cheiro do povo", como ele mesmo declarou à imprensa, encerrou o pesadelo. E o meu pesadelo, com certeza, foi muito mais suave do que o sofrido por outros milhares de brasileiros. Mesmo assim, fui acusado de formação de quadrilha ou bando armado, terrorismo e vários outros crimes contra a segurança pátria.

A mim, jamais perguntaram qualquer coisa sobre os meus supostos crimes. Não tinha nem advogado, porque não tomei conhecimento das denúncias. Estava muito ocupado, trabalhando como repórter especial e editor assistente de um dos maiores jornais do país. Não me defendi, porque nunca fui encontrado. Melhor assim, não? A repressão era tão burra quanto desorganizada. Além do mais, não parecia ser um inimigo digno de nota. Como repórter, apertei a mão e entrevistei o próprio presidente Figueiredo. Se fosse mesmo um "famigerado terrorista foragido", teria atacado o ditador com as minhas próprias mãos. Entrevistei até o juiz que me processava, Theócrito Rodrigues de Miranda. E ele nada sabia a meu respeito.

Se você, leitor, ficou curioso, vou explicar: durante o regime militar, fui preso duas vezes em manifestações estudantis, em 1968. Ainda era menor de idade. No dia 11 de dezembro daquele ano, apenas dois dias antes do AI-5, fui expulso do Colégio Rio de Janeiro, em Ipanema, aos dezesseis anos. Havia liderado a fundação de um grêmio estudantil, um grupo de teatro e uma sala de leitura de poesia. O grupo teatral pensava em encenar a peça *Branca de Neve e os sete anões tarados*, uma crítica à sociedade de consumo. O grêmio pretendia promover um festival de música popular brasileira no colégio. E a sala de leitura incluía textos da moderna poesia cubana, publicados na revista *Ahora!*, representante da "Nova Trova Cubana". Esses foram os meus crimes contra a segurança nacional. Aconteceu que a mãe de uma aluna chamada Eliane, a quem pedi que guardasse as revistas de poemas "comunistas", me denunciou ao Dops. Foi o que bastou para a minha expulsão da escola. O diretor do colégio, do qual a minha mãe era professora de artes, conhecido como doutor Crespo, me disse, com lágrimas nos olhos:

— Você foi denunciado ao Dops. Precisa fugir, meu filho.

Era o dia 11 de dezembro de 1968, antevéspera do AI-5.

Três anos mais tarde, a prisão de uma militante da VAR-Palmares, chamada Regina, coordenadora de um grupo de estudos marxistas do qual eu participava, provocou uma série de quedas de ativistas. Inclusive do grupo de secundaristas que eu tinha organizado nos tempos do movimento estudantil — Luís Fernando, Roberto, Fernandinho, Chiquinho e outros. Resultado: fugi novamente, dessa vez para a Bahia, e virei o "famigerado terrorista procurado". Felizmente, anistiado.

Em Salvador, vivi como morador de rua, naquela terra estupenda, onde você pede para tomar banho na casa de um desconhecido e ainda consegue um lanche. Vagabundo total. Tocava atabaque no mercado modelo para os turistas numa roda de capoeira. Nada de revolução. E ainda arrumei uma namorada holandesa, loura de olhos azuis, com um sobrenome vistoso, com quem morei numa pensão no Campo Grande, centro da cidade, paga por ela. Inesquecível. Não disse a ela por que estava em Salvador. Nós nos conhecemos num show dos Novos Baianos, no Teatro Vila Velha, onde tinha conseguido um emprego de porteiro. O ano era 1971. A pior fase da ditadura. Em Salvador, estava longe da violência e das perseguições. Eu me dediquei àquela garota, de pernas longas e macias, estudante de Psicologia da PUC do Rio.

Aquele namoro foi uma verdadeira militância. A gente não desgrudava. Depois, a barra pesou de novo quando voltamos para a Cidade Maravilhosa. Um dos presos, encarcerado no DOI-Codi da Barão de Mesquita, um amigo quase que de infância, falou alguma coisa a meu respeito. E os militares começaram a se interessar. Esse meu amigo, algemado e com sinais de violência, foi levado até a casa dos meus pais, em Copacabana. Foi um susto danado para eles. Mas eu não morava mais lá, é claro. Já era jornalista em *A Notícia*. Eu tinha começado a carreira aos dezesseis anos, após a minha expulsão da escola. Com 1,90 de altura e uma barba rala, parecia ter uns vinte anos. Era curioso e escrevia bem.

Na época, isso bastava para começar uma carreira nas redações. Passei pelo *Diário de Notícias* e pela *Última Hora*. Quando voltei da Bahia, em meio a toda aquela confusão, consegui trabalho na Editora Bloch. Um jornalista brilhante, José Itamar de Freitas, diretor da revista *Pais & Filhos*, mesmo sabendo da minha condição, me empregou. Ou seja: era procurado pelo Exército, mas levava uma vida normal, morando num pequeno apartamento alugado e trabalhando regularmente. A holandesa seguiu outro caminho. Fez ela muito bem.

A anistia que me salvou, no entanto, continha uma incongruência jurídica. As exceções foram os criminosos brasileiros comuns, condenados pelos mesmos tribunais militares que os presos políticos. Esses continuaram em cana. Gente como William da Silva Lima, o "Professor", José Carlos dos Reis Encina, o "Escadinha", e Rogério Lengruber, o "Bagulhão" — só para citar alguns entre centenas — continuou encarcerada na Ilha Grande. Preso político teve anistia; preso comum ficou na "tranca dura", o confinamento na Galeria B do Presídio Cândido Mendes, o "Caldeirão do Diabo" da Ilha Grande. Depois de anos de convivência com os revolucionários na cadeia, esses presos tinham aprendido algumas coisas: abandonados pela anistia, fundaram a primeira organização de presos comuns, o Comando Vermelho (CV).

O próprio nome da organização é de influência da esquerda. Eles se chamavam de "Falange Vermelha", ou "Falange LSN", porque em suas fichas no sistema penal fluminense aparecia uma tarja vermelha com a inscrição "LSN". Ou seja: presos comuns condenados pela Lei de Segurança Nacional, por conta de assaltos a bancos e a instituições financeiras. Mas os "políticos" disseram aos bandidos que "falange" era coisa dos fascistas e nazistas europeus. Aí o nome mudou: Comando Vermelho.*

Fechado esse parêntesis, vamos voltar à história.

---

*Para detalhes, ver AMORIM, Carlos. *Comando Vermelho*: a história secreta do crime organizado. Rio de Janeiro: Editora Record, 1994. Ver também LIMA, William da Silva. *Quatrocentos contra um*: uma história do Comando Vermelho. Petrópolis: Editora Vozes, 1991.

As reportagens de Fernando Portela sobre a guerrilha no Araguaia, no Grupo Estado de S. Paulo, começaram a ser publicadas em 13 de janeiro de 1979. Um sábado. Saíram inicialmente no *Jornal da Tarde*, com a manchete "Guerra de guerrilhas" ocupando metade da primeira página. A edição, com mais de 100 mil exemplares, esgotou em poucas horas. O próprio *Estadão*, o maior veículo do grupo e um dos principais diários do país, repercutiu as notícias sobre a luta armada no sul do Pará.

O trabalho de Portela se desdobrava em sete páginas do jornal e continuou a sair durante toda a semana seguinte. Só seis pessoas na empresa de comunicação sabiam o que ele andara fazendo nos últimos tempos, como confidenciou o próprio Fernando Portela em nota de abertura do livro. Fernando Mitre, que era um dos editores do *Jornal da Tarde*, hoje diretor nacional de jornalismo da Band, me contou:

— Aquilo era um segredo, mas revela a coragem com que a direção do grupo enfrentou a censura.

Na verdade, o *Estadão* teve dentro da redação um grupo de censores indicado pela ditadura. Esses caras cortavam matérias inteiras e proibiam o noticiário considerado ofensivo ao regime militar. Inicialmente, os editores deixavam espaços em branco nas páginas, denunciando que as matérias haviam sido censuradas. Outras publicações, como *O Globo*, evitavam a contestação, enquanto o *Jornal do Brasil* e o *Correio da Manhã* protestavam abertamente, com manchas brancas até na primeira página. Mas deixar espaços em branco também foi proibido pelo governo.

Mostrando as unhas para o regime de exceção, os diários do Grupo Estado começaram a substituir as notícias proibidas por "Receitas da Tia Mesquita". Publicaram *Os Lusíadas*, de Camões, no lugar das letras suprimidas pela censura. Camões, como sabemos, estava acima de quaisquer suspeitas de terrorismo ou subversão. O leitor atento percebia a sutileza desse novo modelo de resistência, tanto pelo ineditismo da publicação quanto pela própria natureza das palavras do mestre da língua portuguesa.

Apesar da vizinhança com o processo de anistia, a impressão da série de reportagens de Fernando Portela revelava a disposição editorial da família Mesquita, proprietária do grupo. A burguesia quatrocentona paulista — agora — arreganhava os dentes para a ditadura, ultrapassando todos os limites.

Fernando Mitre, com quem convivi por vários anos na Band, foi editor do *Jornal da Tarde*. Conversou comigo, no início de 2013, sobre aqueles tempos sombrios do exercício da profissão de informar. Depois mandei a ele perguntas por escrito, tentando objetivar o problema da censura prévia. No dia 8 de janeiro, Mitre me respondeu num longo e-mail. Acompanhe:

> O Grupo Estado nunca aceitou a censura. Ignorou as pressões o tempo todo e um dos diretores, Ruy Mesquita, chegou a pôr para fora da sala um oficial do Exército que tentou convencê-lo com ameaças. No final, mandaram os censores pra dentro da empresa. Foi quando começou a resistência com a publicação de Camões no *Estadão* e de receitas culinárias no *JT*.
>
> [...] Os militares ficaram de saco cheio dessas artimanhas e decidiram impedir a circulação de *O Estado de S. Paulo*, num momento em que o noticiário era desfavorável ao regime. Foi uma noite muito agitada na redação e na gráfica.
>
> [...] Uma vez, a Polícia Federal, sob comando de um general, invadiu a redação para impedir os jornais de irem para as bancas. Demos um golpe neles: enquanto vigiavam as saídas tradicionais dos jornais, nós usávamos outras, na parte menos visível do prédio.

Não deu certo. A polícia apreendeu a edição diretamente nas bancas, num tempo em que os jornais ainda não viviam de assinantes. A publicidade, os classificados e a venda direta ao público é que sustentavam a imprensa diária. Mesmo assim, um número razoável de exemplares circulou. Mitre prossegue: "Sentíamos o peso da censura e dos censores permanentemente. Era terrível você escrever uma matéria sabendo que os filhos da puta iam tirá-la da página."

Assim como vieram, repentinamente os censores sumiram. Sem aviso prévio, sem explicações. "Numa certa noite", diz Fernando Mitre, "não apareceram para trabalhar... e nunca mais voltaram." A pressão da censura foi tão forte que Ruy Mesquita chegou a mandar um telegrama para o ministro da Justiça, Alfredo Buzaid (1914-1991), que esteve no cargo entre 1969 e 1974, chamando-o de fascista. Cópias desse telegrama foram distribuídas discretamente para as demais redações de São Paulo e do Rio de Janeiro.*

CORTA
Bomba no *Estadão*.

Os embates políticos da família Mesquita, no tempo da ditadura, começaram logo cedo. Já em 22 de abril de 1965, apenas um ano após o golpe militar, uma bomba explodiu no prédio de *O Estado de S. Paulo*, na esquina das ruas Major Quedinho e Martins Fontes, no centro de São Paulo. O atentado — nunca esclarecido — foi supostamente praticado pelo recém-fundado Movimento Nacionalista Revolucionário (MNR), que pouco tempo depois estaria envolvido no fiasco da guerrilha de Caparaó. O *Estadão*, na época, era visto pela esquerda como "o mais conservador do país", "entreguista e reacionário". Não é de espantar que a bomba tenha sido armada pelo MNR. O grupo, de inspiração brizolista, iniciou a luta armada contra a ditadura.

A partir de 1967, a linha editorial das publicações do Grupo Estado passou a priorizar a defesa das liberdades democráticas, apesar de que isto era feito de um ponto de vista conservador. Os Mesquita queriam a volta dos civis ao poder, eleições livres e a plenitude do Estado de Direito. Mas não se confundiam com nenhum pensamento revolucionário: pretendiam o fim da ditadura e a restauração da democracia capitalista. Por causa

---

*A censura prévia aos meios de comunicação, durante o ciclo militar, começou com a Lei nº 5.250, de 9 de fevereiro de 1967, a chamada Lei de Imprensa. Após o AI-5, em 13 de dezembro de 1968, todo noticiário de jornal, rádio e televisão passou a ser fiscalizado pelos censores. Em 1973, a censura atingiu os comerciais de televisão e a publicidade nas rádios. O ímpeto da tesoura oficial começou a refluir durante a abertura política, no governo Geisel, entre 1974 e 1979. Mas o pesadelo da censura só foi eliminado com a Constituição de 1988. Para mais detalhes, ver *As ilusões armadas*, de Elio Gaspari, obra já citada.

dessa posição, os jornais do grupo faziam denúncias e mais denúncias contra o regime militar. Provocavam a ira de Brasília, se tornavam vítimas destacadas da censura e de pressões econômicas.

Os Mesquita continuavam de direita, com grande influência sobre o empresariado, o que os tornava ainda mais perigosos para o governo. Em 1968, as grandes manifestações de rua contra a ditadura e o início da resistência armada tornavam o cenário ainda mais complexo. O *Estadão* realizava a proeza de ser detestado pelos dois lados do conflito: a repressão e a esquerda.

Chovia na madrugada do sábado 20 de abril de 1968. A temperatura estava em torno dos 18 graus. Uma típica noite paulistana no início do outono. Tive o cuidado de pedir à maior empresa nacional de meteorologia, a Climatempo, para checar essas informações. Por e-mail, o empresário Carlos Magno me confirmou. Era mesmo uma noite chuvosa e de temperatura média.

Quase não se via ninguém nas ruas do centro da cidade. Faltando dois minutos para as duas horas da manhã, uma violenta explosão sacudiu o prédio da Major Quedinho. Foi o segundo ataque terrorista contra o *Estadão*. Dessa vez, a carga explosiva era poderosa. A bomba produziu muitos estragos e deixou três pessoas feridas. Testemunhas do atentado disseram que o prédio do jornal chegou a balançar. Vamos recorrer novamente às lembranças de Fernando Mitre. Ele estava no interior do edifício quando a bomba foi detonada. Chefiava a Editoria Geral do *Jornal da Tarde* e finalizava a edição que iria circular naquele sábado. Com ele estavam cinco redatores e diagramadores. A redação do JT funcionava no sexto andar.

> Naquela noite, aí pelas duas da manhã, tínhamos acabado de fechar a edição do *Jornal da Tarde*. Estava com cinco dos meus redatores e nos preparávamos para deixar o prédio. A ideia era ir jantar no Gigetto, como fazíamos frequentemente após o fechamento. Quando já estávamos entrando no elevador, um dos diagramadores veio correndo e

avisou que estava faltando um título. Voltamos todos para a redação. Fiz o título e ainda aproveitei para recortar uma foto que não tinha ficado bem diagramada. Perdemos uns cinco minutos, talvez menos. Foi o que nos salvou.

Quando Mitre e seus companheiros desciam de elevador, a bomba explodiu: "Ouvimos um barulho enorme. Uma coisa assustadora. O prédio inteiro tremeu, como se fosse um terremoto. A bomba explodiu numa porta lateral do hall de entrada do *Estadão*, bem perto dos elevadores."

Em meio à confusão que se seguiu à explosão — bombeiros, polícia, agentes do Dops, funcionários do jornal chegando às pressas —, Mitre comandou a reformulação da edição do *Jornal da Tarde*. Naquele sábado, o JT saiu com a manchete "Uma bomba neste jornal", abrindo na primeira página uma foto dos danos causados. O próprio Mitre escreveu um artigo ("Fomos salvos por um título") contando as peripécias da madrugada de 20 de abril. Mas, afinal de contas, quem pôs a bomba no *Estadão*? A extrema-direita, revoltada com a independência do jornal? A extrema-esquerda, indignada com a opinião dos Mesquita? Mitre não sabe responder.

Arquivos da inteligência militar garantem que o atentado contra *O Estado de S. Paulo* foi organizado pela Vanguarda Popular Revolucionária (VPR), que havia sido criada um mês antes, em março de 1968.* Bananas de dinamite e detonadores roubados de uma pedreira na rodovia Raposo Tavares teriam sido utilizados para atacar o jornal. O militante Diógenes José Carvalho de Oliveira teria montado a carga explosiva, segundo os militares. Na VPR, Diógenes usava os codinomes de "Leonardo" e "Pedro Luiz". Ainda de acordo com os órgãos de segurança, teria recebido treinamento em Cuba.

---

*Para detalhes, ver "Projeto Orvil — VPR — Volume I", documento produzido pelo CIE. A íntegra desse material pode ser consultada no site *A verdade sufocada*, mantido por apoiadores do Golpe Militar de 1964, disponível em: <http://www.averdadesufocada.com>.

CORTA

Vamos conhecer os jornalistas que descobriram a guerrilha no Araguaia.

O movimento guerrilheiro foi descoberto pelo chefe da sucursal de Brasília do jornal *O Estado de S. Paulo*, o jornalista Carlos Chagas, que havia sido assessor de imprensa no governo do general Costa e Silva, em 1969, e que tinha fontes no ambiente militar. Chagas ficou sabendo: estava ocorrendo uma vultosa mobilização de tropas para a região de florestas no sul do Pará, algo superior a 5 mil soldados, sargentos e oficiais. E que havia generais destacados para o comando de campo. Concluiu que não podia ser uma operação militar rotineira, um simples exercício. Menos ainda uma ação cívico-social, como a ditadura costumava classificar as "Operações Aciso", destinadas a levar a comunidades pobres do interior algum tipo de presença governamental, como vacinação, assistência médica e dentária. Cinco mil homens era demais.

Carlos Chagas conversou por telefone com o *publisher* do *Estadão*, Ruy Mesquita, contando a ele que algo parecia errado nessa história. Ou tinha informações mais detalhadas de suas fontes (o que é bem provável) ou supôs que o governo estava mentindo. Na dúvida, após ser autorizado por Ruy Mesquita, mandou o repórter Henrique Gonzaga Júnior, que cobria o Comando Militar do Planalto, investigar o que podia estar acontecendo.

O repórter do *Estadão* saiu de Brasília, com o motorista Jorge Faria, ambos a bordo de uma poderosa Rural Willys, carro-padrão da imprensa brasileira, produzido nos anos 1970 pela Ford. A dupla seguiu por duvidosas rodovias até o Araguaia. Dois dias intermináveis. A Rural estava pintada com as cores e o logotipo do jornal. Para chegar a Xambioá, no coração da zona guerrilheira, Henrique e Jorge venceram várias barreiras do Exército — e tiveram que explicar muitas vezes que estavam ali para cobrir a "Operação Aciso". Henrique chegou a se encontrar com um coronel conhecido de Brasília, que recomendou:

— Abandonem a área imediatamente.

A reportagem de Henrique Gonzaga Júnior foi publicada no domingo 14 de setembro de 1972. Ocupou meia página do *Estadão* e revelou, pela primeira vez, que havia uma luta armada no Araguaia. Dois dias depois, em 16 de setembro, *The New York Times*, o mais importante jornal do mundo ocidental, reproduzia a matéria do repórter brasileiro, informando que "uma guerrilha estava em curso na selva amazônica". O *NYT* lembrou a aventura fracassada de Che Guevara na Bolívia.

CORTA
Não era fácil ser repórter na ditadura.

A atuação de um repórter sob a ditadura, especialmente ao apurar fatos que ocorreram sob a feroz censura do regime — considerados ultrassecretos —, não podia ser fácil. A primeira matéria sobre a guerrilha, de Henrique Gonzaga Júnior, ainda em 1972, era um tanto vaga e incompleta. Fernando Portela teve a oportunidade de avançar um pouco mais.

O texto produzido pelo segundo repórter a visitar a área conflagrada acabou tendo algumas lacunas, perfeitamente compreensíveis naquele momento. Somente 26 anos depois, em 2005, foram revelados os primeiros documentos da inteligência militar sobre o conflito no Araguaia. Ainda hoje, quarenta anos depois do encontro da Grota Rasa, uma névoa de silêncio continua confundindo as informações.

Acompanhe o depoimento do mateiro Velho China, guia dos militares naquele combate desastrado, ao repórter Fernando Portela, publicado já na primeira reportagem da série:

> Aí eu caí na besteira de contar que conhecia seu Paulo [Paulo Rodrigues, comandante do destacamento guerrilheiro de Caianos], até que esse sargento que saiu ferido na empreitada me disse: "Olha, seu China, quem conhece terrorista é terrorista também, e só tem um jeito de você provar que não é terrorista..." Aí eu senti a perdição. E como é que eu provo, seu sargento? Ele disse: "Me leva até lá que eu vou prender esses caras." Eu fiquei até com dó do homem, coitado, porque aquele pessoal

do mato, os 'paulistas', não era de brincadeira não. Eles treinam muito tiro, caçam melhor do que eu. Essa Dina aí era a que atirava melhor de todos eles, bonitona, e foi ela que quase matou todos nós. Aí eu disse: sargento, não dá para prender os homens, não. Ele: "Deixa comigo e me leva lá, que esses terroristas só são bons em São Paulo, aqui a gente torce o pescoço deles." E eu não tinha jeito, né? Fui guiar os homens pra casinha do seu Paulo, o lugar onde ele ficava caçando no mato, mas quando vi o soldado cair duro, sabe, pensei só em mim mesmo e resolvi cair fora daquela guerra, porque se eu não morresse naquele dia morreria no seguinte. Aquilo ia durar muito tempo, os soldados não entendiam nadinha de mato.*

O repórter Fernando Portela conseguiu extrair do mateiro um relato breve, porém revelador, da falta de preparo dos militares do CIE, a respeito do que iriam encontrar nas matas do Araguaia. Confiaram num guia que, na verdade, não era merecedor de qualquer confiança — e que estava ali apenas por medo de ser confundido com os supostos terroristas. Além do mais, o Velho China estava enganado sobre a participação de Paulo Rodrigues e "Dina" no confronto da Grota Rasa. Aquele era o território de "Osvaldão", "Simão", Genoino, Suely, Miqueas e vários outros. Era o Destacamento B da guerrilha do PCdoB, um dos primeiros a ser formado, que chegou a reunir 23 combatentes. Ali estavam comunistas aguerridos que não davam um passo atrás.

Após o breve tiroteio, o tenente Nélio passou a noite escondido na mata, afastado do corpo do cabo Rosa. Ficou quieto, abraçado com a metralhadora. O cavalo que haviam trazido pastava ali por perto, procurando alguma folha ou raiz para se alimentar. Quando amanheceu o domingo 9 de maio de 1972, Nélio foi encontrado por dois moradores da região. O corpo de Odílio Rosa foi colocado no lombo do pangaré. Enquanto o resgate prosseguia, rumo à vila de Santa Cruz, um barulho

---

*O depoimento está em: Fernando Portela, *Guerra de guerrilhas no Brasil*, p. 25-26, obra já citada.

inesperado no mato levou o tenente Nélio a disparar uma longa rajada de balas 45 da metralhadora contra coisa alguma. De novo ele não conseguia um alvo legítimo. Certas fontes dizem que foi um porco-do-mato — o perigoso queixada — que provocou a confusão. Outras garantem que foi um simples tatu. Balas perdidas aumentam a tensão.

O combate da Grota Rasa foi o primeiro encontro entre as Forças Armadas e os guerrilheiros do Araguaia. Resultou nas primeiras baixas do governo no conflito, que se arrastaria por vários anos. Tecnicamente, uma derrota quase inexplicável. Os militares estavam na região do rio Gameleira para obter informações sobre a presença de gente estranha na região. E queriam obter provas da existência da guerrilha. A vistoria que fizeram no sítio de treinamento do PCdoB já seria o suficiente para confirmar as suspeitas. Aqueles quatro homens não precisavam procurar contato direto com os guerrilheiros. Estavam mal preparados para o que se chama "combate de encontro" no jargão militar. É sempre uma surpresa, o inimigo aparece de repente. E some. Um cabo do Exército morto. Um sargento cujo ferimento encerrou a participação dele no confronto. Sobre o tenente Nélio da Mata Resende, silêncio total. E o que aconteceu com o sargento Lourine, da Marinha? Olha que os guerrilheiros só dispararam dois tiros.

Em depoimento de hora e meia à Comissão Nacional da Verdade, no Rio, na tarde de 12 de novembro de 2013, o general Álvaro de Sousa Pinheiro, que esteve no Araguaia e foi ferido em combate (3 de junho de 1972), descreveu o ambiente da luta na selva. Tive oportunidade de assistir ao depoimento. Irônico, desdenhando do trabalho de investigação ("vocês não vão descobrir nada"), o general nos deu uma visão do drama enfrentado pelos militares naquele tipo de escaramuça com os comunistas:

> Nós tivemos fases no Araguaia em que a força terrestre [o Exército] cometeu muitos erros. Colocamos efetivos muito grandes, muito heterogêneos. Depois de muito tempo, depois que as coisas se alinharam, especialmente depois que ficaram definidos o terreno e o inimigo, essa

coisa passou a ser tratada de outra forma. E aí acabou rápido, acabou muito rápido. Aquilo nunca foi uma guerrilha, era um foco terrorista rural. Seria uma guerrilha se tivesse povo, mas nunca teve. A luta era dura, aquele pessoal era bravo, gente como a Dina e o Osvaldão, terroristas que não tinham nada a perder. O terreno era difícil, árvores muito altas. Tudo na selva se torna complexo. Na selva, não tem nada simples. Essa equipe do cabo Rosa não era capacitada operacionalmente para missão desse tipo. Depois, o Osvaldão se aproveitou da morte do cabo para fazer uma operação psicológica, dizendo "não ultrapassem esse ponto porque vão morrer". Aquele foco na selva era estratégico, era um câncer para o Estado brasileiro. O Exército tinha obrigação de neutralizar aquilo o mais rapidamente possível e de maneira completa. Era um combate a curta distância, 10 metros, com munição 7.62 e 30 milímetros. Sabe lá o que é isso? Uma coisa terrível.

Em alguns momentos, tamanha a segurança e o preparo do general no depoimento, não pude deixar de rir, porque a ironia ultrapassava todos os limites. Sobre os inimigos mortos, por exemplo, o militar foi taxativo: "Nós, os combatentes de primeira linha, não nos preocupávamos com isso. Quando morria gente, nós encaminhávamos para o pessoal da retaguarda, da logística. Nunca nos envolvemos nisso. Nossa obrigação era neutralizar as células terroristas, o resto não interessava — e isso a gente fazia muito bem."

Reafirmando o nacionalismo radical dos militares brasileiros, o general Álvaro Pinheiro ainda comentou: "Somos o único país latino-americano que não teve o desgosto de ver estrangeiros interferindo em nossos assuntos." E mais: "Os boinas-verdes americanos estavam no Uruguai, na Bolívia, Colômbia, Peru e Guatemala, mas não aqui; nem observadores, nem assessores e muito menos tropa aqui dentro. Sou muito orgulhoso disso." Ele não escondeu o sentimento antiamericano que motivava nossos generais.

4

A Guerrilha do Araguaia foi o mais longo enfrentamento entre a esquerda armada e a ditadura militar. Começa, como já vimos, em 1966. Dois anos antes do AI-5, antes mesmo de os grandes movimentos populares contra o regime militar, que se iniciaram em 28 de março de 1968, com a morte do estudante Edson Luís de Lima Souto, durante um protesto contra a guerra do Vietnã no restaurante do Calabouço, onde eram servidas refeições a secundaristas pobres, no centro do Rio de Janeiro. A morte do rapaz, que era servente do restaurante e de todo inocente, catalisou o descontentamento contra o regime. Foi um tenente da Polícia Militar quem atirou, talvez sem a intenção de matar.* Quando a tropa chegou, foi recebida por vaias e bandejas com a comida de má qualidade lançadas sobre os soldados. Laranjas e garrafas viraram armas nas mãos dos estudantes enfurecidos com a aparição repentina dos policiais.

O Calabouço era uma espécie de santuário do movimento estudantil — e o mandariam demolir para dar lugar a um viaduto. O governo militar queria raspar aquela fotografia da história política do Rio. O próprio Palácio Monroe, sede do Senado Federal quando a capital da República ficava lá, antes da construção de Brasília, vizinho do Calabouço, também foi demolido. O prédio, com 1.700 km², também serviu de sede ao

---

*Para detalhes, ver *1968: o ano que não terminou*, de Zuenir Ventura, obra já citada.

Superior Tribunal Eleitoral e ao Estado-Maior das Forças Armadas. Foi mandado destruir porque "ofuscava a vista do Monumento aos Mortos da Segunda Guerra", também nas vizinhanças, como gostava de explicar o general-presidente Ernesto Geisel.

Elinor Brito, líder da Frente Unida dos Estudantes do Calabouço, discursava quando a polícia chegou. A ditadura iria se arrepender amargamente das decisões que tomou naquele dia. Reprimir com armas a estudantada levou à contestação do próprio regime, supostamente instalado no poder para evitar a *esquerdização* do processo político brasileiro. Teve o efeito inverso. Produziu uma revolta que a esquerda não esperava, mas soube capitalizar, recrutando em massa os estudantes para a resistência. Cadáver de inocente provoca revolta.

No dia 29 de março, o diário *Correio da Manhã* publicou editorial em que narrava os acontecimentos:

> [...] não agiu a Polícia Militar como força pública. Agiu como bando de assassinos. Há um estudante morto [dezesseis anos], um outro em estado gravíssimo [vinte anos]. Um porteiro do INSS, que passava pelo Calabouço, também terminou morto. Um cidadão que, na Rua General Justo, assistia da janela de seu escritório ao selvagem atentado, recebeu um tiro na boca. Esse foi o saldo na noite de ontem.

Até o *Jornal dos Sports* deu como manchete: "E podia ser seu filho!" — com exclamação e tudo, repetindo os dizeres de uma faixa que acompanhou o enterro de Edson.

Por acaso, eu estava no Calabouço naquela tarde de 28 de março de 1968. Não participava do protesto, só queria filar a boia barata e encontrar um grupo de amigos para acompanhar um debate sobre o Cinema Novo no Museu de Arte Moderna, que ficava ali perto. Na confusão, sufocado por gás lacrimogêneo e com o barulho dos tiros disparados pela PM, saí correndo do restaurante e pude ver os estudantes carregando o corpo de Edson Luís pelas ruas. Aquela camisa branca, com uma mancha de sangue no peito, nunca saiu da minha mente.

O corpo foi levado até a Assembleia Legislativa da Guanabara, interrompendo a sessão ordinária, bem na praça da Cinelândia. A sede do Poder Legislativo foi ocupada por estudantes e populares até a manhã seguinte. O corpo de Edson Luís foi colocado em um caixão, coberto com a bandeira brasileira, no salão nobre da casa. A polícia se retirou, entregando o centro do Rio aos manifestantes. No dia seguinte, 29 de março, 50 mil pessoas, segundo a imprensa, acompanharam o enterro do garoto, dando partida ao ciclo de protestos que iria acuar a ditadura pela primeira vez. A decisão do PCdoB de radicalizar a luta poderia ter se iniciado a partir desse ambiente de protestos e vergonhosa violência governamental. Mas não foi o que aconteceu.

CORTA
A guerrilha começou bem antes.

Em 1966, ainda havia alguma liberdade de imprensa. O general-presidente Humberto de Alencar Castello Branco comentava que "a Revolução está sendo derrotada na redação dos jornais". (O general acreditava que navia dois tipos de jornalistas: os "amigos" e os comunistas.) Tal declaração já dava ao país uma pista da ferocidade da censura que iria desabar, dois anos mais tarde, sobre os meios de comunicação, a liberdade de expressão e de organização política. E sobre todas as manifestações culturais.

Naquele ano, com o golpe militar ainda recente, havia efervescência no movimento estudantil e em setores de base da Igreja católica, associações profissionais e outras formas espontâneas de organização popular. Os sindicatos, sob intervenção, tinham "pelegos" no comando. O movimento operário, sempre suspeito, estava imobilizado. Os partidos políticos já tinham sido dissolvidos, com socialistas e comunistas na ilegalidade.

Incontáveis parlamentares haviam sido punidos com a perda dos direitos políticos e dos mandatos — mais de 170 deles. Muitos foram presos. O exílio passava a ser uma alternativa à prisão. A classe média — base social do movimento militar de 1964 — reagia discretamente e questionava o novo regime, que empurrava o país para uma ditadura que iria provocar 21 anos de atraso no processo democrático.

Mas o governo militar ainda não havia mostrado a sua face mais terrível. A máscara da "revolução redentora", capaz de livrar o Brasil da anarquia e da ameaça comunista, ao derrubar "a República Sindicalista de João Goulart" (Jango foi ministro do Trabalho de Getúlio Vargas), caiu abruptamente. A violenta repressão à resistência de estudantes, trabalhadores, intelectuais, artistas, professores, advogados, religiosos e jornalistas, iniciada naquele março de 1968, conduziu ao Ato Institucional nº 5, editado em 13 de dezembro daquele mesmo ano. O AI-5 rompeu toda a estrutura legal do país, suspendendo até o direito ao *habeas corpus*. Foi esse o instrumento que permitiu prisões arbitrárias por mera suspeita, tortura e assassinato de opositores do regime.

A violência institucional levou a uma série de dissidências no próprio ambiente militar. Muitos oficiais, inclusive generais, reagiram ao estado de exceção provocado pelo AI-5. A ditadura não era uma unanimidade. No entanto, os setores radicais do regime pressionavam de cima para baixo, punindo os militares descontentes. Transferências, perda de comando e ser preterido nas promoções de patente eram as formas mais comuns de retaliação, criando um clima de instabilidade e insegurança dentro das Forças Armadas.

Certa vez, como repórter especial de *O Globo*, entrevistei o juiz Theócrito Rodrigues de Miranda, presidente da 1ª Circunscrição da Justiça Militar, que abrangia os estados do Rio de Janeiro, Minas Gerais e Espírito Santo. Lá pelas tantas, depois de já ter encerrado a pauta que motivou o encontro ("Dez anos de Justiça Militar no Brasil", cuja tese era demonstrar que os tribunais de segurança eram mais benevolentes que a Justiça comum), fiz uma última pergunta. Supostamente, a entrevista tinha acabado, mas o gravador continuava rodando:

— É possível imaginar que os tribunais militares, cortes soberanas, sofrem pressão política?

— Olha, meu filho, aqui a coisa fica complicada quando o conselho de sentença absolve um réu acusado de subversão. Muitas vezes, os integrantes do tribunal sofrem sanções e têm promoções preteridas. Na verdade, o problema é a falta de provas, inquéritos malfeitos, acusação precária.

Como eu disse antes, o gravador continuou rodando. Com tamanha "bomba" na voz de um magistrado de tal responsabilidade, voltei correndo para a redação de *O Globo* e fui falar com o editor nacional do jornal, Paulo Totti, um gaúcho respeitadíssimo na imprensa carioca. Coloquei o problema para ele, que respondeu:

— Meu caro, a pauta era para a edição de domingo, mas senta aí e bate a sua matéria com o juiz para a edição de amanhã.

Bater a matéria era uma expressão literal do tempo da máquina de escrever. Foi o que fiz. Deixei a redação às oito da noite, levando comigo a fita cassete com a entrevista do juiz. Às dez e meia da noite, um carro do jornal (nós chamávamos de "viatura") foi até a minha casa, que não tinha telefone, em Copacabana. O motorista, que conhecia de outras épocas, me disse:

— O doutor Evandro quer falar com você urgente.

Evandro Carlos de Andrade era o diretor de Redação de *O Globo*. Ocupava uma sala pequena e discreta no espaço destinado à diretoria do jornal, bem perto da sala de Roberto Marinho. No bolso da camisa, eu levava a tal fita cassete. Nossa conversa foi curta e grossa. Ele disse que mandou o repórter que cobria os militares verificar as informações da minha matéria, que foram todas contestadas. Chegou a me chamar de irresponsável. Seria demitido sumariamente. Confuso e sem saber o que dizer, só fui capaz de pronunciar uma frase. Evandro Carlos de Andrade era um ícone da nossa geração, um cara que administrava o conteúdo de um dos maiores jornais do país, durante a ditadura, sem perder o prumo. Tinha formação na esquerda, ligado ao PCB. Teve grande importância no processo de abertura do regime militar e da própria linha editorial do jornal, reproduzindo o pensamento do patrão, Roberto Marinho.

O patrão era aliado e incentivador da abertura, apesar de tudo de ruim que se diz contra ele. Setores radicais do ambiente militar da época chegaram a praticar um atentado contra o dono de *O Globo*, lançando uma bomba na casa dele, no Cosme Velho, em 1976. O ato terrorista quase matou seu filho mais novo, José Roberto Marinho, que pouco antes passara pelo exato local da explosão. Um funcionário do jornalista ficou ferido.

Naquele encontro com Evandro, a única frase que consegui pronunciar foi a seguinte, que trago de memória:

— Você tem um gravador aí?

Ele não tinha. Mandou buscar com o pessoal da apuração do jornal. E lá estava a voz do juiz Theócrito Rodrigues de Miranda, clara e alta. Foi constrangedor ouvir de novo todas aquelas coisas que denunciavam a pressão política sobre os tribunais militares. Evandro ficou calado, sob o peso das declarações do magistrado. E resumiu:

— Não vamos publicar. Você me desculpe por ter desconfiado da sua condição profissional e por ter tirado você de casa.

O doutor Evandro era assim. Correto dentro da incorreção. Poderia descrever outros episódios da nossa relação profissional. Como o dia em que Roberto Marinho recebeu a Cruz de Honra da França e fui destacado para cobrir o evento, na casa do cônsul francês, no Rio. Mais uma vez, quase resultou na minha demissão do jornal, porque escrevi: "Esta é a segunda vez que um brasileiro recebe a Cruz de Honra da França: o primeiro foi o líder comunista Apolônio de Carvalho, por ter chefiado um grupo da resistência francesa durante a ocupação nazista..." O mundo caiu na minha cabeça.

Mas não tenho os motivos necessários para criticar o doutor Evandro tantos anos depois, já que ele morreu de câncer em 25 de junho de 2001 e não poderia responder. Na verdade, tenho saudade daquele homem bem-apessoado e culto, que gostava de usar suspensórios e camisas imaculadas. Evandro Carlos de Andrade, para a minha geração, foi um monumento. Era escorregadio, sim, mas tinha notável capacidade para driblar situações políticas contraditórias no noticiário. Construiu um jornal de repórteres, baseado em boas histórias, não essa coisa que vemos hoje.

Mas naquela noite deixei o jornal com a alma atormentada. Primeiro: seria demitido por ter escrito a verdade. Segundo: outro repórter, companheiro de redação, havia se esforçado para desmentir as minhas informações. Terceiro: nosso chefe querido e respeitado me mostrou que a vida não é bem assim. Foi um baque enorme na minha pobre consciência de jornalista por vocação, aos vinte e poucos anos. Eu achava que a informação correta, comprovada, bem escrita, era maior do que tudo. Não era. Havia outras coisas envolvidas que eu nem suspeitava. Talvez um homem notável como o Evandro soubesse muito mais do que eu. Certamente sabia. Essa foi a primeira vez que duvidei do caráter da nossa imprensa. Outras ocasiões viriam, infelizmente. No dia seguinte, nem fui trabalhar. Tive febre.

As declarações do juiz, cuja gravação mantive comigo durante muitos anos, dão a medida do esquema de pressão dentro das Forças Armadas. Em casos mais sérios de contestação, oficiais das Três Armas podiam ter de encarar a prisão. Os militares esqueciam uma lição da História e uma máxima que costumavam repetir em círculo fechado e até na mídia: "Toda ação provoca uma reação em contrário, igual ou maior."

Na verdade, é uma lei da física, comentada pelo matemático inglês Isaac Newton, autor da lei da gravitação universal. Foi na obra em três volumes *Philosophiae naturalis principia mathematica* (*Princípios matemáticos da filosofia natural*, 1713-1726) que Newton cunhou a frase preferida dos militares brasileiros. Havia outra, muito comum, retirada de um poema do cancioneiro popular português, citada repetidamente pelos supostos agentes da lei: "Contra a força, não há resistência." Se tivessem prestado mais atenção a Isaac Newton, teriam percebido que cometiam um engano histórico: a força produz a resistência. Foi isso que aconteceu.

A repressão ao movimento popular, violenta e desproporcional, era vista nas ruas, a céu aberto. As camadas médias da população e parte das elites se horrorizavam com as cenas quase diárias de brutalidade, espancamentos e prisões arbitrárias de quem estava ao alcance das tropas de choque e dos tiras do Dops (o Departamento de Ordem Política e Social, designação que mais parecia uma brincadeira de mau gosto).

No Rio de Janeiro, onde vivia com a minha família, costumava ver meu pai indo para o trabalho, no Banco do Brasil, levando comprimidos de Engov, porque as nuvens de gás lacrimogêneo eram insuportáveis. A lenda urbana, nunca constatada, dizia que esses comprimidos neutralizavam o efeito dos gases. Bobagem!

A sede do Banco do Brasil ficava na esquina das avenidas Rio Branco e Presidente Vargas, local de repetidos conflitos. Certa vez, uma máquina de escrever foi jogada do alto de uma das janelas do banco estatal sobre a tropa de choque, matando (ou ferindo gravemente, não lembro) um PM. Os militares tentaram invadir o prédio federal, provocando a reação da segurança local. O episódio nunca foi esclarecido.

Os estudantes estavam nas ruas. Uma trupe entre 16 a 22 anos. Não tinham caras pintadas, muito menos máscaras — na verdade, procuravam se parecer com o cidadão comum. Desses enfrentamentos diretos com a repressão, que logo envolveram armas e bombas, surgiram as primeiras ações de guerrilha urbana. A luta armada contra a ditadura, na mente de todos, era o único caminho.*

Só que o estudante era apenas o inimigo aparente. Na sombra da ditadura, a luta armada se organizava em segredo — e o movimento operário, que iria conquistar o poder décadas mais tarde, apenas se iniciava. Os melhores quadros da ditadura, reunidos na Escola Superior de Guerra (ESG), na Praia Vermelha, bairro da Urca, no Rio, ainda não tinham percebido que o regime iria desabar por força da quebra da unidade militar e da resistência surgida nas classes médias, que serviram como base social do golpe de 1964.

O movimento estudantil, gravemente reprimido, era apenas a ponta de um iceberg de contestação que envolvia o melhor da cultura brasileira. E o movimento operário, crescendo em silêncio e sem discursos ideológicos,

---

*Frase memorável de um policial de choque da Polícia Militar do Rio, publicada pela revista *Realidade* (Editora Abril, 1968), e que foi manchete de página, dá o tom de intolerância da época: "Estudante, pra mim, é palavrão!" O simplório policial refletia, é claro, o pensamento de todo o regime. Assim o confronto de ideias e de objetivos se manifestava, a céu aberto, na sociedade brasileira.

baseado em reivindicações salariais e pelo direito de livre organização, só iria reaparecer por volta de 1974. É bom lembrar: em 1968, ocorreram duas grandes greves operárias em Osasco (São Paulo) e Betim (Minas Gerais), sufocadas pelo Exército. Os militares usaram tanques e helicópteros para impedir o movimento, força desproporcional que ajudou a consolidar a ideia de que pela via pacífica não seria possível resistir.

Além do mais, havia uma avalanche internacional de jovens que questionavam todo o modo de vida vigente, coisas tão ou mais importantes que a política, como a liberdade sexual, a pílula anticoncepcional, o aborto, o biquíni, o topless, a minissaia. Focada nas questões nacionais, a ditadura não percebia que o mundo exterior estava em franca mudança — uma revolução de costumes que varria os povos de leste a oeste. O Brasil — e o pensamento militar — era pequeno diante das influências que sacudiam todos os povos. O Muro de Berlim, símbolo da Guerra Fria, cairia em 1989 — e a União Soviética seria dissolvida em 1991. O comunismo morreria de inanição, mas nos anos 1960 o Patropi ainda se considerava uma ilha perdida no Atlântico Sul, porém alinhada com a política norte-americana de combate aos revolucionários em geral, fossem eles estudantes ou não. Só muito tempo depois veríamos o quanto tudo isso era primitivo, quase pueril, até ridículo.

Mas custou sangue: 57 mil americanos mortos no Vietnã, de um total de 350 mil baixas; 2 milhões de vítimas fatais no Laos, Camboja e Vietnã; quase 50 mil mortos na América Latina.

Em maio de 1968, a revolta dos estudantes franceses em Paris mostrou ao mundo que a garotada não tratava apenas de política, mas de liberdade num sentido amplo. Um ano depois, o festival de rock, em Woodstock, no estado de Nova York, chocou a opinião pública dos Estados Unidos, o país mais conservador do planeta. Ali, também, não se tratava apenas de política. Havia uma revolução cultural em curso, tendência modernizadora que os segmentos mais duros dos regimes nem ao menos entendiam. E houve também a Primavera de Praga, movimento libertador na antiga Tchecoslováquia, sufocado pelos tanques russos do Pacto de Varsóvia. O mundo estava de cabeça para baixo.

Aqui os militares acreditavam na repressão pura e simples: "Contra a força não há resistência." Quanta asneira! Naqueles anos, apesar da luta armada e da repressão, o Brasil vivia uma revolução cultural que resultaria na sua melhor produção musical, teatral, cinematográfica e literária. Os nomes surgidos naquela época (Chico, Edu Lobo, Milton Nascimento, Glauber, Gil, Caetano, Elis Regina, Vandré, Cony, Erico Verissimo, Antonio Callado — esse daí quase uma ironia —, Dias Gomes e outros tantos) nunca mais seriam substituídos. E não apareceu nada à altura deles, até agora, em pleno século XXI, cinquenta anos após o golpe militar.

A revolução acontecia à revelia. Enquanto os militares estavam submetidos à cegueira da "subversão", oferecendo, em troca, apenas a truculência, o Brasil mudava de forma irreversível. E foi essa revolução silenciosa que criou as bases para o fim da ditadura, condenada, por ignorância, à lata de lixo da história. Ainda cantamos essas canções, lemos esses livros, assistimos a esses filmes. O Brasil sobreviveu, apesar de você.

A violência continuada da ditadura, contra qualquer forma de oposição, inclusive artística, minou a base de apoio aos militares, que começava lentamente a se fragmentar. A alma brasileira não convivia bem com a arbitrariedade e a estupidez do regime. As altas patentes promoviam tentativas para rachar o movimento estudantil e angariar simpatias entre os pobres, através de iniciativas como o Mobral (Movimento Brasileiro de Alfabetização) e o Projeto Rondon, que levava os jovens das regiões Sudeste e Sul para o interior do país a fim de colocá-los em contato com "a verdadeira realidade brasileira".

O coronel de artilharia Jarbas Gonçalves Passarinho, que foi ministro da Educação e Cultura, do Trabalho e da Previdência Social da ditadura e um dos articuladores do AI-5, chegou a declarar à imprensa:

— Tanto o Mobral quanto o Projeto Rondon levam a juventude brasileira a compartilhar as dificuldades de um país em construção. E tem a oportunidade de atuar na solução desses problemas. Isso é muito diferente do discurso dos comunistas e agitadores, que só pretendem o caos.*

---

*Ver edição de *O Globo* de 17 de setembro de 1971.

Na reunião do Conselho de Segurança Nacional que decidiu a decretação do AI-5, em 13 de dezembro de 1968, esse mesmo coronel Jarbas Passarinho defendeu a tese de que havia chegado o momento da ditadura se colocar sem máscaras. Ele mandou "às favas os escrúpulos". "Na reunião", comentaria mais tarde o ex-ministro, "usei a palavra 'ditadura'." Agora era tudo ou nada.* Ele mandava os escrúpulos às favas, recomendando que o regime militar assumisse a sua face mais cruel, mas não entendia o momento histórico. Nem sabia direito o que se passava no Patropi. A frase dele na reunião do Conselho de Segurança Nacional revela que o coronel de artilharia era um boçal a mais.

E começaram a matar os opositores, indistintamente. Começaram a justificar a tortura, a brutalidade, o assassinato. E imaginaram que o Brasil do futuro iria compreender as suas razões. Mas quais razões? O país forte e poderoso que os militares sonharam — potência mundial — só apareceu com FHC, Lula e Dilma, e hoje é uma das maiores economias do mundo, cujo regime garante amplas liberdades democráticas. Com o poder conquistado pelo voto. Sem qualquer tipo de repressão. Com urnas eletrônicas, que dão ao mundo um exemplo de correção. Nenhum opositor precisou ser torturado. Como estavam enganados aqueles coronéis e generais dos anos 1960! O Brasil era maior do que eles. Muito maior.

CORTA
Resistência até entre os militares.

O caráter punitivo do regime dos generais ficava mais e mais evidente. Muitos militares discordavam da prática de transformar qualquer suspeita em prisão política. Os primeiros casos de tortura que chegaram à opinião pública foram questionados nos quartéis. Houve até deserções para a luta armada que se avizinhava. Em depoimento ao programa

---

*Para detalhes, ver o sexto capítulo do documentário *Brasileiro: profissão esperança*, Editora Abril, 1997, disponível em: <http://www.veja.com> e no YouTube.

Caminhos da Reportagem, da TV Brasil — a rede pública do Governo Federal, criada na era Lula —, o general Newton Cruz, que foi chefe do Serviço Nacional de Informações (SNI) e comandante militar do Planalto, declarou:

— Toda revolução, quando se implanta, tem uma fase inicial punitiva, porque ela precisa se consolidar. E nessa fase se cometem muitos erros, muitos erros. Então, com aquela coisa de CGI, comissões gerais de investigação, ali se cometeram erros brutais, erros brutais.

O general, expoente da repressão, que chegou a comandar uma ocupação militar de Brasília, nos anos 1980, montado em um cavalo branco e brandindo um sabre, deu um depoimento honesto à TV Brasil. Mas a repressão cruel não era apenas "um erro brutal" — era criminosa. Deformou a história moderna do país. Empurrou uma geração inteira para uma luta desesperada e, por consequência, equivocada.

Em 1966, o Brasil tinha uma população em torno de 80 milhões de almas, a maior parte localizada no campo. O Movimento Nacionalista Revolucionário (MNR) — de inspiração brizolista (Leonel Brizola estava exilado), apoiado pela Cuba revolucionária de Fidel Castro e pessoalmente pelo comandante Ernesto "Che" Guevara — tentou a implantação de um foco guerrilheiro na serra do Caparaó, entre os estados do Rio de Janeiro, Espírito Santo e Minas Gerais, no sopé do pico da Bandeira, a maior elevação geográfica do país.

Brizola já havia resistido à primeira tentativa de golpe militar, em 1961, quando o presidente Jânio Quadros renunciou. Era governador do Rio Grande do Sul, distribuiu armas para a população e criou a Rádio da Legalidade, cadeia nacional de radiodifusão, a partir da Rádio Guaíba, de Porto Alegre, que denunciava os golpistas.

Em casa, meu pai, Ernani, funcionário público de carreira, eu e meus irmãos mais velhos, Raquel e Sérgio, ouvíamos a rádio do Brizola. Uma campeã de audiência. O golpe militar foi adiado por dois anos e alguns meses, o suficiente para garantir a posse de João Goulart, vice de Jânio, na Presidência da República. Os militares temiam que, impedindo a posse de Jango, que estava em viagem oficial à China comunista de Mao Tsé-tung, houvesse uma violenta reação popular. Afinal, o Rio Grande do Sul já cavava trincheiras para a resistência. E o fantasma de Getúlio Vargas ainda assombrava o país.

Há um livro imperdível sobre os acontecimentos de 25 de agosto de 1961, uma sexta-feira chuvosa em Brasília, quando Jânio Quadros enviou sua carta-renúncia ao Congresso. O presidente afirmava estar pressionado por "forças terríveis", irresistíveis. Ou seja: uma conspiração golpista que reunia o alto escalão das Forças Armadas, as elites brasileiras, a Casa Branca e a CIA. As mesmas "forças ocultas" que levaram ao suicídio de Getúlio Vargas, em 24 de agosto de 1954, quando o tirano populista (que esteve no poder de 1930 a 1945, durante a ditadura Vargas) cumpria mandato legal, dessa vez eleito pelo povo. Getúlio escreveu, de próprio punho, uma "carta-testamento", pela qual "deixava a vida para entrar para a História":

> Mais uma vez, as forças e os interesses contra o povo coordenaram-se e novamente se desencadearam sobre mim. Não me acusam, insultam; não me combatem, caluniam, e não me dão o direito de defesa. Precisam sufocar a minha voz e impedir a minha ação, para que eu não continue a defender, como sempre defendi, o povo e os humildes. [...] Sigo o destino que me é imposto. Depois de decênios de domínio e espoliação dos grupos econômicos e financeiros internacionais, fiz-me chefe de uma revolução e venci. Iniciei o trabalho de libertação e instaurei o regime de liberdade social. Tive de renunciar. Voltei ao governo nos braços do povo. A campanha subterrânea dos grupos internacionais aliou-se à dos grupos nacionais revoltados contra o regime e garantias do trabalho. [...] Nada mais vos posso dar, a não ser meu sangue. [...] Serenamente dou o primeiro passo no caminho da eternidade e saio da vida para entrar na História.*

---

*A íntegra da carta-testamento de Getúlio Vargas pode ser conferida em: <http://www0.rio.rj.gov.br/memorialgetuliovargas/conteudo/expo8.html>.

A morte do "pai dos pobres", criador da CLT (a Consolidação das Leis do Trabalho, baseada na "Carta del Lavoro", de Benito Mussolini) e do 13º salário para os trabalhadores (ideia original de Jango, ministro do Trabalho), provocou tamanha comoção que os planos golpistas foram adiados por uma década. Há quem afirme que meio milhão de pessoas acompanharam o enterro de Getúlio. Nenhum golpe poderia prosperar diante de tamanha reação popular. As tramoias palacianas, as conspirações, não progridem quando o povo sai às ruas.

O livro que trata da renúncia de Jânio Quadros é *1961: o Brasil entre a ditadura e a guerra civil*, dos jornalistas Paulo Markun e Duda Hamilton.* Os autores descrevem a reação de Leonel Brizola, então governador eleito do Rio Grande do Sul. Além de distribuir armas a populares — verdadeira heresia —, Brizola se entrincheirou no Palácio Piratini, sede do governo gaúcho, em Porto Alegre, onde andava com uma metralhadora a tiracolo. O porão do palácio foi transformado no bunker da resistência. O governador tinha apoio da Brigada Militar, a PM do Rio Grande, mas não se separava da metralhadora.

Quem vê as fotos da época, com os olhos de um novo século, quando escrevo, há de se lembrar do presidente socialista chileno Salvador Allende, que resistiu ao golpe militar com o fuzil a tiracolo, entrincheirado no Palácio de La Moneda, em Santiago, até ser morto (ou ter-se matado — há controvérsias) na terça-feira, 11 de setembro de 1973. A morte de Allende inaugurou a ditadura do general Augusto Pinochet, uma das mais sanguinárias na história da América Latina. No caso brasileiro, a reação armada de Brizola e o clima geral do país evitaram a ditadura — só que por pouco tempo.

Colaboradores mais próximos a Leonel Brizola asseguram que o governador gaúcho não se separava daquela arma calibre 45 porque estava disposto a matar ou morrer. A tentativa de golpe começou às 9h45 da manhã da segunda-feira 28 de agosto de 1961, quase 72 horas após a

---

*São Paulo: Editora Benvirá, 2011.

renúncia de Jânio. Um trecho do livro revela que o general Orlando Geisel, irmão do futuro presidente Ernesto Geisel, em nome do ministro do Exército (Odílio Denys), ordenou atacar o governo constitucionalmente eleito do Rio Grande do Sul:

> Era uma determinação formal, uma ordem assustadora: o III Exército, sediado em Porto Alegre, deveria reunir todas as tropas para colocar fim às atividades "subversivas" do governador do Rio Grande do Sul. Se as tropas fossem insuficientes, o general de brigada que recebeu a mensagem, José Machado Lopes, comandante do III Exército, estava autorizado a solicitar reforços — se fosse o caso de bombardeio, a acionar a Aeronáutica. Uma força-tarefa da Marinha estava a caminho.

A íntegra da comunicação golpista aparece nas memórias do general José Machado Lopes.* Livro raro, mas que deveria ser lido por todos que desejam entender a história recente do país, como fizeram os jornalistas Paulo Markun e Duda Hamilton. A ordem para atacar o Palácio Piratini, transmitida por rádio, numa frequência codificada, tinha como frase final:

> "O ministro [Odílio Denys] confia que a tropa do III Exército cumprirá o seu dever."

O emprego de força militar pesada, no século XX, não era uma novidade no Brasil. Em 1924, durante a revolta tenentista em São Paulo, o presidente Artur Bernardes mandou a Aeronáutica bombardear os bairros da Mooca e do Brás, causando a morte de civis e revoltosos.** Em 1932, na Revolução Constitucionalista paulista, o mesmo aconteceu. Mas, em 1961, bombardear Porto Alegre, pelo mar e pelo ar, enquanto tropas invadiam o palácio do governo, parecia um pouco demais. Não

---

*LOPES, José Machado. *O III Exército na crise da renúncia de Jânio*: um depoimento. Rio de Janeiro: Editora Alhambra, 1980.
**Para detalhes, ver *As noites das grandes fogueiras*, de Domingos Meirelles, obra já citada.

aconteceu. A ordem, supostamente ministerial, foi ignorada, a não ser por uns movimentos de tropas ao redor do palácio. Com a determinação do governador em resistir até a morte, haveria um suposto "banho de sangue".

Impasse semelhante poderia ter surgido em 1964 se setores do governo tivessem optado por resistir. Só que, com a fuga do presidente Goulart para o Uruguai, gaúcho de São Borja que era, no dia seguinte ao golpe a Brigada Militar do Rio Grande trocou de lado e passou a apoiar os golpistas, já que seu ícone havia desertado. O movimento militar se consolidou em Porto Alegre, sem nenhuma oposição. No Rio de Janeiro, onde se acreditava que Jango possuía um "dispositivo militar confiável", nada aconteceu. O almirante Cândido da Costa Aragão — comandante dos Fuzileiros Navais, tropa sediada no Rio, inclusive com blindados, chamado pela imprensa de "o almirante vermelho", apoiador ferrenho de Jango — iria liderar a reação ao movimento golpista. Mas ele nada fez, talvez desestimulado pelo próprio presidente deposto, que tinha decidido pelo exílio.

Cândido Aragão não fugiu. Foi preso pelos golpistas e torturado. Perdeu um dos olhos. Foi transferido compulsoriamente para a Reserva da Marinha. E teve os direitos políticos cassados por dez anos. Um ano após o golpe, conseguiu um *habeas corpus* no Supremo Tribunal Federal (STF) e se refugiou no Uruguai. Em maio de 1966, criou uma organização clandestina chamada Resistência Armada Nacionalista (RAN), formada por militares punidos pelo golpe, que a história registrou como Movimento de Resistência Militar Nacionalista (MRMN).

O "almirante vermelho" pretendia liderar uma revolução armada para devolver o poder aos civis no Brasil. Não deu certo. Voltou ao país em 1979, após a anistia. Foi preso novamente. Esteve cinquenta dias desaparecido. Foi absolvido de todas as acusações em 1981. Praticamente anônimo, viveu até o dia 1º de novembro de 1998. Morreu no Rio de Janeiro.

Além do apoio explícito ao presidente João Goulart, o almirante Aragão ficou mais conhecido por ter comandado seus homens na invasão da Rádio Globo e do jornal *O Globo*, em março de 1964, pouco antes do golpe. Ele queria "desapropriar" as empresas de comunicação de Roberto Marinho e entregá-las a uma "cooperativa de funcionários". Aparentemente, o militar não estava compreendendo os rumos do processo político brasileiro.*

CORTA
Que guerra civil?

O medo de uma guerra civil, o temido banho de sangue, refreou o ímpeto dos militares em 1961. Medo, aliás, inteiramente infundado, porque quando o golpe realmente se deu, apenas dois anos depois, não houve qualquer resistência armada. Em 1964, João Goulart, Leonel Brizola e outros líderes políticos foram obrigados a deixar o país, entregando o poder de bandeja ao movimento militar. Jango, herdeiro político de Vargas, chegou a declarar, já no exílio que lhe seria fatal, em 1976: "Não concordo em promover uma guerra civil no país." Na verdade, João Goulart proibiu seus auxiliares mais diretos de resistir, como declarou seu assessor de comunicação, o jornalista Raul Riff, muitos anos depois, no documentário *Jango*, do diretor Sílvio Tendler.

O governo João Goulart, supostamente apoiado pelo povo, a intelectualidade, os sindicatos, os comunistas e aquele incerto "dispositivo militar legalista", desabou em poucos dias. O país foi tomado de perplexidade. Uma coluna de tanques e caminhões com soldados, sob o comando do general Olímpio Mourão Filho (1900-1972), partiu de Juiz de Fora, Minas Gerais, com destino ao Rio de Janeiro, desencadeando a revolta militar. Mas os revoltosos não tinham munição para suportar duas horas de combate. Na ponte que atravessa o rio Paraíba do Sul, divisa com o estado do Rio, a coluna foi detida por um regimento de artilharia legalista.

Os canhões poderiam fazer um tremendo estrago nas tropas de Mourão — até mesmo destruir a ponte, levando ao fracasso da operação golpista. Diante do impasse, instalou-se um telefone de campanha entre as margens

---

*Para detalhes, ver o site que registra histórias do jornalista Roberto Marinho em: <http://www.robertomarinho.com.br>.

mineira e fluminense do problema. O debate entre os chefes militares, por meio da linha telefônica, levou a um acordo pacífico, abrindo o caminho para os golpistas. Alguns autores registram críticas de oficiais do Exército ao general Mourão Filho, dizendo que ele teria "precipitado o movimento".*

Não tinha munição nem combustível e a tropa era formada, em grande parte, por recrutas mineiros que não entendiam nada do que estava acontecendo. De um ponto de vista estritamente militar, teria sido fácil barrar a coluna que pretendia invadir o estado do Rio de Janeiro e — ainda por cima — derrubar o governo. Na verdade, o improviso mineiro não era o verdadeiro golpe militar. Representava mais a vontade do governador Magalhães Pinto de chegar ao poder central. O governador, anos depois, negou insistentemente que pretendesse ser o novo presidente do Brasil. Mas os fatos são inegáveis. O verdadeiro movimento militar estava sendo gestado no interior do Estado-Maior das Forças Armadas, tendo à frente o general Humberto de Alencar Castello Branco, o verdadeiro chefe da conspiração.**

Mas o general Mourão Filho, ao desencadear o "golpe mineiro", tinha a seu favor um elemento fundamental: faltava entre os militares legalistas a vontade política para resistir ao golpe. Confirmava-se, dessa forma, a profecia do general Golbery do Couto e Silva: "O governo Jango cai como um castelo de cartas", como se pode ver na obra de Elio Gaspari, *As ilusões armadas*. Nos altos escalões militares, acreditava-se numa resistência armada que duraria de um a seis meses, antes do desfecho. O presidente João Goulart, como já disse, proibiu seus assessores mais diretos de organizar qualquer tipo de ação armada contra o golpe.

E não houve reação popular. Nem dos ditos sólidos partidos de esquerda, como o PCB. Nem dos sindicatos. Muito menos armada. Não se viu a

---

*Para mais informações, consultar duas obras do historiador Hélio Silva: *1964: golpe ou contragolpe?* Rio de Janeiro: Civilização Brasileira, 1975; e o prólogo que escreveu para os diários do general Mourão, em *Memórias: a verdade de um revolucionário*. Porto Alegre: L&PM, 1978.
**Para detalhes, ver o documentário *Jango*, do diretor Sílvio Tendler, produzido pela Caliban, em 1984, e que chegou ao mercado de vídeo doméstico anos mais tarde. Nesse filme, uma aula de história, o governador Magalhães Pinto, em áudio e vídeo, confirma que havia dois movimentos golpistas. E aproveita para negar que quisesse ser presidente.

multidão que compareceu ao enterro de Getúlio Vargas. O coronel Cézar Montanha, um dos rebeldes, tomou o Forte de Copacabana, na praia da minha infância, dando um bofetão na cara da sentinela, que apontava para ele um velho fuzil Mauser, alemão, calibre 30 mm. O episódio foi transmitido ao vivo pela TV Rio, emissora carioca que ficava na praia de Copacabana, em frente ao quartel. O choque político e emocional causado pelo movimento militar paralisou a todos. A resistência só começaria a ser articulada dois anos mais tarde.

O governo norte-americano, que participou dos planos para a derrubada de João Goulart, preparou uma "Operação Brother Sam", destinada a auxiliar os militares rebelados contra Jango. Navios da 7ª Frota dos Estados Unidos, sediada em Miami, foram deslocados para o litoral brasileiro, em águas internacionais, entre o Espírito Santo e o Rio de Janeiro.

A bordo havia tropas de combate, os temidos Marines, que poderiam desembarcar no porto do Rio e ocupar as suas instalações de modo a garantir uma entrada segura para as forças militares estrangeiras. O Rio de Janeiro, antiga capital da República, ainda era o coração do Brasil. Um porta-aviões trazia caças e bombardeiros. Era o USS Forrestal. Verdadeira extravagância da Casa Branca, que esperava uma violência totalmente fora de propósito naqueles tempos de guerra no Vietnã. No campo diplomático — e em caso de luta —, nossos generais solicitariam o reconhecimento do novo governo pelos Estados Unidos. Mas o Tio Sam estava enganado a respeito dos nossos generais.

A "Operação Brother Sam" dispunha de seis destróieres, dois petroleiros carregados de combustível e 110 toneladas de munição, além de um navio com pista para helicópteros e o USS Forrestal, a nau capitânia da invasão. O projeto golpista norte-americano se iniciara na administração de John F. Kennedy na Casa Branca, em outubro de 1963, um mês antes do assassinato do presidente em Dallas, Texas. E foi posto em prática por Lyndon Johnson, que substituiu Kennedy.* O projeto do Pentágono e da

---

*Johnson sucedeu Kennedy após este ser assassinado a tiros em Dallas, Texas, no dia 22 de novembro de 1963. A posse ocorreu diante da viúva Jacqueline Kennedy, em estado de choque, que vestia um tailleur cor-de-rosa ainda manchado de sangue.

Casa Branca era simples, quase banal: se houvesse uma forte resistência ao golpe de 1964, a "cabeça de ponte" do Rio de Janeiro serviria para a entrada de reforços militares americanos com tropas e blindados, possivelmente envolvendo militares de outros países do continente para criar um clima de legitimidade ao golpe. A política de dominação imperialista norte-americana, no cenário da Guerra Fria, previa a divisão do Brasil em dois países, como foi feito na Coreia e no Vietnã.*

Em troca do apoio diplomático e militar ao golpe, o presidente Lyndon Johnson acreditava que o primeiro presidente brasileiro do ciclo de 1964, o general Humberto de Alencar Castello Branco, chefe do Estado-Maior do Exército, enviaria tropas tupiniquins para o Sudeste Asiático — ao Vietnã, mais exatamente — como forma de retribuição. Enganou-se redondamente. Castello mandou Lyndon Johnson catar um coco de forma tão deselegante quanto esta minha frase.

O Tio Sam não compreendia o sentimento nacionalista radical dos militares brasileiros. A tramoia americana foi denunciada à opinião pública brasileira, muitos anos depois, pelo repórter Geneton Moraes Neto, ao entrevistar o embaixador americano no Brasil durante o golpe, Lincoln Gordon, para o programa *Fantástico*, da TV Globo, do qual fui diretor-geral:

— Eu sabia que não haveria nenhuma chance de tal proposta ser aprovada pelo governo brasileiro. Mas, como embaixador, cumpria ordens de Washington.**

Gordon morreu nos Estados Unidos, em 2009, aos 96 anos. Teve uma vida generosa — e levou consigo uma série de segredos a respeito da política norte-americana no Brasil. A história recente deste nosso país é assim mesmo: as coisas levam décadas para vir à tona, o que significa que

---

*Para mais detalhes, ver a reedição de GASPARI, Elio. *A ditadura envergonhada*. São Paulo: Companhia das Letras, 2013. Ver também o resumo publicado pela edição da *Folha de S. Paulo* de 7 de janeiro de 2014.
**A "Operação Brother Sam" também foi alvo de uma notável reportagem de Marcos Sá Corrêa, no *Jornal do Brasil*.

nossos eventos históricos ficam dissimulados, escondidos sob a censura ou pelo interesse dos poderosos. As leis brasileiras relacionadas aos segredos de Estado também determinam que eles devem permanecer longe dos olhos do público por décadas. Em alguns casos, para sempre. Por quê?

Porque a divulgação denunciaria as tratativas governamentais, muitas vezes inconvenientes, ilegais ou imorais, diante dos interesses públicos nacionais. Há coisas relacionadas com o Império, especialmente durante a crise da Guerra do Paraguai (1864-1870), que nunca vieram à tona. Povo desinformado é povo dócil.

CORTA
O golpe militar divide o país.

Na manhã da terça-feira 31 de março de 1964 — o dia do golpe —, eu estava na sala de aula da Escola Municipal Doutor Cocio Barcellos, na esquina da rua Barão de Ipanema e da avenida Nossa Senhora de Copacabana, Zona Sul do Rio. Não me lembro do horário exato, mas não me sai da cabeça o instante em que a mãe do meu melhor amigo, Newton Monteiro de Campos Júnior, que morava no mesmo prédio que eu (na rua Domingos Ferreira), invadiu a sala quase histérica e gritou, interrompendo a professora de português:

— Júnior, Carlinhos, saiam daí agora!

Dona Dagmar Monteiro nos levou pelas mãos através da avenida Nossa Senhora de Copacabana, onde ainda havia bondes. Foi aí que pudemos ver o golpe em andamento: tanques de guerra nas ruas, soldados armados de fuzis com baionetas caladas — e uma população assombrada. Copacabana representava o Brasil moderno, com a praia que era o cartão-postal do país. Nos meus doze anos, o mundo ganhava um novo perfil. O que era aquilo, um golpe, uma revolução? Das janelas caía uma chuva de papéis picados. Havia aplausos e vaias da mesma classe média. Aos olhos dos garotos da escola pública, um mundo novo surgia.

Newton foi para o Colégio Militar (o pai havia sido capitão-aviador da FAB) e eu fui para o Colégio Rio de Janeiro, na rua Nascimento e

Silva, em Ipanema, onde anos mais tarde surgiu um foco de oposição ao regime militar. Nossas vidas tomariam rumos diferentes. As cenas do golpe me parecem hoje um filme em preto e branco, daqueles que a gente assiste numa madrugada de sábado. Um tanto irreais, um tanto incompreensíveis. Um menino de doze anos não poderia alcançar o significado daqueles acontecimentos para o seu país e para o seu povo.

Dois anos depois do golpe, após esses episódios que agora me pareceriam uma ópera bufa se não fossem trágicos, a guerrilha do Caparaó foi a primeira forma armada e organizada de oposição, fora dois atentados a bomba que ocorreram em 1965 e 1966. O Movimento Nacionalista Revolucionário (MNR) era formado por ex-militares, estudantes e intelectuais. Ao todo, vinte homens se embrenharam na serra. Mas foram rapidamente desarticulados pelo governo militar. Cometeram tantos erros, do ponto de vista tático e estratégico, que não dá nem vontade de descrever. No livro *Caparaó: a primeira guerrilha contra a ditadura*,* com prefácio do jornalista Carlos Heitor Cony, um dos ícones da resistência contra os militares na imprensa, o autor, José Caldas da Costa, explica que, além das dificuldades inerentes ao projeto guerrilheiro, os próprios combatentes não se entendiam:

> [...] os participantes da guerrilha do Caparaó tinham diferentes origens e histórias. Dos sertanejos nordestinos ao gaúcho da fronteira, passando por homens de cultura urbana carioca ou de ligação sanguínea com o poder político em Santa Catarina. Na tensão do convívio, em meio às adversidades, as diferenças entre eles se acentuaram. Um dos principais problemas do grupo era o relacionamento entre Araken Vaz e Daltro Dornellas, [ambos] sargentos do Exército.

Em seu livro, José Caldas da Costa anotou um diálogo entre os dois sargentos lá no meio do mato: "Se nós ganharmos isso" — dizia Dornellas

---

*COSTA, José Caldas da. *Caparaó*: a primeira guerrilha contra a ditadura. São Paulo: Boitempo Editorial, 2007.

— "você é um dos primeiros que vou fuzilar", referindo-se a Araken

Como se vê, a guerrilha do Caparaó começou a morrer por suas próprias divergências internas, políticas e ideológicas, além das razões pessoais. E cometeu erros primários, como enviar alguns de seus integrantes às vilas próximas e fazer compras que chamavam a atenção até do mais desatento comerciante local — tolices como comprar todo o estoque de escovas de dente de uma pequena farmácia ou armazém. O mesmo deslize inconsequente cometido pelos estudantes reunidos em Ibiúna, interior de São Paulo, para a realização do XXX Congresso da UNE, em outubro de 1968, dois anos depois do Caparaó, uma reunião supostamente secreta.

No encontro de Ibiúna, envolvendo centenas de estudantes, bem como toda a liderança nacional do movimento, a escolha da região foi o pior dos erros táticos: havia grandes instalações militares na área, com milhares de homens do Exército, até mesmo blindados e helicópteros, resultando em cerco rápido e eficiente. Foram presos às centenas.

A subestimação do inimigo e a incompreensão da realidade objetiva do país se tornaram marca registrada da resistência armada à ditadura. Sobravam coragem e abnegação — faltavam discernimento político e estratégia. Esses equívocos básicos foram cometidos à farta em Caparaó.

Pouco depois de terem se instalado na região, os guerrilheiros já tinham sido descobertos. Isso contrasta fortemente com a luta armada no Araguaia. Os militantes do PCdoB ficaram no Bico do Papagaio entre 1966 e 1971 sem que seus objetivos fossem revelados, tratando de construir fortes laços de convivência com a população. Os métodos de clandestinidade foram irretocáveis, de modo que transferiram dezenas e dezenas de militantes de grandes cidades para os sertões amazônicos sem serem percebidos. Foi, sem dúvida, e não tenho medo de errar, um dos maiores segredos da esquerda armada no Brasil. Lá mesmo, nas brenhas do Araguaia, nada foi percebido.

A solidariedade interna do grupo era notável, provavelmente porque o PCdoB era um partido político sólido, apesar de clandestino, de larga tradição no país e com programa político e definições ideológicas bem consolidadas. O MNR, ao contrário, parecia um armazém de secos e molhados. Um grupo formado apressadamente por descontentes com o regime militar, e não liderado por alguns revolucionários que estavam em atividade há pelo menos três décadas, como no PCdoB.

Alguns estavam em atividade por tempo ainda maior: um pessoal que havia passado pelo tenentismo; pela Revolução de 1930; pelas campanhas em prol das liberdades civis, em 1946; pela Assembleia Constituinte; pelos movimentos populares e camponeses dos anos 1950-60. Esse pessoal também esteve ligado à campanha "O petróleo é nosso". E também às Ligas Camponesas. Não há como comparar o MNR ao MLP, o Movimento pela Libertação do Povo, a base política da guerrilha no sul do Pará.

Mas nem tudo era paz entre os guerrilheiros do Araguaia. Apesar das relações de amizade e companheirismo, a luta também teve desistências e fugas, como veremos mais adiante. Os comunistas são acusados da morte de três lavradores e de um companheiro de armas, o Mundico. Houve a execução de um morador local, que convivia com a guerrilha e serviu de guia para tropas federais quando os combates se iniciaram. Terminou "justiçado exemplarmente". Foi no dia 29 de junho de 1972. O mateiro conhecido como João Pereira foi fuzilado. No relatório que fez ao Comitê Central do PCdoB, o veterano comunista Ângelo Arroyo, metalúrgico paulista, que integrou a Comissão Militar, dirigente do movimento, escreveu: "A morte desse bate-pau [como eram conhecidos os guias a serviço do Exército] causou pânico entre os demais da zona."*

Fontes ligadas à inteligência militar informam que, além da execução de João Pereira, também chamado de João Mateiro, teriam ocorrido outras. No site *Terrorismo Nunca Mais* (www.ternuma.com.br), mantido e produzido por militares, ex-militares e civis identificados com o movimento de 1964, há um texto que diz: "No Araguaia, o PCdoB justiçou

---

*O relatório de Arroyo foi apreendido pelas forças de segurança em São Paulo, em 16 de dezembro de 1976, quando caiu o "aparelho" onde funcionava a direção do partido, encerrando os dez anos de luta armada no Araguaia.

Osmar, Pedro Mineiro e João Mateiro [...] e também o guerrilheiro Rosalindo Cruz Souza. Um outro, de nome (ou codinome) Paulo, também teria sido assassinado, mas não há provas."*

Rosalindo Cruz Souza, chamado de "Mundico" por seus companheiros da guerrilha, teria morrido em agosto de 1973, em dia não definido. Cito esse site, de conteúdo duvidoso e parcialismo ideológico, por ser uma das poucas fontes ligadas ao pensamento militar que trata abertamente dos episódios do Araguaia. Outra dessas fontes é o historiador Carlos Illich Santos Azambuja, de Brasília. De uma crítica que ele escreveu sobre a obra do jornalista Elio Gaspari, a respeito do ciclo militar de 1964, *As ilusões armadas*, destaco um trecho:

> [...] Rosalindo Cruz Souza ("Mundico") e "Paulo", não identificado, [foram mortos] respectivamente em agosto e setembro de 1973, ambos do PCdoB, durante a Guerrilha do Araguaia, por terem demonstrado o desejo de abandoná-la. "Mundico" foi assassinado por Dinalva da Conceição Oliveira Teixeira ("Dina")...**

Felizmente, há outras fontes — estas confiáveis — a tratar da questão dos "justiçamentos". Em *Operação Araguaia*, os jornalistas Taís Morais e Eumano Silva nos esclarecem que o movimento guerrilheiro do PCdoB dispunha de uma "justiça revolucionária". O "tribunal militar" previa penas para deserção, traição, agressão física contra os companheiros, violência contra moradores, estupro, roubo etc. A traição, entendida como a colaboração com o inimigo, era punida com a morte.

Diante de uma acusação grave, o comandante do destacamento guerrilheiro convocava o "tribunal militar", constituído por ele mesmo, o subcomandante e outros membros indicados pela liderança. As decisões tinham recurso em uma "instância superior": um tribunal composto por comandantes de outros destacamentos e integrantes da comissão

---

*Para detalhes, ver o capítulo "Justiçamentos" no índice do site.
**A íntegra deste artigo foi publicada no site *Polícia Livre*, cujo autor é citado como "nosso amigo que sabe das coisas".

político-militar dirigente. Esta, por sua vez, informava o resultado, por escrito, ao Comitê Central do PCdoB, lá longe, em São Paulo. É bom lembrar que o artigo 67 da LSN, a Lei de Segurança Nacional do governo militar (Decreto-Lei nº 898 de 29 de setembro de 1969), da época da guerrilha, também previa a pena de morte. E que o Código Penal Militar — até hoje — estabelece a possibilidade de execuções por desobediência e deserção em combate no caso de uma guerra. Portanto, não era nenhuma novidade o fato de que os revolucionários também se dessem ao direito de possuir uma pena capital.

Taís e Eumano esclarecem rapidamente, em um dos anexos do livro, a morte de "Mundico". Líder estudantil em Salvador, foi presidente do diretório acadêmico da Faculdade de Direito da Universidade Federal da Bahia, com atuação destacada nas agitações que marcaram o ano de 1968. Foi processado pelo regime militar e condenado a dois anos e dois meses de prisão. Fugiu para o Araguaia, onde passou a integrar a guerrilha. Cito o trecho:

> Morou na região de Caianos e entrou para o Destacamento C. Morreu em setembro de 1973 [os militares dizem que foi em agosto], vítima de um acidente com a própria arma, segundo o PCdoB [a organização teria tentado encobrir um suicídio]. Justiçado pelo partido, pelo relato de moradores e militares. Depois de enterrado no mato, Mundico foi retirado e decapitado a mando dos militares.

Rosalindo Cruz Souza, o "Mundico", era advogado formado pela Universidade Candido Mendes, do Rio de Janeiro, um dos vários guerrilheiros do Araguaia a possuir o canudo de doutor. Deixou a Bahia porque estava "queimado" — e foi concluir os estudos na então Guanabara. Fugiu para a região amazônica após a condenação, à revelia, pela Justiça Militar. Viveu pouco tempo. A sua morte nunca foi esclarecida — e o corpo jamais entregue à família. "Mundico", de acordo com relatórios reservados do CIE, enfrentou o "tribunal revolucionário" e foi executado em 26 de agosto de 1973. A acusação é quase inacreditável:

o advogado baiano estaria assediando uma companheira, Áurea Elisa Pereira Valadão, codinome Áurea, casada com Arildo Valadão, o Ari, também combatente do PCdoB. Cinco militantes e sete lavradores estariam presentes ao julgamento, inclusive Osvaldão e André Grabois. A sentença de morte teria sido executada por "Dina", então subcomandante do Destacamento A, com um tiro de 38. Há outras duas versões para a morte desse combatente: acidente com a própria arma, como registrou Maurício Grabois no diário de campanha; ou suicídio, causado por forte depressão. Rosalindo consta da lista da Comissão Especial sobre Mortos e Desaparecidos Políticos (CEMDP) do Ministério da Justiça, mas este relatório não entra nos detalhes sobre a morte do guerrilheiro.

Vou seguir com essas denúncias, porque acho necessário estabelecer que a guerra de guerrilhas é brutal mesmo, para todos os lados envolvidos. Já falei a respeito da execução de "Jonas", um rapaz de apenas dezessete anos, que aparece nessa história com o nome de João Pereira, colaborador das tropas. Esse garoto, que teria sido assassinado a golpes de facão, era casado e tinha dois filhos. Agora vou tratar do assassinato de Pedro Ferreira da Silva, o "Pedro Mineiro", pistoleiro a serviço dos proprietários de terra da região, homem violento, acusado da morte de lavradores que resistiam ao latifúndio. O crime foi um ato da guerrilha. Ao menos é o que garante o premiado jornalista Leonencio Nossa, de *O Estado de S. Paulo*. Em seu trabalho,* há uma descrição da execução do jagunço:

> Osvaldão [Osvaldo Orlando da Costa, comandante do Destacamento B da guerrilha] foi acertar contas com "dedos-duros". Arrombou a porta da casa de Pedro Ferreira da Silva, o Pedro Mineiro, informante do Exército e jagunço da fazenda Capingó, e o levou até a porteira. O pistoleiro foi amarrado e virou réu do Tribunal Revolucionário. Um pelotão formado por Dina, Chica, Tuca e Maria Dina o matou

---

*Páginas 144 e seguintes.

Ainda segundo o livro, "Osvaldão" escreveu sobre o fuzilamento:

> As Forças Guerrilheiras do Araguaia [condenaram] à morte o pistoleiro conhecido pela alcunha de Pedro Mineiro, assalariado do facínora Capitão Olinto, membro do grupo canalha 'Capingó', protegido pela ditadura. Pedro Mineiro, responsável pela morte de vários lavradores e peões, paga com a vida seus crimes contra o povo.

Curiosamente, após muita pesquisa, verifiquei que o capiau conhecido como Pedro Mineiro realmente ajudou os militares no combate à guerrilha. Foi ele quem abrigou, em seu sítio, às margens do rio Gameleira, um grupo de seis pistoleiros que prendeu e torturou o guerrilheiro "Geraldo" — o primeiro a ser capturado, mais tarde identificado como José Genoino Neto — antes de entregá-lo ao Exército. Aqueles homens em busca de recompensa eram chefiados pelo delegado de polícia da vila de Xambioá, Carlos Marra, um sargento reformado (ou não) da Polícia Militar local.

A prisão de Genoino foi acompanhada, a pouca distância, por outro guerrilheiro, Miqueas Gomes de Almeida, o "Zezinho do Araguaia", o mais notável sobrevivente do movimento, que estava aboletado em cima de uma grande castanheira e via a cena em relativa segurança. O próprio Miqueas me contou essa história. "Zezinho" ainda ficou imaginando uma forma de resgatar o companheiro. Mas não era possível. "Geraldo" estava amarrado a uma árvore e muito machucado. Tinha levado um tiro de espingarda calibre 20 no ombro direito. Foi "Zezinho" quem comunicou ao comandante do Destacamento B da guerrilha, "Osvaldão", que "Geraldo" havia sido capturado. Imediatamente, o comandante pôs os camaradas em marcha e se embrenhou na floresta densa.

— Fiquei esperando a noite, para que surgisse uma oportunidade de resgatar o "Gera". Mas não foi possível. Decidi sair dali e avisar os companheiros que ele havia sido apanhado — me contou o "Zezinho do Araguaia", aos 76 anos, descrevendo a prisão de Genoino.

Mais de quarenta anos após a luta armada no sul do Pará, Miqueas Gomes de Almeida, com quem gravei uma longa entrevista em 2013, ainda chama o deputado José Genoino Neto de "Gera". Esse nome suposto, um codinome, só é utilizado por quem o conheceu muito bem. Miqueas, como você poderá ver mais adiante, era um especialista em entrar e sair da área cercada pelos militares. Rompeu o cerco e fugiu a pé até o Maranhão, levando com ele um dos chefes do movimento guerrilheiro, Ângelo Arroyo, atravessando rios e florestas, até chegar a São Paulo. Miqueas parece um Papillon brasileiro.

Voltando à execução de Pedro Mineiro. Não parece possível, nem provável, que "Tuca" e "Dina" tenham participado do fuzilamento. Elas faziam parte do Destacamento A da guerrilha, localizado a muitos quilômetros de distância dali. Não estavam nem perto da morte do "bate-pau". Mas que havia mulheres envolvidas no fuzilamento havia. Pode apostar. Pedro Mineiro foi amarrado na porteira e sumariamente eliminado a tiros.

Outras mortes, produzidas ou provocadas pelos eventos da Guerrilha do Araguaia, não estão muito bem esclarecidas ou não possuem documentação que possa ser citada, como nos casos de "Osmar" e "Paulo", que ninguém sabe bem quem foram. Sobre "Osmar", há uma pista: o nome Osmar Pereira Santos surge no relatório da CEMDP, onde há uma breve anotação informando que o padre Humberto, pároco de uma daquelas vilas, prestou depoimento dizendo que essa pessoa era informante do Exército e fora executada pela guerrilha. Sobre "Paulo" nada se sabe. Mais uma vez, o silêncio que se abateu sobre aquelas matas e todos os acontecimentos decorrentes da campanha do Araguaia impedem que o pesquisador possa lançar alguma luz sobre a escuridão. Acredito — pessimista que sou a respeito de quase tudo na história oficial brasileira — que tais fatos jamais serão esclarecidos.

No entanto, entre os mortos relacionados às acusações de que o PCdoB matou no Araguaia, há casos inconclusos. É claro que não se pode esquecer que a ditadura, após as duas primeiras — e fracassadas — expedições militares, optou por uma política de extermínio. No jargão militar da época, "neutralizar e eliminar", como declarou um dos comandantes da campanha. Não fazer prisioneiros e destruir qualquer vestígio de que ali houvesse acontecido uma resistência armada eram política de Estado. Por isso, há dezenas de corpos insepultos. Quantos, no total? Talvez sessenta ou setenta — ou até mais. Cadáveres foram lançados de helicóptero sobre os pontos mais distantes da mata virgem. Alguns foram dissimulados em valas para indigentes, nas vilas da região. Ou foram enterrados — e desenterrados — para sumir. Por quê?

A Comissão Especial sobre Mortos e Desaparecidos Políticos do Ministério da Justiça e o governo, de modo geral, afirmam que foram 75 os mortos na guerrilha, número com o qual o PCdoB concorda. Mas os documentos secretos dos militares, como vimos, garantem que foram 86 — onze a mais do que o número oficial. Eu mesmo cheguei à conclusão de que foram 94. Setores radicalizados do pensamento militar brasileiro chegam a dizer que foram mais de trezentos, sendo que os guerrilheiros teriam matado 120 pessoas na região.*

Apesar da atitude feroz (e cruel) da guerrilha, caçando em sítios e vilas os informantes do Exército, o agrupamento de combate do PCdoB não foi capaz de identificar os 35 agentes militares infiltrados na zona de conflitos. Um desses agentes desapareceu sem deixar rastros. Sumiu na mata. Alguns oficiais chegaram a dizer que ele foi fuzilado pelos guerrilheiros e enterrado em local desconhecido na floresta. É improvável. Se os comunistas tivessem apanhado um espião do Exército, teriam feito alguma propaganda. A hipótese de uma deserção é mais plausível. Ou talvez o sujeito tenha sido devorado por uma onça-pintada ou um jacaré. Perigos não faltavam naquelas brenhas.

Certa vez, a temida "Dina" esteve frente a frente com um dos agentes do Exército, codinome "Ivan", na verdade Joaquim Arthur Lopes de Souza, sargento das Forças Especiais. Era um homem alto e forte, bonitão, com cara de galã de novela. "Ivan" tinha comprado uma venda na área do Destacamento B, na Gameleira, e tornou-se amigo de "Osvaldão".

---

*Para mais detalhes, ver o documentário *Brasil, guerrilha e terror*, que pode ser encontrado na internet.

A guerrilheira "Dina" o interrogou, com arma apontada, mas chegou à conclusão de que era um cara legal: "É, você parece ser gente boa mesmo." E o dispensou. Ironia da história: foi "Ivan" quem matou "Dina", lenda viva da guerrilha, com dois tiros de pistola 45.

Esse "Ivan", aliás, foi condecorado com a "Medalha do Pacificador", uma das maiores honrarias do país. Mas não viveu muito: teria sido assassinado no Rio de Janeiro, a pauladas, num episódio pouco esclarecido.

CORTA
Muitos acreditavam na "justiça revolucionária".

Além do PCdoB, outras organizações revolucionárias teriam executado seus próprios integrantes por faltas como a delação e a colaboração com órgãos de segurança da ditadura. Mas é preciso reconhecer que a repressão matava opositores, sob tortura ou "em combate", e depois dizia que tinham sido abatidos por seus próprios pares. As alegações de "fuga" e "suicídio" eram comuns.

O caso mais célebre, verdadeiramente emblemático, é o do jornalista Vladimir Herzog, diretor de jornalismo da TV Cultura, de São Paulo, tido como "suicidado" (26 de outubro de 1975) após se apresentar como voluntário para depor no DOI-Codi paulista, uma espécie de instituição investigadora da ditadura, baseada em instalações militares, que pretendia a defesa nacional, operando abaixo das leis e sem qualquer tipo de controle judicial ou público. O "DOI", cujo nome é quase um escárnio à consciência nacional, se baseava na tortura.

Herzog foi apresentado como "suicidado" à opinião pública numa foto em que aparece "enforcado" com um cinto, a partir de uma altura inferior à distância de suas próprias pernas em relação ao chão. Como se isso fosse possível. Um médico-legista da polícia paulista, Harry Shibata, assinou um atestado de óbito dizendo que Herzog havia morrido por "asfixia mecânica voluntária". Só 37 anos após a morte do jornalista, em dezembro de 2012, o Tribunal de Justiça de São Paulo mandou rever a causa da morte, assentando que ele tinha sido vítima de maus-tratos. Ou seja: tortura.

A ditadura matava e acusava os opositores como responsáveis pelos crimes, especialmente para evitar o questionamento internacional. A pressão diplomática era quase insuportável para os generais. No caso da tortura e morte do ex-deputado Rubens Paiva, os militares encenaram um "resgate" praticado por terroristas. Cito uma manchete de primeira página do jornal *O Globo*, no sábado 23 de janeiro de 1971, apontada no livro *Segredo de Estado: o desaparecimento de Rubens Paiva*, de Jason Tércio:

TERROR LIBERTA SUBVERSIVO DE UM CARRO DOS FEDERAIS

Uma foto, adicional à manchete, mostrava um fusca metralhado e incendiado. Mas *O Globo* não foi o único veículo de comunicação a referendar a tese do "resgate" de Rubens Paiva. O *Jornal do Brasil*, na mesma data, publicou:

TERRORISTAS METRALHAM AUTOMÓVEL DA POLÍCIA E RES-GATAM SUBVERSIVO

O pobre Rubens Paiva, espancado até sofrer uma devastadora hemorragia interna, segundo o autor do livro que trata da sua prisão e assassinato, ainda mereceu as seguintes manchetes, na data de 23 de janeiro de 1971:

TERROR METRALHA CARRO LIBERTANDO PRISIONEIRO
O Jornal

BANDIDOS ASSALTAM CARRO E SEQUESTRAM PRESO
O Dia

TERROR RESGATOU PRESO EM OPERAÇÃO-COMANDO
Tribuna da Imprensa

Evidentemente, o ex-deputado já estava morto, mas até hoje consta na lista dos "desaparecidos". A imprensa se baseava nas informações oficiais — e qualquer forma de investigação independente esbarrava na censura. Ou seja: o livre exercício da profissão de jornalista estava impedido. A consequência era a prisão e o processo nos tribunais militares — ou a demissão sumária do emprego. Aliás, vale destacar: o número de demissões durante os governos militares foi infinitamente maior do que as ações judiciais da ditadura. Certa vez, perguntei ao presidente da Associação Brasileira de Imprensa (ABI), Barbosa Lima Sobrinho, renomado defensor do Estado de Direito e da democracia, já falecido, por que isso acontecia. E ele respondeu:

— É porque os patrões da grande imprensa fazem parte do esquema de poder. Para sobreviver economicamente e manter os seus privilégios, precisam fazer concessões ao poder.

Mas — evidentemente — a imprensa e a mídia em geral não podem ser responsabilizadas pelas desgraças causadas pela ditadura, frutos de uma opção deliberada pela "guerra total ao terror" dos anos 1970. A farsa do "resgate" de Rubens Paiva perdurou até 25 de março de 2014, quando um coronel reformado do Exército, Paulo Malhães, prestou depoimento à Comissão Nacional da Verdade e confessou ter participado da mentira para encobrir o assassinato de Rubens Paiva. O coronel Malhães, que chegou a ser segurança do presidente Médici, admitiu que participou de sessões de tortura e que tinha perdido a conta de quantos havia matado. Poucos dias depois do depoimento, a que tive ocasião de assistir, o sítio do militar, na Baixada Fluminense, foi invadido por homens armados. Paulo Malhães morreu de ataque cardíaco durante o assalto. Da casa miserável do militar, quase uma ruína, foi roubada uma coleção de armas. Pouco depois, a viúva do coronel, Cristina, deu entrevista a uma emissora de TV dizendo que o marido sabia que o corpo de Rubens Paiva tinha sido jogado "em um rio".

No entanto, independentemente dessas tramoias, a esquerda armada de fato praticou violências contra seus próprios integrantes. Vamos continuar mais um pouco com a questão dos justiçamentos. Pelo menos um caso, a morte com oito tiros de Márcio Leite de Toledo, militante da ALN, resultou na divulgação de um documento em que a organização assumia o crime e explicava as suas razões:

> A Ação Libertadora Nacional (ALN) executou, dia 23 de março de 1971, Márcio Leite Toledo. Esta execução teve o fim de resguardar a organização. [...] Uma organização revolucionária, em guerra declarada, não pode permitir a quem tenha uma série de informações, como as que possuía, vacilações desta espécie, muito menos uma defecção deste grau em suas fileiras. [...] Tolerância e conciliação tiveram funestas consequências na revolução brasileira. [...] Ao assumir responsabilidades na organização, cada quadro deve analisar sua capacidade e seu preparo. Depois disso não se permitem recuos. [...] A revolução não admitirá recuos.

Márcio Leite de Toledo foi assassinado no Jardim Europa, bairro rico de São Paulo, na altura do número 405 da rua Caçapava. Dois carros se aproximaram dele (um fusca de cor grená e um Ford Galaxie branco), cujos ocupantes dispararam dez tiros de revólveres calibre 38 e de pistolas 9 mm. Ele morreu na hora. Tinha 26 anos. O comunicado da ALN, na forma de um panfleto impresso, foi deixado no local. Há farta cobertura da imprensa a respeito do crime, o que me dispensa de outras citações.

Como se vê, ao optar pela revolução, o militante deveria fazer uma escolha irrevogável, para o resto de sua vida. Qualquer vacilação era entendida como "falha grave", na medida em que a organização estava envolvida em uma "guerra declarada". E os códigos revolucionários previam a morte para sanar tamanha "vacilação". Nisso, inclusive, a guerrilha em nada se diferenciava do pensamento radical dos militares, que também se consideravam envolvidos numa "guerra revolucionária". O radicalismo total era típico dos dois lados do conflito. Para o pesquisador isento, não importa a "cor" ou a suposta "qualidade" da verdade. O que importa é a verdade em si, como valor universal.

Faço mais essa citação envolvendo a ALN, a maior organização da guerrilha urbana, atuante entre 1968 e 1973, para demonstrar que a escolha pela violência a qualquer preço fazia parte do ideário do conflito, em várias de suas vertentes. No livro-reportagem *Olho por olho: os livros secretos da ditadura*, o jornalista Lucas Figueiredo descreve o embate e nos esclarece que o recurso ao terrorismo estava presente no próprio programa de ação da ALN.

Lucas Figueiredo teve acesso a um trabalho da inteligência militar chamado "Projeto Orvil" (ou "livro" ao contrário, título codificado, que revela pouca imaginação). Coordenado pelo general Leônidas Pires Gonçalves, ex-ministro do Exército, pretendia se transformar numa resposta "oficial" à publicação *Brasil: nunca mais* (Editora Vozes, 1985) — uma poderosa denúncia contra os militares, por iniciativa do reverendo Jaime Wright, da Igreja presbiteriana, do rabino israelita Henry Sobel e do arcebispo católico dom Paulo Evaristo Arns, os três de São Paulo. Os religiosos obtiveram recursos para a pesquisa junto ao Conselho Mundial das Igrejas.

O trabalho, clandestino entre 1979 e 1985, durou esses seis anos e envolveu o estudo de mais de 100 mil páginas de documentos, relativos a 707 processos do Superior Tribunal Militar (STM), uma pequena parte dos ajuizamentos políticos do período militar. Aproximadamente 17 mil processos passaram por tribunais militares, entre 1964 e 1984, tratando de crimes políticos e delitos comuns na área militar, incluindo os bandidos processados pela LSN. Mas o trabalho dos religiosos revelava o clima de violência institucionalizada. *Brasil: nunca mais* teve repercussão mundial ao mostrar a face cruel e vingativa do regime militar brasileiro. Está nas prateleiras das bibliotecas do Capitólio e da Casa Branca, em Washington, até hoje. E foi objeto de diversas teses na Universidade Paris I, a Sorbonne francesa. Um escândalo de proporções planetárias.

Quando o "Orvil" ficou pronto, resposta dos militares à pesquisa das igrejas, descrito pelo jornalista Lucas Figueiredo como uma peça mal escrita, o general Leônidas procurou o então presidente José Sarney para que ele autorizasse a publicação. Sarney se recusou. Tentei obter uma cópia do "Projeto Orvil" por meio de fontes junto à inteligência militar.

Não consegui. O trabalho, envolvendo dezenas de agentes e centenas de participantes indiretos, além de milhares de páginas de documentos secretos, é considerado obra impublicável. Verdadeiro tabu.

CORTA
Havia muitos militares descontentes.

Além dos militares punidos com o golpe de 1964 que se envolveram em Caparaó, um capitão do Exército se tornou o maior exemplo de deserção contra a ditadura. Estou falando de Carlos Lamarca. Ele abandonou o 4º Regimento de Infantaria, em Ibiúna, São Paulo, levando alguns companheiros de farda e uma Kombi carregada de armas e munição (cerca de setenta fuzis FAL e metralhadoras INA). Aderiu à Vanguarda Popular Revolucionária (VPR) e terminou fuzilado, no interior da Bahia, em 17 de setembro de 1971. Só nesse roubo havia mais armas do que com os comunistas do Araguaia. Além de Lamarca, houve várias outras deserções menos importantes, especialmente entre sargentos e suboficiais, que tiveram intensa mobilização política durante o governo de João Goulart. Dezenas deles foram afastados das Forças Armadas e das polícias militares. O PCB teve um núcleo clandestino, denominado "Antimil" (supostamente, isso quer dizer "antimilitarista"), que reunia centenas de militares da ativa.

Mas quase nada disso era visível para o público em geral. A opinião pública vivia uma anestesia, um gesso. Num país onde o funcionalismo federal, estadual e municipal constituía parte significativa da atividade econômica, havia um temor generalizado quanto à perda do emprego. Uma suspeita ou qualquer denúncia podia resultar no fim de uma carreira. Só para dar um exemplo: o AI-5 aposentou três ministros do Supremo Tribunal Federal (STF), numa clara demonstração de que não havia limites para o poder discricionário. Entre os punidos estava Evandro Lins e Silva (1912-2002), um dos monumentos do Direito no Brasil, que nem de longe poderia ser considerado um subversivo.

CORTA
Que país foi esse?

Quando as bases guerrilheiras do Araguaia começaram a ser montadas pelo PCdoB, a atenção dos brasileiros estava voltada para outras coisas. Em 1966, o Brasil teria o pior resultado de todos os tempos em uma Copa do Mundo. Ficaria em 11º lugar. E olha que a seleção brasileira, já bicampeã, tinha Pelé e Garrincha em campo. A Inglaterra venceria a oitava edição do torneio da FIFA, derrotando a Alemanha Ocidental (ainda havia isso) por 4 a 2, em pleno estádio de Wembley.

Naquele ano, a banda inglesa Rolling Stones emplacava seu maior sucesso: "(I can't get no) Satisfaction". Os Beatles explodiam no país, iniciando uma revolução de costumes que duraria décadas. Os meninos de Liverpool já tinham uma carreira de sucesso no Brasil desde 1964, quando foi distribuído o primeiro álbum da banda, com "She loves you", "I wanna hold your hand" e outras maravilhas. Mas foi em 1966 que viraram uma febre, com canções inesquecíveis: "Ticket to ride", "Girl", "Yesterday" e "Michelle". O veterano Tony Bennett levou o Grammy com "The shadow of your smile" — e o mundo conheceria o extraordinário álbum *The sounds of silence*, com Simon & Garfunkel. Em 4 de março de 1966, o jornal britânico *The Evening Standard* publicou a bombástica declaração de John Lennon, "Os Beatles são mais famosos que Jesus Cristo", alimentando uma controvérsia que levou o Vaticano a declarar satânico o rock 'n' roll, pecha que durou até o papa João Paulo II convidar Bob Dylan para cantar na Santa Sé, em 1997. E o popstar americano descascou "Knockin' on heaven's door" ("Batendo na porta do céu").

Em 1966, Jair Rodrigues cantava "Disparada" e Elis Regina encantava o país com "Upa neguinho". Foi o ano em que "A banda", de Chico Buarque, na voz de Nara Leão, venceu, juntamente com "Disparada", o Festival da Música Popular Brasileira, transmitido ao vivo pela televisão em preto e branco. A música mais tocada no país foi "Quero que vá tudo pro inferno", com Roberto Carlos. A Portela ganhou o carnaval. E a TV Globo produziu duas novelas que fizeram história: *O sheik de Agadir* e

Eu compro essa mulher. No cinema, *Todas as mulheres do mundo*, do diretor Domingos de Oliveira, com Leila Diniz no papel principal. Ou seja: a alma brasileira estava em festa.

CORTA

Além de sexo, novelas e rock 'n' roll, havia armas.

Em 1966-67, a juventude brasileira saltou para o primeiro plano da resistência contra a ditadura, com cabelos compridos, camisas vermelhas, canções de protesto e tudo o mais. Mesmo rapazes e moças de quatorze e dezesseis anos aderiam às entidades estudantis secundaristas, apesar de que o cerne do movimento revolucionário estava na universidade, por meio da União Nacional dos Estudantes (UNE) e das Uniões Estaduais dos Estudantes (UEEs). Para os mais jovens, havia a Associação Metropolitana dos Estudantes Secundários (Ames). No Rio de Janeiro, tinha a famosa Comissão Secundarista (Cosec), da qual fiz parte como representante dos colégios particulares. A Cosec era orientada por um segmento da esquerda com origem em Minas Gerais, ligado à Igreja católica e que mais tarde daria origem ao Comando de Libertação Nacional (Colina). O grupo, criado na virada de 1966-67, também acreditava no exemplo revolucionário como motivador da organização espontânea de massas contra o regime. Pouco mais tarde, o Colina se fundiu com a VPR (Vanguarda Popular Revolucionária), organização dissidente da Polop (Organização Revolucionária Marxista Política Operária), e formou a VAR-Palmares.

Considerando o Brasil da época — às vésperas do "milagre econômico", do "Ame-o ou Deixe-o", do "acadelamento" da política tradicional —, a tese do exemplo puro e simples parece de uma inocência constrangedora, não fosse fatal para uma geração inteira de jovens que sonhavam com liberdade e igualdade social.

O cara mais conhecido da Cosec era Alfredo Sirkis, que usava codinomes e terminou se tornando um escritor reconhecido por *Os carbonários.*[*]

---

[*]SIRKIS, Alfredo. *Os carbonários*. Rio de Janeiro: Editora Record, 1998, obra autobiográfica que descreve a luta estudantil e a participação do autor na VPR.

Viveu no exílio por oito anos no Chile, na Argentina e em Portugal. Foi anistiado em 1979 e fez carreira política no Rio de Janeiro. Foi um dos fundadores do Partido Verde (PV), chegando a secretário do Meio Ambiente no município do Rio, e elegeu-se vereador e deputado.

Mas o Gustavo (nome real ou fictício, não sei) da Cosec era o sujeito mais popular da entidade secundarista. Não por ele mesmo, mas por causa da sua namorada, "a melhor mulher da esquerda". Conheci a namorada do Gustavo: cabelos cor de mel, olhos claros, pernas de corista da Lapa, uma mistura de menina e mulher. A melhor mulher da esquerda. Com certeza. Não sei o que aconteceu com ela — devia ter uns dezoito anos —, mas a repressão também esteve interessada nos mistérios daqueles olhos. A "namorada do Gustavo", depois que passei pela minha primeira prisão, me convidou a fazer parte do esquema de distribuição de um jornal clandestino. Acho que se chamava *Resistência*. Aceitei. Mas nunca mais a vi — nem ela nem o jornal. Eu coordenava um grupo de doze estudantes secundaristas de escolas particulares — e por isso a "namorada do Gustavo" se interessou por mim. Mas sumiu.

Veja como é curioso: a mesma classe média que apoiou o golpe militar agora fornecia a mão de obra para a resistência. "Mão de obra" pode não ser uma expressão adequada, porque os meninos eram movidos por "uma nova consciência e juventude", como escreveria Belchior, como cantaria Elis Regina. Um mundo novo estava sendo criado, mas não podia existir de verdade, porque a violência de regimes e governos afogava as liberdades, e não só no Brasil. Então, essa nova realidade era praticada no interior de pequenos grupos de jovens, que arriscavam uma vida alternativa.

Podia ser uma comunidade hippie, tanto na praia de Arembepe, na Bahia, como em Visconde de Mauá, na serra fluminense — ou podia ser o movimento revolucionário. Maconha e sexo livre de um lado, livros e armas de outro. Em muitas ocasiões, as duas vertentes se encontravam — mas havia uma terrível diferenciação entre ambas. A repressão se abatia preferencialmente sobre aqueles que optaram pela via armada de resistência. E as duas tribos se confrontavam também: havia os "conscientes" e os "desbundados". Nem os jovens se entendiam. Mas todos esses ingredientes fizeram parte da grande sopa nacional, verdadeiro caldeirão, que resultou na redemocratização do país, em 1985, e na Constituição de 1988, que restabeleceu os direitos individuais na ilha brasileira.

5

A câmera imaginária do autor passeia sobre o acampamento da guerrilha: estão todos trabalhando na lavoura, colhendo o milho e a mandioca que são a base da alimentação, a ser reforçada por peixe e caça. Numa tomada de grande angular, são iguais a toda a gente da região, povo do Araguaia. Ao fundo, como se fosse uma coisa cenográfica, é fácil ver as casinhas de caibros, argila e telhado de folhas das palmeiras. Mas — espere aí um pouquinho — alguns estão armados de revólver. Fechando a lente nos detalhes, é possível ver carabinas de cartucho encostadas em tocos de pau, ao alcance da mão. Que trabalhadores rurais são esses? Vai ser preciso alguma aproximação para conhecê-los melhor.

A cena é colorida, sob o calor equatorial. O verde-escuro da mata, o chão acre da lavoura, as espigas amarelas. Todo mundo sua abundantemente, homens e mulheres. As moças trazem lenços na cabeça; os rapazes, bonés e chapéus de palha. Agora temos som: eles conversam animadamente, sorriem, alguém assobia um sambinha. *Zoom-in* na cara de um homem mais velho, a lente fechando devagar. Tem uns quarenta anos ou mais. Deve ser o Joaquim (nome de guerra do operário comunista Ângelo Arroyo, o chefe de operações). É ele quem fala — e o microfone direcional capta muito bem: "Ô, rapaziada, hora do exercício." Rapazes e moças obedecem imediatamente, pegam as armas, as mochilas que estavam dissimuladas em meio à lavoura e que a câmera não havia encontrado. Todos seguem em fila para uma trilha entre as grandes árvores. São mais de vinte.

Esse era o dia a dia dos guerrilheiros. Trabalho físico pesado, exercícios de deslocamento pela mataria inóspita, cursos de orientação sem bússola, tiro ao alvo. A guerrilheira "Dina" ficou conhecida por carregar sacos de grãos que pesavam 60 kg. Só as mochilas podiam pesar 25. E essas mochilas eram a verdadeira "casa" dos combatentes. Ficavam o tempo todo arrumadas, porque poderia ser preciso dar no pé a qualquer momento, como de fato muitas vezes ocorreu. Ao longo de anos, tornaram-se fortes, ágeis e grandes conhecedores da geografia da guerrilha. Sabiam de cor o nome dos rios, das serras. Reconheciam os pássaros e os animais. Entendiam perfeitamente o desenho dos igarapés que não tinham nome. À noite, ouviam as rádios internacionais, em busca de notícias para entender aquele Brasil. Participavam de debates sobre política e economia ao redor de fogueiras. Não eram gado comum, não.

Mas quem eram eles, afinal?

A guerrilha do Araguaia antecedeu o processo de radicalização aberta da luta política no Brasil. Antecedeu, inclusive, o período de radicalização da própria ditadura, quando ainda existia certa liberdade de imprensa e os movimentos estudantil e operário se organizavam com relativa facilidade. O PCdoB deslocou para a zona guerrilheira militantes de várias partes do país, a maioria ligada ao movimento estudantil e já conhecida da repressão. Os maiores grupos eram da Bahia, Ceará, Minas, Rio de Janeiro e São Paulo. Durou dez anos. E teve como ato final o cerco e a execução de integrantes do Comitê Central do PCdoB, em 16 de dezembro de 1976, no bairro da Lapa, em São Paulo, a mais de 2.500 quilômetros de distância do cenário da luta guerrilheira.

Naquela quinta-feira, uma chuva de balas desabou durante 20 minutos sobre a casa de número 767 da rua Pio XI, destroçando portas, janelas e arrancando pedaços do reboco do teto. Dois veteranos revolucionários, Ângelo Arroyo e Pedro Pomar, que estavam na luta política desde os anos 1940, foram metralhados pelas costas e tiveram morte instantânea. Vários outros foram apanhados nos dias seguintes, entre eles Elza Monnerat, Wladimir Pomar e muitos outros, desarticulando a direção do partido.

Naquela ocasião, Pomar fazia uma autocrítica do movimento guerrilheiro, já completamente derrotado no campo há pelo menos dois anos. Oficialmente, os militares consideram que a guerrilha durou de abril de 1972 a janeiro de 1975, quando as tropas se retiraram. Eles não consideram a chegada dos comunistas à região, em 1966. Muito menos o "Massacre da Lapa", em 1976. Na minha modesta opinião, foram mesmo dez anos de conflito, a maior resistência armada contra a ditadura. Para restringir o campo de pesquisas, estabeleci o período 1966-1976: os dez anos que poderiam ter mudado o Brasil.

O "Massacre da Lapa" virou a página desse episódio, cujas consequências históricas se arrastam até os dias de hoje. Uma história assombrosa de violência, torturas, assassinatos, desaparecidos e muitas perguntas sem resposta. Até agora, dezenas de militantes do PCdoB mortos jamais tiveram seus corpos oficialmente enterrados — e muito menos devolvidos às famílias. Em 14 de agosto de 2011, a *Folha de S. Paulo* denunciava que guerrilheiros aprisionados foram executados com injeções letais, aplicadas por médicos militares. É quase inacreditável. Acompanhe um trecho da reportagem:

> Soldados da Guerrilha do Araguaia (1972-1974) reconheceram um coronel aposentado de Belém como sendo o médico de bases militares onde ocorriam torturas e levantam a suspeita de seu envolvimento na morte de guerrilheiros com injeções letais.
>
> Quatro ex-soldados, localizados pela *Folha*, identificaram, por foto, Walter da Silva Monteiro, 74, como o médico conhecido à época como "capitão Walter".

A mesma edição da *Folha de S. Paulo* de 14 de agosto de 2011 traz o desmentido do militar, que "refuta ter envolvimento na guerrilha dos anos 1970". Mesmo assim, a suspeita nos dá uma ideia da brutalidade da repressão à luta armada na região. A presença do Batalhão de Infantaria de Selva de Belém no combate antiguerrilheiro, ao qual o "doutor" Walter estaria ligado, está fartamente comprovada por documentos oficiais.

Mas a coisa não para por aí: um experiente piloto de helicópteros da FAB, hoje coronel reformado, Pedro Corrêa Cabral, escreveu uma novela baseada em fatos reais,* onde esclarece que vários corpos de guerrilheiros foram lançados do ar sobre pontos remotos da floresta para nunca mais serem encontrados. Cabral esteve presente no combate à guerrilha. Preferiu escrever uma obra de ficção, por razões de consciência — ou para se proteger de questionamentos.

Aquelas matas, limítrofes da região amazônica, até agora são territórios quase inabitados. Nos anos 1960, poucos pés humanos pisaram os caminhos entre árvores de 40 metros de altura, emaranhados de cipó e vegetação rasteira intrincada, ao longo de igarapés que não tinham nome. Foi nesse terreno assombrado, com onças-pintadas e macacos bugios de mais de um metro de altura, no qual o sol mal conseguia romper a copa das árvores, que os revolucionários do PCdoB acreditaram estar começando uma revolução nos termos da doutrina maoísta da guerra popular prolongada: "Cercar as cidades pelo campo."

Para enfrentar a guerrilha, as Forças Armadas mobilizaram algo em torno de 7 mil homens ao longo de três expedições. Mas há quem garanta que esse efetivo chegou a 10 mil ou talvez a 15 mil praças e oficiais, o que representaria a maior mobilização militar de combate desde a participação do Brasil na Segunda Guerra Mundial. A FEB (Força Expedicionária Brasileira, enviada à Europa pelo governo Vargas, em 1943) teve 25 mil soldados. O real tamanho do efetivo empregado continua no rol dos "segredos de Estado". O silêncio dos militares, talvez remoído pela culpa, prejudica sobremaneira a pesquisa do tema.

Uma das coisas inexplicáveis, além das atrocidades cometidas, é a própria fragilidade do regime. O "Estado policial" inaugurado em 1964 levou cinco anos para descobrir a presença dos guerrilheiros no Araguaia, permitindo que se preparassem e desenvolvessem laços de simpatia com

---

*CABRAL, Pedro Corrêa. *Xambioá*: guerrilha no Araguaia. Rio de Janeiro: Editora Record, 1993.

a população. Esses laços, de acordo com os clássicos, são sinônimo de sobrevivência do movimento. Iniciada a implantação da guerrilha em 1966, só em fins de 1971 surgiram as primeiras notícias da presença dos revolucionários na região.

CORTA
Suspeitas de corrupção na "Operação Araguaia".

O jornalista José Antônio Severo,[*] após o fim das operações militares no Araguaia, se encontrou com o general de divisão Olavo Vianna Moog, que coordenou a ação das Forças Armadas nas fases iniciais dos combates. Severo tentou questionar o militar sobre as enormes e desproporcionais forças envolvidas no conflito. O jornalista concordou em fazer, de memória, em junho de 2012, um relato do encontro com o general:

> Engatei a primeira pergunta, especulando sobre o paradoxo das disparidades de forças, bem além do máximo técnico para um caso desses,[**] as tropas atacantes deveriam ter, no máximo, 690 homens, quando o que se falava era a mobilização de mais de 10 mil soldados para a região do Araguaia. Ele respondeu falando em manobra, em vez de ofensiva ou o que fosse.

Insistindo na questão, Severo terminou expulso do modesto apartamento de classe média do general, em Copacabana:

— Quem é o senhor? Quem o mandou até aqui? — perguntou Vianna Moog, apontando a porta da rua.

José Antônio Severo, talvez por intuição, tocava num ponto nevrálgico: o superfaturamento da "Operação Araguaia". Vale frisar as palavras do general ao jornalista:

---

[*]José Antônio Severo foi editor-chefe do *Jornal da Globo*, diretor da Band e da *Gazeta Mercantil*, pesquisador de história militar, autor e produtor cinematográfico.
[**]A literatura especializada fala em dez homens das forças legais para cada guerrilheiro, sendo 69 guerrilheiros (conhecidos à época).

— Foi uma linda manobra. A maior desde a Campanha da Itália, mas o desafio foi muito maior, pois era mais difícil suprir um exército na Amazônia do que na Itália na Segunda Guerra Mundial.

Durante a guerrilha, aviões despejaram bombas de fragmentação e napalm sobre as matas do Araguaia. Helicópteros dispararam milhares de balas de metralhadoras calibre 30 mm. Parte da população civil nas zonas de conflito foi aprisionada em suas próprias casas; o restante — suspeitos de colaboração com a guerrilha — era posto em valas abertas por tratores e cobertas com telas e arame farpado. Forças especiais do Exército utilizaram a tática de "espantar o tigre", criada por *rangers* e boinas-verdes americanos, abrindo fogo indiscriminadamente na mata e forçando os guerrilheiros a se concentrar em pontos onde podiam ser atacados pela aviação. Aquilo foi um Vietnã em miniatura.

CORTA
"Osvaldão" chegou.

O primeiro comunista a pisar na região do Araguaia foi Osvaldo Orlando da Costa. "Osvaldão", como era conhecido — também chamado de "Gigante" —, era um mineiro de Passa Quatro, negro, 28 anos, 1,98 m de altura e 100 quilos. Calçava sapatos 48. Ele se destacava em meio a uma população subnutrida, que raramente ultrapassava 1,60 m de estatura. Fervoroso revolucionário, chegou solteiro. Era formado em Engenharia de Minas pela Universidade de Praga, capital comunista da Tchecoslováquia, no Leste Europeu. "Osvaldão", que havia sido campeão carioca de boxe pelo Clube de Regatas Vasco da Gama, caiu na clandestinidade logo após o golpe militar de 1964, sendo desde então procurado pela polícia política por sua militância no PCdoB. Foi obrigado a deixar o país. Além de tenente da Reserva do Exército, formado pelo Núcleo de Preparação de Oficiais da Reserva (NPOR) do Rio de Janeiro, "Osvaldão" também tinha a patente de coronel do Exército tcheco, onde treinou para a luta revolucionária.

Ao chegar à região do Bico do Papagaio, inicialmente como garimpeiro, tomou posse de um pequeno lote de terra às margens do rio

Gameleira e se instalou como lavrador independente. Comunicativo, sempre sorridente, piadista, tocador de viola, ligou-se aos movimentos sociais organizados por padres católicos franceses na região, motivados pela Teologia da Libertação. Certa vez, com um revólver 38, expulsou daquelas terras um famoso pistoleiro a serviço dos grandes fazendeiros. Pôs a arma na cabeça do jagunço e declarou:

— Nunca mais volte aqui!

Isso ocorreu na área da cachoeira de Santa Isabel, perto do local onde se estabeleceria o Destacamento B. A fama do "Gigante" se espalhou.* Era querido, respeitado e temido pelo povinho do Araguaia. Trabalhava duro na lavoura. Ajudava os vizinhos na derrubada das matas para instalar as roças. Certa vez, comprou por bom dinheiro o cachorro vira-lata de uma família que passava necessidades. Era festeiro também. Tocava viola. Frequentava as festas da igreja, ficou amigo dos padres estrangeiros. Durante oito anos, entre 1966 e 1974, foi um comandante corajoso e justo, apesar de ter liderado pelo menos uma execução, entre a primeira e a segunda expedições militares. Os militares o respeitavam, talvez por seu passado na caserna.

"Osvaldão" foi quem fez os levantamentos iniciais da área de atuação da guerrilha, delimitada entre as cidades de São Geraldo do Araguaia, Xambioá e Marabá, inclusive desenhando mapas, porque estudara cartografia. Entre o fim de 1966 e 1972, dezenas de outros militantes do PCdoB se deslocaram para a região. O total estimado é de 73 combatentes, número até hoje controvertido. Formaram três destacamentos guerrilheiros, para agir em pontos diferentes das matas, e uma Comissão Militar, que comandava toda a operação. O guerrilheiro "Zezinho do Araguaia" me contou que a ideia era formar quatro destacamentos de combate. Mas não houve tempo, porque a repressão chegou.

Na Comissão Militar, estavam os comandantes Maurício Grabois, João Amazonas e Ângelo Arroyo, todos membros do Comitê Central do PCdoB, sendo que os dois primeiros foram deputados constituintes de

---

*Para detalhes, ver a biografia de "Osvaldão" no site da Fundação Maurício Grabois.

1946. Grabois, comandante geral da luta, chegou em 1967 com Arroyo, João Amazonas e a veterana Elza Monnerat, e nunca mais saiu dali. Morreu em combate, no Natal de 1973. Mas Amazonas sobreviveu e conseguiu deixar a área. Arroyo foi morto mais tarde, em São Paulo, quando caiu o Comitê Central do partido, supostamente em razão de uma traição interna.*

A inteligência militar, em seus documentos secretos (aliás, em matéria de Araguaia, tudo é secreto até hoje), assegura que as forças guerrilheiras do Araguaia e seu braço político, o MLP, conseguiram duas centenas de colaboradores não combatentes. Gente da região que ajudou os guerrilheiros. Os comunistas também criaram a União pelas Liberdades e Direitos do Povo (ULDP), uma espécie de associação de lavradores pobres. Produziram um programa político de 27 pontos.** Ainda segundo os militares, estima-se que entre 114 e 140 homens e mulheres pegaram em armas, incluindo nessa conta mais de uma dezena de moradores da área. Documentos internos do Exército citam trinta moradores que aderiram à guerrilha. Os números da repressão também são confusos. A guerrilha pode ter sido ainda maior porque havia um dispositivo de apoio que ficava fora da zona de combates, responsável por informações e logística, além do entrar e sair de militantes.

Esse dispositivo era comandado por Elza de Lima Monnerat, então com 59 anos. Militante comunista desde a década de 1940, ela ficou conhecida como "Dona Maria" ou simplesmente "a velha". Elza entrou e saiu da região incontáveis vezes, até que voltou para São Paulo, em abril de 1972. Escapou por pouco de ser presa quando as tropas chegaram. Soldados armados estiveram frente a frente com a velha comunista, dentro de um ônibus, mas não a incomodaram.

Elza Monnerat se vestia como as gentes locais — e a idade ajudava, porque a repressão procurava "uns jovens barbudos do sul". Mas acabou

---

*Ver, do neto do dirigente Pedro Pomar, morto pela repressão após a guerrilha: POMAR, Pedro Estevam. *O massacre da Lapa*. São Paulo: Fundação Perseu Abramo, 1996.
**A íntegra do documento está no final do livro.

capturada pelas forças de segurança em dezembro de 1976, no episódio da queda do Comitê Central do PCdoB. Cumpriu pena até agosto de 1979 e foi libertada com a anistia. "Dona Maria" morreu de causas naturais, aos noventa anos, no dia 11 de agosto de 2004. A rede externa da guerrilha, comandada pela veterana comunista, nunca foi corretamente avaliada.

Algumas fontes falam em mais de 192 integrantes da guerrilha, talvez duzentos. Esses números, pouco documentados e pouco confiáveis, consideram a adesão de moradores locais. No entanto, ser amigo dos "paulistas", como os guerrilheiros eram conhecidos, não garante um efetivo envolvimento na luta armada. Talvez pudessem ser considerados simpatizantes, meros colaboradores. Mas isso não impediu que fossem lançados na lista de "inimigos" do regime militar. Como veremos daqui a pouco, a inteligência do Exército produziu uma lista de 203 apoiadores da guerrilha.

O movimento guerrilheiro do Araguaia foi maior do que o de "Che" Guevara na Bolívia, onde ele acabou capturado em 8 de outubro de 1967 e executado com seis tiros de fuzil no dia seguinte. Guevara passou pelo Rio de Janeiro no final de 1966, quando o PCdoB já havia começado a implantação da guerrilha no Bico do Papagaio. Disfarçado, inclusive careca, de óculos, nem de longe lembrava a figura mitológica do "Che". Para entrar no Brasil, usou um passaporte uruguaio em nome de Adolfo Mena González.*

Guevara manteve contato com militantes do MNR brasileiro e internou-se na Bolívia para iniciar um foco guerrilheiro semelhante ao de Sierra Maestra, em Cuba, que derrubou a ditadura de Fulgêncio Batista na noite do Ano-Novo de 1959. Guevara conhecia Maurício Grabois e João Amazonas, com quem esteve pessoalmente em Havana, junto com Fidel Castro.

A guerrilha do comandante Guevara nos rincões bolivianos tinha cinquenta integrantes — 49 homens e uma mulher, a famosa Tânia, apon-

---

*Ver detalhes em AMORIM, Carlos. *Assalto ao poder*. Rio de Janeiro: Editora Record, 2010, onde descrevo o episódio.

tada como a última companheira do revolucionário argentino-cubano.*
Em seus contatos com revolucionários brasileiros, provavelmente no Rio
de Janeiro, Guevara combinou um esquema para que um grupo armado
do MNR atravessasse a fronteira no Mato Grosso e fosse se encontrar
com ele na Bolívia.

Um coronel do Exército, punido pelo golpe de 1964 e ligado ao
ex-governador gaúcho Leonel Brizola, chamado Jefferson Cardim de
Alencar Osório, teria sido o contato entre o Che e o MNR. Guevara,
diz a lenda, em sua clandestina passagem pelo Brasil, teria contatado
também o Agrupamento Revolucionário de São Paulo, comandado por
Carlos Marighella, mais tarde transformado em ALN. Pode, inclusive,
ter conversado com o PCdoB. Mas não há registros confiáveis de que a
ALN e o PCdoB tenham concordado em enviar combatentes à Bolívia
para embarcar na aventura do Che.

Tudo indica que a ideia do líder revolucionário era criar um "círculo
de fogo" entre o Brasil, Bolívia e Colômbia, onde, em 1964, foram criadas as Forças Armadas Revolucionárias da Colômbia, as Farc.** Guevara
chegou a escrever: "Criar dois, três, muitos Vietnãs." O "Che" foi cercado
e executado na região de La Higuera, nas matas bolivianas. O grupo
brasileiro foi apanhado antes de atravessar a fronteira. Esses acontecimentos, envolvendo o MNR, nunca chegaram aos nossos jornais, mas
constam de arquivos da inteligência militar. O escritor Antonio Callado
(1917-1997) contou a história, de modo ficcional, no imperdível romance
Bar Don Juan.

Ao ser apanhado, o destacamento de guerrilheiros brasileiros que
deveria se juntar ao Che, na Bolívia, foi notícia no jornal argentino *La
Nación*, de Buenos Aires, no domingo 2 de abril de 1967. Um recorte
do jornal reproduzido digitalmente aparece no filme *Os últimos dias de*

---

*Para quem se interessar pelo aprofundamento da pesquisa, ver JUNG, Roberto Rossi. *As mulheres
na vida do Che Guevara*. Porto Alegre: Associação Gaúcha de Escritores Independentes, 2003.
**Ver a história das Farc em: <http://farc-epeace.org>.

Che na Bolívia, documentário da produtora argentina Anima Films. A reportagem de Jorge Lanata, com direção de Matías Gueilburt, foi exibida pelo History Channel, em 2007.*

CORTA
De volta ao Araguaia.

Os fatos relacionados à guerrilha no Araguaia ainda são muito confusos. Principalmente por causa do silêncio imposto pelos governos dos generais aos meios de comunicação. Tudo foi considerado ultrassecreto e até agora as informações são desencontradas. Algumas fontes militares falam em 72 mortos, outras chegam a citar 92 — incluindo baixas do Exército e das polícias militares, que somam aproximadamente nove mortos e dezenove feridos com gravidade, além de um número nunca registrado de feridos leves. Ninguém sabe ao certo. Vale repetir: o governo admite 75 vítimas fatais nos embates do Bico do Papagaio; o PCdoB confirma essa contabilidade; mas os militares reconhecem 86. Ou seja: onze a mais. Nas minhas pesquisas, cheguei a 94.

O governo militar temia as repercussões dos eventos no Araguaia — e escondeu tudo sob um manto impenetrável, inclusive para contornar possíveis reações internacionais. Mesmo nos altos escalões das Forças Armadas, pouca gente sabia o que se passava. E as próprias famílias das vítimas entre os militares eram avisadas de que deveriam manter segredo sobre a morte de seus maridos e filhos. Podiam até ser intimidadas. Mesmo o cabo Odílio Rosa, o primeiro militar abatido no Araguaia, foi devolvido à família como "vítima de um acidente".

Caso exemplar é o da viúva do segundo-sargento do Exército Mário Abrahim da Silva (1º Batalhão de Infantaria de Selva, de Manaus), morto durante um ataque de guerrilheiros ao acampamento da tropa, próximo à vila do Pavão, na madrugada de 28 de setembro de 1972. Dona Maria da Conceição foi informada de que o marido havia "sofrido um

---

*O filme pode ser encontrado na seção "Documentários" do NetFlix.

acidente". O corpo chegou até ela em uma urna lacrada e foi enterrado sem que a família soubesse o que realmente tinha acontecido. Nem ao menos houve um reconhecimento formal. Qualquer um poderia estar naquele caixão.

Treze anos depois, em 1985, a 8ª Região Militar finalmente reconheceu que o segundo-sargento morrera em combate. No entanto, na tarde do mesmo dia do tiroteio, um telex, enviado da zona de guerra, informava ao gabinete do ministro do Exército e ao CIE, em Brasília, que Mário Abrahim morrera "em consequência de ação terrorista" e que "estava em serviço". O documento, assinado pelo general Darcy Jardim (8ª RM), tem o protocolo 450 E/2. Ou seja: emitido pelo próprio Centro de Informações do Exército. Dona Maria da Conceição não mereceu a confiança — nem o respeito — das Forças Armadas.

Pelo jeito, os militares também acreditavam na força do exemplo, temendo que a luta armada se espalhasse. Como se tratava de uma ditadura cada vez mais impopular, seus dirigentes imaginavam a possibilidade do surgimento de outros focos espontâneos de guerrilha. Eles não estavam totalmente enganados, porque nas universidades, colégios, sindicatos e associações profissionais muita gente pensava que pegar em armas era a única saída.

CORTA
A política do tudo ou nada.

Ainda em 1967, durante o primeiro encontro da Organização Latino-americana de Solidariedade (Olas), realizado em Havana, representantes brasileiros anunciaram o rompimento com a linha "revisionista" do PCB, verdadeira "traição ao movimento revolucionário", e propuseram o desencadeamento da luta armada contra o regime militar. Cinco anos antes, o PCdoB havia rompido com o Partidão por razões semelhantes. Porém, a discussão se dava apenas através da imprensa partidária, em publicações secretas longe dos olhos do público. O comandante Maurício Grabois e João Amazonas, que organizaram o novo-velho PCdoB, adotando para si a sigla original dos comunistas brasileiros, também estiveram em Cuba nesse período, como veremos.

O ícone da oposição ao PCB em Havana foi o veterano comunista Carlos Marighella, velho militante do partido, fundador da ALN, organização clandestina que deu destaque à guerrilha urbana no Brasil. Naquela época, o grupo de Marighella se chamava Agrupamento Revolucionário de São Paulo. Logo surgiram outros grupos, como os Comandos de Libertação Nacional (Colina), a Vanguarda Popular Revolucionária (VPR), a Vanguarda Armada Revolucionária Palmares (VAR-Palmares), o Partido Comunista Brasileiro Revolucionário (PCBR, outra dissidência do Partidão), o Movimento Revolucionário 8 de Outubro (MR-8) e mais uma dezena de outras siglas dispostas a pegar em armas contra os militares. Por que, a partir do rompimento com a política de Moscou, não surgiu uma frente guerrilheira no Brasil? Porque cada grupo tinha uma "imagem" diferente da revolução. Nunca se entenderam. E isso é uma das explicações básicas para o sucesso da repressão. O Estado ditatorial centralizado e forte enfrentou organizações oposicionistas instáveis e ideologicamente dispersas. Foi quebrando uma a uma.

O PCdoB rompeu com o "revisionismo soviético" em 1962, mas o "racha" se iniciara no final do ano anterior. Após o incidente conhecido como a "Crise dos Mísseis", em Cuba, que opôs John Kennedy e Nikita Kruchev em um duelo mortal, deixando o mundo à beira da guerra nuclear em outubro de 1962, o desentendimento entre os comunistas brasileiros se tornou inevitável. A "Crise dos Mísseis" quase cumpriu a profecia do físico Albert Einstein:

> A Terceira Guerra Mundial será com armas atômicas, mas a Quarta Guerra Mundial será com paus e pedras.

Kennedy enviou uma armada para iniciar o bloqueio a Cuba, determinando prontidão total à Força Aérea, que deveria destruir as bases de mísseis em solo cubano. Kennedy assinou uma ordem executiva autorizando o bombardeio no prazo de 72 horas. Kruchev, por sua vez, mandou um comboio de enormes navios cargueiros, protegidos por submarinos nucleares, carregando um novo suprimento de foguetes atômicos. O conflito final esteve por um fio de acontecer.

Com o acordo surgido entre John e Nikita, mediado por Robert Kennedy, o comboio soviético daria meia-volta e a ordem de ataque seria cancelada. Mas para Fidel Castro restou apenas o alinhamento total com os russos. Ou seja: os comunistas do PCdoB ficaram sem chão e foram se aliar aos chineses, às teses da revolução camponesa e da guerra popular prolongada.

CORTA
O Araguaia ficava muito longe de Cuba.

Curiosamente, a guerrilha no Bico do Papagaio começou antes do encontro de Havana, em 1967, aparentemente alheia ao debate proporcionado pela Olas, em Cuba. Na verdade, o PCdoB, que tinha representantes na conferência, já havia desembarcado. Os acontecimentos se precipitavam. Mesmo sem esperar os resultados do encontro, Ernesto "Che" Guevara já tomara todas as providências para a instalação do foco guerrilheiro na Bolívia. De um ponto de vista estratégico, deveria ter esperado, ao menos para obter apoio político ou recrutar combatentes. Mas a esquerda dos anos 1960 era assim mesmo: tinha pressa, queria realizar uma revolução em pouco tempo, como fez o Movimento Revolucionário 26 de Julho (MR-26), fundado pelos irmãos Raul e Fidel Castro em 1954 — e que chegou ao poder em 1959.

A Revolução Cubana era o exemplo dominante, um modelo a ser seguido e que deu origem à teoria do foco guerrilheiro como motor de uma insurreição popular — e não necessariamente comunista, nem mesmo socialista. Seria o estopim de uma revolta das massas oprimidas, de um ponto de vista quase anárquico, semelhante ao período pré-revolucionário na Rússia do final do século XIX. Os anarquistas russos, *narodniks* e outros, também se pautavam pela força do exemplo revolucionário, quando lançavam suas bombas e morriam aos montes. Mas o alinhamento dos cubanos com os soviéticos colocava uma pulga atrás da orelha. Afinal. vão ou não vão apoiar revoluções armadas na América Latina?

Ernesto Guevara achava que Fidel Castro não poderia mais apoiar abertamente as revoluções no continente americano. Tanto que pediu demissão de todos os seus cargos no governo cubano. Escreveu uma carta a Fidel, em 3 de outubro de 1965, explicando os seus motivos, dizendo, após palavras emocionadas, que a revolução o chamava a outras partes do mundo, já que Cuba estava impedida de atuar oficialmente no processo revolucionário latino-americano. Fidel tratou de divulgar mundialmente a missiva, da qual destaco uma frase: "Outras serras do mundo requerem meus modestos esforços. Eu posso fazer aquilo que lhe é vedado devido à sua responsabilidade à frente de Cuba, e chegou a hora de nos separarmos."*

A carta do Che a Fidel foi imediatamente publicada pelo jornal oficial da revolução cubana, o *Granma*, cujo título se reporta ao nome do barco que os guerrilheiros cubanos exilados no México utilizaram para voltar ao país e iniciar a guerrilha em Sierra Mestra, em 1956. A missiva também foi lida em público, de própria voz, por Fidel Castro. Dessa maneira, as teses do foco guerrilheiro para tomar o poder pela via armada deixavam de ser "cubanas" e passavam a ser "guevaristas". Tudo isso pode ter sido combinado entre os dois líderes revolucionários: Fidel se descompromissava perante os soviéticos — e Ernesto Guevara aparecia como o grande incentivador da luta armada no continente. Com a morte dele na Bolívia, exatos dois anos depois, foi alçado à condição de ícone do movimento. Um golpe de mestres!

No entanto, o "foquismo", o "voluntarismo" da segunda metade dos anos 1960, subestimava os grandes exemplos da História, como as Revoluções Russa e Chinesa, como as longas guerras de independência

---

*A íntegra desta carta está em: <http://www.marxists.org/portugues/guevara/1965/10/carta. htm> e também pode ser conferida na parte final deste livro.

no Sudeste Asiático e na África. A luta no Vietnã durou perto de meio século, desde a colônia francesa, passando pela ocupação japonesa, durante a Segunda Guerra Mundial, e chegando à invasão e à derrota norte-americana: no total, entre 1930 e 1975.*

Vale anotar: o general norte-vietnamita Vo Nguyen Giap, que comandou a maior parte da luta de libertação nacional no Vietnã durante quase quarenta anos, costumava dizer: "Os franceses foram derrotados porque eram arrogantes. Aceitavam todas as nossas provocações. Caíam em armadilhas e cercos. E os americanos são muito mais arrogantes do que os franceses."

A declaração do general Vo Giap foi feita em Hanói, no ano de 1968, para o Estado-Maior do seu exército. Ele reuniu os comandantes para comentar uma entrevista coletiva à imprensa mundial do secretário de Estado americano, Robert McNamara, que dizia: "Os Estados Unidos vão pacificar o Vietnã em quinze meses." Veja outra frase profética do pequeno gênio militar vietnamita, considerado um dos maiores estrategistas militares de todos os tempos, ao lado de Aníbal, o cartaginês, Júlio César, o romano, e Napoleão Bonaparte: "Vamos fazer com que os americanos deixem seu sangue em nossos campos. Os americanos serão nosso alvo básico. Assim, vamos ganhar essa guerra lá nos Estados Unidos."

Giap decretou a ofensiva geral do Ano-Novo lunar chinês — o Tet — em 30 de janeiro de 1968. Quarenta mil homens do Vietcongue, a força guerrilheira do Vietnã do Sul, e cerca de 60 mil soldados do Vietnã do Norte se lançaram à maior ofensiva já vista naquele conflito. Invadiram Saigon, a capital pró-ocidental do país, ocuparam a

---

*Além de farta literatura sobre o tema, há dois filmes franceses imperdíveis: *Indochina* e *A última batalha da Indochina*, na qual os franceses foram derrotados, entre os dias 13 de março e 7 de maio de 1954, quando 80 mil guerrilheiros do Vietminh — antecessor do Vietcongue — e do Exército Popular do Vietnã do Norte cercaram os franceses. Ao todo, foram mais de 30 mil baixas de parte a parte, entre mortos e feridos. Doze mil franceses foram capturados. E pouco mais de 3 mil voltaram vivos à França. Dien Bien Phu deu início a um duvidoso processo de paz, que resultou na invasão americana e num dos mais sangrentos conflitos armados do século passado, que vitimou cerca de 2 milhões de pessoas. Esses filmes são facilmente encontrados nas boas locadoras, em formato DVD e Blu-ray.

Embaixada dos Estados Unidos e obrigaram os americanos a uma escalada de envolvimento no conflito, que os levaria a sofrer cerca de 350 mil baixas (ou 57 mil mortos). Nos Estados Unidos, como previu Giap, surgiu um movimento popular contra a guerra, que decretou a derrota americana.

Vo Nguyen Giap morreu de causas naturais em Hanói, aos 102 anos, no dia 4 de outubro de 2013. Militar de carreira, comunista de orientação chinesa, Giap costumava consultar o *I-Ching*, o *Livro das transmutações*, antes de suas batalhas, como costumava fazer seu mentor Mao Tsé-tung. Dizem que Napoleão fazia o mesmo. O *I-Ching* é uma espécie de oráculo chinês, baseado na filosofia taoísta.* Confúcio (551-470 a.C.), o antigo sábio chinês, comentou os resultados do *I-Ching*. Giap foi o último gênio militar conhecido. Derrotou japoneses, franceses e americanos no Vietnã. Curiosamente, um materialista dialético consultava um oráculo.

As teses de rápidas vitórias militares, com focos ou sem focos, são desmentidas pelos eventos históricos. Mesmo no Brasil, o golpe militar, vitorioso em 1964, foi exercitado por décadas. Quem já leu bastante sobre a história do mundo sabe que não existe esse negócio de "vamos lá que a gente resolve". Com Che ou sem ele. O velho líder bolchevique Vladimir Ilitch Ulianov, o Lenin, já tinha dito: "Não basta querer fazer, é preciso saber fazer."

E saber fazer significa compreender o momento histórico das coisas, a estrutura de classes e de produção de uma determinada sociedade, o modelo de dominação, a psicologia do povo. Querer lutar contra as injustiças não é sinônimo de que vai dar certo. A máxima da luta guerrilheira — "Ousar lutar, ousar vencer" — só se confirma após a exata compreensão de "quem somos e onde estamos". Transportar modelos sinaliza o desastre.

---

*"Você tem todas as respostas dentro de si."

CORTA
De volta ao nosso tema.

Na América Latina, motivados por Cuba, ou pelo "guevarismo", os revolucionários acreditavam que "as condições objetivas para a revolução" já estavam criadas. Faltava apenas uma vanguarda organizada e consciente para iniciar a luta. Engano lamentável: o que faltava era o engajamento popular. Faltava povo. E mesmo nos países onde ele apareceu, a disputa pelo poder foi longa e sangrenta. Não havia — e ainda não há — fórmulas mágicas de tomada do poder. Mesmo em Cuba, a luta vinha de longe.

Na Colômbia, em 9 de abril de 1948, começou uma insurreição popular conhecida como "El Bogotazo" — ou simplesmente "La Violencia", tamanha foi a selvageria. A capital, Bogotá, foi destruída por 136 mil incêndio , provocados por bombas e outras depredações. Duzentas mil pessoas perderam a vida. Mas a luta armada continua até os dias de hoje, completando quase setenta anos de conflito. Só em 2013, o governo colombiano e as Farc anunciaram negociações de paz que podem dar certo, inclusive com a participação diplomática e militar brasileira. O processo de paz na Colômbia, enquanto escrevo, parece promissor. Todos nós torcemos pelo fim de um conflito que já matou centenas de milhares de pessoas.

Não houve nenhuma revolução "rápida" na América Latina. Vale repetir: Cuba foi uma exceção que só fez confirmar a regra. A experiência histórica contraria o "foquismo". A organização das massas populares para a luta consome décadas antes de obter resultados políticos expressivos e satisfazer reivindicações econômicas básicas. Mas o entusiasmo obscurecia a compreensão. A juventude queria partir para um enfrentamento a qualquer preço.

A guerrilha rural se implantou no Brasil, na Bolívia, na Guatemala, em El Salvador e no Peru, sem esquecer a própria Colômbia. A guerrilha urbana esteve presente, além dos países já citados, na Argentina (com os Montoneros), no Chile (com o Movimento de Esquerda Revolucionária, o MIR, e a Frente Patriótica Manuel Rodrigues) e no Uruguai (com os

Tupamaros). Décadas mais tarde, em quase todos esses países, a esquerda chegou ao poder, mas pelo voto popular direto e democrático. Isso revela a justeza de suas propostas (democracia, liberdades civis, reforma agrária, distribuição de renda, emprego e desenvolvimento). Mas também revela — na outra face dessa moeda — o profundo equívoco de seus métodos nos anos 1960-70.

O "voluntarismo" de esquerda teve muitos martírios e poucos resultados. A não ser se considerarmos que a luta armada, mesmo derrotada, abriu os caminhos. Mas esta é uma afirmação difícil de fundamentar. Os movimentos vitoriosos seguiam por outras trilhas.

Além do mais, havia um desencontro entre tendências do próprio movimento revolucionário. Uma organização não sabia o que a outra estava planejando. Dificilmente se uniam em torno de objetivos comuns. Guevara foi executado no interior da Bolívia, depois de ter sido rejeitado pelo Partido Comunista Boliviano, que negou apoio à luta por pretender o comando político e militar da campanha.

Porém, da morte do "Che", surgiu o MR-8 (Movimento Revolucionário 8 de Outubro), no Rio de Janeiro, organização de esquerda dissidente do PCB. Inicialmente, era conhecida como DI-GB, a dissidência comunista da Guanabara, porque naquela época a cidade do Rio era a capital de um estado que tinha o nome da baía que banha a cidade: Guanabara, que na língua tupi-guarani significa "seio do mar" ou "nascente", lugar de origem do mar. Isso foi antes da fusão da cidade-estado com o estado do Rio, em 1974.

O MR-8 participou da mais ousada operação armada contra a ditadura: o sequestro do embaixador americano Charles Buck Elbrick às duas e meia da tarde do dia 4 de setembro de 1969. Foi manchete em todo o mundo, ultrapassando de longe os mecanismos de censura da ditadura. Os sequestradores pretendiam libertar companheiros presos, mas queriam mesmo era anunciar a todo o país (e à comunidade internacional) que havia uma resistência armada em curso.

O diplomata foi libertado, ileso, depois que as exigências dos sequestradores foram aceitas: a leitura de um manifesto contra o governo em cadeia nacional de rádio e televisão (na noite da sexta-feira 5 de setembro) e a soltura de quinze presos políticos (foram levados de avião para o México, no sábado, dia 6). Foi uma ação conjunta do MR-8 e da ALN. Mas não foram muitas as vezes em que a esquerda armada agiu de maneira solidária e organizada. Apenas doze homens e uma mulher estavam envolvidos no plano, confirmando a máxima guerrilheira: "Somos fortes onde não somos esperados."

Elbrick — o primeiro e único embaixador americano sequestrado — retornou aos Estados Unidos e nunca mais ocupou um posto no exterior. Morreu de derrame cerebral em Washington, no dia 12 de abril de 1983, aos 75 anos. Uma curiosidade: no manifesto dos sequestradores, lido para todo o país e publicado nos quatro cantos da Terra, o MR-8 e a ALN anunciavam que iriam começar uma guerrilha rural. O texto do manifesto é atribuído ao jornalista Franklin Martins, nunca apanhado pela repressão, e que foi ministro durante os governos de Lula. O manifesto informava que a luta no campo começaria ainda naquele ano. Lamentável subestimação do inimigo:

> Na verdade, o rapto do embaixador é apenas mais um ato da guerra revolucionária, que avança a cada dia e que ainda este ano iniciará sua etapa de guerrilha rural.*

O uso da expressão "rapto" é de todo inadequado. Segundo os dicionários e as leis penais brasileiras, rapto é diferente de sequestro. Sequestro é um meio para obter, mediante extorsão, algum objetivo material. Como, por exemplo, a libertação de alguém tomado como refém, em troca de dinheiro. Ou vantagens. O termo exato é "extorsão mediante sequestro". Rapto, porém, tem basicamente um sentido libidinoso ou sexual perante as leis e é sempre consensual. Ou seja: o sujeito rapta a namorada, mas não um embaixador estrangeiro. Diferenças semânticas à parte, deu certo. Só que o detalhe, no manifesto dos revolucionários, que resultou na soltura de quinze presos políticos, nie incomodou: eles avisaram à repressão que iriam fazer uma guerrilha rural. Nunca fizeram.

---

*Ver a íntegra do manifesto na parte final do livro.

CORTA
No Araguaia, apenas silêncio.

Os episódios da guerrilha urbana não afetavam os preparativos para a luta armada no sul do Pará. Possivelmente, não influíam no ânimo dos primeiros guerrilheiros. Eles não estavam ali para acompanhar os acontecimentos do lado de fora da "área estratégica" do PCdoB. A missão deles era se misturar à população pobre, ocupar sítios, construir as casas de pau a pique e sapé, mais tarde transformadas em áreas guerrilheiras. O resto não interessava. Haviam comprado uma passagem só de ida. Passariam o resto de suas vidas ali mesmo. José Genoino Neto me disse que era "uma opção para toda a vida". Os acontecimentos de um país chamado Brasil levavam meses até chegar às margens do rio Araguaia e seus afluentes. E não faziam muita diferença.

6

O movimento guerrilheiro do Araguaia estava isolado numa região quase desabitada, a centenas (ou milhares) de quilômetros dos acontecimentos que sacudiam a vida política brasileira. Praticamente, o único contato dos militantes do PCdoB com o mundo exterior era o rádio de pilhas, numa época em que todo noticiário era censurado. Fora isso, só os informes que eram trazidos por contatos eventuais, que entravam e saíam da zona de implantação da guerrilha. E esse contato exterior era coordenado por "Dona Maria", uma senhora sexagenária que nunca havia estado em um teatro de operações militares. Apesar de todo o seu valor pessoal, cuja história é reverenciada pelos comunistas brasileiros, "a Velha" não entendia nada de guerrilhas.

Nas brenhas do Araguaia, meses podiam se passar sem nenhuma notícia. Mas os militantes e o partido acreditavam que era possível começar uma revolução socialista no meio da mata, num ponto remoto do país, praticamente sem nenhuma comunicação com as grandes cidades brasileiras. O Brasil já tinha dezenas de milhões de habitantes, uma classe trabalhadora numerosa e concentrada em metrópoles. Justamente a base social da revolução socialista — operários e trabalhadores — não estava presente naquelas lonjuras. Um erro grave. Mas a visão "foquista", nesse caso numa versão maoista e camponesa, impregnava aqueles combatentes. A vontade de lutar daqueles jovens era tão grande que suportava qualquer sacrifício — e também os impedia de enxergar a realidade objetiva do país.

O PCdoB, aliás, só veio a admitir publicamente a sua participação no movimento guerrilheiro em 1976, quando tudo já estava perdido. Foi por meio do editorial "Gloriosa jornada de luta", publicado no jornal oficial do partido, *A Classe Operária*, em abril daquele ano. O editorial refletia a análise de um dos membros da alta direção do partido, Ângelo Arroyo, que fizera parte da Comissão Militar e que sobrevivera à guerrilha. (Em 1974, Ângelo Arroyo tinha escrito um relatório ao Comitê Central.) O texto do editorial, apoiado por outros dirigentes, como Elza Monnerat e João Amazonas, informava que a experiência teria sido "altamente positiva". Acompanhe um parágrafo do editorial:

> [O Araguaia] mostrou ser viável a luta do povo pobre, demonstrou que a luta armada responde a uma necessidade objetiva. Seu aparecimento indica que a revolução no Brasil vai se transformar em questão prática, concreta.

O texto é de uma inocência perturbadora — e de um sectarismo inacreditável. Aos nossos olhos de hoje, quase não dá para acreditar que um militante comunista experiente pudesse subestimar de tal forma os reais acontecimentos. A guerrilha fora totalmente aniquilada àquela altura. O povinho do Araguaia estava encolhido sob o peso da repressão, contando — e lamentando — as suas próprias vítimas. A "Gloriosa jornada de luta" revela uma visão simplória: você não faz uma revolução porque decide fazê-la.

O processo de transformação social está associado, historicamente, a questões muito mais complexas do que a mera vontade de alguém. Ângelo Arroyo se definia como um revolucionário marxista-leninista. Longe de mim duvidar das suas intenções. Mas preciso voltar ao velho Lenin usando o mesmo livro *Que fazer?* do comandante bolchevique.*

---

*Publicado pela primeira vez em Stuttgart, Alemanha, em março de 1902, pela Editorial Dietz.

Uma revolução não viria da opinião ou da vontade de qualquer um que fosse. Seria resultado da experiência histórica das massas populares envolvidas no processo de mudanças. E o próprio processo histórico, completamente impessoal, definiria táticas e estratégias compatíveis com a realidade e a psicologia do povo. Entender os anseios das grandes massas populares e formular políticas para alcançá-los foram as maiores lições do líder bolchevique.

Não fazia muito sentido "implantar" uma vanguarda vinda de fora em meio a contradições sociais e políticas já existentes numa determinada região. Ou essa vanguarda surgia no ambiente concreto, apenas representando-o, ou não fazia sentido. Arroyo não entendeu a lição. Certamente, a revolução brasileira não havia se transformado em "uma questão prática". Querer não é poder. Qualquer um que chegasse a um cenário de conflitos poderia desencadear uma luta armada? Uma luta armada "importada"?

Quando o editorial de *A Classe Operária* foi publicado, a luta no Araguaia já estava perdida e quase todos os guerrilheiros mortos. O próprio Ângelo Arroyo só teria mais oito meses de vida. Pedro Pomar, membro do Comitê Central do PCdoB, executado pela repressão em dezembro de 1976, junto com Arroyo, fazia a crítica da luta armada no Bico do Papagaio. Em um documento que ficou conhecido como a "Carta de Pomar", ele rebateu o editorial:

> Não há como fugir da amarga constatação: ao cessar a resistência organizada, ao não ter alcançado nenhum dos objetivos a que se propôs, a guerrilha, apesar dos resultados positivos apresentados, sofreu derrota completa e não temporária [como afirmava o editorial de *A Classe Operária*]. Infelizmente, o CC [Comitê Central] tem de aceitar a dura verdade de que o resultado fundamental e mais geral da batalha heroica travada por nossos camaradas foi o revés.*

---

*Para detalhes, ver a tese apresentada pelo ph.D. Jean Rodrigues Sales na XVII Semana de História da Unesp/Assis, realizada em novembro de 1999, sob o título *O PCdoB conta a sua história: tradição, memória e identidade política*, disponível na internet.

Na queda do Comitê Central do PCdoB, em dezembro de 1976, Pedro Pomar levou dezenas de tiros. Arroyo levou mais de cinquenta. O corpo de Pomar foi sequestrado pelos militares e não passou pelo IML. Foi enterrado como indigente, sob nome falso, no Cemitério de Perus, em São Paulo. A ditadura pretendia que não houvesse nenhum registro da sua passagem por este mundo. Anos mais tarde, após o fim do ciclo autoritário, a família recuperou os restos mortais e deu a eles um enterro digno, no Pará.

Cito aqui um trecho do livro *O massacre da Lapa*, de Pedro Estevam da Rocha Pomar, neto do dirigente comunista, doutor em Ciências da Comunicação pela Universidade de São Paulo (USP) e mestre em História pela Universidade Estadual Paulista Júlio de Mesquita Filho (Unesp). Desde os sete anos de idade, Pedro Estevam já vivia numa semiclandestinidade, inclusive usando nome falso, para escapar da repressão que perseguia a sua família desde o golpe de 1964. Mesmo com essas vivências, o autor descreve com distanciamento o ato final da guerrilha, dez anos depois de iniciada. E apresenta as críticas de seu avô na última reunião do Comitê Central do partido antes do ataque do Exército à casa da Lapa:

> Pomar, por seu turno, rejeitou a versão de que a resistência ao Exército [no Araguaia] partiu dos moradores. Declarou que, a seu ver, se travou não uma "guerra popular", mas uma "guerra particular" [...]; "não do ponto de vista da classe operária e do campesinato, mas sim do ponto de vista da pequena burguesia".*

Além dos erros de avaliação política da realidade brasileira, a guerrilha estava inacreditavelmente mal preparada. Não dispunha de meios de comunicação a distância — nem rádios, numa época em que ainda não havia celulares e a web não fora inventada. Qualquer informação tinha que ser passada pessoalmente, por meio de longos deslocamentos pela floresta, que exigiam dias e dias de marcha. Os três destacamentos e a

---

O massacre da Lapa, de Pedro Estevam da Rocha Pomar, obra já citada.

comissão dirigente ficavam perdidos durante semanas — e até meses — sem saber o que se passava à sua volta.

Só para estabelecer um paralelo: o jornalista inglês Wilfred Burchett, autor do extraordinário livro *A guerrilha vista por dentro*,* acompanhava uma tropa vietcongue de dentro de um buraco a 3 metros da superfície, nos arredores de Saigon — e conseguiu enviar um telegrama para a sua mulher em Londres. Os guerrilheiros comunistas do Vietnã acreditavam que a troca de informações era uma arma fundamental na luta contra uma potência estrangeira mil vezes mais poderosa do que eles.

Na Colômbia, a guerrilha das Farc, que conheci de perto, dispõe de cinco sites na internet, que podem ser atualizados de dentro das florestas por meio de modens de alta velocidade operados via satélite. A propaganda deles — além de instruções codificadas para seus camaradas — pode ser consultada em qualquer parte do mundo. Usam sofisticados aparelhos de GPS e radiotelefones de longo alcance. É claro que nada disso existia nos tempos do Araguaia, mas a preocupação dos colombianos com as comunicações era constante.

Os brasileiros não deram a menor bola para esse problema de comunicação, confiando na justeza de sua luta e na inevitabilidade do apoio popular. Poderiam ter utilizado rádios comunicadores de ondas curtas, com linguagem codificada, coisa muito barata e fartamente conhecida desde a Primeira Guerra Mundial (1914-1918). Mas não: eles acreditavam que a vontade de lutar** funcionaria como uma varinha de condão, capaz de substituir providências básicas e superar quaisquer dificuldades. Vale destacar: a guerrilha do PCdoB foi mantida em segredo absoluto, coisa raríssima no ambiente da esquerda brasileira, onde tudo era fartamente comentado, desde quem fazia o quê até quem comia quem, o que lhe rendeu a pecha de "esquerda festiva".***

---

*BURCHETT, Wilfred. *A guerrilha vista por dentro*. Rio de Janeiro: Editora Civilização Brasileira, 1978.
**"Ousar lutar, ousar vencer", como no lema da Vanguarda Popular Revolucionária (VPR).
***Ver *1968: o ano que não terminou*, de Zuenir Ventura, obra já citada.

O sigilo talvez seja responsável pela ausência de algumas providências essenciais, como os meios de comunicação. E esse suposto sigilo revelava uma conduta muito diferente daquela típica dos moradores da área estratégica, porque era estranha aos hábitos locais. Desde sempre, os guerrilheiros foram identificados pelo povinho do Araguaia como "estrangeiros", gente de fora, os "paulistas". Alguns guerrilheiros, em público, faziam de conta que não conheciam os outros. Um comportamento muito incomum nas comunidades rurais.

Aliás, um jornalista amigo me chamou a atenção para o fato de que o termo "paulistas", no dizer de nortistas e nordestinos, tinha um aspecto pejorativo. É como aqui no Sul quando a gente se refere a "baianos" ou "baianinhos". Mas o que importa é que os guerrilheiros eram gente misteriosa e estranha ao ambiente. Eram imediatamente identificados logo ao chegar, apesar de todo o sigilo da operação. E — mesmo assim — tiveram pelo menos cinco anos para se preparar, o que também serve para mostrar a fragilidade do regime militar fora dos grandes centros urbanos.

Quem sou eu para questionar o idealismo daqueles jovens, quando não havia alternativa na luta política senão começar a guerra revolucionária. Mas o fato é que enfrentavam um governo militar consolidado no poder. As Forças Armadas brasileiras dispunham de algo em torno de 200 mil homens treinados e equipados, o maior contingente militar do continente, que hoje alcança 365 mil homens. E com um Congresso acuado e adesista. As massas populares estavam alheias ao que acontecia. A guerrilha virou apenas uma aventura.

Os integrantes do movimento eram tremendamente dedicados, disciplinados, haviam optado por oferecer suas vidas à revolução. Um relatório do Centro de Informações da Marinha (Cenimar), enviado ao próprio ministro, dizia que os guerrilheiros eram "disciplinados e de moral elevado". Em muitas ocasiões, o espírito de luta e a coragem dos militantes foram anotados pelos militares. Respeitavam particularmente "Osvaldão" e Maurício Grabois, ex-militares, enquanto desprezavam João Amazonas e Elza Monnerat, que consideravam desertores da guerrilha por terem abandonado a região dos combates.

Apesar do heroísmo fartamente demonstrado, os comunistas estavam seriamente enganados ao imaginar que fariam uma revolução sem o povo. Nem o povinho do Araguaia os seguiu. E se tivesse seguido, que diferença faria? A criação de uma "zona liberada" na floresta? Um novo arraial de Canudos, completamente isolado do restante do país? É preciso não esquecer que a maior parte das baixas na guerrilha foi causada por delações e colaboração dos moradores com a repressão, por dinheiro ou sob ameaças.

Quando a barra pesou mesmo, com o emprego de milhares de tropas, lanchas armadas, aviões e helicópteros, o povinho se encolheu. E com razão. Na verdade, aquela gente simples nem entendia o que estava se passando: na versão dos militares, uma caçada a terroristas — na versão da guerrilha, uma luta de libertação. Era tudo muito complicado. Depois da guerrilha, o governo militar distribui títulos de propriedade de terras aos colaboradores. E ainda surgiu o garimpo de Serra Pelada, liderado por um oficial do Exército, que mobilizou mais de 80 mil trabalhadores. O general-presidente João Baptista Figueiredo, último do ciclo de 1964, foi carregado nos ombros da massa de miseráveis de Serra Pelada.

Isto — no entanto — não desmerece o idealismo daqueles rapazes e moças do PCdoB. Mas destaca a incompreensão política daquilo em que iria resultar: a morte e o encarceramento de quase todos, sem que o país tomasse conhecimento da sua existência e de suas lutas. Muitas das famílias dos militantes jamais entenderam o que havia se passado. E até hoje lutam para enterrar seus mortos. Um casal do interior de São Paulo perdeu três filhos no Araguaia: Jaime, Lúcio e Maria Lúcia Petit da Silva. Dona Laura Petit, a mãe, comentou: "A minha família foi dizimada. É muito difícil, são muitas lembranças. Eles são verdadeiros heróis. Lutaram, resistiram, deram a vida para que houvesse igualdade neste país. Eles deram a vida pela instituição da democracia." A militância do PCdoB muitas vezes envolvia parentes diretos, irmãos, cônjuges, primos etc. A família Grabois perdeu Maurício, Paulo — o genro dele — e André.

Os guerrilheiros do Araguaia estavam também muito mal-armados: velhos revólveres calibre 32 e 38, algumas pistolas automáticas Colt 45 e Beretta 22, uma metralhadora de fabricação artesanal (alguns dizem que eram duas, as únicas armas automáticas dos comunistas), espingardas de cartucho e Winchesters 44, as famosas "papo-amarelo", que se notabilizaram no cangaço nordestino dos anos 1930. E nisso não se diferenciavam dos moradores locais, que possuíam as mesmas armas rotineiramente, fora a tal metralhadora.

No entanto, eles se autointitulavam "Forças Guerrilheiras do Araguaia", um sonho idealista e motivacional de jovens rebeldes indignados com a ditadura que oprimia o país. Mas longe demais da realidade. Os agentes da repressão apelidaram o movimento de "FOGUERA", assim mesmo, com erro de português e tudo. E nessa denominação há um tom irônico, debochado.

Apesar de implantado na região havia pelo menos cinco anos, antes das forças federais chegarem ao Bico do Papagaio, o movimento guerrilheiro se manteve praticamente inerte. Realizavam treinamentos, longas marchas pelas matas, caçadas, construção de abrigos — mas nada de luta. Aliás, em todo o período, a guerrilha realizou poucas ações armadas por sua própria iniciativa: a ocupação de uma fazenda, o ataque a um acampamento militar e a um posto policial na Transamazônica, onde foram capturadas algumas armas, inclusive seis velhos fuzis de ferrolho. Os PMs fugiram apavorados, apenas de cueca. E só. Fora isso, os guerrilheiros executaram pistoleiros e colaboradores do Exército. Há suspeitas de que um dos guerrilheiros tenha sido assassinado pelos companheiros, como vimos. E foi só.

Toda a campanha foi fugir pelas matas e enfrentar os soldados, às vezes com sucesso. Ou morrer em rápidos "chafurdos", que é como o jargão das casernas denomina os tiroteios. Ou ser apanhado e morrer na tortura. Ou ser fuzilado sumariamente pelos militares. Ou receber injeções letais, venenosas, como denunciou a *Folha de S. Paulo*. Uma luta surda e isolada no mato profundo. Como disse Pedro Pomar, "uma guerra particular".

Se aqueles seis policiais do posto na Transamazônica tivessem sido capturados pelo bando de Lampião,* que chamava a força pública de

---

*Virgulino Ferreira da Silva, o "Rei do Cangaço" (1898-1938).

"macacos", os policiais teriam sido estripados na ponta das peixeiras e seus corpos lançados à execração pública. Uma combinação de publicidade e terror, destinada a lançar o medo sobre os inimigos. E se fossem capturados pelas Farc da Colômbia o comandante seria fuzilado e os soldados tornados reféns ou recrutados à força para a guerrilha. E se fossem os guerrilheiros do Vietcongue,* os policiais teriam sido decapitados e suas cabeças colocadas em estacas de madeira, exibidas publicamente. Publicidade e terror.

Mas os guerrilheiros do PCdoB eram jovens libertários. Acreditaram que soltar os PMs apenas de cueca já seria uma punição exemplar — e o povo entenderia a decisão. Quem comandou o ataque ao posto da PM foi André Grabois, o guerrilheiro "Zé Carlos", filho do comandante Maurício Grabois, o "Velho Mário". Estavam enganados. A repressão desabou sobre eles com toda a fúria. Cada guerrilheiro apanhado pelo Exército foi brutalizado e morto, algumas vezes com requintes de crueldade. Seus corpos simplesmente desapareceram, confirmando uma lógica da censura: o que não apareceu na televisão e não saiu nos jornais não aconteceu. De acordo com os arquivos pessoais do major Curió,** 41 guerrilheiros foram fuzilados depois de capturados — e outros dezoito morreram em combate. Uma moça aprisionada levou mais de cem tiros.*** O corpo dela ficou despedaçado, para júbilo de uma tropa sedenta de sangue. Alguém poderia dizer que "guerra é guerra", mas no Brasil uma coisa dessas soa inacreditável.

Houve combates eventuais, é verdade, mas no resto do tempo o que ocorreu foi a fuga constante. Porque sobreviver era o primeiro — e único — objetivo numa região com milhares de quilômetros de matas frescas. Numa conversa em São Paulo, após a anistia, quando já havia sido libertado, mas ainda estava escondido na casa de uma amiga jornalista, José Genoino, ex-líder estudantil cearense ligado ao PCdoB e o primeiro

---

*Em 1966, a Frente Nacional de Libertação do Vietnã acumulava forças para a grande ofensiva militar no Ano-Novo chinês de 1968, que os levaria à vitória contra os americanos em 1972-75.
**Ver a biografia já citada.
***Ver Fernando Portela, *Guerra de guerrilhas no Brasil*, obra já citada.

guerrilheiro a ser preso pelo Exército, comentou com os repórteres José Antônio Severo e Palmério Dória o que havia acontecido. Os dois jornalistas pensavam em escrever um livro sobre o Araguaia. Palmério, repórter paraense, havia estado na zona da guerrilha pouco após a saída das últimas tropas, provavelmente em 1977. Severo concordou em fazer um relato de suas pesquisas sobre a matéria e me remeteu suas lembranças, por meio de um longo e-mail, em 16 de junho de 2012.

Nas doze páginas cheias de informações que ele me enviou, alguns episódios merecem destaque. Veja o trecho sobre o encontro com José Genoino:

> Genoino era a grande fonte, pois, embora fosse aprisionado no início das operações, passara toda a guerra agrilhoado na área do conflito. Mesmo preso em condições desumanas, podia acompanhar os acontecimentos. Assim foi sabendo dos êxitos e fracassos do inimigo. Mais tarde, após a extinção do foco guerrilheiro, numa prisão militar, pôde saber de mais detalhes, pois seguidamente era procurado por militares para rememorar os fatos. Àquela altura, já era tudo História. Portanto, não corresponde à verdade que Genoino tenha falado sob tortura. Ele aguentou firmemente os piores suplícios. Primeiro: só escapou vivo porque foi capturado numa missão de estafeta, caminhando sozinho na selva. Segundo: não teria informações táticas relevantes, pois a guerrilha, por sua natureza, é uma força nômade. Assim que se iniciou a ofensiva do Exército, as bases foram abandonadas, não servindo para nada falar sobre a sua localização.

Segue o relato de Severo:

> Nessa conversa eu procurava traçar um quadro estratégico e tático da revolução, mas não conseguia avançar, pois não entendia ainda o que realmente ocorrera no campo de batalha. Meu propósito era fazer um quadro histórico, denominando os confrontos. Dizia-lhe: "Vamos dar os nomes, nos apropriarmos dos combates pela denominação dos rios, dos passos, das serras; enfim, criar um cenário épico." Genoino balançava a

cabeça negativamente, percebendo que Palmério e eu não entendêramos ainda o que se passara no Bico do Papagaio. "Não houve batalhas como no Vietnã, em Cuba. Estávamos numa fase muito preliminar; nossa força era diminuta. A campanha era uma perseguição, nós fugindo, eles nos perseguindo. Aqui ou ali saía um enfrentamento, uma mordiscada e já estávamos na retirada. É assim a guerra de guerrilhas." De fato, só depois, em nossos dias, por relatos da repressão, se sabe mais um pouco dos combates. Naqueles dias, Genoino só tinha conhecimento do que ouvira quando estava preso numa cisterna cavada na terra, coberta por uma grade, exposto ao tempo. Sabia pelos militares que havia combates, mas tinha certeza de que não havia sobreviventes, pois era o único prisioneiro. Vez por outra ouvia falar de um soldado morto ou um ferido. E só.

As primeiras informações a respeito dos guerrilheiros foram recolhidas pelo delegado de polícia de Marabá, a maior cidade da área. Davam conta de que "um grupo de hippies, talvez ligados à Seita do Santo Daime", havia se instalado na região. Eram "rapazes barbudos e moças educadas".* Ao tomar conhecimento de tais informes, no final de 1971, o comando da Polícia Militar de Goiás pensou diferente: eram pessoas procuradas pela polícia política, especialmente vindas de São Paulo, Rio e Bahia, que estavam se escondendo por ali. Tinham todos os dentes na boca e um sorriso branco, o que os diferenciava de todo o resto da população local. Eram fortes e saudáveis.

As investigações policiais não davam em nada. Um preso político interrogado pelos militares,** sob tortura, disse que estava sendo preparada uma base guerrilheira no Bico do Papagaio. Pedro Albuquerque Neto, no entanto, deu um nó na cabeça de seus interrogadores com informações contraditórias. Cada vez contava uma história mais complicada do que a outra. Chegou a ser levado até o Araguaia, mas isso também não deu em nada.

---

*Para detalhes, ver *Operação Araguaia*, obra de Taís Morais e Eumano Silva, já citada, que descreve o início das operações.
**Pedro Albuquerque Neto, detido pela Polícia Federal do Ceará, em fevereiro de 1972, quando tentava tirar a segunda via da carteira de identidade, militante do PCdoB e clandestino, ficou preso até 1979, sendo libertado com a anistia.

Os militares desistiram de considerá-lo uma boa fonte de informações e terminaram por encarcerá-lo em Brasília. Mesmo assim, o Araguaia virou o foco de atenção do governo militar. Pedro foi considerado traidor até os anos 1980, quando o partido chegou à conclusão de que não foi ele quem entregou a guerrilha.

Outra guerrilheira, Lúcia Regina de Souza Martins, a "Regina", terminou sendo apontada como a verdadeira delatora. Médica obstetra, ela não era militante do PCdoB. Estava ali apenas porque decidiu acompanhar o namorado, Lúcio Petit. Descontente com aquela vida na mata, fraca e doente, abandonou a "área estratégica". Estava com brucelose. Foi levada por Elza Monnerat a um hospital fora da zona de guerra, na cidade goiana de Anápolis. "Regina" fugiu do hospital e foi para São Paulo procurar ajuda da família. Na capital paulistana, ao ser tratada, revelou que havia estado no Araguaia "em um movimento social". Pronto! Foi o que bastou.

Nas cidades, a luta armada estava encurralada, sinalizando para breve o fim das organizações envolvidas. Dois anos mais tarde, em 1974, nenhuma delas continuaria operando. O número de mortos e desaparecidos na esquerda era superior a trezentos e ainda aumentaria, até o final do ciclo militar, em 1985, em quase 150. As vítimas no campo governamental, policiais e militares, não eram integralmente conhecidas — e não são até hoje. Um estudo do governo Dilma Rousseff, enviado à Comissão da Verdade, que tem a tarefa de recontar a violência política do período ditatorial, mas que não pretende punir ninguém, aponta que esse número pode ter sido muito maior: acima de mil mortos. Talvez muitos mais.

Na quarta-feira 1º de agosto de 2012, a *Folha de S. Paulo* publicou reportagem de Lucas Ferraz, da sucursal de Brasília.* A matéria da *Folha* fala em 1.200 mortos, entre 1961 e 1988, antes e depois da ditadura, ampliando o campo de pesquisas. Cito um pequeno trecho:

---

*FERRAZ, Lucas. "Lista oficial de mortos sob a ditadura pode ser ampliada". *Folha de S. Paulo*, 1º ago. 2012, p. A9.

Um estudo inédito do governo federal propõe quase triplicar a lista oficial de mortos e desaparecidos políticos vítimas da ditadura militar. [...] São camponeses, sindicalistas, líderes rurais e religiosos, padres, advogados e ambientalistas mortos nos grotões do país, entre 1961 e 1988. A maioria morreu na região amazônica, durante os 21 anos de regime militar.

Hoje, ao considerar a matança de índios durante a construção das rodovias na região amazônica, esse número pode ser ampliado para mais de 4 mil, como vimos no depoimento do presidente da Comissão Nacional de Direitos Humanos da OAB, Wadih Damous.

As primeiras missões de inteligência montadas pelo Centro de Informação do Exército (CIE) na área da guerrilha não foram conclusivas. Até que ocorreu o combate da Grota Rasa, a morte do cabo Odílio Rosa e o ferimento a bala no sargento Morais. Um detalhe: no mesmo dia em que morreu o cabo Rosa, em maio de 1972, mais dois soldados perderam a vida: Luiz Kardiwiski (supostamente um suicídio) e Luís Antônio Ferreira (acidente com a arma). Daí em diante, não havia mais dúvidas de que estava sendo organizada uma resistência armada naquelas brenhas. Os analistas do CIE, mesmo sem conseguir enxergar a guerrilha nas matas do Bico do Papagaio, farejavam "centenas de guerrilheiros". Tinham informações acerca de mais de seiscentos "subversivos foragidos" das grandes cidades do país. E chegaram à conclusão de que era um foco nos moldes cubanos. Apostavam que o movimento era orientado pelo MR-8 e pela ALN, além de grupos menores, porque as duas organizações haviam anunciado que iriam começar a guerrilha já no manifesto do sequestro do embaixador americano.

A não ser pela prisão de Pedro Albuquerque Neto, o PCdoB nem de longe foi considerado suspeito, principalmente porque Pedro se declarava militante da ALN. A comunidade de informações listava 32 "organizações terroristas" agindo no território nacional entre as quais, em 1971-72, destacavam-se a ALN, a VPR e a VAR-Palmares. Equivocadamente, os militares supunham que o movimento guerrilheiro fosse um pool de organizações. Mas a esquerda armada jamais teve consenso sobre táticas e estratégias. O mais provável é que não seria capaz de uma ação conjunta de tamanha envergadura. E o PCdoB teve o mérito de montar o plano em silêncio total. Silêncio, aliás, que decretou o fracasso, porque o povo brasileiro jamais tomou conhecimento da luta armada no Araguaia. Meus filhos — e eu tenho quatro — nunca ouviram falar nisso.

A partir da descoberta da guerrilha, o governo militar tinha três opções: monitorar de longe aquele grupo enfiado nas brenhas do Araguaia, desencadeando operações pontuais de inteligência e efetuando prisões sem alarde; montar uma contraguerrilha com tropas especiais e recrutar jagunços locais, a exemplo das volantes que perseguiram os cangaceiros nordestinos; ou produzir um grande espetáculo no palco da Guerra Fria. Os militares optaram por esta última: foi a maior manobra brasileira após a Segunda Guerra Mundial. A "Operação Araguaia" não chegaria ao conhecimento do público por causa da censura inarredável da ditadura. Mas seria acompanhada pelos governos dos países vizinhos, com repercussões em Washington, Havana, Moscou e Pequim. Só o brasileirinho não ficaria sabendo de nada, é claro.

Com uma operação de tamanha envergadura, o Brasil ocuparia um lugar tão destacado quanto o da Bolívia ao combater e matar "Che" Guevara. E com uma diferença fundamental: a Bolívia aceitou a presença de assessores militares americanos, com *special forces*, comunicações sofisticadas e reconhecimento aéreo — já os nossos generais recusaram. Dariam conta do recado sozinhos. Isso explica, em parte, o grau de violência escolhido pelos militares: iam acabar com aquela "bagunça" a qualquer preço.

Tomo emprestado mais um trecho das recordações do jornalista José Antônio Severo a respeito do encontro que teve com o general Hugo de Abreu, comandante da Brigada Paraquedista do Exército, que teve atuação decisiva na destruição do foco guerrilheiro. Abreu chegou a liderar pessoalmente as suas tropas no teatro de operações. Acompanhe o relato:

216

O escritor Palmério Dória e eu batemos à portaria do prédio do general de divisão Hugo de Abreu (já reformado) perto do meio-dia, numa manhã de outono. Pelo interfone, uma voz masculina nos autorizou a subir, abrindo a porta automática do edifício, na Rua Raul Pompeia, Posto Seis, em Copacabana.

Abriu-nos a porta um homem pequeno, desprovido de cabelos, menor do que aparentava nas fotos e imagens envergando seus fardamentos alinhados com as plaquetas das condecorações e os distintivos de suas especialidades, em que se destacavam as asas de paraquedista. Ofereceu-nos lugar num sofá com algum uso, como todos os demais móveis da sala, bastante antigos e de conservação que indicava não haver mais dona naquela casa. Ele se desculpou:

— Casa de viúvo. Há muitos anos que não morava mais aqui. Voltei agora, de pijama. Sou um homem solteiro.

O general teria uns sessenta e alguma coisa àquela altura. Serviu-nos um café aguado, bem ao gosto mineiro, denunciando sua origem. O general nos olhava com uma cara que parecia divertida, esperando para falar o que queria para causar um efeito que esperava. Como militar que viveu tempos de ditadura, seguramente sabia quem éramos nós e o barulho que a imprensa alternativa de esquerda faria com o que falasse. Nem ele nem nós estávamos preparados para o que ocorreu. Nós, ingênuos e despreparados, queríamos revelações sobre mortes, atrocidades e outras declarações bombásticas. Ele esperava jornalistas atilados, que entenderiam as entrelinhas do que falasse, aprofundando as investigações na direção certa.

Essa citação das recordações de José Antônio Severo é longa e detalhada, mas necessária para dar credibilidade ao relato. Além do mais, as palavras do general são raras na crônica dos acontecimentos do Araguaia. Vamos em frente:

Abri a conversa citando o encontro com o general Vianna Moog, sem, contudo, contar seu final desastrado.

— Ele me disse que foi a maior operação militar do Exército brasileiro desde a Segunda Guerra Mundial. Até acrescentou que foi mais difícil, pois na Campanha da Itália havia um apoio logístico fundamental dos norte-americanos, que tinham uma estrutura de guerra afiada quando os brasileiros chegaram ao front europeu. No Araguaia, as Forças Armadas tiveram de montar um teatro de operações em plena selva, a mais de mil quilômetros de suas bases, sem estradas, aeroportos viáveis; enfim, nenhuma infraestrutura. Por isto, manter operando uma força de mais de dez mil homens naquelas condições fora um desafio maior que enviar a FEB à Itália.

O general rebateu:

— Ele [Vianna Moog] deve saber, pois foi ele que montou e manteve aquilo lá.

Deu uma parada, esperando pergunta. Um de nós falou: "Foi depois disso que se desmobilizou esse grande exército e adotou-se a estratégia de guerrilha contra guerrilha, convocando os índios, os bate-paus, como eram chamados?"

— Não foi no nosso governo, mas a pedido do presidente Geisel. Quando ficou certo que seria o sucessor do presidente Médici, Geisel procurou seu irmão, Orlando, ministro do Exército e pediu que acabasse com aquilo. Ele então tirou o Exército de lá e mandou criar uma força tática leve e adequada àquele tipo de guerra e em poucos meses acabou a revolução do Araguaia.

Nós dois queríamos detalhes sobre as ordens e as ações dos bate-paus exterminando comunistas. Hugo Abreu queria contar outras histórias, mas não se animava a botar as cartas na mesa. Lançava iscas que a gente não percebia e deixava passar, cegados pela ânsia de denunciar torturadores, quando o grande mistério que até hoje encobre essa megaoperação repressiva é a corrupção de escalões de médios para cima.

Hugo Abreu lançava mais uma isca.

— Levaram para aquela região uma quantidade enorme de pessoal e equipamento, tudo inadequado. As tropas não tinham nem treinamento nem equipamento para guerra na selva. O material, então, nem se fala: levaram artilharia de campanha, veja só! Chamaram paraquedistas, fuzileiros navais. Para quê? Os fuzileiros são treinados para operações de desembarque em praias; os paraquedistas são tropas de ação estratégica para operar atrás das linhas inimigas em guerra convencional. Ou seja: por mais bem treinados e equipados que estivessem, não saberiam o que fazer no meio do mato.

O general foi ainda mais duro nas críticas sobre a "Operação Araguaia":

> O pessoal que entrava no mato, coitados, sem instrução, não avançavam mais que alguns quilômetros e eram expulsos pelas forças da natureza, sem disparar um único tiro. Doenças e pragas, estes eram os inimigos. Os guerrilheiros, lá no fundo do mato, só serviam para justificar aquilo tudo, para desculpar a despesa gigantesca. Tudo inútil.
> Hugo Abreu dava mais pistas:
> — Não valeu de nada, pois nem mesmo se criou uma doutrina de guerra na selva, que poderia ser útil em caso de defesa da Amazônia. Nada disso. Não ficou uma linha que servisse. A brigada de guerra na selva que está se construindo em Manaus foi criada e doutrinada em nosso governo, depois daquilo tudo. Compramos pacotes prontos, mais baratos, oferecidos pelos melhores exércitos do mundo. Guerra na Selva não é um adestramento secreto. Está aí no cinema para quem quiser ver [estava em cartaz o filme *Os boinas-verdes*, escrito, produzido e dirigido por John Wayne].
> Palmério conhecia os bate-paus, como eram chamados os soldados dessa *task force* que substituiu as tropas regulares. Perguntou:
> — Seria como as volantes, as tropas irregulares que combateram o cangaço no Nordeste?
> — Um pouco mais organizados. Os homens não eram jagunços, mas irregulares submetidos a um sistema militar.

É praticamente impossível calcular quanto custou essa "linda manobra", como foi definida pelo general Vianna Moog. Mas há comentários no ambiente militar de que o "grande espetáculo" foi realizado a custos assombrosos. Só para estabelecer um paralelo: operando há oito anos com uma força de 1.300 homens no Haiti, o governo brasileiro já gastou 2 bilhões de reais, em valores de 2012. O custo da Operação Araguaia foi motivo de acalorados debates entre generais, me informou uma fonte em uniforme. Mas o cidadão e as instituições do país jamais souberam dos detalhes. Nem saberão. Porque os militares garantem que a maioria dos documentos secretos sobre a guerrilha foi destruída.

No dia 14 de junho de 2012, a *Folha de S. Paulo* publicou extensa matéria sob o título "Exército diz não ter papéis sobre o Araguaia" (p. A13). E mais: "Ministério da Defesa informou que a Força não possui mais qualquer documento sobre a guerrilha do PCdoB." Acompanhe um trecho da reportagem de Rubens Valente e Lucas Ferraz, da sucursal de Brasília:

> Os documentos do Exército sobre a Guerrilha do Araguaia — uma das principais promessas para a elucidação do conflito — foram todos destruídos, informou o Ministério da Defesa à *Folha*. [...] a instituição diz que um decreto de 1977 permitia a destruição de documentos sigilosos, bem como dos eventuais termos de destruição.

É claro que tais documentos ainda existem. Boa parte deles está em arquivos particulares de integrantes da alta cúpula militar, especialmente dos protagonistas do episódio, hoje em poder de familiares e herdeiros. Muitos desses papéis secretos foram publicados no livro de Taís Morais e Eumano Silva, já citado. Em *Olho por olho: os livros secretos da ditadura*, o jornalista Lucas Figueiredo dá muitas pistas sobre tais segredos de Estado. Em *Ministério do silêncio*,* o mesmo autor trata de documentos secretos brasileiros entre 1925 e 2005.

Imagino que não seria difícil para a Comissão da Verdade investigar o paradeiro desses papéis. A comissão foi criada para reescrever essa história, mas a questão é saber se há vontade política para realizar a tarefa e remexer nas entranhas da "guerra suja". Por exemplo: vão investigar superfaturamentos e corrupção na Operação Araguaia? Duvido. Na verdade, os opositores do regime militar até hoje não se deram conta da problemática econômica envolvida no conflito. Houve ou não houve um descalabro de corrupção? Até artilharia de campanha levaram para o meio do mato, onde os canhões são inteiramente inúteis, como revelou o general Hugo de Abreu.

---

*FIGUEIREDO, Lucas. *Ministério do silêncio*. Rio de Janeiro: Editora Record, 2005.

Outra questão a se destacar é a de que os documentos secretos sobre a guerrilha não tratavam das atrocidades cometidas. Estas eram descritas, numa escala de hierarquia, por meio de informes verbais. "Fulano foi trabalhado [torturado] até parar de respirar" — e essa é só uma versão simplificada do que pode ter acontecido com o infeliz. Mas os militares fizeram um detalhado registro fotográfico dos acontecimentos. Cadáveres de guerrilheiros amarrados aos trens de pouso dos helicópteros eram exibidos nas vilas do povinho do Araguaia. Só para mostrar que de fato haviam morrido. Alguns deles eram figuras míticas na região, amados e temidos pelos moradores. O registro secreto das operações militares é uma coisa — mas o registro das matanças é outra.

CORTA
O combate vai começar.

7

A primeira operação militar contra a guerrilha foi organizada em 1972, entrando em ação no dia 12 de abril. Algo entre 1.200 e 2 mil tropas participaram, reunindo militares sem experiência de combate e policiais das PMs estaduais — e esses não tinham muita fome de lutar. Os guerrilheiros tiveram alguns anos para mapear a região, construir depósitos de armas, munições, comida enlatada e medicamentos. Estavam mais bem preparados do que as tropas federais. No meio militar, essa manobra ficou conhecida pelo nome genérico de "Operação Presença".

Os comunistas decidiram calmamente quais seriam as áreas de atuação de cada destacamento, as rotas de fuga, os pontos de emboscadas e de caça. Os primeiros encontros na mata foram altamente desfavoráveis aos militares, que sofreram baixas e evitaram combates abertos, algumas vezes fugindo desabaladamente e largando feridos e equipamentos pelo caminho. Uma mensagem de rádio de um grupo de fuzileiros navais foi motivo de piada entre os soldados. Um tenente berrava pedindo socorro, após um breve encontro com os comunistas. Pedia para retirar seus homens, porque a tropa não tinha condições psicológicas de continuar no terreno. Fora essa coisa vergonhosa, ouvida por todos, a comunicação entre as diferentes tropas era confusa e o comando de campo acabava entregue a sargentos, tenentes e capitães. Além disso — como disse o general Hugo de Abreu —, a floresta viva era o maior inimigo. As altas patentes hoje admitem que o efetivo descomunal criou "dificuldades técnicas de evolução" no cenário da campanha.

Havia mesmo uma grande confusão entre os federais. Só para dar um exemplo: em 16 de outubro de 1973, uma patrulha da PM abriu fogo contra uma tropa do 2º Batalhão de Infantaria de Selva, do Exército. Foi perto da vila de Bacabá. Os militares estavam em trajes civis e ocupavam um caminhão do Incra. Os PMs mandaram bala, achando que se tratava de guerrilheiros. Os soldados revidaram. No tiroteio morreu o sargento do Exército Francisco das Chagas Alves Brito e houve vários feridos. O incidente mostra o despreparo da repressão para aquele tipo de combate. E não foi o único caso do gênero.

Apenas dois meses depois de iniciada a primeira campanha, a força policial e militar foi retirada da região, tecnicamente derrotada. O alto-comando achava que a 8ª Região Militar não tinha sido capaz de preparar um bom plano para o enfrentamento. A coordenação militar passou para o Comando Militar do Planalto (CMP), entrando em ação o general Vianna Moog. Os guerrilheiros não entenderam o recuo. Estavam em júbilo, apresentaram-se armados nas vilas e comunidades. Recrutaram adeptos e chegaram a distribuir o programa da ULDP,* a organização política do movimento junto aos moradores. Alguns deles entraram para a luta, mas a guerrilha cometeu um erro grave: subestimou a capacidade de reação da ditadura.

Em 25 de maio de 1972, a guerrilha divulga o seu "Comunicado nº 1". O documento foi lido ao vivo, em português, na Rádio Tirana, a capital comunista da Albânia, no Leste Europeu, que apoiava o movimento. Mas quem, aqui no Brasil, tomou conhecimento desse comunicado? Nos tempos do *Cassino do Chacrinha* na televisão, e quando Roberto Carlos e Elis Regina eram as vozes mais ouvidas no rádio, quem teria acompanhado a leitura do manifesto guerrilheiro pela Rádio Tirana? Recupero, a seguir, um trecho da mensagem rebelde:

---

*Ver a íntegra do programa na parte final do livro.

[...] no passado mês de abril, tropas do Exército, em operações conjuntas com a Aeronáutica, Marinha e a Polícia Militar do Pará, atacaram de surpresa antigos moradores das margens do rio Araguaia e de diversos locais situados entre São Domingos da Prata, prendendo e espancando diversas pessoas e em outros casos destruindo depósitos de arroz e outros cereais e danificando as plantações. Esses traiçoeiros atos de violência praticados contra esses honestos trabalhadores do campo são mais um dos inúmeros crimes que a ditadura militar vem cometendo em todo o País contra camponeses, operários, militantes, democratas e patriotas.*

Equivocadamente, a militância do PCdoB no Bico do Papagaio achava que havia vencido a primeira batalha de uma longa guerra, cujo resultado final seria a completa derrota da ditadura. Os guerrilheiros deixaram seus abrigos na mata e se mostraram à luz do sol. Com isso, os elementos que o Exército infiltrara na região montaram o tabuleiro do quem é quem. Todo o silêncio e o mistério que dissimulavam a guerrilha desapareceram repentinamente.

Já em setembro de 1972, veio a segunda onda da repressão, com um número de homens estimado entre 7 mil e 10 mil, com aviões, helicópteros, lanchas armadas e blindados. Os militares construíram acampamentos permanentes, bloquearam estradas e tinham generais no comando de campo. Entre esses oficiais, estava o general Antônio Bandeira, o mais destacado durante a campanha, que contava com o respeito e o apoio da tropa. Vinham para ficar.

As tropas eram mais experientes e procuravam o combate. Teve início o uso intensivo de oficiais de inteligência, cujas técnicas iam do suborno puro e simples (um coronel me contou que andava "em roupas civis, desarmado, e com os bolsos cheios de dinheiro") até os métodos de interrogatórios mais brutais.

A expedição, conhecida como "Operação Papagaio", semeou o pânico na área, rompendo os laços de simpatia da população com a guerrilha.

---

*A íntegra do comunicado está na parte final do livro.

Mateiros (chamados "bate-paus") e índios da tribo suruí foram recrutados à força ou subornados para servir de guias para as tropas. O jogo havia mudado. Vinte por cento do efetivo da guerrilha, os depósitos e abrigos, caíram sob fogo ou foram capturados. Aqueles rapazes e moças do PCdoB, além da Comissão Militar, passaram a viver ao relento, nas matas, se abastecendo da pesca e da caça abundantes. A sobrevivência pura e simples se tornou o objetivo estratégico. Mas nada mudou a sua determinação de lutar até o fim.

E os guerrilheiros cometeram seu equívoco fatal: decidiram permanecer na área e enfrentar as forças militares, acreditando que sobreviveriam à pressão. Eles tinham uma área de recuo já levantada, internando-se na floresta ao longo do Araguaia e chegando até a serra das Andorinhas, também chamada de serra dos Martírios, por se tratar de uma quadra absolutamente inóspita. Esse movimento já estava nos planos da guerrilha desde antes de os combates começarem. Mas a Comissão Militar, animada pelos resultados da primeira campanha, resolveu ficar, achando que estaria sendo fiel ao seu compromisso com o povo. Se tivesse optado pelo recuo tático, o movimento poderia ter sobrevivido por muitos anos.

Havia ainda outra possibilidade de recuo, ao sul, para a região do Xingu. Ali havia densa cobertura de selva, com muitos rios e extensa zona de caça e pesca. Isso exigiria uma longa marcha, de centenas de quilômetros. Mas era um abrigo natural que permitiria a sobrevivência, tecnicamente melhor do que a serra das Andorinhas, que apresentava longos trechos descampados (podiam ser atacados pela aviação) e não tinha tanta água corrente. No entanto, a confiança na vitória impediu que os comandantes do movimento fizessem qualquer uma das escolhas. E assim abriram mão de um dos conceitos básicos da guerrilha: o deslocamento constante.

Na terminologia da contrainsurgência, o combate à guerrilha se dá em três instâncias: o cerco tático (sobre a área imediatamente conflagrada, com menos de 50 quilômetros de diâmetro sobre o mapa oficial da região); o cerco estratégico, controlando toda a região (algo entre 150 e 300 quilômetros de diâmetro); e o cerco total, que se estende sobre o país, o regime e o governo, cortando qualquer via de suprimentos ou de pessoal para a guerrilha. Esse modelo está muito bem descrito em *Guerra de guerrilhas*, de Ernesto "Che" Guevara, que pode ser consultado pela internet. O revolucionário argentino-cubano escreveu o livro após a vitória do MR-26, dando início à "teoria do foco guerrilheiro", que teve enorme influência na América Latina.

Não ter rompido o cerco tático, por meio do recuo para a serra das Andorinhas ou para o Xingu, cobrou um preço fatal: a própria destruição do movimento armado no Araguaia. "Che" Guevara cometeu o mesmo erro na Bolívia. Demorou demais para tomar a decisão do recuo tático. Quando tentou a manobra, já era tarde: estava mortalmente cercado e definitivamente abandonado pela população local.

A guerra de guerrilhas é caracterizada pelo movimento constante, porque os insurgentes são a parte mais fraca e só podem compensar essa desigualdade mediante a fuga constante, combinada com ataques de surpresa e emboscadas. É o único meio de sobreviver. Ao descartar o recuo tático após a primeira expedição militar, os guerrilheiros do PCdoB renunciaram à sua pequena vantagem operacional. Na Amazônia colombiana, as Farc, que reúnem quase 16 mil combatentes, se mantêm em movimento permanente, inclusive utilizando os grandes rios para se deslocar por centenas de quilômetros com as tropas embarcadas.* Os combatentes do Araguaia praticamente não usavam os cursos de água, a não ser para algumas entradas e saídas da zona de guerra. A opção de ficar perambulando dentro da área de cerco, sem objetivos definidos, apenas se escondendo na mata, foi como uma sentença de morte.

Em maio de 1973, a segunda expedição militar teve um refluxo natural, provocado pelo desgaste das tropas e dos recursos materiais. Mais uma vez os guerrilheiros acreditaram ter vencido mais uma etapa.

---

*Para quem desejar aprofundar a pesquisa, ver o livro da ex-senadora colombiana Ingrid Betancourt, que esteve sete anos sequestrada pelas Farc, sendo levada pelas matas daquele país: BETANCOURT, Ingrid. *Não há silêncio que não termine*. São Paulo: Companhia das Letras, 2010.

Tentaram retomar seus contatos com as comunidades e realinhar suas forças. Mas a população estava arredia. Também havia sofrido com a repressão. Um número ainda maior de pessoas passou a colaborar com o Exército. Os militares pagavam 25 cruzeiros novos por dia a cada um dos mateiros. E mil cruzeiros novos para quem entregasse ou matasse um guerrilheiro. Atualizando monetariamente esses valores para a moeda de hoje, a diária valeria 98 reais; entregar um guerrilheiro valeria 3.900 reais.* Uma grana preta para a época e para o padrão de vida daquele povinho do Araguaia. Os militares de alta patente, coronéis e generais, andavam com os bolsos cheios de dinheiro, como um deles me revelou. Pagavam por qualquer informação. Para quem entregasse um dos líderes da guerrilha, a recompensa chegava a 5 mil cruzeiros novos. Dava para comprar um bom sítio.

Ao se mostrar abertamente de novo em vez de recuar, como mandava a lógica, a guerrilha se expôs à observação dos militares, que então já sabiam quais eram as zonas de atuação dos destacamentos e conheciam quase todos os seus integrantes. Além do mais, as baixas ultrapassavam 40% dos combatentes. Ângelo Arroyo, conhecido como "Joaquim", um dos comandantes da guerrilha, membro da Comissão Militar, que mantinha um diário da campanha, informa que àquela altura dezoito integrantes do núcleo original do PCdoB estavam mortos ou desaparecidos, quando se iniciou a terceira onda da repressão militar. Provavelmente, o dirigente comunista estava enganado.

O número de baixas era bem maior. O diário de Ângelo Arroyo serviu de base para um relatório que ele fez para o Comitê Central do PCdoB. No documento, de 1974, esclarece que a guerrilha tinha armas emperradas e já não possuía calçados. Na verdade, muitos dos combatentes vestiam farrapos e andavam de pés no chão.**

Ao voltar às vilas e aldeias, portando armas ostensivamente e assumindo a sua condição de guerrilheiros, agora anunciando a luta revolu-

---

*Para detalhes, ver "Atualização de Valores" no site do Banco Central.
**A íntegra do "Relatório Arroyo" está no final do livro.

cionária contra o governo, os militantes do PCdoB surpreendiam a todos mais uma vez. O povinho do Araguaia gostava deles quando eram "gente boa do Sul". Mas, quando revelaram a intenção de derrubar o governo, se encaixaram na descrição desenhada pelos militares: subversivos e terroristas. Daí o povo se afastou de vez, para proteger a própria pele. E não se pode esquecer que a guerrilha comunista cometeu, novamente, o mesmo erro: não recuar. Estava confinada a uma área de 150 quilômetros de comprimento por 50 quilômetros de largura. Nada mais do que isso. No entanto, havia milhares de quilômetros quadrados de florestas em torno, bem como pequenas montanhas e grandes rios. Ficar parado era aceitar a morte.

Além do mais, após a segunda expedição militar, 35 agentes da comunidade de informações foram deixados na região para completar o mapa da guerrilha. Eram todos voluntários. Oficiais e suboficiais do Exército, treinados durante quatro meses, para desencadear a "Operação Sucuri". Foram esses agentes infiltrados que realizaram, na opinião dos generais, "a mais bem-sucedida ação de inteligência de todos os tempos". Produziram a famosa lista de 203 apoiadores da guerrilha entre a população civil. Conheciam os nomes de todos os guerrilheiros sobreviventes. Chegaram a se aproximar de "Osvaldão" e "Dina". Sabiam da presença de Maurício Grabois e Ângelo Arroyo na área dos conflitos. Essa "Operação Sucuri" fez exatamente o que faz a grande serpente amazônica: pegar a presa num abraço mortal.

Para aquela gente do Araguaia, de repente, os "paulistas" viraram "políticos", quase justificando os argumentos das forças de ocupação. Em todos os anos em que estiveram nas matas, jamais se revelaram como uma organização revolucionária. A surpresa foi tamanha que os moradores locais começaram a se perguntar: afinal, quem são essas pessoas? De vizinhos e amigos a suspeitos. E a população passou a ver os militares, apesar da truculência, como os verdadeiros representantes do governo brasileiro. Aquelas pessoas estavam mais preocupadas com farinha, dor de dente, criançada crescendo, a galinha cocoricó. Não conseguiam desenvolver raciocínios mais complexos em relação ao conflito a que assistiam temerosas. Foram ficando mais silenciosas e distantes, quase inalcançáveis.

No campo dos revolucionários, contra tudo e contra todos, os rapazes e moças do PCdoB se recusavam a ceder. Preferiam a morte a se entregar. Fugir não era verbo do dicionário deles. Deram um exemplo de determinação e coragem que nem o inimigo foi capaz de desconhecer. Mas, ao desdenhar o recuo tático, a guerrilha se enforcou sozinha. O movimento estava aprisionado num pequeno território, uma "zona liberada" sem saída. No "Diário do Velho Mário", anotações de campanha do comandante Maurício Grabois, constam os objetivos da guerrilha e o sonho com a instalação de um governo revolucionário: "Nossa perspectiva na região é criar uma área liberada, conquistar uma base de apoio. Isso, por enquanto, é só uma perspectiva, mas nós avançamos muito nesse sentido. Surgem os primeiros embriões da área liberada. Se temos a perspectiva de criar uma área liberada, devemos desde já ter em vista os embriões do poder local."

Essa anotação foi feita em 5 de agosto de 1972, entre a primeira e a segunda ondas da repressão. Está nas páginas 89 e 90 do diário, que pode ser consultado no site da Fundação Maurício Grabois. O tom vitorioso do comandante guerrilheiro nos dá uma boa ideia das ilusões do PCdoB sobre o resultado da campanha. Já pensava até no futuro governo da área liberada. Considerando o Brasil da época, no auge do "milagre econômico", com o regime absolutamente consolidado no poder, esse pensamento beira a insanidade. Maurício Grabois teria apenas mais um ano e quatro meses de vida. O diário do comandante foi apreendido pela Brigada Paraquedista do Exército no dia 25 de dezembro de 1973, no acampamento da Comissão Militar, justamente no dia em que Grabois morreu sob fogo inimigo. As anotações, por sorte, foram copiadas à mão por um capitão do Exército, contrariando ordens superiores. Isso permitiu que o pesquisador pudesse tomar conhecimento de detalhes da luta.

Após a retirada da segunda expedição militar, não seria muito difícil romper o cerco. O próprio Ângelo Arroyo, quando abandonou a zona de combates, em janeiro de 1974, seguiu a pé até o Maranhão. Apesar de todo esse esforço, ele só viveu mais três anos. Outro guerrilheiro, Miqueas Gomes de Almeida, o "Zezinho", guiou Arroyo em boa parte do caminho de fuga e seguiu com ele até São Paulo. Abandonaram as armas ao chegar à região de Imperatriz (MA). Jogaram-se mato adentro e foram sair ninguém sabe em que canto. Roubaram cavalos, pegaram carona, foram de ônibus até São Paulo. "Não lembro quanto tempo levou até sairmos da área do cerco" — me contou o guerrilheiro. "Tudo era longe demais e a gente perdia a noção do tempo."

"Zezinho" ficou desaparecido por 22 anos. Só foi visto novamente no ano de 1996. Atualmente, mora em Goiás.* Ou seja: romper o cerco não era impossível. Os guerrilheiros poderiam ter se deslocado em grupos pequenos, alterando completamente o cenário da luta. Tiveram cinco meses para fazer isso, entre a segunda e a terceira expedições militares — e não fizeram.

Só que o pior ainda estava por vir. Em 7 de outubro de 1973, chegou ao Araguaia a mais bem treinada tropa do país, a Brigada Paraquedista do Exército, sediada no Rio de Janeiro. O governo militar, finalmente, havia decidido montar uma contraguerrilha. Uma força tática e operacional, com apenas 750 homens. Deslocava-se dentro da mata, em três grupos de 250 combatentes, justamente na área dos destacamentos guerrilheiros. Entre eles, a menor patente era a de sargento. Não havia recrutas. A aviação intensificou as operações de bombardeio em pontos remotos da floresta, obrigando os rebeldes a permanecer dentro do cerco tático, onde eram fustigados pela infantaria. Acabava assim a "linda campanha" do general Vianna Moog.

Os militares entravam em ação em pequenos grupos descaracterizados, sem uniformes e contando com apoio de jagunços e bate-paus. Todos tinham identidades falsas. Esses "irregulares" — paraquedistas, integrantes de batalhões de infantaria de selva e agentes de informações, todos voluntários — procuravam o combate. E nunca recuavam ao ouvir

---

*A história detalhada da fuga está na segunda parte do livro, no capítulo "Zezinho e os fantasmas".

os primeiros tiros. Uma mudança notável. Essa força leve, com deslocamentos autônomos, destruiria os remanescentes da guerrilha do PCdoB. Cada grupo de combate tinha a iniciativa total em seu território.

Em outubro de 1973, o general Ernesto Geisel já sabia que seria o próximo presidente, substituindo Garrastazu Médici. Mandou chamar seu irmão mais velho, Orlando Geisel, ministro do Exército, e disse a ele que estava na hora de "acabar com aquela bagunça" no Araguaia. Queria uma tropa especializada e pequena, com mobilidade e disposição de combate. Geisel queria o fim do espetáculo montado pelo general Vianna Moog, que considerava absurdo, e que expôs as Forças Armadas a seguidos fracassos. Afinal, Moog havia mobilizado 15 mil homens para combater um punhado de rebeldes, cerca de cem, a custos inacreditáveis.

Em dezembro de 1973, a Comissão Militar foi localizada e destruída (Maurício Grabois morreu no Natal). "Osvaldão" — o "Gigante", verdadeiro símbolo da luta — foi encontrado vagando pela floresta. Estava faminto e vestia apenas farrapos. Levou um tiro de espingarda calibre 12, disparado por um morador a serviço dos federais. O cabra se chamava Arlindo Vieira, mas era conhecido como "Piauí". Foi no dia 4 de fevereiro de 1974. O corpo dele foi amarrado ao trem de pouso de um helicóptero e levado de vila em vila, como um troféu. O povinho do Araguaia, cheio de crendices, achava que Osvaldão virava lobisomem.

"Dina", a guerrilheira que se confundia com o curupira e outras lendas da Amazônia — e que supostamente estava grávida —, foi fuzilada depois de presa. Denunciada por um lavrador, foi emboscada pelo major Curió, que se atirou sobre ela numa picada dentro da mata. Um tenente pegou a "Tuca" (Luiza Garlippe, uma loura alta e muito magra, vinte e poucos anos, subcomandante médica da guerrilha), que acompanhava a "Dina". Os corpos de ambas também voaram de helicóptero. Curió assegura que entregou as duas prisioneiras vivas no comando da "Operação Marajoara", como foi batizada a terceira onda, em Marabá. "Tenho testemunhas", garante. Dias depois, os militares decidiram eliminar a "lenda viva da guerrilha", a companheira "Dina". Foi levada até a floresta, onde se defrontou com o terceiro sargento Joaquim Arthur

Lopes de Souza — aquele mesmo agente "Ivan" que já conhecemos. A guerrilheira pediu para não ser vendada e disse que queria morrer de frente. Foi atendida. "Ivan" deu um tiro de 45 no peito de Dina, pouco acima do coração. Mas ela não morreu imediatamente. Levou então um segundo balaço na cabeça. E o corpo sumiu. Como já disse, anos mais tarde, "Ivan" foi assassinado. O crime ocorreu em 1987, no Rio de Janeiro: ele foi espancado até a morte.

Com a espinha dorsal partida, após a queda do grupo dirigente, a guerrilha se dispersou. Os poucos remanescentes foram caçados, um por um. A ordem era não fazer prisioneiros e "neutralizar e eliminar o foco terrorista rural", como deixou claro o general Álvaro Pinheiro. Menos de um ano depois, as matas do Araguaia mergulhavam num silêncio que perdura até hoje, encobrindo os mortos, os desaparecidos e tudo o mais.

Mas a nossa história continua.

2ª Parte

A luta

"Já choramos muito
Muitos se perderam no caminho
Mesmo assim não custa inventar
Uma nova canção
(Que venha nos trazer)
Sol de Primavera
Abre as janelas do meu peito
A lição sabemos de cor
Só nos resta aprender."

BETO GUEDES e RONALDO BASTOS,
"Sol de primavera"

1

O guerrilheiro e o menino bandido

1970. O velho segue pela trilha montado no burrico. Já passa dos sessenta anos e as longas marchas são extenuantes. O calor úmido do Araguaia sufoca. "Cid", como o velho é conhecido, sabe que não aguentaria a caminhada a pé, horas e horas a fio. Tudo fica muito longe naquelas brenhas da Gameleira, região da vila de Xambioá. A montaria é aquela conhecida dos roceiros. Pequeno e magro, o burrico não tem cor definida. É marrom, cinza e bege. Tudo misturado, como na expressão popular: cor de burro quando foge. O "Velho Cid" não está fugindo de nada, mas é como se estivesse. Vive uma vida disfarçada ali entre o povinho do Araguaia. Passa por modesto lavrador.

Mora num sítio pobre, cuida de uma roça de subsistência, está reunindo a família na pequena propriedade rural, uma gleba da qual tomou posse armado de enxada e facão. Dizem que o "Velho Cid" comprou a posse de um antigo morador. Como quase todo mundo na região do rio Gameleira. Pelo menos é isso que se pensa dele. Natural do Pará, tem o tipo físico adequado. Não chama atenção. A idade também ajuda no disfarce. Quem há de desconfiar de um sexagenário vestido de maneira simples, com roupas velhas e surradas? Na cabeça que ostenta fios brancos e longos, leva um chapéu de palha.

Atrás do burrinho, a pé, vai o sobrinho do "Velho Cid". O jovem de 24 anos atende por "Geraldo". Entre os amigos, é o "Gera". É magro e rijo, cabelos pretos, um tanto encaracolados. Traz uma barbinha rala no rosto anguloso. Passou a infância e parte da adolescência trabalhando na enxada, no sertão cearense. Também se parece com a gente local. E não desperta maiores curiosidades. A não ser das mocinhas, que olham para ele com olhos compridos. Veio de uma família de lavradores pobres, cuja grande luta era contra a seca, a carestia e o analfabetismo. Aprendeu a ler em casa porque a mãe não se conformava com a escuridão da ignorância. E de fato não havia luz naqueles sertões do Ceará onde o menino nasceu, nos idos de 1946. "Geraldo" não se importa com as longas caminhadas nas estradinhas de terra e nas trilhas da mata.

A cena, registrada pela câmera imaginária do autor, como nos filmes do Cinema Novo, foi vista muitas e muitas vezes pelos moradores da região. O velho montado no burrinho, levando mantimentos e bugigangas. O jovem seguindo a pé, com sandálias rústicas, calças de brim, camisa folgada, desabotoada no peito e mangas arregaçadas. Quem os vê não se importa: são gente boa do Nordeste, origem da maior parte dos moradores daqueles fins de mundo do Araguaia. São bons vizinhos, trabalhadores e tementes a Deus.

O "Velho Cid", na verdade, é João Amazonas de Souza Pedroso. Líder maior do Partido Comunista do Brasil (PCdoB), está na luta revolucionária desde 1935. Naquele ano, ao participar de um comício da Aliança Nacional Libertadora, na Praça da Pólvora, em Belém, se encantou pelo discurso libertário e se filiou à ANL, organização orientada pelos comunistas e que não tinha nada a ver com a ALN de Carlos Marighella. Logo depois foi preso, acusado de ter organizado a União dos Proletários de Belém em plena ditadura Vargas. Em 1937, cadeia de novo: dessa vez por sua militância na ANL. Foi quando conheceu Pedro Pomar, ele também um paraense, que dava aula de marxismo aos detentos. Pomar seria um dos mais importantes dirigentes do partido e o maior crítico da guerrilha fracassada. Em 1940, já no Estado Novo, Amazonas vai em cana mais uma vez.

É um veterano de marchas e contramarchas revolucionárias quem está montado no burrico. Amazonas rompeu com o Partido Comunista em 1962, inaugurando, com Maurício Grabois, uma dissidência que adotaria a sigla antiga, o PCdoB. Adere à linha chinesa do movimento comunista internacional, baseada na luta camponesa e na guerra popular prolongada. No Araguaia, aonde chegou em 1967, parece só um matuto como outro qualquer. Mas é ele quem faz a ligação entre o Comitê Central do partido e a guerrilha, que estava só na fase de implantação. Vai sobreviver à luta armada no Araguaia, onde permaneceu por um bom tempo, até a chegada das Forças Armadas, em abril de 1972. Um dos poucos a sobreviver. Em 2002, aos noventa anos, a idade o derruba.

"Geraldo" é José Genoino Neto. Líder estudantil cearense, fortemente ligado aos setores progressistas da Igreja católica, está no Araguaia como coordenador de um grupo guerrilheiro que ainda não apareceu para ninguém. O silêncio na floresta vai continuar pelos próximos dois anos, até que a repressão finalmente descobre a guerrilha. Durante as grandes agitações estudantis de 1967-68, se aproximou do PCdoB e também se filiou. Logo depois estava no Araguaia, já no segundo semestre de 1970. A origem camponesa, no entendimento do partido, justifica sua presença na guerrilha. Aparentemente, não passa de um lavrador pobre. Está em plena forma física e consegue caminhar um dia inteiro sem parar.

Começou a vida no cabo da enxada com cinco anos. Aos doze, trabalhou quase como escravo na construção de uma barragem do programa de combate à seca. A estiagem de 1958 rachou o chão e as paredes. Na ocasião, Genoino viu uma cena de violência que o marcaria para sempre: um trabalhador saca uma peixeira e encosta no bucho de um feitor, exigindo seus direitos. "A lâmina brilhava como um espelho." Pelo esforço do trabalho na barragem de Quixerá, menino magro, ele só recebia comida. Nunca viu a cor de um dinheiro enquanto jovem. Mas separava farinha e rapadura e levava para casa. A prática de pagar com comida era tradicional no Nordeste, um resquício do colonialismo português e da escravidão.

Genoino nasceu num lugar esquecido por Deus, a vila de Várzea Redonda. Foi no dia 30 de maio de 1946. A vila, na região de Quixeramobim, em pleno sertão cearense, era mesmo um fim de mundo. Não tinha água nem luz; não tinha escola nem nada. A pouquíssima gente que habitava o lugar era praticamente toda aparentada da família de Genoino. Pouco mais de mil pessoas viviam da terra e dos favores da Divina Providência. Havia tios e primos por todo lado cuidando de umas lavouras e de um gadinho.

A mãe, Maria Laiz Nobre, e o pai, Sebastião Genoino Guimarães, eram meeiros. Ou arrendatários. Trabalhavam na terra dos outros. Dona Maria, depois de encarar o duro dia de labutas, dava aulas para as crianças do vilarejo. E crianças não faltavam: só de filhos ela teve onze. E todos pegavam no pesado para obter o sustento da família. "Praticamente não me lembro de ter tido infância", diria Genoino em um livro de memórias.*

Genoino já tinha seus quinze anos quando pôs os pés no grupo escolar pela primeira vez, em 1961. Foi no pequeno município do Encantado, que não tinha nem 5 mil almas, vizinho a Várzea Redonda. Foi também aos quinze que calçou sapatos pela primeira vez. Depois de completar o primário, teve que se mudar para continuar os estudos. Senador Pompeu, cidade grande para os padrões do jovem Genoino, era um mundo novo que se abria. Ele foi morar na casa paroquial, onde o padre Salmito o adotou como coroinha. Foi nessa época que ganhou o apelido de "filho do padre".

Esse padre, aliás, tinha umas ideias sociais, frequentava reuniões sindicais e estudantis. Genoino o acompanhava. Assim entrou em contato com a Juventude Agrária Católica (JAC) e a Juventude Estudantil Católica (JEC). O convívio teve forte influência sobre o rapaz de Várzea Redonda, que havia se tornado um leitor furioso. Lia tudo que caía em suas mãos. Noite adentro.

De Senador Pompeu, nosso estudante aplicado e tímido foi para Fortaleza. Não era muito comunicativo e tudo o espantava. A capital,

---

Entre o sonho e o poder. Depoimento à jornalista Denise Paraná. São Paulo: Geração Editorial, 2006. Disponível em: <http://www.genoino.com.br/site/public/arquivos/1048entre_o_sonho_e_o_poder.pdf>. Acesso em: maio 2014.

belíssima, movimentada, iluminada, abriu seus olhos para um país chamado Brasil. O mundo era muito maior do que podia ser visto do sertão. Genoino encasquetou que nunca mais queria voltar àquela vida de roça, de dormir na rede e de acordar antes do sol. Da enxada, nenhuma saudade. Em Fortaleza, foi morar na casa dos Garcia, família católica indicada pelo padre Salmito. "Era uma mistura de filho e de criado."*
Fazia tarefas domésticas e se esforçava para agradar.

Constantemente, frequentava as reuniões da JEC. O ambiente, sensível aos dramas nordestinos, à exploração dos trabalhadores rurais e à falta de perspectivas dos jovens, rachou a cabeça dele. Conheceu o líder da organização católica. Esse religioso teria peso decisivo na formação de Genoino para a luta revolucionária.

CORTA
Vamos falar de um santo.

Tito de Alencar Lima, o frei Tito, assumiu a direção da JEC em 1963. Fez sua profissão de votos para a Ordem Dominicana três anos mais tarde, quando já vivia em Belo Horizonte. Em 1968, em São Paulo, foi estudar filosofia na USP, onde mergulhou no turbilhão do movimento estudantil e na resistência contra a ditadura. Foi preso no Congresso da UNE, em Ibiúna, e ficou marcado pela repressão. "Você é um traidor da Igreja e um traidor da Pátria", disseram os militares. Em 13 de outubro de 1969 (a data é imprecisa), uma equipe do Dops comandada pelo delegado Sérgio Paranhos Fleury prendeu o chamado "grupo de frades terroristas". Ou seja: o caridoso frei Tito e outros quatro dominicanos.

Fleury, o mais feroz torturador do regime militar, gostava de maltratar pessoalmente os presos. Interrogou o religioso por 21 dias. A tortura praticada contra Tito, uma brutalidade inenarrável, enlouqueceu o dominicano. Em seus delírios, frei Tito teria revelado que mantinha contatos com Carlos Marighella, o comandante da ALN. No Rio de Janeiro, outros

---

Entre o sonho e o podèr, obra já citada.

religiosos presos também falaram a respeito do líder da ALN. Marighella foi cercado pelo Dops de Fleury na alameda Casa Branca, em São Paulo, no dia 4 de novembro de 1969. Foi sumariamente fuzilado, como já vimos na primeira parte deste livro. Mas ainda hoje não se sabe direito como chegaram até ele. Talvez os dominicanos tenham colaborado. Talvez não.

Frei Tito, depois de sair do Dops, foi encarcerado no Presídio Tiradentes, condenado a quatro anos por crimes contra a Lei de Segurança Nacional (LSN). Certa vez, foi levado até o DOI-Codi paulista. Levou choques elétricos na boca ("Aqui está a sua hóstia") e bateram com a cabeça dele numa parede durante três dias. Depois o mandaram de volta para o presídio, onde supostamente estava sob a guarda da Justiça Militar, que deveria ser responsável por sua integridade e proteção. Foi um capitão do Exército que o tirou do presídio e o levou para a tortura. Sem mais nem menos, sem ordem judicial e em segredo. E também sem motivo, porque Tito não sabia mais nada.

Lá no Presídio Tiradentes, frei Tito escreveu um relato do seu sofrimento.* O manuscrito de frei Tito foi contrabandeado para fora da cadeia e entregue à Anistia Internacional, sediada em Londres, que o divulgou mundialmente. Um escândalo sem tamanho. No dia 13 de janeiro de 1971, frei Tito foi libertado, junto com outros setenta presos políticos, em troca da vida do embaixador suíço no Brasil, Giovanni Enrico Bucher (1913-1992), sequestrado um mês antes por um comando da Vanguarda Popular Revolucionária (VPR). O capitão Carlos Lamarca comandou a ação.

Tito foi para Santiago do Chile, mas não suportou o delírio persecutório. Achava que o delegado Fleury iria até lá para pegá-lo. Ficava horas escondido atrás de uma árvore, tremendo. A Anistia Internacional e o governo socialista do Chile cuidaram da sua remoção para a Santa Sé, em Roma. O Vaticano o tratou com frieza inexplicável. E frei Tito acabou se

---

*Para detalhes, ver o livro *Batismo de sangue* (Rio de Janeiro: Rocco, 2002) — escrito por frei Betto, um dos protagonistas daqueles acontecimentos —, que deu origem ao filme homônimo, com direção de Helvécio Ratton e com o ator Caio Blat no papel principal.

refugiando no Convento L'Arbresle, nos arredores de Lyon, França, em companhia de dominicanos. Mesmo entre seus irmãos, não encontrou paz. Continuava se escondendo atrás das árvores, ouvindo seus próprios gritos na tortura. No dia 10 de agosto de 1974, seu corpo enforcado foi encontrado no galho de um álamo.

CORTA
Frei Tito ainda está vivo.

Em Fortaleza, José Genoino foi morar com a família de frei Tito. "Eu vivia num ambiente muito politizado e muito intelectualizado", contou mais tarde à jornalista Denise Paraná. O guerrilheiro viveu na capital cearense até entrar para a clandestinidade. Quando já fazia o supletivo, seus laços com o movimento estudantil católico eram muito fortes. O país ainda estava em ebulição por causa do golpe militar de 1964. No Nordeste, a repressão política foi muito dura com os movimentos populares. Gregório Bezerra, líder comunista, foi arrastado por um jipe nas ruas do Recife, uma corda no pescoço, com direito à transmissão ao vivo pela televisão local. Depois foi obrigado a entrar num tonel cheio de ácido, o que lhe causou severas queimaduras.* Essa violência, cometida à luz do dia, aconteceu em 1º de abril de 1964, menos de 24 horas após o golpe militar.

Em 1966, Genoino completou o ensino médio. Em 1967, entrou para a Faculdade de Filosofia da Universidade Federal do Ceará. No mesmo ano já trabalhava na IBM de Fortaleza. Inteligente, funcionário versátil, foi estimulado pela empresa a cursar o ensino superior. Imaginavam que ele faria economia ou administração. Mas Genoino escolheu filosofia. Quando entrou para a universidade, reconhecido pelos dotes intelectuais, foi eleito para a presidência do Centro Acadêmico. Pronto! A vida dele estava traçada.

---

*Para mais detalhes ver *Memórias*, reeditado em 2009 pela Boitempo a partir dos originais de Gregório Bezerra, publicados em 1979. Ver também *Assalto ao poder*, obra já citada, que descreve a tortura sofrida pelo líder comunista nordestino.

Nessa época, vai para São Paulo participar de um encontro clandestino da UNE, o XXIX Congresso da entidade, realizado num convento em Vinhedo, interior do estado. Ao voltar para o Ceará, é escolhido para liderar o Diretório Central dos Estudantes (DCE). A repressão põe os olhos nele e passa a acompanhar a evolução do rapaz de 21 anos. Participa da organização das grandes manifestações de rua contra a ditadura. Um desses protestos acaba em confronto com a polícia, justamente na porta da IBM. Genoino é reconhecido e dispensado da empresa. Ainda assim, um dos diretores da indústria de informática lhe oferece uma transferência para o Rio de Janeiro, onde faria um curso de Análise de Sistemas. A multinacional faria isso com uma condição: abandonar o movimento. Ele recusa.

José Genoino é preso em 1968, na fase de preparação do desastrado XXX Congresso da UNE, em Ibiúna. Ficou uma semana na Polícia Federal e saiu com *habeas corpus*, que ainda existia antes do AI-5. É processado junto com José Dirceu de Oliveira e Silva, o famoso Zé Dirceu, porque foram detidos com material ilegal da UNE. Quando sai, volta para Fortaleza de avião: o então deputado Mário Covas deu a ele uma passagem. Retorna a São Paulo escondido para participar do tal congresso de Ibiúna.

Amanhece o dia 12 de outubro de 1968. Tropas da Polícia Militar e agentes da polícia civil cercam os estudantes que participam do XXX Congresso da UNE num sítio alugado. Era para ser um encontro clandestino. Novecentos e vinte serão presos, incluindo Genoino.* Duzentos vão escapar. A liderança de todo o movimento estudantil cai de uma vez só: José Dirceu, que presidia a União Estadual dos Estudantes (UEE) e era ligado à Dissidência Comunista de São Paulo (DI-SP), um dos "rachas" do PCB; Luís Travassos, da Ação Popular (AP), o mais conhecido agitador estudantil de São Paulo, à época presidente da UNE; Vladimir Palmeira, a maior liderança carioca, presidente da União Metropolitana dos Estudantes (UME), orador notável, também militante da DI-GB; Antônio

---

*O número divulgado inicialmente foi de setecentos detidos.

Guilherme Ribeiro Ribas, que liderava os secundaristas paulistas — e vários outros líderes de destaque. A força motriz da resistência contra a ditadura naquele período, o movimento estudantil, é desbastada de um só golpe. A família de lavradores proprietária do sítio Munduru também foi presa e submetida à violência policial — incluindo as crianças.

Os moradores de Ibiúna, cidade pequena na época, com apenas 6 mil habitantes, estavam espantados com a quantidade de jovens na região. Da noite para o dia, Ibiúna teve um aumento demográfico de quase 20%. Visitantes demais. Um dos rapazes, Carlos Eduardo Fayal, ligado à ALN, foi a uma padaria e comprou, de uma só vez, 200 cruzeiros de pão francês, que hoje equivaleriam a 800 reais. Dava para comprar mais de 100 quilos de pão. Fayal levou todo o estoque disponível. Coisas assim despertaram a desconfiança da população pacata da cidade.

Um pequeno proprietário rural, Miguel Góis, foi impedido de passar pela estrada de terra que levava ao sítio Munduru, na serra de São Sebastião, dando à polícia a localização exata do encontro. Dois rapazes armados de revólveres o impediram. O dono do sítio, Domingos Simões, era conhecido como "esquerdista". Depois de preso, foi acusado de pertencer à recém-criada Vanguarda Popular Revolucionária (VPR). Mas a trapalhada não para por aí. No dia da invasão policial, um jornal de Sorocaba já havia publicado que o congresso da UNE aconteceria em Ibiúna. De qualquer forma, encontro clandestino com mais de mil pessoas, das quais cerca de setecentos eram delegados estudantis, é quase uma piada.

A militante Maria Augusta Carneiro Ribeiro, que participou do encontro, anos depois declarou: "Foi uma grande farra. Foi um tal de namorar, um tal de beijar na boca, um tal de ser feliz."* Mas a farra de Ibiúna quebrou a espinha do movimento estudantil, empurrando a garotada para posições mais radicais. Aquela juventude era assim mesmo:

---

*A citação está em *Dirceu: a biografia*, do jornalista Otávio Cabral (Rio de Janeiro: Editora Record, 2013, p. 53). Parte desse depoimento, se bem que não exatamente essa frase, também está numa gravação que Maria Augusta fez para o documentário *Hércules 56*, do diretor Silvio Da-Rin, que relata os bastidores do sequestro do embaixador americano no Rio de Janeiro. Maria Augusta foi um dos quinze presos políticos libertados em troca do embaixador.

não estava só envolvida na resistência contra a ditadura, mas também fazia parte de uma revolução de costumes que abalava o mundo.

Além da felicidade da garotada sublinhada por Maria Augusta, o congresso da UNE abrigava grandes divergências políticas, concentradas na rivalidade entre a Dissidência Comunista (DI) e a Ação Popular. José Genoino apoiava a candidatura de José Dirceu à presidência da entidade — e era quase certo que venceria se não fosse a repressão acabar com a festa. Os três líderes estudantis mais importantes, Dirceu, Travassos e Palmeira, além da simpática Maria Augusta, foram libertados em troca da vida do embaixador americano sequestrado no Rio.

CORTA
Chegou a polícia.

Às sete e meia da manhã daquele memorável 12 de outubro, Dia da Criança e feriado nacional de Nossa Senhora Aparecida, as forças de segurança chegam ao acampamento. No dia seguinte, a *Folha de S. Paulo* publicaria matéria do repórter Manoel Moraes Netto, que tudo presenciou:

> Eram 7h30m da manhã de ontem. Garoa fina e frio intenso. Duzentos e quinze policiais — Força Pública e Dops — vasculham as matas à procura dos estudantes participantes do XXX Congresso Nacional da UNE. Uma denúncia os leva até o município de Ibiúna. Numa elevação do terreno, os comandados do coronel Divo Barsotti, do 7º BP de Sorocaba, divisam o acampamento dos estudantes.

Segundo a matéria da *Folha,* os militares já chegaram disparando rajadas de metralhadora INA 45. O pânico toma conta da garotada, que corre para dentro da mata. Os agentes do Dops começam o trabalho de identificar os líderes. O primeiro a ser reconhecido é José Dirceu, que tinha prisão preventiva decretada. Dirceu havia comandado a ocupação da Universidade de São Paulo (USP) durante cem dias de conflitos com a polícia e com estudantes de direita apoiados pelo Dops, culminando com a famosa "Batalha da Maria Antônia", envolvendo ativistas da Filosofia da USP e da Universidade Presbiteriana Mackenzie.

Os detidos em Ibiúna, alguns algemados, são obrigados a ficar de joelhos na lama, todos sob a mira de armas. Forma-se uma enorme fila. Não havia algemas para tantos. É tanta gente presa que o coronel pede reforço ao 4º Regimento de Infantaria do Exército, localizado a menos de 50 quilômetros de distância. Meia hora de carro pela rodovia Raposo Tavares. Até nisso os organizadores do evento erraram. O delegado local, Otávio Trabalhe de Carvalho, autor da primeira denúncia, e o prefeito Semi Isa ficam impotentes diante da mobilização policial do governo militar, que não respeitava fronteiras ou filiações políticas. Em pouco tempo, caminhões de transporte de tropas chegam à região. Ônibus da Viação Cometa são requisitados para transportar os estudantes presos. Até blindados leves aparecem por lá.

A repressão encontra três pistolas, um revólver, uma carabina 22 e alguma munição com os estudantes. Mas não houve reação. Parte das armas, inclusive uma metralhadora, havia sido enterrada com cuidado e foram recuperadas pela ALN pouco tempo depois. Em compensação, muito material "subversivo" é apreendido: o livro do "Che" sobre a guerra de guerrilhas, panfletos e outras publicações insidiosas. Um grande cartaz de Guevara, com a legenda "Criar dois, três, muitos Vietnãs", é confiscado pelos tiras do Dops, que chegaram a apreender um livro chamado *Paciente, ajude o seu médico*. Uma revolução na medicina?

A prisão mais importante foi a de Luís Travassos, considerado pelos militares o cérebro do movimento estudantil. A repressão ainda não sabia que José Dirceu e Genoino iriam se transformar, anos mais tarde, em personagens de enorme influência na política nacional. A Justiça Militar condena Travassos a uma longa pena. Menos de um ano depois, no entanto, ele é libertado: seu nome estava na lista dos quinze prisioneiros políticos soltos em troca da vida do embaixador americano Charles Burke Elbrick, em setembro de 1969. Genoino, apesar de ser muito conhecido no Ceará, não chamou nenhuma atenção especial. Luís Travassos passou dez anos no exílio e morreu aos 37 anos, em 24 de fevereiro de 1982, num trágico acidente de carro no Rio de Janeiro. Fora anistiado dois anos antes e estava de volta ao país.

A UNE havia sido posta na ilegalidade com o golpe militar de 31 de março de 1964. No dia seguinte, um comando terrorista de extrema-direita incendiou a sede da entidade, na Praia do Flamengo, Rio de Janeiro. Após a queda do congresso de Ibiúna, mais de mil estudantes se concentraram diante daquele prédio e enfrentaram a tropa de choque. Naquele dia ouvi pela primeira vez o grito de "a UNE somos nós, nossa força e nossa voz". Um claro desafio à ditadura. O prédio da UNE foi demolido e vendido a um empreendimento imobiliário.

Genoino acaba sendo encarcerado no Presídio Tiradentes, onde o regime concentrava presos políticos, à semelhnça do que acontecia na Ilha Grande: galeria de isolamento. Atrás das grades, o garoto de Várzea Redonda experimenta o amplo sentimento de solidariedade que unia os detentos condenados pela LSN. Tal solidariedade revolucionária superava todas as divergências de orientação política. "O inimigo está fora das celas" costumava dizer o padre português Alípio de Freitas, criador do minúsculo Partido Revolucionário Tiradentes (PRT), que também estava em cana. O lema foi cunhado pelo religioso. Alípio de Freitas abandonou a Igreja católica após participar das lutas nas Ligas Camponesas de Francisco Julião, em Pernambuco, antes do golpe militar. A palavra de ordem do padre também foi adotada pelo Comando Vermelho (CV), na Ilha Grande, após a anistia de 1979.

Na cadeia, a esquerda se comportava como um bloco fraterno e indivisível:

> Quando estava preso, aquilo que o coletivo recebia das famílias se dividia para todo mundo, porque havia presos que tinham família e outros que não tinham. A gente dividia o bolo, o cigarro, a comida. Uma verdadeira 'comuna' dentro da cadeia. E nós cantávamos sempre, em todas as ocasiões. Nas festas e despedidas a gente cantava o hino

da Internacional Comunista. Tinha um papagaio lá que até aprendeu a cantar a Internacional, de tanto ouvir a gente cantá-la quando saíam companheiros e nas datas históricas. A Internacional era um jeito de identificar as pessoas. Por exemplo: quando você era preso e ficava incomunicável, assim que chegava um companheiro estranho, bastava assobiar a Internacional. Se vinha um assobio de volta é porque se tratava de outro preso político.*

O governador de São Paulo, Abreu Sodré, estava incomodado com a concentração de presos em seu estado. O pessoal apanhado no congresso da UNE superlotou a cadeia. Sodré conseguiu convencer o governo militar a mandar os estudantes detidos de volta aos seus locais de origem. Ônibus foram alugados para levar a garotada. Genoino embarcou num deles rumo a Fortaleza. Em Vitória da Conquista, na Bahia, durante uma parada, simplesmente foi embora. Fugiu. "Só havia dois guardinhas tomando conta: era uma coisa improvisada", ele me contou.

CORTA
Lágrimas na despedida.

José Genoino Neto deixou Fortaleza no dia 25 de dezembro de 1968, aos 22 anos, escondido no porta-malas de um carro, porque estava com prisão preventiva decretada após o AI-5, instaurado pela ditadura havia apenas doze dias. Antes de cair na vida bandida, visitou a família. Em casa, no sertão, reuniu o pessoal e comunicou que estava largando tudo. Iria se meter na política. Dona Maria, a mãe, tinha orgulho dele e a esperança de que seria o único dos filhos a virar doutor. Foi uma choradeira. A família não entendia muito bem o que estava acontecendo, mas todos perceberam que o rapaz estava partindo para não voltar mais. Acabou voltando, doze anos depois.

---

*Entre o sonho e o poder, obra já citada, p. 45.

Na visita à família, estava acompanhado de amigos, gente ligada ao PCdoB. Ele já havia lido os documentos políticos da organização e estava disposto a entrar na luta. Sabia que o partido pretendia iniciar a guerrilha rural — que, na verdade, já vinha sendo implantada há dois anos. Genoino filiara-se ao PCdoB. Quando deixou Fortaleza, foi para o Crato, depois Recife, Salvador e São Paulo. Na capital paulista, mergulhou na clandestinidade. Um companheiro do PCdoB disse a ele:

— Agora você é Geraldo.

Esse novo "Geraldo" era visto com grande interesse pelo pessoal do partido. Afinal, era um lavrador pobre que se educou e adquiriu consciência política. Coisa extremamente rara nas organizações de esquerda, formadas principalmente por intelectuais de classe média das grandes cidades. Um proletário autêntico era uma verdadeira joia. Além do mais, "Geraldo" conheceu a seca, a fome, desigualdades, trabalho duro. Era o cara certo. Em 1970, aos 24 anos, foi convencido a seguir para a "área estratégica" do PCdoB. Aceitou entusiasmado. O itinerário: São Paulo, Anápolis, Imperatriz e Marabá, no coração da zona guerrilheira.

De Imperatriz o trajeto foi de barco, subindo o rio Tocantins, que deságua no Araguaia. Em cada trecho da viagem, havia um acompanhante do partido que estava no mesmo ônibus ou no barco. Mas era como se não estivesse: não se falavam nem se aproximavam. A função desse camarada anônimo era garantir que o novo integrante da guerrilha não seria seguido ou apanhado no caminho. A implantação da guerilha era um segredo total, coisa raríssima no ambiente da esquerda brasileira. O PCdoB tinha acumulado uma larga experiência de vida clandestina, desde o início da formação partidária, lá nos anos 1920.

Por que Genoino entrou para a guerrilha? Acompanhe um trecho do depoimento dele à jornalista Denise Paraná:

> Quando optei pela guerrilha, não tinha nenhuma dúvida de estar fazendo a coisa certa. Todo mundo, da geração de 1968, tinha em relação à luta armada uma opção factível, era uma opção concreta. Porque a gente sabia que não tinha outro jeito: ou você ia para o exílio ou era

preso e torturado. A outra opção era tentar sobreviver na luta armada, que também poderia acabar em tortura e prisão, mas nós não levávamos essa possibilidade muito em consideração.*

Em outro ponto de suas memórias, acrescenta:

> Como eu era vinculado ao PCdoB e o partido tinha como estratégia a luta camponesa dentro de um modelo chinês/vietnamita de exército popular, não cogitei em me engajar na luta armada urbana. Minha concepção era preparar o caminho para uma guerra prolongada, e que a gente ia construir grupos guerrilheiros em áreas liberadas para sobreviver ao longo de anos e anos.

As teses da luta camponesa e da guerra popular prolongada (conhecida entre nós como GPP) vêm da vitória de Mao Tsé-tung em 1949, quando os comunistas chineses tomaram o poder. Foram muitos anos de enfrentamento com um sistema de poder feudal, que teve imperadores por mais de 2 mil anos. E foi uma guerra de movimentos, iniciada em 1927, com um exército popular que se deslocava sem parar e adotava táticas guerrilheiras, lançando destacamentos pequenos e ágeis para todo lado. "Cercar as cidades pelo campo" era o objetivo estratégico de Mao, que comandou a "Grande Marcha".

Em 22 anos de lutas, o exército popular que construiu, baseado em camponeses, lavradores expulsos de suas terras e trabalhadores de minas, quase escravos, percorreu centenas de milhares de quilômetros impondo severas derrotas ao regime. Culminou com o cerco das grandes cidades e a liquidação das relações feudais de produção que ainda dominavam o país, especialmente no campo.

O império chinês havia começado no ano 221 a.C. Por isso a sua queda foi tão impactante, apesar de o governo chinês, na época da revolução, já ser oficialmente republicano. Mas essa República não governava de

---

*Entre o sonho e o poder, obra já citada, p. 68 e seguintes.

fato o imenso país asiático. O último soberano foi Aisin-Gioro Puyi. Em 1945, após a luta contra o Japão, durante a Segunda Guerra, ele foi capturado por forças russas e acusado de crimes contra a humanidade. Foi devolvido à China em 1949. Sob o regime comunista, passou dez anos preso e acabou como trabalhador no Jardim Botânico de Pequim.* O imperador morreu de câncer em 1967.

Nos anos 1950, a guerra popular prolongada ganhou feição mais moderna. Foi no Vietnã. O movimento que se ergueu contra o colonizador francês tinha à frente o lendário Ho Chi Minh. Pequeno e muito magro, usando uma barbicha ao estilo chinês, conhecia bem o Ocidente. Curiosamente, havia até trabalhado como estivador no porto do Rio de Janeiro. O Vietminh, como ficou conhecida a Frente de Libertação Nacional do Vietnã, comandada por esse que mais parecia um Papai Noel esfomeado, derrotou os franceses em 1954.

A batalha final ocorreu em Dien Bien Phu, um pequeno planalto no nordeste do país. Foi entre 13 de março e 7 de maio daquele ano. Oitenta mil homens e mulheres do Vietminh se lançaram num combate suicida contra a Força Expedicionária Francesa. Os revolucionários vietnamitas deixaram 22.900 mortos e feridos no campo de batalha. Do lado francês foram 8.800 mortos e feridos. Mas as tropas de Ho Chi Minh capturaram mais de 11 mil soldados franceses. Uma derrota vergonhosa e inacreditável para uma potência ocidental.

As forças militares vietnamitas foram lideradas pelo general Vo Nguyen Giap, considerado um dos mais importantes estrategistas do mundo. Ele escreveu a bíblia da luta camponesa e da guerra popular prolongada: o livro *Guerra do povo: exército do povo*.** Os escritos de Giap descrevem minuciosamente o processo de criação do exército popular. Tiveram importância notável na América Latina, influenciando

---

*Para detalhes, ver a autobiografia de Puyı cujo título traduzido seria *A primeira metade da minha vida*, que ganhou edição inglesa como *From Emperor to Citizen: The Autobiography of Aisin-Gioro Pu Yi*, nunca publicada no Brasil. Assista ao filme *O último imperador*, de Bernardo Bertolucci, ganhador de dois Oscar em 1987: melhor filme e melhor diretor.
**Havana: Editora Política, 1964, com prólogo de Ernesto "Che" Guevara.

as tendências da luta armada. O PCdoB adotou a teoria do general vietnamita e de Mao após o rompimento com o PCB nos anos 1961-62.

Mas a teoria tinha um problema grave: só deveria ser aplicada em países pré-capitalistas, onde a atividade agrícola primitiva constituía a base da economia e onde as relações de trabalho eram escravagistas — ou quase. Nos países capitalistas modernos, como o Brasil, a vanguarda do processo econômico e social se apoia na classe operária e nos trabalhadores urbanos. Uma "revolução campesina" nesses lugares carece de fundamento teórico e entendimento do processo produtivo e histórico. Mas foi nessa canoa que o PCdoB embarcou ao imaginar o MLP no Araguaia. "Hoje vejo que a concepção do PCdoB foi um equívoco", diria José Genoino anos mais tarde.

Num Brasil que se transformaria no maior produtor de grãos do mundo, poucas décadas mais tarde, com alta mecanização na agricultura, e que seria também um dos maiores pecuaristas do planeta, com ativa concentração de capitais no campo, o PCdoB avaliava, nos anos 1960, que éramos "um país dependente, com sobrevivências pré-capitalistas bastante acentuadas". Ou seja: a guerra camponesa cabia perfeitamente em nossas fronteiras. E justificava isso com outra frase equivocada: "O ritmo de desenvolvimento [do país] é demasiadamente vagaroso e, em relação aos países avançados, seu atraso é progressivo." O que se deu foi o oposto disso: já em 1970, o chamado "milagre econômico", com acelerado crescimento baseado no endividamento externo e com forte presença do capital internacional, além de uma política de arrocho salarial, mostrava que o Brasil seguia no rumo inverso das especulações do PCdoB. Agora somos a sexta economia do mundo capitalista — e não tivemos nenhum "atraso progressivo", apesar das enormes desigualdades sociais.

As frases que cito entre aspas estão contidas num livro raro, que me foi emprestado por José Genoino: *Guerra popular: caminho da luta armada no Brasil*, no qual estão reunidas as resoluções do Comitê Central do partido acerca do caráter da revolução brasileira. Foi essa análise incorreta do país que levou o PCdoB a embarcar na guerrilha rural, acreditando numa sublevação popular a partir dos rincões. Os militantes do PCdoB, confiando cegamente em seus dirigentes, se lançaram a uma aventura heroica no interior da maior floresta tropical do mundo. E isso custou a vida da maioria deles.

CORTA

Vamos embarcar nessa canoa.

José Genoino passou uma semana num pequeno barco a motor. A câmera imaginária do autor registra o espanto do homem do sertão, maravilhado com o espetáculo da floresta quase intocada. À noite podia ouvir os bichos da mata e os pássaros da madrugada. Aqueles rios eram estradas líquidas para a Amazônia. Águas calmas se contorcendo na direção do Eldorado. Genoino não questionava os motivos da luta, que achava inevitável. A "área estratégica" desfilava diante dele com toda a majestade.

Provavelmente, um dos motivos para não desenvolver uma visão crítica daquelas teses do PCdoB era o isolamento provocado pela clandestinidade. Não havia tempo nem segurança para debates teóricos. E no Araguaia a coisa ficou ainda pior. "Só de três em três meses a gente lia um jornal ou uma revista." Passou dois anos morando num barraco de palha, longe de tudo. Só saiu daquele sítio um ano depois de ter chegado — e mesmo assim para visitar pequenas vilas, em busca de fósforos, velas, pilhas, alimentos e remédios. Só as rádios internacionais, com programação em português, ajudavam a entender o que se passava no país e no mundo.

Os guerrilheiros tinham a obrigação de acompanhar essas emissoras duas vezes por dia, de manhã e à noite. A BBC de Londres e a Rádio Moscou se destacavam como fontes de informação. Havia também a Rádio Tirana, da Albânia, e a Rádio Pequim, da China, aliadas do PCdoB. Mas isso era pouco para formar uma opinião mais clara. O PCdoB, naquele momento, não questionava as suas próprias políticas. Era um partido sectário e fortemente influenciado pelo modelo stalinista do culto à personalidade de seus dirigentes, que sempre tinham razão. O questionamento da militância, aliás, só apareceria depois de a guerrilha ter sido destruída.

Aparentemente, na fase inicial, a única voz divergente foi a de Pedro Pomar, membro da Comissão Executiva do Comitê Central do partido, afastado em 1966 por discordar do encaminhamento da guerrilha. Não que ele fosse contra a luta armada. O que Pomar discutia era o método empregado: uma luta na mata, afastada de tudo.

Ao chegar à zona guerrilheira, Genoino desembarcou numa beirada do rio Gameleira, tarde da noite. Foi recebido por "Osvaldão" e João Amazonas, e conduzido até a cabana onde o grupo vivia. Era um barraco de taipa e paredes de barro. Chão de terra batida, sempre limpo. O teto era feito de amarrações de folhas de palmeira. Um abrigo precário, porém eficiente para o clima hostil da região.

— É aqui que vamos morar — disseram os companheiros.

"Osvaldão" o presenteou com um revólver 38, que nosso "Geraldo" portava quando foi preso. Agora Genoino estava oficialmente integrado à guerrilha. Ao longo dos dois anos seguintes, vários outros militantes do PCdoB chegariam àquela mesma margem de rio, na região do Araguaia, formando o Destacamento B, com 23 combatentes. "Nunca matei ninguém, apesar de ter participado de algumas escaramuças", diria Genoino, anos mais tarde, quando já era presidente do Partido dos Trabalhadores (PT) e homem forte do primeiro governo Lula. Mas ali no matagal Genoino nem sonhava com tais desdobramentos de sua vida política. O negócio era não ser apanhado de jeito nenhum. O partido recomendava que ninguém fosse capturado vivo.

Eles mesmos construíram o barraco para morar, com estrutura de madeira de árvores e paredes de barro dos rios, misturado com palha para dar uma liga. A maioria das casas da região tinha esse mesmo aspecto: construções feitas com as próprias mãos. Aquela habitação humilde, no meio da mata, não chamava atenção. A mobília era só uns banquinhos fabricados ali mesmo. As palmas de coqueiro do teto davam a proteção necessária, mesmo na época das chuvas torrenciais do Araguaia. No início eram só homens, mas aos poucos chegaram mulheres e casais.

Com o destacamento se ampliando, outras casinhas tortas foram construídas, de modo que aquilo se tornou um sítio. Supostamente, era a família do "Velho Cid" e mais uns agregados. Coisa muito comum entre o povinho do Araguaia. Muitos dos habitantes locais eram nordestinos, como o nosso "Geraldo", gente em busca de oportunidades ou fugindo de alguma encrenca no passado. Tomavam posse de uma gleba daquela terra de ninguém e iam ficando.

Nos barracos do PCdoB, todos dormiam em redes. Não havia camas, um luxo que ficou só na lembrança daqueles jovens que vieram de cidades grandes. A maior parte jamais voltaria. O banheiro era a grande floresta — e os rios serviam para o banho. Mas eles gostavam daquela vida de acampamento, apesar das dificuldades para se adaptar à mata bruta. Plantavam, caçavam, cozinhavam alimento para um só dia. As mochilas estavam sempre arrumadas. As armas sempre limpas. Muitos dormiam vestidos, até de botas. Na guerrilha é assim: o sujeito precisava estar pronto para cair fora em dois minutos, sem olhar para trás. Aqueles rapazes e moças, com idades entre 22 e 25 anos, deixaram uma vida de classe média nos centros urbanos e poderiam ser obrigados a abandonar o sítio a qualquer momento, como de fato aconteceu.

"E aquilo lá era muito gostoso", conta o Genoino de 2013, que foi o "Geraldo" de 1970. "Havia companheiros que nunca tinham visto uma planta ou um bicho." Eles aprenderam que um rio pequeno dá num grande. E que esse dá num maior. E assim vai até chegar numa cidade ou vila. "Se você tem o desenho dos rios na cabeça, você se perde no máximo por uma semana." Imagine se perder na selva por uma semana! E naquela época a mata era virgem.

Os animais nem fugiam ao dar de cara com o homem. Os guerrilheiros matavam veados e porcos selvagens com tiros à queima-roupa. Comiam até cobras e onças, além de muitas frutas silvestres, entre elas o açaí, colhido em enormes palmeiras, poderosa fonte de energia. O açaí se misturava com farinha de mandioca — um mingau delicioso. Tracajás e jacarés eles pegavam no igarapé que havia na beira dos barracos. Afinal, uma alimentação rica, consumida com arroz, feijão, mandioca e milho. O comando guerrilheiro proibia terminantemente o abuso de álcool ou o consumo da maconha, frequentes na região.

Quando a repressão descobriu a guerrilha, no final de 1971, os destacamentos A, B, C e a Comissão Militar, o comando, contavam com 73 combatentes, segundo José Genoino. Ele diz que dez camponeses se juntaram à guerrilha. Aí já temos 83. Fora o grupo de apoio do lado de fora, que funcionou até a intervenção militar, em abril de 1972. A conta de mais de cem é provável. "Ninguém sabe ao certo, porque os destacamentos eram estanques e a gente só sabia o que se passava em cada um deles", explica nosso personagem.

Vale repetir: a inteligência militar estimava entre 114 e 140 pessoas envolvidas no movimento, fora duas centenas de moradores que o Exército considerou "apoio" do movimento. Algumas fontes afirmam que o número de camponeses que pegou em armas chega a trinta.* Essa informação já eleva a conta para 103 guerrilheiros, fora o grupo externo.

É claro: simples moradores, que simpatizavam com os "paulistas", podem ter sido incluídos na soma. No primeiro dia da terceira expedição militar, 7 de outubro de 1973, o Exército prendeu 161 de uma lista de 203 suspeitos de colaboração com a guerrilha. Muita gente do povo foi apanhada e torturada (levar "taca", na expressão popular) como se integrasse as Forças Guerrilheiras do Araguaia. Os militares prendiam e soltavam — e depois prendiam de novo. E soltavam. Um clima de terror estava instalado em toda a região da guerrilha. E a guerrilha também acertava algumas contas, tendo assumido a morte de pelo menos um morador que colaborava com as tropas de ocupação, Pedro Mineiro. Os militares garantem que outros foram mortos, como vimos em detalhes.

Na verdade, antes de a luta começar, os "paulistas" eram só bons vizinhos, camaradas prestativos e respeitosos. Não ficavam enchendo a cara nas biroscas, como a maior parte dos homens. E ainda organizavam mutirões de trabalho e participavam das festas religiosas. Todo mundo gostava deles. Não assediavam as camponesas, o que também era proibido pelas leis da guerrilha. Tratavam as mulheres com grande respeito.

---

*Ver *A lei da selva*, obra já citada, p. 379 e seguintes, com base em informações dos militares envolvidos no combate à guerrilha.

Por tudo isso, eram recebidos com boa vontade nas roças e nas humildes casas dos lavradores. Não só para descansar, mas até para passar a noite. Só que o povinho do Araguaia não sabia que eram revolucionários e guerrilheiros dispostos a derrubar o governo através da luta armada. O chamado "trabalho de massas" se resumia à simpatia e boa vizinhança. Quando a guerrilha apareceu, foi um espanto geral.

Genoino diz que enfrentaram mais de 10 mil soldados, número desproporcional que pode ter sido ainda maior. Os próprios militares acreditam que mais de 15 mil homens das Forças Armadas passaram pelo Araguaia, "a maior campanha desde a guerra na Itália", como assegurou o general Vianna Moog. Elza Monnerat, em documento que escreveu para a Justiça Militar como parte de sua defesa após ser presa em 1976, afirmou que foram 25 mil. Ao certo, ninguém sabe. Li tudo o que foi publicado sobre o tema — e muitas das coisas que não foram publicadas em lugar nenhum, como os relatórios secretos. Acho mais adequado estimar a força repressora entre 10 e 15 mil homens, de abril de 1972 a janeiro de 1975.

Foi o maior contingente empregado contra a resistência civil à ditadura. O Araguaia, historicamente, foi o mais expressivo movimento de resistência no período republicano após Canudos. O comandante da Brigada Paraquedista do Exército, com atuação fundamental na destruição do movimento do PCdoB, general Hugo de Abreu, declarou que foi "o mais importante movimento armado no Brasil rural".* Apesar de todos os erros de interpretação da realidade do país, como a opção pela revolução camponesa num país capitalista rumo ao modelo de *capitalismo monopolista de Estado*, a forma mais avançada, a guerrilha comunista no sul do Pará foi a mais longa e determinada resistência contra a ditadura.

Os destacamentos guerrilheiros eram divididos em grupos de sete combatentes, às vezes oito. E o nosso "Geraldo" comandava um desses grupos no B, região da Gameleira, próximo à cachoeira de Santa Isabel,

---

*Ver *A guerrilha do Araguaia*, de Palmério Dória, obra já citada.

na área da vila de Xambioá. No grupo dele havia três mulheres, entre elas Suely, uma japonesa pequena e bonita, com longos cabelos negros. Os fios de cabelo dela podiam ser usados para fazer armadilhas e emboscadas, esticados para detonar explosivos se alguém esbarrasse neles. O vietcongue fazia isso. Havia casais na guerrilha e a orientação dos comandantes era fazer sexo evitando as possibilidades de gravidez.

Contra a malária, todos eles tomavam quinino, um medicamento abortivo. Houve casos de aborto provocados pelo remédio. Genoino jura que não transou com ninguém durante os dois anos em que esteve por lá, 1970-72. Mas o comentário é que tinha uma paixão platônica por Suely. Muitas mulheres pegaram em armas contra o governo militar, espalhadas por várias organizações revolucionárias, particularmente nas grandes cidades.

No Araguaia, dezessete mulheres integraram os destacamentos guerrilheiros. Algumas delas se tornaram ferozes combatentes, como Dinalva Oliveira Teixeira (a "Dina", que metia medo nos soldados, virava borboleta e se transformava em folhagem, como no mito das amazonas); Suely Kanayama ("Chica", uma das últimas a morrer: levou mais de cem tiros após alvejar um soldado e se recusar à rendição); Luiza Garlippe ("Tuca", subcomandante-médica da guerrilha, assassinada depois de presa); e Helenira Resende ("Fátima", morta em combate com o Exército: foi metralhada nas pernas e depois liquidada a golpes de baioneta). E não podemos esquecer de Lúcia Maria de Souza, a "Sônia": após ser rendida, tirou uma pequena pistola calibre 22 da bota, disparou contra os militares e feriu dois oficiais, um deles o temido major Curió, que por pouco não passou desta para melhor. O outro oficial levou um tiro no rosto, ferimento gravíssimo naquelas condições.

Além de bravas, as guerrilheiras também eram um problema para os rapazes, que não podiam sequer tocá-las. Por quê? Porque o partido recomendava que não houvesse envolvimentos emocionais entre os camaradas. Isso poderia ser um embaraço durante os combates. Aliás, diz Genoino, "era difícil ter tesão por uma mulher que protegia as suas costas com uma carabina nas mãos". E acrescenta: "Às vezes a gente tinha que lavar as toalhinhas de menstruação delas." No entanto, algumas já chegavam casadas à zona de guerra — e o partido reconhecia a união. Numa entrevista ao repórter Emerson Penha, da TV Brasil, gravada em vídeo, Genoino explica como era a vida afetiva dos guerrilheiros e confessa o encantamento que teve pela japonesa Suely:

> Nós não tínhamos vida social. Não dava para ir na zona [o bordel de Xambioá se chamava Vietnã, justamente por causa dos conflitos e dos crimes] porque a gente podia ser preso. Não dava para ter relações com as camponesas porque isso geraria algum tipo de compromisso e de risco para a guerrilha. E dentro da guerrilha a gente também não tinha relações com as companheiras. Eu, por exemplo, tive uma paixão platônica pela Suely, mas que não deu em nada. A gravidez era o risco principal. No meu destacamento ninguém fez filho. Mas houve um aborto: a Tuca [Luiza Garlippe] teve um aborto provocado por remédio contra a malária. Fiquei dois anos sem qualquer atividade sexual.

E depois o nosso "Geraldo" ainda puxou cinco anos de cadeia. No total, sete anos de celibato.

O partido também proibia relações amorosas com moradores da "área estratégica". E o ambiente da esquerda era muito dogmático. Uma vida de luxúria, nem pensar. Os militantes encaravam o seu estilo de vida como uma missão, um sacerdócio, uma tarefa revolucionária que descia às entranhas e que subia às nervuras do ser humano. Aquela era uma escolha para poucos. "Certa vez", Genoino confessou ao repórter Emerson Penha, "vinha caminhando por uma trilha quando ouvi chamarem meu nome: olhei para trás e vi que era uma garota tomando banho nua num riacho — saí correndo, porque não iria suportar aquela tentação."

Genoino diz que alguns militantes, uns três dos que conheceu, não aguentaram as duras condições da vida na floresta e abandonaram a luta. "Um caso clássico foi o de Francisco Amaro Lins, que se apaixonou por uma camponesa e abandonou a guerrilha." Esse Amaro continuou vivendo na região, curtindo o seu amor, e morreu de velhice, apesar de

Cenas de uma guerra suja

"Ivan", codinome de um agente do CIE infiltrado entre os guerrilheiros. Os documentos secretos da "Operação Araguaia" informam ter sido ele o responsável pela morte de Dinalva Oliveira Teixeira, a "Dina", um dos símbolos da luta armada no sul do Pará. Seu nome verdadeiro é Joaquim Arthur Lopes de Souza, sargento das Forças Especiais do Exército na época da guerrilha. Foi assassinado anos mais tarde.

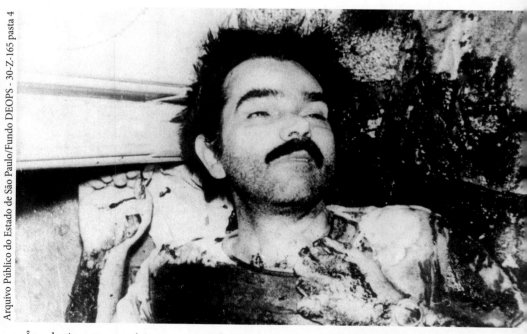

Ângelo Arroyo, operário comunista de São Paulo, membro do Comitê Central do PCdoB, foi chefe militar das Forças Guerrilheiras do Araguaia. Depois de uma fuga espetacular, foi morto com cinquenta tiros no chamado "Massacre da Lapa", quando o Exército localizou a direção do partido, após o fim da guerrilha.

Um dos três irmãos Petit, todos mortos na guerrilha.

Maurício Grabois, um dos fundadores do PCdoB, foi comandante em chefe da guerrilha. Morreu em combate com paraquedistas do Exército no Natal de 1973.

Osvaldo Orlando da Costa, o "Osvaldão", comandante do Destacamento B da guerrilha. Foi tenente da reserva do Exército. Engenheiro de minas, formado pela antiga Tchecoslováquia, tinha patente de coronel do Exército tcheco. Foi morto por um mateiro que servia de guia para os militares no Araguaia, em janeiro de 1974. Segundo relatos à época, Osvaldão, sozinho e perdido na mata, não chegou a ver o homem que o matou, conhecido na região como Piauí. O guerrilheiro foi o primeiro militante do PCdoB a chegar à zona de combate, ainda em 1966.

Ângelo Arroyo, quando se preparava para o Araguaia.

O cabo do Exército Odílio Cruz Rosa foi o primeiro militar a morrer em combate. Sua família foi informada de que ele havia sofrido um acidente. Sob ordens militares, o corpo foi enterrado sem abrir o caixão.

O guerrilheiro Cilon Cunha Brum, ao centro, teria sido executado por militares em Xambioá mesmo após rendição. O corpo nunca foi encontrado.

Sebastião Rodrigues de Moura, o "major Curió", usava documento falso do Ministério da Agricultura com o nome de Marco Antônio Luchinni. Foi um dos militares que mais se destacaram no combate à guerrilha comunista. Após o fim do conflito, "comandou" o garimpo de Serra Pelada e fundou uma cidade com o seu nome de guerra, Curianópolis.

"Dina" e "Antônio da Dina", casal de guerrilheiros. Ela foi executada e ele tido como "desaparecido".

A dirigente comunista Elza Monnerat, a "Dona Maria", que coordenava o dispositivo externo da guerrilha, recrutando novos combatentes e afastando os que precisavam de socorro médico. Morreu de causas naturais aos 90 anos.

José Genoino Neto, o guerrilheiro "Geraldo", em entrevista ao autor, em 2013.

Preso por pistoleiros, os chamados bate-paus, em abril de 1972, Genoino foi entregue ao Exército. Violentamente interrogado, ainda na floresta, foi espancado, queimado com brasas e afogado seguidamente. Não revelou a localização dos companheiros.

Esta foto do CIE é a única imagem de
Genoino no Araguaia.

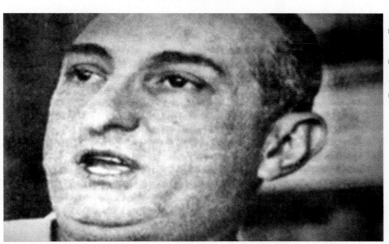

O diário de campanha de Maurício Grabois, o "comandante Mário",
é o mais completo relato conhecido sobre a guerrilha.
Oficial do Exército, contrariando ordens para destruir o
documento, copiou 140 páginas à mão.

Os corpos de guerrilheiros eram expostos ao público nas vilas do Araguaia. Isso fazia parte de uma campanha de guerra psicológica.

De origem desconhecida, a foto mostra um grupo de bate-paus, os "caçadores de comunistas", que participavam da contraguerrilha. Eles atuavam junto a tropas descaracterizadas.

A jornalista Liniane Haag Brum visitou duas vezes o Araguaia para tentar encontrar notícias do tio desaparecido, Cilon Cunha Brum, o guerrilheiro "Simão".

Durante suas investigações, Liniane encontrou pelo menos uma testemunha da execução do tio. As fotos foram tiradas pelo autor, durante entrevista em 2013.

Acervo pessoal do autor

O advogado Marcus Vinícius Cordeiro, secretário-geral da OAB/RJ.

Arquivo Público do Estado de São Paulo/Fundo DEOPS - 30-Z-160 Doc. 15.677

O "Massacre da Lapa", em dezembro de 1976, ato final da guerrilha. A foto do inquérito policial mostra os corpos de Pedro Pomar e Ângelo Arroyo, dirigentes do PCdoB. Entre os comunistas, Pomar foi o maior crítico à guerrilha: "Não foi uma guerra popular, foi uma guerra particular."

Acervo pessoal do autor

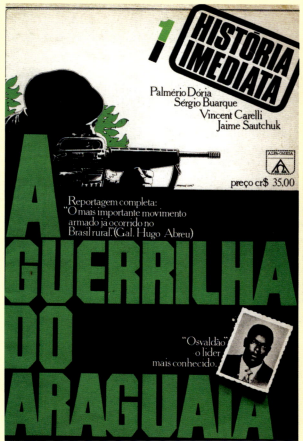

O jornalista Palmério Dória, autor de *A guerrilha do Araguaia*, a primeira publicação a reconstituir, em detalhes, os eventos do sul do Pará. Palmério esteve na zona guerrilheira pouco depois da saída das tropas federais.

Rioco Kayano, militante do PCdoB, foi presa na cidade de Marabá quando se preparava para atravessar o Araguaia e se juntar à guerrilha. Na cadeia, reencontrou José Genoino, com quem casou e teve três filhos. Estão juntos até hoje.

O advogado Wadih Damous, presidente da Comissão da Verdade do Rio de Janeiro, em entrevista ao autor: "Os governos FHC, Lula e Dilma não tiveram coragem de investigar os militares."

Miqueas Gomes de Almeida, o "Zezinho do Araguaia", o mais notável sobrevivente da guerrilha. Rompeu diversas vezes o cerco militar e fugiu a pé até o Maranhão, levando consigo o último comandante da guerrilha, Ângelo Arroyo.

Zezinho, após a fuga, passou 22 anos clandestino em São Paulo, mesmo após o fim do regime militar.

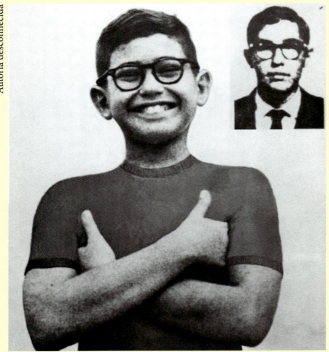

André Grabois, filho do "comandante Mário". Fez treinamento de guerrilha na China quando tinha apenas 17 anos. Morreu em combate.

O general Antônio Bandeira comandou as fases mais importantes do combate à guerrilha do Araguaia. Foi um militar da linha dura, querido pelas tropas. Aqui ele aparece, já aposentado, em sua fazenda na Paraíba.

toda a repressão. A mulher dele está lá até hoje. Mas não vou dizer quem é. Era só uma menina na época da luta armada. E essas meninas da Região Amazônica são espetaculares: pernas grossas, cor de jambo, seios pequenos, cabelos negros e cara de índia. Foi uma dessas que "capturou" o guerrilheiro Amaro Lins. Como muitos moradores da região, ele foi preso. E libertado. E preso de novo. E libertado outra vez. Amaro abandonou a guerrilha, mas não o PCdoB, mesmo escolhendo viver aquele amor amazônico. Até o fim da vida, junto com essa mulher, manteve na casinha um retrato de Lenin. Histórias de amor e de guerra.

CORTA
Um garoto apanha Genoino na mata.

Em abril de 1972, o Exército já estava no Bico do Papagaio, realizando as primeiras operações para localizar os guerrilheiros. Quando souberam que os militares tinham atacado, nos dias 12 e 14 daquele mês, os guerrilheiros vibraram. Fizeram até uma comemoração, cantando a Internacional Comunista no sítio da Gameleira. Eles queriam que a luta começasse logo. Alguns estavam enfiados na floresta há cinco ou seis anos. Só não avaliaram a enorme desproporção das forças que desabariam sobre eles. Também não se importaram muito com as carências daquilo que chamavam de Forças Guerrilheiras do Araguaia, o braço armado do MLP. Estavam felizes por finalmente entrar em combate. Os rapazes e moças do PCdoB eram de um desprendimento impressionante. Não queriam fugir da luta.

Na noite do domingo 16 de abril de 1972, o comandante do Destacamento B, "Osvaldão", recebe informações de que as tropas estavam se dirigindo para a área ocupada pelo Destacamento C, na região de Caianos, onde havia pelo menos vinte guerrilheiros comandados pelo economista Paulo Mendes Rodrigues, o "Paulo", que seria morto na noite do Natal de 1973. "Osvaldão" chama José Genoino Neto e dá a ele a missão de partir imediatamente para avisar os companheiros e verificar a situação. No último ano, Genoino tinha percorrido quase toda a zona guerrilheira visitando as vilas e os acampamentos. Era conhecido de todos, apenas um lavrador cuja origem sertaneja dava um disfarce natural. E ele sabia demais sobre a disposição dos guerrilheiros no terreno, espalhados numa área de 150 quilômetros de extensão por 50 quilômetros de largura. Se fosse apanhado vivo — e se falasse — seria um desastre. Podia não saber exatamente onde estavam os companheiros, porque a guerrilha se move, mas conhecia a área de cada grupo.

Depois de dois anos de treinamento pesado no Bico do Papagaio, Genoino estava em excelente forma física, sem esquecer que havia passado metade da vida na enxada. Acostumado com a mata, caminhou toda a noite de domingo e a madrugada de segunda. Sem parar. Guiava-se pela lua, as estrelas e os acidentes geográficos distantes. Árvores maiores e o desenho dos rios servem de bússola. Vestia calças de brim escuro e uma camisa azulada, com as mangas arregaçadas. Usava sapatos e carregava uma sacola de plástico com uma muda de roupa, soro para mordida de cobra e alguns mantimentos. O revólver 38 também estava na bolsa. A jornada prosseguiu por toda a segunda-feira 17 de abril de 1972. No fim da tarde, alcançou o sítio onde deveriam estar os companheiros do Destacamento C, em Caianos. Mas não havia ninguém por lá.

Exausto e faminto, ainda procurou sinais de perigo. Os guerrilheiros costumavam deixar marcas nas árvores, muito discretas, para alertar os demais quando alguma coisa estivesse errada. "Eu sabia qual era a árvore que deveria ter o sinal." Não encontrou nada. O Destacamento C embrenhou-se na floresta e passou onze meses sem contato com a Comissão Militar que comandava o movimento armado no Araguaia. Genoino também não viu rastros da passagem de soldados, cujos coturnos deixam impressões bem visíveis no chão coberto de folhas. Decidiu preparar algo para comer. E dormiu ali mesmo. Genoino sonhou que seria preso. "Foi um pesadelo."

Não muito longe dali, um posseiro chamado Pedro Mineiro abrigava em sua casa um grupo de homens a serviço da repressão, os famosos bate-paus, comandados pelo delegado de polícia de Xambioá, o Carlos Marra, na verdade um sargento da PM. Pedro Mineiro morava às margens do rio Gameleira há uns dez anos. Veio do interior de Minas Gerais, tinha quarenta e poucos anos. Chamava atenção pela altura, quase 1,90 m, e porque era louro de cabelos lisos. Temido na região, Mineiro trabalhava para os fazendeiros em tarefas bem sujas, como expulsar lavradores das terras e até matar, conforme se dizia por lá.

Durante o combate à guerrilha, Pedro Mineiro tornou-se um colaborador e informante do Exército, em troca de dinheiro e favores. Terminou capturado pelo comandante "Osvaldão". Foi julgado sumariamente e executado por um pelotão de fuzilamento formado por cinco mulheres, como vimos na primeira parte do livro.

Nesse grupo de seis homens havia um jovem pistoleiro maranhense, de apenas dezessete anos. Júlio Santana, o Julão, era um atirador notável e famoso por sua capacidade de correr na mata com grande velocidade, inclusive à noite, sem tropeçar ou esbarrar em nada. Julão se deslocava silenciosamente e tinha olhos de águia. O pistoleiro, que nessa altura da vida já carregava um homicídio nas costas, nasceu em Porto Franco, no Maranhão, uma área de florestas muito parecida com o Araguaia e muito próxima também.* Os bate-paus estavam na área havia uma semana, sem encontrar qualquer pista dos comunistas.

Durante essa segunda-feira, Julão havia notado rastros de Genoino dentro da mata. Pequenos detalhes — um galho quebrado aqui, outro ali. Notou principalmente as marcas dos sapatos que Genoino calçava. Também descobriu uma cabana abandonada, onde havia enxadas, panelas e um fogão de lenha, a mesma cabana em que o guerrilheiro dormiria, na base do Destacamento C, conhecida como "casa da viúva". Imaginou a trajetória de Genoino e se deu conta de que ele estava indo na direção em que o grupo de bate-paus se encontrava. Voltou correndo até o sítio de Pedro Mineiro e revelou suas descobertas ao delegado Carlos Marra. Genoino vai cair no dia seguinte.

---

*Para detalhes, ver *O nome da morte*, do jornalista Klester Cavalcanti (São Paulo: Editora Planeta do Brasil, 2006), que conta a história de Júlio Santana. Segundo o autor, o pistoleiro foi responsável pela morte de 492 pessoas, assassinadas em troca de dinheiro.

Por volta das cinco da manhã da terça-feira, ainda muito escuro, o grupo do delegado de Xambioá parte para a mata. Julão segue na frente, pisando o terreno coberto de folhas. Aquele pessoal está armado com revólveres e carabinas de caça. Julão carrega uma CBC calibre 20, capaz de fazer um estrago medonho num homem. Uma hora depois de iniciada a marcha, o garoto avista José Genoino, uns 200 metros mais adiante, caminhando devagar, com cuidado, para não tropeçar nas raízes e na vegetação rasteira. Está só de calção, mas continua usando os sapatos. Julão volta até o delegado, um homem barrigudo, pesado, que bufa para avançar no interior da floresta.

— Achei o cabra! — avisa o pistoleiro.

Carlos Marra ordena que o pessoal se coloque em linha, uns afastados dos outros, de modo a cobrir um trecho maior de terreno. Julão vai à direita do delegado, com a carabina firme nas mãos. "Se fosse o Exército", me explicou Genoino, "eu teria escapado." Mas os homens, em roupas comuns, como qualquer materiro, conseguem se aproximar do guerrilheiro. Nem mesmo foram notados. Até que o delegado diz baixinho:

— Eu conheço esse cabra. É o Geraldo.

Carlos Marra tinha visto "Geraldo" muitas vezes em Xambioá, quando o guerrilheiro ia ao vilarejo fazer compras. Naquele momento, estavam a uns dois dias de caminhada da vila, um povoado com menos de 5 mil habitantes. O casario, construído sobre o barro bruto, tinha poucas moradias, armazéns e botecos, uma igreja e a delegacia de polícia. Era mais conhecido pelo bordel, o Vietnã, ponto de atração da bugrada local e dos poucos viajantes. A maior parte da população vivia em assentamentos rurais e pequenos sítios. Marra sabia que "Geraldo" era sobrinho do "Velho Cid" e trabalhava na roça. Se o rapaz fosse um dos "paulistas", o sítio inteiro poderia ser uma base da guerrilha. O policial estava entusiasmado com a provável descoberta. E "Geraldo" estava sozinho, praticamente indefeso.

— Bom dia, Geraldo — diz o delegado, já em cima do guerrilheiro.

— Bom dia, delegado. Está fazendo o que por aqui? — responde Genoino, realmente surpreso com aquele encontro.

264

— Estamos procurando um comunista que está por estas bandas.

— O senhor sabe que não tenho nada a ver com isso. Sou apenas um agricultor — fala Genoino.

— Acho que você está metido com esses comunistas. Venha com a gente. Vamos voltar a Xambioá e quero que você venha também.

O diálogo entre o delegado e o guerrilheiro está reproduzido no livro *O nome da morte*, de Klester Cavalcanti. Foi transmitido ao jornalista diretamente por Julão. E o próprio Genoino me confirmou a sequência dos acontecimentos e as frases trocadas entre ele e o delegado. Assim foi o momento exato da prisão, cujos detalhes também coincidem perfeitamente com as memórias contidas em *Entre o sonho e o poder*.

O homem conhecido como Ricardo, um dos integrantes do grupo de bate-paus, amarra as mãos do guerrilheiro com uma corda. Outro deles, o Tonho, revista a sacola de plástico e encontra o revólver. Genoino agora está enrascado. Na verdade, os sapatos chamam mais atenção que o revólver. Nas brenhas do Araguaia, todo mundo tem uma arma. Mas nem todo mundo anda calçado.

O delegado Carlos Marra monta no pangaré que acompanha os seis homens. O policial segura a ponta da corda que ata as mãos do guerrilheiro. Julão, Ricardo e Tonho, além de Emanuel e Forel, andam ao lado do cavalo e estão todos tranquilos: além das diárias que recebem do Exército, podem se candidatar à polpuda recompensa por terem apanhado um comunista. Não tinham caminhado mais do que uns minutos quando Genoino consegue se soltar. O cabra corre em zigue-zague pela mata, entre as árvores.

Marra grita que vai atirar, mas o guerrilheiro não acredita. "Pode atirar!" — me contou Genoino. O delegado manda Julão derrubar o homem. Mas sem matar. Aquele menino-pistoleiro é bom de mira. Coloca um tiro da calibre 20 no ombro direito do nosso "Geraldo". A munição de cartucho, em parte, passou zumbindo pela orelha dele. Parte acertou. O choque foi muito forte.

O guerrilheiro sai catando cavacos por mais uns metros, tropeça e cai num "embuca", buraco aberto pela queda de uma árvore antiga. Os homens chegam e dão uma surra no líder estudantil que pegou em armas contra a ditadura. É o primeiro ato de um longo suplício a que Genoino será submetido. Vai apanhar o dia inteiro e desmaiar várias vezes. Terá as pernas queimadas com madeira em brasa de uma fogueira. Será obrigado a ficar de pé, descalço, sobre latas de sardinha aquecidas no fogo. A todas as perguntas feitas pelo delegado, que quer saber onde estão os **outros combatentes do PCdoB**, Genoino responde de maneira simples e quase humilde:

— Não sei de nada disso.

"Se eu não estivesse com as mãos amarradas", me contou o guerrilheiro, "teria escapado." Correr pela mata com mãos presas e arrastando um pedaço de corda é difícil mesmo. Mas eu acho que o Julão, bem mais jovem, mais leve e acostumado com aquele tipo de terreno, teria chegado novamente até "Geraldo". Ou teria dado um segundo tiro certeiro, dessa vez nas pernas. De todo modo, a sina de José Genoino já estava escrita. Amarrado ou não, ninguém foge do destino.

Carlos Marra decide que o grupo deve passar a noite naquela cabana abandonada onde deveria estar o Destacamento C da guerrilha. Julão os tinha guiado até lá. A "casa da viúva" parece um bom abrigo no momento. Genoino é amarrado a uma árvore e os bate-paus fazem um revezamento para vigiá-lo. O guerrilheiro dorme um sono atormentado. O pior pesadelo dele — a prisão e a tortura — vira uma dramática realidade. Está todo doído, as pernas em carne viva, o ombro ferido. Deseja uma morte rápida. Mas não terá tanta sorte. Além do mais, será denunciado por um cachorro vira-lata que vivia no sítio do Destacamento C. O bicho vai até o guerrilheiro, fica lambendo, abanando o rabo e até se deita bem ao lado dele. Traído pelo cachorro. "Aquilo foi a coisa mais humana que vi por lá: chorei comovido."

Não muito longe, no alto de uma castanheira, o guerrilheiro "Zezinho" acompanha o sofrimento do companheiro e imagina um modo de resgatá-lo. Mas nada pode fazer, a não ser avisar aos outros que "Geraldo" foi apanhado. "Zezinho" se embrenha na floresta e trata de voltar para o lugar onde estão os demais combatentes, bem longe dali, cerca de um

266

dia e meio de caminhada pela mata. Por isso todos souberam rapidamente que Genoino havia sido preso. O comandante "Osvaldão" põe o Destacamento B em marcha. Se Genoino falasse na tortura — o que não aconteceu —, ainda poderiam se salvar.

Mas esse "Geraldo", teimoso, repetia a mesma frase miserável: "Não sei de nada disso." E o pior é que ele tinha um encontro marcado com os companheiros, num ponto da floresta, dentro de dois dias. Mas não disse nada sobre isso.

No dia seguinte, 19 de abril, por volta da hora do almoço, um grande helicóptero de transporte de tropas do Exército pousa nas proximidades de onde se encontrava o grupo do delegado Carlos Marra. Não se sabe como o policial conseguiu fazer contato. Talvez fosse uma combinação prévia. Mas como o grande helicóptero pousou justamente na "casa da viúva"? Havia um rádio comunicador com os bate-paus? Seja como for, os militares chegaram para recolher o grupo e o prisioneiro. Um tenente do Exército aponta uma pistola e diz a Genoino:

— Vou matar você. Vou dar um tiro em você agora mesmo.

— Pode matar — responde o guerrilheiro, expondo ao militar um desejo sincero de acabar com tudo aquilo.

"Falei para ele, olho no olho, sinceramente, que queria morrer." O tenente percebe pelo tom da voz, pelo olhar direto, que Genoino fala sério.

— É isso que você quer, não é? Mas você não vai morrer assim, não.

Só que os militares não sabiam quem era aquele sujeito. Parecia mesmo um lavrador. É claro que não tinha documentos. O fato de estar armado com um velho revólver também não era nada de mais. Os sapatos, sim. Esses chamaram atenção. De qualquer forma, os militares resolveram algemar Genoino a uma árvore e o fotografaram. A foto se tornaria célebre e só foi mostrada ao deputado federal José Genoino em 1996, pelo jornalista Franklin Martins, no café da Câmara Federal. A fotografia, feita lá no mato, foi transmitida da base do Exército em Xambioá para o CIE, em Brasília. Resultou na identificação de José Genoino Neto, no dia 22 de abril de 1972, quando comparada à prisão dele no congresso dos estudantes, em Ibiúna.

Antes de levantar voo com a turma toda, os militares resolvem testar esse tal de "Geraldo". Pegam um barril de óleo dentro do helicóptero, enchem de água do rio e começam um novo interrogatório. Por diversas vezes, colocam Genoino no barril, de cabeça para baixo — é a "técnica de afogamento controlado", ensinada aos brasileiros pelos americanos. Tal método de afogamento consta no *Special Warfare*, o manual de contrainsurgência das forças especiais dos Estados Unidos, e foi transmitido a militares tupiniquins na Escola de Guerra das Américas, no Panamá. A "técnica" era utilizada no Vietnã e ainda hoje é aplicada contra suspeitos de terrorismo. Mesmo assim, afogado seguidamente, José Genoino, que ainda era "Geraldo" para seus torturadores, responde com aquele enfadonho "não sei de nada disso".

CORTA
Em Brasília, cabeças decepadas.

O deslocamento de helicóptero até Xambioá dura menos de meia hora. Os bate-paus, que nunca tinham voado, ficam maravilhados com o espetáculo da floresta vista de cima. Julão tem medo e vai de olhos bem fechados até o pouso no campinho de futebol da vila. José Genoino passa três dias levando porrada e choques elétricos. "Os interrogatórios aconteciam ali mesmo, na frente de quem estivesse passando." E acrescenta: "Aquilo era pura brutalidade, eles nem sabiam o que perguntar porque a tortura científica só começou em Brasília." Foi isso que ele me revelou.

Após a identificação, baseada na tal fotografia, o cabra foi metido num avião Hércules C-130 da Força Aérea e levado para Brasília. Ficou nove meses na capital, a maior parte do tempo no Pelotão de Investigações Criminais (PIC) da Polícia do Exército, no setor militar urbano. Quase diariamente era levado para sessões de tortura: choques, pau de arara, afogamento — violências de todo tipo.

"A tortura separa o corpo da mente", me contou Genoino. "O corpo quer desistir, mas a mente resiste." Perguntei se isso era uma conclusão racional ou se tinha sido uma experiência sensorial. Ele só me repetiu que o corpo e a mente se separam por alguns momentos. Certa vez, li o relato de um militante argelino, veterano da guerra anticolonial, torturado por paraquedistas franceses, que dizia ter visto o próprio corpo de um ponto de vista externo, como se assistisse a um filme, distanciado. Mas Genoino não entrou em detalhes sobre isso. Parecia não gostar do assunto.

Os interrogadores queriam saber minúcias das ligações do guerrilheiro com o PCdoB, em São Paulo e no Rio de Janeiro. Genoino dizia que estava no Araguaia "fazendo trabalho camponês" para o partido. Sobre a guerrilha, já não falavam quase nada, até porque, com a passagem do tempo, não teria o que acrescentar. E os militares estavam confiantes no gigantesco dispositivo bélico já instalado no Araguaia. O fim do movimento era uma questão de tempo. Essa indecisão de seus captores é o que explica o fato de ter sobrevivido. Foi antes de a ditadura ter optado por uma campanha de extermínio.

Até dezembro de 1972, as Forças Armadas já tinham destruído parte significativa da guerrilha. Pelo menos quinze combatentes haviam sido mortos ou estavam desaparecidos, talvez perdidos dentro da mata. Aliás, todo o Destacamento C estava sumido na floresta. Depósitos de comida, remédios e munição foram encontrados e destruídos com granadas de mão. "Tenho uma grande mágoa, porque disseram que só sobrevivi porque colaborei." Isso não é verdade. Genoino não revelou nada sobre seus companheiros. Passados todos esses anos, nunca apareceu uma notícia de alguém que tivesse sido preso ou sofrido qualquer violência por causa dele.

Quando foi libertado, José Genoino Neto tinha um sentimento de culpa por ter sobrevivido. "Você sabe como era isso na esquerda: a gente levava o compromisso até a morte." Estar vivo, enquanto outros haviam pagado com a própria pele, pesava na consciência do militante.

No entanto, ainda em setembro de 1972, o Exército lançou de helicóptero, sobre o Araguaia, panfletos contendo uma carta atribuída ao guerrilheiro. O texto pedia que os companheiros se rendessem, num momento em que a luta continuava. Essa carta é citada no "Relatório Arroyo",* um

---

*A íntegra do documento está na parte final deste livro.

dos mais importantes registros sobre o Araguaia, produzido em 1974 por um dos chefes da guerrilha, o operário metalúrgico paulista Ângelo Arroyo, membro do Comitê Central do PCdoB. Acompanhe o trecho:

> Durante a campanha, o Exército distribuiu boletins na área, concitando os guerrilheiros a se entregar. Distribuiu também o fac-símile de uma carta do Geraldo, dirigida ao Glênio [Sá], do [Destacamento] B, na qual afirmava que estava sendo bem tratado, e com dignidade, pelo Exército e pedindo a ele para se entregar. A carta trazia o retrato de Geraldo e também o de Miguel [que havia sido preso no Destacamento C].

Genoino não dá muita importância a essa carta. "O Exército fez isso muitas vezes na região." De todo modo, não há notícias de que tenha revelado segredos do PCdoB. Ninguém caiu por culpa dele. Mas os interrogadores do PIC mostraram ao guerrilheiro algumas fotos dos mortos na guerrilha. Gente despedaçada na tortura. Companheiros fuzilados. Rostos desfigurados. Cabeças decepadas. Essas fotos também faziam parte da tortura: um método de terror para quebrar a confiança · de Genoino. "Aquilo era terrível."

Os militares queriam confirmar a identidade de alguns daqueles corpos, mesmo tendo como obter os nomes por outras vias. Não sei se Genoino ajudou. E se tivesse ajudado, que diferença faria? Estavam todos mortos. As organizações da luta armada orientavam seus militantes a manter silêncio total por 48 horas, ou até passar a data e o horário do próximo "ponto" com os companheiros. Depois, conforme a pressão, revelar gradualmente coisas que a repressão já conhecia. E não ajudava nada sair falando, porque os torturadores acreditariam que o cara sabia muito mais. Revelar o nome dos mortos ou identificar a foto de um morto fazia parte do manual de resistência à tortura.

Em dezembro de 1972, José Genoino foi transferido de Brasília para São Paulo. Foi entregue à Operação Bandeirantes (Oban), organização quase clandestina do regime, que congregava o Dops do delegado Sérgio Paranhos Fleury e o DOI-Codi comandado pelo coronel Carlos Alberto

Brilhante Ustra, o "dr. Tibiriçá". A Oban ficava na rua Tutoia, na Zona Sul da capital paulista, cujo prédio foi transformado num museu da resistência contra a ditadura. É chamado de "Memorial da Liberdade". A Oban arrecadava doações de grandes grupos empresariais, financiando dessa maneira suas "operações contra o terrorismo". Mas há denúncias de que tais doações eram, na verdade, fruto de extorsão. E a grana servia para encher a barriga dos integrantes do grupo. Mais de um empresário, entretanto, foi acusado de se envolver diretamente nas investigações e até em sessões de tortura.

Na Oban, Genoino não sofreu muitas violências, "só interrogatórios normais". Talvez porque teria de ser apresentado à Justiça Militar, sob a acusação de "integrar organização ilegal que pretende a derrubada do regime por meio da luta armada". Curiosamente, nunca foi acusado de nada em relação à Guerrilha do Araguaia. É que os militares ainda pretendiam manter o movimento sob sigilo absoluto. Quem falou em guerrilha foi o próprio José Genoino, numa carta aberta ao juiz militar. A acusação genérica, "integrar organização ilegal", talvez explique a pena leve que recebeu: cinco anos de prisão, de acordo com o Artigo 21 da LSN,* que estabelecia condenação de quatro a doze anos.

Nessa fase, na Oban, acompanhou o caso do assassinato do estudante Alexandre Vannucchi Leme, líder estudantil da USP, preso em 16 de março de 1973. Aos 22 anos, cursando o quarto período de Geologia, Alexandre havia sido o primeiro colocado no vestibular mais difícil do país. Foi torturado até a morte por causa do seu envolvimento com a ALN. A polícia política, para disfarçar o crime, simulou um atropelamento. "Vi quando lavaram o sangue da cela dele", informa Genoino, "o que significava que um companheiro havia morrido."

Quarenta anos mais tarde, em março de 2013, a Comissão Nacional da Verdade reconheceu que Vannucchi morreu torturado. O governo de Dilma Rousseff apresentou "as desculpas do Estado brasileiro" à família.

---

*Decreto-Lei nº 314, sancionado pelo general-presidente Humberto de Alencar Castello Branco em 13 de março de 1967.

No mesmo dia, a comissão entregou aos parentes do jornalista Vladimir Herzog um atestado de óbito que desmente oficialmente o suposto suicídio dentro de uma cela.

Ainda no PIC, em Brasília, nosso personagem teve um encontro surpreendente: numa sala de interrogatório, reconheceu Rioco Kayano, uma japonesa da Faculdade de Letras da USP que Genoino conhecera cinco anos antes, durante o movimento estudantil. Foi na época em que ia a São Paulo para os encontros da UNE. Costumava frequentar a casa de uma tia da garota, na Vila Madalena, onde também conheceu a Suely. Lá fez talvez o primeiro contato mais próximo com o PCdoB: um cara chamado Marcelo.

Rioco abandonou a faculdade e entrou na clandestinidade após ser identificada pela repressão. Precisava fugir. Fugiu para o Araguaia. Estava numa pensão em Marabá, aguardando transporte para atravessar o grande rio e se juntar ao Destacamento A da guerrilha, quando foi presa, no dia 15 de abril de 1972. Havia sido levada àquela cidade na área do conflito por Elza Monnerat. Marabá estava ocupada por forças militares e era o quartel-general da repressão. Rioco se meteu na toca do lobo. Ficou sozinha na pensão — e Elza Monnerat, único contato da estudante, sumiu.

Quando Genoino viu Rioco na sala de interrogatórios, ela estava nua e com a cabeça coberta por um capuz. Ele a reconheceu porque Rioco é uma mulher peculiar: muito magra e pequenininha. Algum tempo depois, se encontraram novamente, já em São Paulo, ao descer uma escadaria na casa da rua Tutoia, sede da Oban. Um ano havia se passado. E, dessa vez, puderam se olhar nos olhos. Trocaram algumas rápidas palavras. Mais uma das inacreditáveis histórias de amor e de guerra.

Genoino foi parar no Carandiru ao deixar o inferno de Fleury e Ustra. Rioco foi para a penitenciária feminina, na mesma área do Carandiru, condenada a três anos de detenção. Os dois se corresponderam, iniciando um namoro a distância que resultou num compromisso: iriam viver juntos ao sair da cadeia. Em todo esse período, nunca se encontraram. Mas quis os mistérios dessa "vida bandida" que os dois nunca mais se perdessem. Tiveram três filhos e dois netos. Estão casados até hoje. Já os vi juntos, na casa modesta onde vivem, em São Paulo. Ela o chama de "Gê". Ele, de "baixinha". A cumplicidade desses dois sobreviventes, após toda a violência que desabou sobre eles, comove até um espectador de pedra. Com toda a experiência de repórter que acumulo, ao longo de décadas, não consigo deixar de me admirar diante do casal.

No Carandiru, o combatente das Forças Guerrilheiras do Araguaia estava em casa. Vivia numa cela com 54 presos políticos. Para superar os sofrimentos, fez uma espécie de "terapia coletiva" junto aos condenados pelo governo militar. "Só assim você consegue sair da cadeia sem quebrar." Os presos políticos do Carandiru eram muito organizados. Tinham um coletivo bem ativo: montavam grupos de estudo, criaram um sistema de comunicação com o exterior, contrabandeavam papéis das organizações de esquerda, livros, dividiam a comida. Chegavam a colar cartazes — e até fotos — dando nome às celas: "Marighella", "Lamarca". Até que um dia o secretário de Segurança de São Paulo, o coronel Erasmo Dias, fez uma visita de surpresa, em março de 1974. O secretário teve um ataque de raiva e transferiu todo mundo para a penitenciária do estado. Lá os presos políticos fizeram uma greve de fome de dez dias e terminaram voltando para o Carandiru, como queriam.

Em 1975, José Genoino foi transferido para o Ceará, de modo a cumprir os dois anos que faltavam de pena. Foi depois do assassinato do jornalista Vladimir Herzog, ocorrido no DOI-Codi paulista, às três da tarde de 25 de outubro. A morte de Vlado provocou enorme repercussão — inclusive mundial — e resultou no acirramento da crise política entre os militares. O próprio comandante da região militar de São Paulo, general Ednardo D'Ávila Mello, acabou destituído de suas funções no conflito de autoridade que se seguiu ao "suicídio" do jornalista.

O presidente Ernesto Geisel afastou Ednardo depois de outra morte no DOI-Codi: a do operário Manoel Fiel Filho, também "suicidado", em janeiro de 1976. Como já havia acontecido com os presos do congresso de Ibiúna, o governo paulista pressionou para que os prisioneiros de outros estados fossem transferidos. Genoino voltou a Fortaleza, onde ficou numa prisão com quinhentos bandidos condenados. Ele e mais nove presos políticos, no meio da bandidagem. Mas a convivência entre eles foi respeitosa. Um estelionatário comentou:

— Vocês, tudo doutor, com armas na mão?

Quando saiu da cadeia em Fortaleza foi direto para São Paulo. Rioco já estava livre. Os dois se encontraram, dando sequência prática a essa história de amor que dura até hoje. Genoino diz que tinha medo de andar sozinho na rua. Achava que alguma coisa poderia acontecer com ele. O ano era 1977 e a ditadura ainda ficaria de pé por mais oito anos. Estava sendo vigiado e não sabia. A inteligência militar acompanhava seus passos. A campanha pela anistia estava se avolumando e logo ganharia as ruas.

Genoino tinha divergências com o PCdoB, visitava famílias dos mortos na guerrilha, tentando explicar o que tinha acontecido. O partido não queria muitos comentários sobre a luta armada no sul do Pará, especialmente porque chegou a declarar que a resistência popular continuava. Mentira. Depois, viria o movimento pelas eleições diretas. Genoino, em especial, chamava atenção ao se aproximar do grupo que iria fundar o Partido dos Trabalhadores (PT) pouco mais tarde. Uma fonte nas Forças Armadas me contou que havia um acompanhamento sistemático daquelas pessoas que poderiam representar uma retomada da resistência revolucionária. Genoino não tinha medo à toa. O medo, aliás, só passou quando começou a frequentar os estádios de futebol, no meio da massa, acompanhando a torcida do Corinthians. "Aquilo tinha uma força, uma energia." Foi morar com Rioco num quarto alugado, nos fundos de uma casa no Jabaquara.

Conseguiu emprego. Um empresário que ele conheceu na cadeia de Fortaleza e que fora até lá visitar um preso lhe ofereceu trabalho no ramo de cosméticos. Imaginem só: Genoino controlava a venda de tintura para cabelo e fraldas. Depois foi dar aula de história num cursinho pré-vestibular chamado Equipe, onde ficou por cinco anos. Dava aulas sem diploma. Como me definiria o jornalista Palmério Dória, era "professor de história viva".

Dois anos mais tarde, em 1979, foi beneficiado pela anistia ampla, geral e irrestrita. No Brasil — caso raríssimo —, significou o perdão de todos os crimes políticos. Rompeu com o PCdoB, porque não concordava com a avaliação que o partido fazia da guerrilha. João Amazonas, secretário-geral do PCdoB, que percorreu com ele as trilhas do Araguaia, ainda proibia os militantes de revelar detalhes da campanha. Na verdade, o partido vendia a ideia de que a resistência continuara por mais dois anos, inclusive divulgando "comunicados". Tudo mentira. Genoino não aceitava aquela situação. Márcio, um jornalista amigo, também militante do PCdoB, me confidenciou: "A situação era tão absurda que também deixei o partido."

Genoino chegou a ser visto como "desertor" pelos comunistas, apesar de todos os sacrifícios por que passou. "O rompimento com o partido foi muito dramático." Mas ele teve a decência de procurar a família dos mortos e contar a verdadeira história. Ou, pelo menos, contar o que sabia. "Tenho esse compromisso na minha vida, contar essa história." Diz que não se arrepende de nada, o que não o impede de ter "uma visão crítica sobre o assunto". "Depois do que passamos", completa, "a conclusão é que devemos continuar na luta, porque essa é a melhor maneira de homenagear os nossos mortos." Quando Genoino me disse essa frase, a câmera do autor registrou olhos marejados.

Mas algo muito importante mudou na cabeça de José Genoino. Ainda no Carandiru, discutia com os presos sobre os rumos do país, observava as eleições de 1974, que registraram crescimento da oposição, recebia a visita de parlamentares do MDB e advogados. "O caminho da violência é um caminho sem volta, mas aquela política do tudo ou nada tinha que ter um fim", me contou Genoino. Ele via a ressurreição do movimento popular e percebia a força do voto. O movimento operário se reorganizava com Lula. A luta pela via democrática entrou definitivamente na mente do guerrilheiro. Vou destacar uma frase da conversa que tivemos:

— A Revolução Francesa, libertária, produziu a guilhotina. A Revolução Russa, o stalinismo. A Revolução Cubana, com grandes ideais, não combina com o paredão. A democracia, com toda a liberdade, deve ser entendida como o único caminho, quase como um valor em si.

Na essência, além de uma evolução intelectual espetacular, essa conclusão explica o envolvimento dele com o projeto político do PT, que sempre pretendeu se tornar um grande partido de massas. A história colocou pedras no caminho, é verdade, mas não excluiu o profundo sentimento de mudança nas ideias daquele nordestino pobre. José Genoino entendeu, finalmente, que a luta política não pode ser levada — apenas — às últimas consequências. "Podemos ter adversários, mas não necessariamente inimigos, que tenham que ser eliminados." Ouvi isso em silêncio, na pequena, porém rica, biblioteca de história na casa do guerrilheiro. Aliás, essa biblioteca é o único "tesouro" do ex-deputado, que se define atualmente como "um militante socialista". "Sou dono apenas da casa onde moro." Ao ouvir essa declaração, que gravei com duas câmeras digitais de alta definição, as perguntas me faltaram. Estava perplexo diante de mais essa história de amor e de guerra no Araguaia.

CORTA
Nasce Miruna.

Em 1981, nasceu a primeira filha do casal, Miruna. Os outros dois filhos são Ronan e Mariana. Na sala do primeiro parto, Rioco teve uma crise nervosa, porque identificou o local com a sala de tortura. Entrou numa grave depressão, que levou tempo para ser tratada. Depois se formou em enfermagem, com especialização em psiquiatria, superando o drama. Trabalhou na especialidade até se aposentar.*

Em 1982, Genoino candidatou-se a deputado federal pelo PT. Desde então, passou por várias campanhas vitoriosas. Chegou a ser o deputado mais votado de São Paulo, com 300 mil eleitores. Seguidamente, obteve cinco mandatos. Em 2002, foi escolhido presidente nacional do Partido dos Trabalhadores. Ficou no cargo até 2005. Recebeu medalhas dos

---

*Ver, mais adiante, o depoimento detalhado de Rioco Kayano ao autor.

militares que combateu. Em 8 de maio de 2011, foi condecorado pelo Ministério da Defesa. Essa foi a segunda vez que um guerrilheiro recebeu condecoração no Brasil: o primeiro foi "Che" Guevara, em 1961, durante o governo de Jânio Quadros.

Mas, no dia 9 de outubro de 2012, José Genoino Neto foi condenado a seis anos e onze meses de prisão pelo Supremo Tribunal Federal (STF), em regime semiaberto, por envolvimento no "escândalo do mensalão". A Ação Penal 470 foi resultado de denúncias do presidente do Partido Trabalhista Brasileiro (PTB), Roberto Jefferson, advogado, antigo apresentador de um programa chulo de televisão no Rio de Janeiro, chamado *O povo na TV*, integrante da base aliada do primeiro governo Lula. As denúncias, apesar do caráter duvidoso do acusador, resultaram naquilo que a mídia chamou de "o maior escândalo de corrupção da história republicana". Certamente um exagero.

As denúncias de Jefferson podem ser resumidas da seguinte maneira: o governo Lula pagava uma mensalidade aos integrantes da base aliada, o chamado "mensalão", para que aprovassem leis destinadas à distribuição de renda aos mais pobres e outros benefícios para o povo. Em tempos recentes, um presidente que tentou governar apesar do Congresso, Fernando Collor, foi derrubado. Lula sabia que para promover as políticas do PT precisava construir uma sólida base parlamentar aliada. E aí cometeu o erro de formar essa base a qualquer preço.

Lula, nos tempos da Constituinte de 1988, havia dito que, no Congresso, "há mais de trezentos picaretas". Ou algo semelhante. Resultado: o PT confundiu-se com os partidos tradicionais: "É dando que se recebe." As políticas do PT não seriam aprovadas no Congresso Nacional se não houvesse algum tipo de "retribuição"? A política não passa mesmo de um balcão de negócios? Deixo o julgamento para a História.

A Ação Penal 470, do STF, tornou-se a forma mais organizada de oposição na vigência de Lula — e prosseguiu na de Dilma. Mesmo após as denúncias do "mensalão", o PT venceu duas eleições seguidas. E essas vitórias foram asseguradas pelo voto dos mais necessitados, que se beneficiaram com a política econômica: distribuição de renda, estímulo ao consumo interno, facilidade de crédito, mais empregos. No entanto, a condenação de 25 dos quarenta acusados na Ação Penal 470, entre eles José Genoino e José Dirceu, representou um baque político do qual o PT talvez nunca se recupere inteiramente.

Genoino diz que o processo do mensalão foi um segundo AI-5 na vida dele. "Lutei para eleger o Lula e garantir o governo — e me considero injustiçado nesse processo." Tudo bem. De um ponto de vista ideológico, até pode ser. Mas, de um ponto de vista consciente, não posso concordar. Enquanto escrevia este livro, Genoino estava recorrendo da condenação. Mas, em julho de 2013, teve um problema cardíaco grave e precisou passar por uma delicada cirurgia no Hospital Sírio-Libanês, em São Paulo. Sobreviveu. O cirurgião Fábio Jatene implantou uma prótese de 15 centímetros de comprimento na artéria aorta de Genoino. O médico chegou a dizer a Rioco que o marido dela tinha apenas 10% de chances de sobreviver. E sobreviveu.

Estive com o casal, na casa da Vila Indiana, após a intervenção, creio que em meados de outubro de 2013, e Genoino me mostrou a cicatriz no peito. Uma operação como essa, de peito aberto, corresponde a ser atropelado por um caminhão. Ele estava abatido fisicamente, mas não me pareceu deprimido. Menos ainda arrependido de qualquer coisa. Como muitos outros brasileiros que viveram o período da ditadura militar, respeito esse homem.

Poucos dias mais tarde, em 13 de novembro, o Supremo Tribunal Federal (STF), cujo plenário acompanhou o voto do ministro-presidente Joaquim Barbosa, mandou José Genoino Neto para a cadeia. No dia 15, ele se entregou. Mais uma prisão. A quarta na longa história de amor e de guerra desse nordestino nascido em Várzea Redonda, no sertão cearense. Pela televisão, vi Genoino se entregando, cercado pela família, com o braço esquerdo erguido. Nunca mais vou esquecer essa imagem. Ele estava enrolado num bordado feito pela mulher, com a inscrição: "Eles passarão... Eu passarinho", do poema de Mário Quintana.*

---

* "Poeminha do contra", 1978.

Enquanto cumpria prisão domiciliar na casa de parentes, em Brasília, após alguns dias numa cela da Penitenciária da Papuda, falei com Genoino duas ou três vezes por telefone. Ele fez um pedido:

— Quando você for finalizar o meu depoimento, não se esqueça de dizer que vivi três momentos de encarceramento: a prisão incomunicável, sob tortura; a prisão para cumprir condenação pela Lei de Segurança Nacional; e a prisão domiciliar. Em relação às duas primeiras, faziam parte da minha opção de luta. Mas a última delas é injusta.

No dia 13 de abril de 2014, o STF absolveu José Genoino Neto do crime de formação de quadrilha no processo do "mensalão". A pena dele foi reduzida para quatro anos e oito meses. No feriado de 1º de maio, voltou para o presídio.

CORTA
Vamos voltar à política do tudo ou nada.

A certa altura do campeonato, depois de exaustivas pesquisas, eu precisava entender o que foi que levou a juventude brasileira a uma política de tudo ou nada, acreditando que só o recurso às armas devolveria a democracia ao país. E também precisava entender como essa política do tudo ou nada se transformou numa visão democrática, acreditando em voto e organização popular. Uma mudança radical. Como alguém que sofre afogamentos, leva porrada de todo lado e choques elétricos evolui para uma posição legalista? Em busca dessa resposta, fui atrás do Genoino. Queria confirmar alguns detalhes dos eventos do Araguaia, é certo, mas o meu interesse principal era erguer o pano de fundo político e ideológico daqueles anos terríveis da história brasileira, de Jango ao PT.

Às dez da manhã de uma segunda-feira, 13 de maio de 2013, me encontrei com José Genoino Neto para gravar uma entrevista. Estava acompanhado de José Franciscato Júnior e Alex Gonçalves, dupla de cinegrafistas e editores que iria registrar a conversa com duas câmeras digitais de alta definição. O endereço de Genoino e Rioco, na Vila

Indiana, em São Paulo, é uma casa térrea, pequena e bem simples. As paredes externas são cor de tijolo. Por dentro é tudo amarelo-claro. A mobília é antiga e mostra as marcas do tempo. Na cozinha, uma mesa de madeira e quatro cadeiras, dessas que você compra na Casas Bahia. Não há nenhum luxo, nenhuma ostentação. Mas a casa é acolhedora e confortável. Não parece o lugar onde vive alguém que frequentou o poder, em Brasília, por mais de trinta anos.

José Franciscato, meu parceiro e cinegrafista predileto, com quem convivi em emissoras de televisão ao longo de vários anos, me perguntou:

— Mas esse Genoino é aquele cara do mensalão? E ele vive aqui? Nessa casa?

De fato, a casa do ex-deputado não se parece com a residência de nenhum político corrupto. O grande tesouro dele está no escritório de menos de 10 m², nos fundos da residência: uma grande coleção de livros, a maioria de história, disposta em prateleiras de madeira que ocupam duas paredes inteiras. Num canto do cômodo, perto da única janela, há uma bandeira do Brasil, colocada de cabeça para baixo num pequeno mastro de madeira. Foi o câmera que me chamou a atenção para o detalhe.

Como já disse, minha intenção não era discutir profundamente os eventos relacionados com a luta armada no sul do Pará. Procurava entender o que motivou aquelas pessoas a travar um enfrentamento tão radical com o regime. A ferro e fogo. Sem considerar sequer a possibilidade de sobreviver. "Estávamos mais preparados para morrer do que para matar." Não vou reproduzir aqui, integralmente, tudo o que Genoino falou, até porque foram duas horas de gravação. A ideia é resumir o conteúdo da entrevista, preservando o sentido de cada declaração. A primeira questão: na opinião dele, o que houve em 1964? Como definir o governo Jango?

— O governo Jango foi um governo que comandou o movimento por grandes reformas sociais e econômicas no Brasil. Foi um período histórico em que o país discutiu mudanças no sentido do conteúdo das transformações populares e democráticas. Acho que a esquerda tinha preconceito sobre a avaliação do papel do Jango. Foi um momento em que o Brasil discutiu a sua identidade. Assim como Getúlio criou o Estado nacional, com desenvolvimento econômico e um viés autoritário, e depois com um viés nacionalista e democrático, o Jango deu sequência àquele movimento.

E mais, declarou Genoino:

— É por isso que eu acho que o golpe militar de 1964 veio exatamente para interromper, para destruir de forma perversa o movimento de transformação no Brasil. E esse movimento popular era pacífico. Era radicalizado, mas não era uma confrontação. Tanto que não houve reação ao golpe. Não era uma revolução. O governo Jango era um movimento de reformas. Aliás, eu acho que o Brasil tem essa sina: as transformações têm sido mais eficazes pela via das reformas. O projeto do PT e a eleição do Lula são uma retomada desse projeto de reformas. Isso é o que nós estamos vivendo. Estamos fazendo reformas, não estamos fazendo revolução.

Em 1964, o golpe freou todo o processo de mudanças. E a direita brasileira, que era muito mais civil do que militar, estava articulada internacionalmente. Aquele foi um momento de ebulição em todo o mundo. Veja o que Genoino pensa disso:

— Eu acho que, em 1964, tinha uma direita muito articulada, interna e principalmente externamente, no clima da Guerra Fria. E a gente vivia um ciclo de revoluções: China, Cuba, Vietnã, a morte do Che, em 1967, rebeliões estudantis em 1968. Num cenário como esse, o Jango não deu ordens para resistir ao golpe porque estava convencido — e tinha informações — de que os Estados Unidos pretendiam dividir o país, como fizeram na Coreia e no Vietnã. Essa era a estratégia de dominação do imperialismo americano.

— E o fato de não ter havido resistência ao golpe? — perguntei.

— Acho que isso aí marcou muito a nossa geração e tem muito a ver com a luta armada pós-AI-5. Por quê? Porque o fracasso da resistência popular em 1964 e a facilidade com que o golpe foi perpetrado colocaram uma ideia na cabeça daquela geração. Entre nós havia um dado comum: através de eleições não dá. Isso se deu muito com a juventude, que fixou no seu DNA político essa conclusão. Aquele momento era como um parto. Até 1968 nós tentamos desatar esse parto com grandes mobilizações de massa. Mas essa geração foi emparedada com o AI-5. Nós só tínhamos três opções: quem ficasse no país, na legalidade, seria preso; a alternativa era a clandestinidade; e a terceira opção era o exílio.

Ele acrescentou:

— Aquela geração, filha de 1964, não tinha a opção de ficar fazendo luta de massas. Os sindicatos estavam fechados, as universidades invadidas, as greves (como as de Osasco e Betim [Contagem]) derrotadas a ferro e fogo, partidos políticos extintos, eleições controladas. A geração que vinha com um ímpeto revolucionário foi emparedada. A gente vinha de uma derrota, mas também vinha de um ciclo de revoluções. A gente misturava dialeticamente a derrota com a ideia da revolução. Essa conjugação de fatores produziu uma consciência muito determinada, disposta a tudo. Com exceção do PCB, as organizações de esquerda, com a análise de 1964, formulavam que o caminho pacífico tinha fracassado.

Mas por que o PCdoB decidiu pela luta armada anos antes do endurecimento do regime militar? Na verdade, isso ocorreu antes mesmo do golpe. José Genoino acredita que o partido foi muito impactado por acontecimentos históricos recentes, mesmo antes do racha que dividiu os comunistas brasileiros. O primeiro deles foi a revolta de Trombas e Formoso, um levante camponês ocorrido no norte de Goiás entre 1950 e 1957. Os trabalhadores rurais da região pegaram em armas para enfrentar bandos de grileiros a serviço de comerciantes e fazendeiros, que pretendiam tomar as posses dos lavradores. Um dos líderes do movimento, José Porfírio de Souza, mais conhecido como Profiro, chegou a ser eleito deputado estadual. Após o golpe militar de 1964, foi perseguido e preso. Está desaparecido até hoje.* A revolta teve apoio de estudantes e militantes do PCB, que ainda acreditava no recurso à violência. Um dos participantes, Valter Waladares, declarou ao jornal *A Nova Democracia*:

---

*Para detalhes, ver o documentário *Cadê Profiro?*, do diretor Hélio Brito, feito em parceria com a TV Cultura no Projeto Doc.TV.

"Nós acreditávamos que, no Brasil, o movimento camponês era o início de um movimento de libertação nacional."*

O PCdoB também achava que as Ligas Camponesas de Francisco Julião, em Pernambuco, entre 1955 e 1964, sinalizavam para a possibilidade de uma insurreição camponesa de grandes proporções. As Ligas, com o lema "reforma agrária na lei ou na marra", chegaram a se espalhar para outros dezessete estados brasileiros. "Mais um evento indicativo do papel revolucionário do trabalhador rural, segundo o partido, foram as sublevações ocorridas no Paraná", Genoino me contou. No vale do rio Paranapanema, norte do estado do Paraná, houve um conflito armado que durou mais de dois anos, especialmente na região de Porecatu, e que se alastrou por vários municípios. Foi entre setembro de 1948 e julho de 1951, contando com a interferência direta dos comunistas.

Ângelo Priori, doutor em História e professor de pós-graduação na Universidade Estadual de Maringá, publicou uma tese na qual descreve o envolvimento dos comunistas, ainda unidos sob a bandeira do PCB:

> A intervenção do PCB na região e na organização do movimento armado de Porecatu foi possível devido à mudança de sua linha política, decorrente dos "manifestos" de janeiro de 1948 e de agosto de 1950, que apontavam para o Partido a necessidade da defesa da "violência revolucionária", como linha de ação, visando à luta direta para a tomada do poder. Nesse sentido, o Partido propôs, em seu programa, a formação de uma Frente Democrática de Libertação Nacional, cujo objetivo maior consistia em fazer a "revolução agrária e anti-imperialista". Em relação ao campo, defendia a imediata entrega das terras dos latifundiários para os camponeses que nelas trabalhavam.**

---

*A íntegra da declaração está em *A Nova Democracia*, nº 29. Disponível em: <http://www.anovademocracia.com.br>.

**A íntegra da tese está em *A revolta popular de Porecatu*, que pode ser consultada em: <http://anpuh.org/anais/wp-content/uploads/mp/pdf/ANPUH.S25.0428.pdf>. O "Manifesto de agosto de 1950" pode ser conferido na parte final deste livro.

Portanto, a opção do PCdoB pela revolução camponesa e a guerra popular prolongada, colocada em prática a partir de 1966 e intensificada dois anos depois, tem raízes na própria história do partido. O que não impede o seu equívoco histórico, baseado na má interpretação da realidade do país, como já vimos. Vamos acompanhar mais um trecho da entrevista que fiz com José Genoino:

— O Partido Comunista do Brasil, ao qual eu me filiei ali por 1967, fez uma elaboração, avaliando as condições do Brasil, as dimensões continentais, a existência de "dois brasis", com áreas abandonadas e sem controle do Estado. Era o país ideal para se iniciar uma guerra de resistência armada prolongada. Foram pesquisadas várias áreas [para a luta]. No Araguaia, os fatores foram mais determinantes. Não participei da escolha, porque na época eu era líder estudantil no Ceará. A preparação propriamente dita, com a ideia da guerrilha, formação de destacamentos, foi a partir de 1969, quando um grande contingente [de militantes] foi pra lá. Eu fui em julho de 1970.

Genoino acrescenta:

— A guerrilha era formada exatamente pela liderança do movimento estudantil de 1968, que estava emparedada nas cidades. Algo semelhante aconteceu com a guerrilha urbana, também formada por estudantes. O PCdoB tinha um planejamento, uma teoria, com uma concepção de revolução democrática e popular. Você tinha que fazer uma aliança ampla pra resolver o problema histórico do latifúndio e do imperialismo. O cenário para construir essa resistência seria o campo. As nossas referências eram a China, o Vietnã e Cuba. Ou seja: a guerra de libertação nacional em países dependentes e subdesenvolvidos.

— Mas no caso brasileiro não tem um erro teórico nisso daí? Aquele Brasil era um país pré-capitalista? — indaguei Genoino.

— Acho que a análise de classes e do modelo econômico no Brasil foi equivocada. O país estava ingressando num modelo capitalista desenvolvido, porém dependente. Tanto que a ditadura se legitimou aos olhos da população com um desenvolvimento econômico focado na infraestrutura e na intervenção do Estado. A avaliação do Estado brasileiro e do seu poder ditatorial foi equivocada, porque subestimou o papel desse mesmo Estado. A gente transportou as condições da China e do Vietnã para o Brasil, e não eram mais semelhantes. Cuba era um país muito atrasado e sem um Estado centralizado e forte. O golpe de 1964 criou esse Estado centralizado, forte, com um modelo econômico definido e 100% aliado com os americanos, inclusive do ponto de vista do treinamento militar. A ideia da guerra camponesa prolongada, com áreas libertadas e constituição de um exército guerrilheiro, foi equivocada.

Genoino me explicou que o Araguaia, já em 1970, não era mais uma área abandonada. A construção da Transamazônica, a presença forte do governo, através de órgãos de assistência e assentamentos rurais, mudou o cenário. Nessa nova condição, "a guerrilha ter combatido por dois anos já foi um fenômeno". Sem apoio material e completamente isolada das cidades, no entanto, a guerrilha estava condenada ao fracasso. "Foi uma resistência heroica, determinada — e naquelas condições do país, sob a ditadura, quais seriam as opções?" Aqueles rapazes e moças do Araguaia estavam mesmo mais preparados para morrer do que para matar. Eram disciplinados e valentes, mas estavam isolados na mata e não tinham apoio político, nem no país nem internacionalmente. E eles acreditavam que a luta seria reconhecida por todos. Não foi. O Brasil dos anos 1970 ficou mais conhecido pela violação dos direitos humanos e pelo crescimento econômico. Nada de guerrilha.

Mas a escolha do Araguaia não foi uma escolha meramente técnica. Acompanhe o que diz José Genoino:

— A definição da área atendeu a critérios técnicos, do ponto de vista de ser uma região muito grande, tendo à frente cidades e, na retaguarda, matas. Tinha a combinação de três estados, Pará, Maranhão e Goiás [hoje Tocantins] e uma grande cobertura de selva. Era uma área que oferecia recursos naturais de sobrevivência na mata, com a caça e a pesca. Do ponto de vista militar, oferecia a possibilidade de movimentos para fora e para dentro. À frente, você tinha a Belém-Brasília, e na retaguarda o Xingu. Do ponto de vista político, era uma região de grandes conflitos, com mineração, madeireiros e grandes fazendas.

Genoino explica melhor:

— Aquela região iria se tornar palco de grandes conflitos sociais, como de fato aconteceu. O problema é que a guerrilha foi derrotada antes. Houve uma superestimação da capacidade de apoio e de solidariedade nacional e internacional. Isso não aconteceu. Na concepção do PCdoB, a coisa era a seguinte: nas cidades, luta de massas; no campo, luta armada. Isso se combinaria num processo. Só que o movimento de massas no Brasil estava em descenso após o AI-5. Com o início da luta armada, o partido foi duramente atingido nas cidades, porque não tinha a estrutura adequada para um partido que começava a dirigir a luta armada.

— Naquelas circunstâncias, com tamanho isolamento, com o país submetido à censura e sem condições de dar uma notícia sequer sobre o movimento, isso já não sinalizava o desastre? — perguntei.

— Hoje é fácil dizer isso, mas naquela época era muito difícil uma análise como essa. O projeto da guerrilha era ficar despercebida por muito tempo, camuflada, resistindo. Havia toda uma estratégia de crescimento, uma ideia de acumulação de forças, um processo lento numa região muito grande. Mas a gente comentava: isso aqui é como uma gravidez, tem uma hora que aparece. O PCdoB tinha conseguido manter segredo durante cinco anos e a maneira como colocou as pessoas na área foi muito competente.

— Você já disse que a guerrilha não deveria ter começado naquele momento. Haveria uma hora adequada. Mas qual o momento?

— O momento não era em 1972. O momento seria escolhido com uma ação espetacular fora do Araguaia. A coisa deveria acontecer em torno da Belém-Brasília, e nós voltaríamos para o Araguaia, que foi preparado como uma área de refúgio.

— Mas que tipo de ação seria essa?

— Seria uma ação de propaganda, porque a intenção da guerrilha era fazer propaganda política ao lado da luta armada. Uma tentativa de romper o cerco político-militar por meio da propaganda armada. O cerco político era tão violento que a primeira matéria que registrou a guerrilha, em 1972, foi em O Estado de S. Paulo e o jornal foi apreendido.

A guerrilha ficou isolada numa resistência heroica, determinada. A gente tinha um heroísmo de concepção, aquela geração estava preparada para isso, tinha um voluntarismo heroico, de resistir. Enquanto a gente se preparava por lá, tinha uma ilusão: como era uma área sem controle, dava pra comprar armas, munição, circular livremente. Essas circunstâncias nos levaram a imaginar que aquela era uma região adequada à guerra prolongada, construindo um exército guerrilheiro para cercar as cidades.

— Quanto tempo duraria essa guerra prolongada? No caso da China, foram 22 anos. No Vietnã, 31 anos.

— Não tinha tempo. Era uma escolha para a vida toda. A gente dizia: ou saímos daqui vitoriosos, ou saímos mortos. Viemos para ficar. Era uma região miserável, a gente via pessoas morrendo de malária, os médicos da guerrilha salvavam pessoas fazendo cirurgias com gilete. Isso também fazia a gente se dedicar àquela causa, a gente abraçava aquilo tudo.

— E por que a guerrilha não fez o recuo tático quando os combates começaram?

— Se ela tivesse recuado, sobreviveria por mais tempo. O "Osvaldão" defendia o recuo. Mas o PCdoB, em sua concepção, determinava que a guerrilha tinha que fazer propaganda política. E isso era uma contradição: quando fazia propaganda nas vilas, distribuindo comunicados e panfletos, a guerrilha se expunha militarmente. E a guerrilha só sobrevive quando tem a surpresa e a iniciativa a seu favor.

— Mas isso nunca aconteceu no Araguaia...

— Nunca aconteceu. A guerrilha fugia dos ataques e era atacada porque fazia propaganda política. E mesmo assim durou dois anos [após a chegada do Exército].

— A sua concepção da política mudou. Entre aquele jovem guerrilheiro algemado numa árvore e o homem que convive com as instâncias do poder há uma mudança muito grande. Como foi isso na sua cabeça?

— Eu acho que a gente não se arrebentou muito porque fez um processo de avaliação dentro da cadeia, com os companheiros da ALN, da Ala Vermelha, da VPR e outros. O coletivo dentro da cadeia era extremamente politizado. A nossa lei era a seguinte: a gente se arrebenta, mas não baixa a cabeça. E ainda tinha a luta na prisão, as greves de fome etc.

— Mas você superou essa política do tudo ou nada. Tornou-se um negociador, foi até condecorado pelas Forças Armadas. Você foi um articulador entre os diversos segmentos do próprio PT. Tinha gente que chamava você de radical e de traidor ao mesmo tempo. Como foi esse processo?

— Primeiro, houve uma mudança muito violenta na minha cabeça, nos anos de reflexão dentro da cadeia. Como fazer uma avaliação crítica da luta armada sem renegá-la? E isso porque eu não me arrependo de nada. Eu reafirmo tudo, mas sou lúcido o suficiente para fazer uma análise crítica das — poucas — possibilidades de vitória. Por outro lado, eu precisava fazer uma homenagem aos companheiros através de uma militância política. Na minha primeira fase no PT, eu mantinha a ideia marxista-leninista do partido de vanguarda. Era a esquerda da esquerda. Para consolidar a mudança, a grande virada, para mim, foi o contato com duas experiências: a convivência com o Lula, como presidente do PT, que me impressionava pela capacidade de elaboração, e a constituinte de 1988. Na constituinte, eu pensei: agora eu vou me firmar como político, com uma visão democrática e socialista. Na minha convivência com o Lula, com Ulysses Guimarães, Mário Covas e Nelson Jobim, eu aprendi demais. Ficava olhando aquelas figuras democráticas e fui aprendendo. Ali eu formulei a opinião de que a democracia é o conflito civilizado. A democracia é a institucionalização do conflito, em que você enfrenta e cede, cede e enfrenta. Você tem adversários, mas não tem inimigos. Você tem que negociar sabendo qual é o lado da mesa em que você se senta. Não pode confundir os lados. Você tem que ser um democrata radical, porque a democracia é um meio e um fim para fazer as mudanças sociais. Eu sou um militante socialista, não tenho nada, a não ser a casa onde eu moro.

Por que não surgiu uma frente guerrilheira no Brasil, como na Colômbia e em El Salvador? Em 1958, "Che" Guevara, ainda na guerrilha cubana, pouco antes do cerco de Santa Clara, que levou à queda do governo Batista, teve uma antevisão da revolução latino-americana.

Ele queria transformar a Cordilheira dos Andes numa Sierra Maestra continental. Isso, na visão do "Che", provocaria uma intervenção militar dos Estados Unidos, produzindo um gigantesco Vietnã. Em seu livro *Diário de um combatente,** um resumo de suas experiências em Cuba, no período de 1956 a 1959, ele escreveu:

> Tenho um plano. Se algum dia tiver que levar a revolução ao continente, vou me estabelecer na selva, na fronteira entre a Bolívia e o Brasil. Conheço muito bem a região, porque lá estive como médico. Dali é possível exercer pressão sobre três ou mais países e, tomando partido das fronteiras e das florestas, pode-se trabalhar à vontade e jamais ser apanhado.**

Guevara morreu tentando realizar esse sonho, justamente nas matas da Bolívia. E um grupo de combatentes brasileiros tentou se unir a ele. Também não deu certo. Genoino comenta que, no caso da revolução brasileira, "a esquerda era muito sectária e as divergências impediram o surgimento de uma frente guerrilheira". É no mínimo curioso, porque a ALN pretendia instalar um foco de guerrilha quase na mesma área do PCdoB. E o Movimento de Libertação Popular (Molipo), uma dissidência da ALN, formado em 1970 por estudantes universitários de São Paulo, montou uma base ao longo do rio Tocantins, cuja confluência com o Araguaia forma no mapa o chamado Bico do Papagaio. Esse grupo foi atacado pela repressão, depois de uma denúncia obtida sob tortura. Três ou quatro sobreviventes se refugiaram no Araguaia, mas não entraram em contato com a guerrilha do PCdoB. "Nunca vi nenhum deles", diz Genoino.

Perto dali, na região de Mearim, no Maranhão, ocorreu uma revolta camponesa espontânea, liderada por Manoel da Conceição, que fazia

---

*São Paulo: Editora Planeta, 2011.

**Também citado em "As aventuras de Che na Bolívia", de John D. Waghelstein, em *Military Review*, 1979; e no livro *Guerra irregular*, do oficial brasileiro Alessandro Visacro (São Paulo: Editora Contexto, 2009).

parte da liderança do Sindicato dos Trabalhadores Rurais de Pindaré-Mirim. Manoel foi ferido com um tiro de fuzil e perdeu uma das pernas. Foi preso, já baleado, e não teve atendimento médico. Esse movimento dos camponeses inspirou até um documentário de Glauber Rocha, chamado *Maranhão 66*. Manoel da Conceição exilou-se na Europa e na China entre os anos de 1975 e 1979. Ou seja: a revolta foi exatamente na mesma época em que os comunistas começaram a chegar ao Araguaia. Tudo isso aconteceu nos arredores da zona guerrilheira do PCdoB.

Nem todos esses acontecimentos, semelhantes na forma e no conteúdo, resultaram na união das esquerdas. Cada organização cuidou do seu quadrado. E o resultado nós já conhecemos. Mas Genoino destaca o heroísmo dos companheiros. Cita Gil (Manuel José Nurchis) e Carlito (Kleber Lemos da Silva), que enfrentaram os militares durante horas de combate, mesmo feridos, em desvantagem numérica e de armamentos. Foi no dia 30 de setembro de 1972. Tinham apenas revólveres 38 e espingardas de cartucho. Os soldados tinham fuzis automáticos FN FAL 7.62 mm e metralhadoras. Os guerrilheiros saltavam freneticamente de um lado para o outro, disparando o tempo todo. "O enfrentamento com tropas regulares do Exército não era o maior problema." A coisa complicava quando se deparavam com a contraguerrilha, pequenos grupos descaracterizados com apoio de mateiros e bate-paus.

Quando fala de seus companheiros mortos, José Genoino Neto se emociona. Os olhos ficam marejados. Ele faz força para não chorar. Não demonstrou nada parecido quando comentou as torturas que sofreu. Nem quando falou sobre o processo no STF.

CORTA
Uma parte de "Geraldo" sobrevive em Genoino.

Mesmo depois de tudo o que viveu, aos 67 anos, cabelos e barbas brancas, José Genoino ainda tem alguns sonhos de "Geraldo". Quer voltar à floresta — se é que ela ainda existe. Imagina pegar "Zezinho" em Goiânia, onde o companheiro mora, e ir com ele ao Araguaia. Em seu livro de memórias,* José Genoino comenta: "Quero ir até lá, aos lugares que conheço, só com ele, numa boa, sem divulgação, sem nada, ir à mata mesmo. Tenho tristeza, mas quero ir lá, quero andar por lá."

Na última vez em que estive com Genoino, ao nos despedirmos na porta de sua casa, notei um brilho estranho em seus olhos. Parecia que estava com medo. Olhava para um lado e para o outro na rua pouco movimentada. Mas, depois de todas essas histórias de amor e de guerra, medo do quê? Talvez fosse mais uma ansiedade. Uma tentativa de me descrever, com o olhar, o que ainda estava por vir. Foi novamente preso poucos dias depois.

---

*Entre o sonho e o poder, obra já citada, p. 66.

2

O soldado pagodeiro

Odílio Cruz Rosa nasceu em Belém, a capital paraense. Foi no verão amazônico de 1946. Veio ao mundo com cabelos pretos e fartos, rosto redondo e nariz um tanto achatado. Um garotinho nortista bem típico, cujos traços guardavam um cheiro da origem indígena, apesar da pele em tom escuro. Veio de uma família humilde. A mãe, Olindina Aniceta Cruz, cuidava da casa simples, porém organizada, na avenida Júlio César, sem número. Ela deu aos filhos uma educação católica, rigorosa quanto aos estudos básicos e o respeito aos mais velhos.

O pai, Salvador Pires Costa, militar aposentado, também vivia de pequenos serviços e de alguns negócios, um comércio de vez em quando. A família tinha poucos recursos, mas nada faltava aos meninos. Eram três: Odílio, Matilde, a mais velha, e Adolfo, o caçula. Este também foi para o Exército, como soldado, cumprindo a sina dos homens da casa. Dizem que esteve no Araguaia.

Odílio, desde cedo, manifestou vocação para a vida militar. Teve forte influência de um amigo de infância, que apoiou o interesse dele pela carreira das armas. Quem conviveu com a família diria que Odílio teve uma infância feliz e cresceu para se tornar um rapaz brincalhão e bem-apessoado. Gostava de bola, das peladas em campinho de terra.

293

Também gostava de música: os ritmos paraenses e o pagode. No calor do mês de outubro, quando a umidade relativa do ar em Belém é superior a 90% ("Aqui a gente respira água", brincam os moradores), a família Cruz Rosa acompanhava a procissão do Círio de Nazaré, em homenagem a Nossa Senhora. É a maior festa católica do Brasil e do mundo. Durante uma semana, chega a reunir 6 milhões de pessoas nas celebrações à mãe de Jesus. O Círio tem muita música e muita dança. Era disso que Odílio gostava. Também gostava das morenas do Pará.

O rapaz serviu o Exército em 1964, como recruta, aos dezoito anos, justamente quando os militares tomaram o poder. Gostou e foi ficando. Fez curso para cabo, entrou para o Batalhão de Infantaria de Selva. Queria ir para a escola de sargentos. Não teve tempo. Morreu aos 26 anos, em 8 de maio de 1972, às duas e meia da tarde, no tiroteio com guerrilheiros do PCdoB na Grota Rasa. Foi a primeira baixa fatal da luta armada no Araguaia.

Quis o destino: o amigo de infância que o estimulou a entrar para o Exército formou-se em geologia e frequentou a Academia Militar. Voltou para Belém como tenente. Inteligente, habilidoso, o oficial foi recrutado para o Centro de Informações do Exército (CIE), um dos mais importantes mecanismos da repressão à luta armada revolucionária no país dos generais. O amigo tratou de apresentar o cabo Rosa a seus superiores. E o jovem militar também serviu sob ordens do CIE da 8ª Região Militar, sediado na capital paraense.

Por isso ele foi para o Araguaia, numa missão de reconhecimento comandada pelo amigo, que mais tarde ficaria conhecido apenas como o "tenente Nélio". Documentos do Núcleo de Preparação de Oficiais da Reserva (NPOR) revelam que se chamava Nélio da Mata Resende e que tinha a patente de segundo-tenente. Com exceção do cabo que morreu, todos os outros dados sobre os integrantes da missão são mantidos em sigilo até hoje.

O tenente é citado nos relatórios oficiais (porém secretos) acerca da "Operação Araguaia". Foi Nélio quem levou adiante a desastrada investigação do CIE na região do rio Gameleira, aquela quadra per-

294

dida do Bico do Papagaio, em vias da conflagração armada. A missão teria sido deflagrada após a captura de José Genoino Neto, no dia 18 de abril de 1972, na mesma região. O cabo Rosa e o amigo Nélio, além dos sargentos Morais e Lourine, estavam ali para obter informações e confirmar a presença da guerrilha comunista. A missão deles não incluía o combate direto. Destinava-se apenas a checar indícios. Mas os militares, gente corajosa e imprudente, imaginaram conseguir prender algum dos "terrorista".

Rosa e Nélio, acompanhados pelos sargentos, tiveram azar: deram de cara com os guerrilheiros do PCdoB. Os comunistas tinham uma série de vantagens: a surpresa, o conhecimento do terreno e uma adaptação maior à vida na mata, onde já estavam há vários anos. O grupo do CIE, guiado naquelas brenhas por um mateiro local obrigado a colaborar — o Velho China os abandonaria ao ouvir os primeiros tiros —, certamente não estava pronto para aquilo que os manuais militares chamam de "combate de encontro". A surpresa é o elemento principal — o inimigo aparece e desaparece repentinamente. O enfrentamento se resolve em dois ou três minutos, talvez menos. Foi exatamente o que aconteceu.

Os militares estavam em terreno desfavorável. A Grota Rasa, no vale do rio Gameleira, é um areal por onde escorrem pequenos córregos, praticamente a céu aberto, sem muita proteção. No campo oposto, ocultos pela vegetação, estavam dois dos mais experientes combatentes do PCdoB, que já haviam percorrido aquela área centenas de vezes: "Osvaldão", o comandante do Destacamento B da guerrilha, que chamava atenção por sua estatura desmedida; e outro, de codinome "Simão" (o gaúcho Cilon Cunha Brum, que pouco antes era estudante da PUC de São Paulo), também veterano na luta, apesar de estar na área há menos de dois anos. "Simão" era facilmente reconhecível por sua magreza impressionante. O guia improvisado da força federal, o Velho China, identificou os dois imediatamente. Mas não falou nada.

Os guerrilheiros dispararam apenas dois tiros. O primeiro matou o cabo Rosa; o segundo arrebentou a clavícula direita do sargento Morais, incapacitando-o para a luta. Como vieram, os comunistas sumiram, silenciosamente, na mata. O Exército informou à família que o primeiro militar morto no Araguaia havia sido "vítima de um acidente", sem dar detalhes. O corpo chegou a Belém dias mais tarde, numa urna funerária lacrada — e assim foi enterrado. Sem maiores explicações.

Os autores do livro *Operação Araguaia* informam que o corpo do cabo Rosa ficou dez dias caído na mata, antes de ser resgatado.* É difícil de acreditar. Os relatos oficiais garantem que a recuperação dos restos mortais se deu na manhã do dia seguinte. Uma informação confirma essa versão: no dia 9 de maio, o tenente Pedro Paulo, comandante da 5ª Companhia do BIS de Belém, esteve na casa da família de Odílio, informando sobre um "acidente" envolvendo o cabo, sem esclarecer se ele estava vivo ou morto.

No dia 10 de maio, uma assistente social visitou os Cruz Rosa e disse que estava ali para cuidar dos detalhes do funeral e da pensão do militar. Imagine o espanto da família! Dona Olindina passou mal e teve que ser hospitalizada. De todo modo, o enterro só ocorreu uma semana mais tarde, no Cemitério São Jorge, na capital paraense.

O "Dossiê Araguaia", produzido por militares que estiveram envolvidos na repressão ao movimento guerrilheiro, citado por Hugo Studart,** revela o seguinte:

> [...] dois guerrilheiros do Destacamento B surpreenderam uma patrulha militar. Estavam todos os militares em trajes civis, com identificação falsa do Incra. [...] Surpreendido enquanto bebia água, o cabo Odílio Rosa levou um tiro na virilha. Outro tiro feriu um sargento na clavícula. A patrulha deveria defender os feridos, dar-lhes cobertura, mas fugiram todos, apavorados, e abandonaram o cabo, sangrando, nas margens do rio. Rosa morreu de hemorragia, aos 26 anos. Alguns dos militares ficaram perdidos por dias na mata.

---

*Na obra citada, ver a legenda da foto do militar, na p. 157.
**Em *A lei da selva*, p. 113-114, obra já citada.

O pesquisador Hugo Studart informa ainda que o comandante "Osvaldão" proibiu os moradores da região de ajudar os militares, sob pena de morte:

> Os militares descobriram que Osvaldão, comandante do Destacamento B, mandou avisar através de camponeses que não autorizava ninguém a retirar o corpo. Assim, a primeira tentativa de resgate fracassou, segundo relatório do Exército: "tal operação não obteve êxito, em virtude de informações espalhadas pela região de que quem se aproximasse do local seria morto pelo grupo de guerrilheiros". [...] Os restos do cabo Rosa só seriam resgatados uma semana depois, em estado de decomposição.

O relato, como tudo nas crônicas do Araguaia, é repleto de contradições. Mas, considerando todas as trapalhadas da primeira expedição militar, não espanta que o episódio tenha tido o desfecho patético. Após o tiroteio da Grota Rasa, quase tudo sobre a vida do cabo Rosa virou um mistério. A censura implacável fez o jovem militar desaparecer na névoa de silêncio que encobria a guerra clandestina. Sobre os demais integrantes da equipe do CIE, inclusive o sargento ferido, mais silêncio. A primeira anotação sobre a morte do cabo Rosa, datada de 18 de maio de 1972, dez dias após o confronto com os guerrilheiros, foi feita em Marabá, a maior cidade da zona guerrilheira, na verdade uma vila de poucos habitantes.

O médico Roberto Macedo, supostamente um oficial do Exército, atestou que a morte foi causada por hemorragia interna, resultado de ferimento à bala. Mas não esclarece em qual parte do corpo. O texto exato é o seguinte: "Hemorragia interna provocada por ferida perfuro-contusa [bala] — homicídio." O dr. Macedo informava se tratar de um assassinato. Seria ele o legista da cidade, um perito criminal? Nem isso é possível apurar. A primeira certidão de óbito oficial tem data de 18 de novembro de 1995, quase 23 anos após a morte do cabo Rosa. Está registrada no cartório do 3º Ofício de Registro Civil, em Belém, folhas 48 do livro 38. Tem o número 51.198.

Odílio Cruz Rosa morreu de maneira inglória. Estava sem o uniforme do Exército e numa atividade ilegal, fazendo-se passar por funcionário do Ministério das Minas e Energia — ou do Incra, conforme o "Dossiê Araguaia". Nem as Forças Armadas, às quais serviu com dedicação, reconheceram o seu desaparecimento a serviço do país. Em nome de um tal "sigilo absoluto", teria sofrido reles "acidente".

Durante a missão, o cabo Rosa seguia à frente dos companheiros, desabrido como era. Portava uma metralhadora 45 INA 953, uma das piores armas já produzidas para os militares. Levava com ele apenas três carregadores de balas. Isso lhe daria poucos minutos de eficiência num combate aberto. Os três compartimentos de munição só davam conta de sessenta tiros no máximo. A INA, quando disparada seguidamente, esquentava demais, a ponto de não se poder segurá-la. A metralhadora não tinha mecanismos para dissipar os gases resultantes da explosão da pólvora, como têm as armas modernas. Por isso esquentava tanto.

Poucos anos antes, durante o fracassado episódio da guerrilha no Caparaó, essa metralhadora foi empregada em larga escala pelas tropas. Resultado: o Exército teve que distribuir saquinhos de água para que os soldados refrigerassem a arma. Com sede, os militares bebiam a água e urinavam no cano da INA. Essa era a melhor arma dos homens do CIE no rio Gameleira

Odílio morreu de graça. Foi apanhado de surpresa e caiu fulminado. Tinha só 26 anos. Tudo a respeito dele foi escondido. Olindina e Salvador, os pais, foram orientados a não dizer nada. O Brasil não pode reverenciar seu combatente. Nem importa de que lado ele esteve, porque foi só uma vítima a mais da truculência daqueles tempos. E quem somos nós para julgar esse paraense modesto, brincalhão, que gostava de um forró, de uma boa festa brasileira? Resta o fato de que o governo militar escondeu um dos seus "heróis". Talvez por não ter uma boa explicação para o incidente. Provavelmente para preservar o "sigilo" sobre o que se passava no Araguaia.

A família de Odílio Cruz Rosa, neste país de agora, com amplas liberdades, recorreu à Justiça para obter reparação por sua morte. Após a criação da Secretaria de Direitos Humanos da Presidência da República (no primeiro governo de Fernando Henrique Cardoso), os parentes do militar se sentiram resguardados para reivindicar uma reparação do Estado ao qual ele tinha servido. Até hoje — mais de quarenta anos depois — não há uma decisão.

Um general reformado do Exército, Gilberto Serra, escreveu uma carta emocionada à ministra dos Direitos Humanos, Maria do Rosário, nomeada pela presidente Dilma Rousseff. Reclamava da falta de atenção do governo no caso do cabo Rosa, não sem um quê de revanchismo:

> [...] ao acompanhar o noticiário sobre a busca de ossadas humanas na região onde houve a guerrilha do Araguaia, causa-me estranheza a forma desigual como são tratadas as personagens daquele episódio histórico. [...] Hoje, aqueles jovens [os guerrilheiros] são tidos pela imprensa como "idealistas fuzilados pelo Exército", num endeusamento que já vem de anos. Como se, dentre as forças em presença, só a eles fosse concedida a prerrogativa de serem heróis e idealistas. [...] Pouco ou nenhum caso é dado para os militares de todas as Forças que para lá seguiram a fim de debelar o foco guerrilheiro. Desta forma, torna-se digno de nota que a chamada grande imprensa não procure destacar as condições nas quais foi morto o Cabo do Exército Odílio Cruz Rosa. [...] Se a todos os idealistas e familiares for concedida certa reparação econômica, a família do Cabo Rosa também será contemplada?*

A primeira proposta de pagamento de indenizações e pensões a vítimas da violência política durante a ditadura foi apresentada ao Congresso na forma de um projeto de lei, em 18 de janeiro de 2001. O autor da lei foi o então vice-presidente Marco Maciel, um notável da direita que fez chapa com Fernando Henrique Cardoso nos dois mandatos. Nos anos que se seguiram à aprovação da medida, perto de sessenta pedidos de indenização foram apresentados ao governo. Mais de dez foram aceitos

---

*A íntegra dessa carta pode ser consultada na internet, com o título "Um preito de reconhecimento".

pela Comissão da Anistia do Ministério da Justiça, onerando os cofres públicos em 4 bilhões de reais. O ex-presidente Lula, por tudo que sofreu no regime militar, recebeu uma pensão de 4.294 reais. A família do cabo Rosa — até onde pude apurar — não viu a cor desse dinheiro.

O apelo do general à ministra, aparentemente, não teve resposta. Ou não pude descobri-la, porque não foi publicada em lugar algum.

Odílio Cruz Rosa agora é o nome de um centro de treinamento de guerra na selva, às margens da Transamazônica.

3

O comandante Grabois

Dezembro de 1973.

Chove copiosamente no dia de Natal. É assim mesmo na Região Amazônica. Se você já esteve por lá, sabe como é. Por volta da hora do almoço, precisamente às 11h25, o acampamento da Comissão Militar das Forças Guerrilheiras do Araguaia é cercado por tropas da Brigada Paraquedista do Exército, apoiadas por mateiros da região. É o Grupo de Combate D2. Dezesseis homens estão no acampamento no exato momento em que chega a repressão. Não se sabe quantos são os militares. Mas estão armados com o que há de melhor nos quartéis brasileiros. Oficialmente, a operação de "cerco e aniquilamento" não existe. Há informações — não confirmadas — de que índios da etnia suruí guiam os soldados na mata cerrada.

Os militares se aproximam silenciosamente — e não são percebidos. É a mais bem treinada força militar do país — são cães de guerra. Não vão dar nem um passo atrás.

Estamos nos contrafortes da serra das Andorinhas, também chamada de Martírios. Um lugar assombrado, conhecido como Couro D'Anta.

301

Território das lendas da Amazônia. A área geográfica é a do município de São Geraldo do Araguaia, bem ao sul do Pará. O maior e mais duradouro movimento de resistência armada à ditadura vai sofrer o seu revés mais cruel. Aqui vai tombar um dos ícones da luta revolucionária no Brasil. Um homem culto, forjado em décadas de combates, calmo e corajoso. O comandante da guerra popular prolongada no Araguaia. Aquele que sonhou com o cerco das cidades pelo campo. O nome dele não vai figurar em nenhum grupo escolar. Não será rua, praça ou avenida. O corpo dele jamais será encontrado.

Naqueles dias que antecederam o Natal de 1973, houve intenso movimento de guerrilheiros e militares na área. A Comissão Militar tinha decidido reunir todos os destacamentos em uma única coluna, capaz de revidar os ataques da repressão e deslocar a força conjunta para fora da área de cerco. Estava em curso o famoso "recuo tático", planejado desde a implantação dos primeiros guerrilheiros. A ação pode levar os combatentes que restam do PCdoB, pouco mais de trinta, à segurança de recantos remotos da floresta, onde nem o sol penetra. Assim, a guerrilha sobreviveria por vários anos, desaparecendo no labirinto verde. Acumularia forças e poria em xeque o regime dos generais. Mas é tarde demais. Alguns integrantes dos destacamentos B e C conseguiram chegar. Mas nem todos. O pessoal do Destacamento A está longe. Mensageiros foram enviados e ainda não voltaram.

A força que cerca a CM guerrilheira não tem recrutas. A tropa não usa o uniforme verde-oliva do Brasil. Todos vestem tênis, calças de brim ou jeans, camisas folgadas de cores discretas. Poucos calçam coturnos. São todos "civis". Cada um dos militares tem uma identidade falsa, nomes inventados ao bel-prazer, que foram impressos em cédulas reais. São a contrainsurgência elevada a um nível radical. Guardam muitas semelhanças com as volantes que perseguiram (e exterminaram) os cangaceiros nordestinos nos idos dos anos 1930. Representam a excelência da força militar da ditadura. Sem os uniformes. Eles também deixaram os escrúpulos em casa.

O cenário, captado pela câmera imaginária do autor, é o de um massacre. A chuva põe cortinas na paisagem. E a mata densa executa aquele bailado que só quem conhece é capaz de entender. Uma dança quase imóvel, para lá e para cá, sem sair do lugar. A sinfonia gutural da floresta está presente, insistente, no roçar dos galhos, no canto aflito de um pássaro surpreendido pelo temporal. Os ruídos mansos da floresta, acostumada com as chuvas, escondem os passos da tropa que se aproxima. Aquele é um lugar onde os próprios barulhos do corpo, o batimento do coração, a respiração, parecem vir de fora. Só quem esteve lá pode saber. O dia nasce às 9 da manhã, por causa da densa folhagem. Às cinco da tarde é noite fechada. Hora dos bichos pavorosos e dos medos dos viventes. Agora, às 11h30, o sol está encoberto pela chuva. Vai correr o sangue mais nobre da guerrilha.

A terceira expedição militar, iniciada em 7 de outubro de 1973, muda a estratégia da repressão. Em vez de mandar milhares de soldados para a região conflagrada, opta por uma força leve e aguerrida, com grande mobilidade, que no total tem apenas 750 homens da Brigada Paraquedista (Rio de Janeiro), do Batalhão de Infantaria de Selva (Belém), do Comando Militar do Planalto (Brasília) e de voluntários da Polícia Militar de Goiás e do Pará. Agentes da comunidade de informações também estão envolvidos, mas a nova operação acaba de vez com a "bagunça" criada pelo general Vianna Moog, como a definiu o presidente Ernesto Geisel, suspeita de superfaturamento e incompetente.

O efetivo é dividido em três grupos de 250 homens, a maioria sargentos, tenentes e capitães. A fase amadora da repressão está superada. Trata-se de uma contraguerrilha, utilizando os mesmos métodos dos comunistas, internando-se na mata e se aproximando (ou corrompendo, ou ameaçando) dos civis locais. Os "paulistas" eram amigos do povo local. Os militares, uma ameaça surpreendente. "Esses caboclos precisam entender quem é que manda aqui." As missões da tropa duram uma semana. E a cada momento há um terço dos homens envolvidos. Eventualmente, pedem suporte aéreo: helicópteros para a retirada de feridos, mortos ou prisioneiros; reconhecimento por meio de aviões a hélice, voando bem baixo; e bombardeio com napalm. Filmes do Exército, muito raros, mostram os aviões atacando. E o guerrilheiro Miqueas Gomes de Almeida, o "Zezinho", me contou pessoalmente como é estar debaixo de um bombardeio. Mas a base da operação é no pé, dentro da floresta. Isso nunca tinha sido feito antes.

O regime militar opta por uma política de extermínio. Não faz prisioneiros, porque não se sabe o que o futuro reserva. Interrogar é perda de tempo, porque aqueles rapazes e moças do PCdoB se recusam a colaborar. E porque a guerrilha é móvel não tem mais abrigos ou locais de moradia, como acontecia na guerrilha urbana, localizada e destruída com relativa facilidade, à base de torturas e assassinatos. Na floresta, o passar de um dia muda tudo.

O nome da nova operação é matar. Simplesmente matar. Oficialmente, se chama "Operação Marajoara". Essa é a definição do comando político do governo. Matar quem estiver pela frente. Guerrilheiros ou colaboradores, tanto faz. Deixar corpos insepultos. Cortar cabeças. Decepar as mãos para dificultar a identificação. Depois, remover os corpos para outros locais. Lançá-los de helicóptero sobre pontos remotos da floresta. Ou a simples incineração dos cadáveres. Eliminar todos os vestígios de que houve uma resistência inarredável nas bordas da Amazônia. As Forças Guerrilheiras do Araguaia precisam desaparecer como surgiram. Em silêncio.

Na manhã do dia de Natal de 1973, o governo militar vai matar o homem que começou toda a resistência. Maurício Grabois, o "comandante Mário", destaca-se entre os dezesseis guerrilheiros cercados. É o mais velho de todos, com sessenta anos completados em 12 de outubro. Várias armas já estão apontadas para ele. Grabois está no Araguaia há exatos seis anos. Chegou no dia 25 de dezembro de 1967, em um barco a motor. Desembarcou no Porto da Faveira, acompanhado de Elza Monnerat, a "Dona Maria", e Libero Giancarlo Castiglia, o "Joca", operário italiano recrutado pelo PCdoB e único estrangeiro na guerrilha. Não havia cubanos nem chineses. Grabois se embrenhou na mata. Foi ocupar um sítio comprado pelo partido. Para nunca mais voltar. Ele vai morrer agora.

Explode o tiroteio. A munição *full metal jacket* dos fuzis automáticos cai sobre o acampamento. Centenas de tiros. As rajadas das metralhadoras arrancam galhos e lascas das árvores. Os guerrilheiros respondem ao fogo cerrado. Maurício Grabois empunha um velho revólver 38 e dispara contra a tropa. É o maior enfrentamento da guerrilha, o combate definitivo. Ao sacar a arma, agachado junto ao chão, o "comandante Mário" já tinha levado um balaço de fuzil no braço esquerdo.

O calibre 7.62 mm dos fuzis FN FAL viaja pelo ar a uma velocidade de 400 metros por segundo. O impacto é arrasador. O braço atingido fica inerte. Mas o velho comandante continua atirando. Sabe que vai morrer. Nem sente a dor do projétil que cauteriza a ferida. Só tem mais três munições no 38. Um segundo tiro o acerta na cabeça. O cérebro é destroçado. A morte é instantânea. Maurício Grabois se acaba como quis viver. Numa luta sem fim. Combate após combate. Comandou uma revolução improvável — mas até o inimigo o reverenciou. Pela coragem e por ter frequentado a Academia Militar de Realengo, no Rio de Janeiro, é reconhecido pelo imaginário militar.

CORTA
A guerrilha queria recuar.

O grupo de oficiais superiores que escreveu o relatório informal do conflito, do qual participaram diretamente, denominado "Dossiê Araguaia", esclarece que a nova campanha militar era diferente de tudo o que as Forças Armadas já haviam realizado na história do país. Além dos uniformes, foram abandonados conceitos que sempre nortearam a atuação das Forças Armadas. Não só do ponto de vista tático e estratégico, mas principalmente porque foram deixados de lado todos os princípios morais e éticos. A terceira expedição foi uma campanha de extermínio. Nem mais nem menos.

Ninguém sobreviveu no campo adversário, a não ser "Zezinho". A barbárie instalou-se às margens do rio Araguaia. As ordens para matar, decapitar e despedaçar o inimigo vieram diretamente do governo militar, percorrendo toda a cadeia de comando, dos generais aos sargentos. Nos gabinetes de Brasília e nos quartéis, a opção por uma campanha "descaracterizada" foi tomada friamente. O "Dossiê Araguaia" elucida:

> No dia 7 de abril de 1973 foi efetivamente iniciada a 3ª Fase de combate à guerrilha, que teve características totalmente diferentes das duas anteriores. A tropa penetrou na selva descaracterizada, passando a usar trajes civis; cada combatente adotou um codinome, tornando difícil e quase impossível uma identificação posterior através de nome, posto ou graduação. Com exceção do armamento, que era padronizado — e cada grupo possuía um grande poder de fogo —, os equipamentos, tais como mochilas etc., foram utilizados a critério de cada um, considerando que deveria ser o mais confortável possível, de forma a enfrentar longas caminhadas através da selva.

O fato de não vestir a farda nacional e não ter nome ou patente funcionou como uma autorização para matar, prender e torturar. Os militares podiam invadir casas e destruir propriedades sem qualquer mandado legal, a qualquer momento. E as vítimas da brutalidade não tinham a quem recorrer. Mesmo assim, apesar de toda a intensidade do combate, dos dezesseis guerrilheiros apanhados pela "Operação Marajoara" no acampamento da serra das Andorinhas dez escaparam. Além de Maurício Grabois, morreram Gilberto Olímpio Maria, jornalista,

306

codinome "Pedro", genro do comandante, casado com Victoria Lavínia Grabois, filha de Maurício, que se tornaria presidente do Grupo Tortura Nunca Mais; o operário italiano Libero Giancarlo, o "Joca", veterano do movimento no Araguaia, integrante da segurança da Comissão Militar, que havia recebido treinamento de guerrilha na China; o economista Paulo Mendes Rodrigues, o "Paulo"; e Guilherme Gomes Lund, o "Luís", estudante de arquitetura da Universidade Federal do Rio de Janeiro, também integrante da segurança da CM. Os corpos nunca foram encontrados. Como parte da política de extermínio do governo militar, todos os vestígios dos guerrilheiros do Araguaia deveriam desaparecer. E desapareceram.

Com a morte do "comandante Mário", o operário metalúrgico comunista Ângelo Arroyo, paulista, membro do Comitê Central do PCdoB, assume a direção da luta. "Nunca vi o Arroyo levantar o tom de voz, nem nas situações mais difíceis", me contou Miqueas Gomes de Almeida, o guerrilheiro "Zezinho do Araguaia", com quem tive uma longa conversa que durou quatro horas, em julho de 2013, e cuja história descrevo mais adiante. Arroyo não tinha medo de nada, nem de ninguém. Tranquilo por natureza, iria romper o cerco militar, guiado na mata por "Zezinho". Os dois iriam a pé, atravessando rios e florestas, até o Maranhão. Chegaram a ser cercados por uma coluna do Exército, mas se dissolveram na folhagem — invisíveis. "Zezinho" sabia se orientar pela direção do vento. Sentia o cheiro da água quando estava próximo de um córrego. No imaginário popular, povoado de crendices, "Zezinho" também tinha partes com "o dono da mata", o curupira. Mas essa história nós vemos depois.

Ângelo Arroyo ficou poucos dias no comando da guerrilha. Logo no início de 1974, possivelmente em fins de janeiro ou início de fevereiro, iniciou a fuga. O Exército diz que ele desertou, abandonando os remanescentes da guerrilha, talvez mais de vinte combatentes dispersos na mata. Os que ficaram foram todos caçados e mortos. Alguns chegaram a se render, como "Simão". O nome dele era Cilon Cunha Brum.

Doente, esfomeado, não conseguia mais andar. Foi até um sítio, quase se arrastando, e entregou as armas aos lavradores, que chamaram as tropas. Cilon foi levado para uma base perto da vila de Xambioá. Cerca de dois meses mais tarde, foi executado pelos militares.

Do núcleo inicial de militantes do partido que se implantou no Bico do Papagaio, a partir da chegada de "Osvaldão", no segundo semestre de 1966, pelo menos 25 já tinham morrido, sete foram presos e um estava desaparecido. João Carlos Wisnesky, o "Paulo Paquetá", provavelmente tinha fugido, abandonando a companheira "Rosa", mulher dele. (Maria Célia Corrêa, a "Rosa", perdeu-se na floresta após um combate com o Exército, em 2 de janeiro de 1974. Foi presa e executada, conforme as ordens de não fazer prisioneiros.) Essa contabilidade de mortos e desaparecidos até o início do ano de 1974 é muito confusa. Alguns autores afirmam que ainda havia 33 guerrilheiros vivos. Acho esse número um tanto exagerado.

João Carlos Wisnesky nasceu no dia 2 de junho de 1943, na Ilha de Paquetá, no Rio de Janeiro. Militou no movimento estudantil e filiou-se ao PCdoB em 1969. Dois anos depois, em outubro de 1971, estava no Bico do Papagaio, como combatente do Destacamento A, na região de São Domingos do Araguaia, sob comando do médico João Carlos Haas Sobrinho. "Era um dia a dia de medo, terror físico e psicológico, e muitas incertezas, pois as ordens de Brasília foram para que não ficasse pedra sobre pedra na região do Araguaia controlada pelos guerrilheiros do Partido Comunista do Brasil. Depois dos primeiros combates houve nítida intensificação dos rigores da repressão, ficando a mesma cada vez mais brutal." Essa declaração de João Carlos Wisnesky foi feita ao jornalista José Romero Araújo Cardoso e publicada no dia 1º de junho de 2010 no site *CZ Agora* (www.czagora.com.br). João, nessa entrevista, diz que escapou da área do cerco e terminou sendo preso no estado de Goiás, pela Polícia Civil, em circunstâncias não reveladas. Diz que foi solto por não ter ficha conhecida. Após a experiência na guerrilha, tornou-se médico acupunturista e vive em Mossoró, no Rio Grande do Norte. Nessa entrevista, "Paulo Paquetá" não explica a fuga nem o abandono de "Rosa".

Em fins de 1973, após iniciada a terceira expedição militar, os destacamentos guerrilheiros estavam desconectados. Não sabiam ao certo o que estava acontecendo na região, porque não dispunham de nenhum sistema de comunicação. Estavam dispersos por um enorme território de florestas. Era preciso reagrupar toda essa gente e definir novos rumos para a guerrilha. O novo comandante, Ângelo Arroyo, não tinha uma tarefa simples pela frente. E também não viveria muito. Foi executado com cinquenta tiros no cerco ao Comitê Central do partido, em São Paulo, às 7 horas da manhã do dia 16 de dezembro de 1976, dois anos após romper o cerco e deixar o Araguaia. Como me contou "Zezinho do Araguaia", Arroyo estava disposto a continuar com a luta — a qualquer preço. Defendia os êxitos da guerrilha e já estava procurando uma nova área para retomar os combates. Quando a Comissão Militar foi atacada, no dia de Natal de 1973, ele e "Zezinho" estavam por perto, a poucos quilômetros. Ouviram a fuzilaria infernal.

A maior parte dos guerrilheiros sobreviventes não sabia do "chafurdo" que destruiu a CM. Estavam em pequenos grupos, perdidos na floresta. Já não recebiam qualquer tipo de orientação dos dirigentes. Só pensavam em sobreviver. No entanto, quase misteriosamente, continuavam a perambular dentro da zona de cerco militar. Não tinham comida. As armas, que desde o início já eram ruins para enfrentar uma força militar profissional, ficaram em péssimo estado. Naquela região úmida, a pólvora dos cartuchos fica prejudicada. Você pode apertar o gatilho e não acontecer nada. Muitos deles estavam doentes, não tinham mais roupas ou sapatos. Pareciam uma gente assombrada no meio daquele sertão verde-escuro. O "povo da mata", como eram denominados pelos moradores locais após o início dos combates, estava nas últimas.

A fome era o principal problema. Tanto que André Grabois, filho do comandante, foi morto tentando levar a carne de três porcos para os companheiros. Não podiam caçar. Os tiros atraíam a tropa. A malária fazia um estrago entre eles. Com a violência da repressão, a população civil vivia arredia. Muitos sítios onde os combatentes do PCdoB se abasteciam estavam abandonados ou ocupados pelos soldados. Os militares destruíam lavouras e qualquer tipo de depósitos de comida. Havia incêndios por todo lado. As casas dos humildes eram queimadas.

Mais de mil moradores sofreram algum tipo de violência por parte das forças de segurança do governo. Helicópteros sobrevoavam as vilas. Coisa nunca vista. Durante a noite, os soldados disparavam salvas de tiros para o ar, aumentando o pânico. Também usavam fogos de artifício, semeando a loucura numa região em que as pessoas estavam mais preocupadas em viver um dia de cada vez. Usavam os fogos especialmente quando a tropa queria ir ao banheiro. "Faça barulho e vá cagar em paz", brincava a soldadesca. Os militares tinham medo de serem surpreendidos naquele momento em que a biologia faz exigências. Os oficiais insistiam para que a tropa ficasse afastada da população, para evitar conflitos desnecessários, que nada teriam a ver com a luta armada. "Nada de mulheres." E alertavam para os perigos inimagináveis de ir ao banheiro. Dormir era outra aventura.

O jornalista e escritor Osvaldo Bertolino* descreve a "Operação Marajoara":

> O conceito da operação foi definido pela repressão como "guerra suja", [segundo o qual] não havia regras para as perseguições. Valia tudo. Moradores foram expulsos de suas casas, tiveram suas posses destruídas, foram presos e cruelmente torturados. Muitos foram executados.** Em Xambioá, foram construídos buracos, conhecidos como "vietnã", para onde eram levados os suspeitos de ajudar a guerrilha — uma grande parcela da população, sendo que os presos e torturados, segundo cálculos de Ângelo Arroyo, foram mais de mil — e lá deixados por dias e noites, alguns pendurados de cabeça para baixo.

---

*Em *Maurício Grabois: uma vida de combates*, obra já citada.
**Até hoje não há um levantamento detalhado de quantos moradores foram fulminados.

Como vimos na primeira parte deste livro, os militares chegaram para a terceira — e decisiva — expedição com uma lista de nomes de homens e mulheres apontados como apoiadores da guerrilha. Tal lista foi produzida pelos 35 agentes infiltrados na região durante a "Operação Sucuri", planejada em Brasília. Não é demais imaginar que a repressão, de fato, tenha atingido muito mais gente nas proximidades de São Geraldo, Marabá, Xambioá e Bacabá, onde os combates se concentraram.

O jornalista e historiador Carlos Hugo Studart Correa também relata esse momento duríssimo da repressão contra os moradores:

> Quando o Dia D terminou, haviam prendido uma centena e meia de pessoas. O Exército executou um "arrastão" que visou todos os moradores da região suspeitos de colaborar com a guerrilha. [...] Eram chamados de "apoio". De início, colocaram alguns deles em duas valas cavadas nos tempos da Segunda Campanha dentro das bases de Bacabá e Xambioá — buracos com 3 metros de comprimento, dois de largura e três de profundidade. Não havia latrinas. Não havia telhado para proteger do sol equatorial — ou da chuva da Amazônia. Fecharam os buracos com grades de ferro.

O "Dossiê Araguaia", citado por Studart no livro *A lei da selva*, esclarece que os moradores foram vítimas de pressões psicológicas e violência física. Diz o documento dos militares:

> Essa ação [a prisão dos suspeitos] teve como objetivo, além de retirar o apoio da guerrilha, deixar claro a essas pessoas de que lado estavam a Lei e a Ordem. [...] Na reeducação dessas pessoas teve que ser empregado algum vigor, uma vez que o caboclo daquela região só conhecia uma lei: a lei do mais forte. [...] Após, todos os detidos foram liberados e passaram a temer mais o Exército do que os guerrilheiros.

Quando a terceira onda da repressão chegou ao Araguaia, a situação do efetivo guerrilheiro que ainda atuava era lamentável. Já disse isso, mas vale repetir como a situação era grave, descrita pelo próprio comandante Grabois. Ele mantinha um diário de campanha, apreendido pelos paraquedistas que tomaram o acampamento. As anotações foram batizadas de "Diário do Velho Mário", um dos mais importantes relatos da guerra de guerrilhas, com 198 páginas manuscritas. É o retrato sem retoques de um momento da história. No dia 7 de outubro de 1973, está escrito:

> Insidiosa malária atacou-me e deixou-me inteiramente prostrado. Foi uma semana de febre e intensa diarreia. [...] Doíam-me as pernas e os braços e não podia ficar de pé. Também não podia comer e sentia dores horríveis no estômago. Vomitava com frequência.

A malária e a leishmaniose eram companheiras constantes dos militantes do PCdoB. Mas a fome era a própria desesperança. Rodeados pelas tropas, não podiam pretender a caça abundante, porque o barulho das armas de fogo atraía soldados e bate-paus. Além do mais, os militares decretaram um racionamento de gêneros alimentícios para os moradores, "de forma que a sobrevivência de cada um fosse garantida, sem sobras de comida". O "Dossiê Araguaia" esclarece que "essa ação deu resultados altamente positivos, pois dificultou sobremaneira a sobrevivência dos guerrilheiros, que passaram a ter na mata o seu único meio de sustento". Peixes e frutos da floresta, além de jabutis, eram a principal fonte de proteínas.

O próprio "comandante Mário" nos informa, em anotação do diário, no final de 1973, que uma jornada em busca de comida, com a duração de 24 dias, resultou na captura de 150 jabutis. O bicho era fácil de apanhar com as mãos. Não se pode dizer que a sobrevivência nessas condições era impossível, mas a falta de complementos como o arroz, milho, feijão e a farinha empobrecia demais as refeições. As longas marchas no interior da mata fechada, com mochilas pesando 25 quilos e armas, desgastavam sobremaneira os combatentes.

Nessa altura da luta, já não construíam abrigos e não podiam pousar nos sítios dos lavradores. Dormiam ao relento, às vezes sob a chuva torrencial. O luxo maior era pendurar redes em árvores. Durante os meses seguintes, decisivos para o futuro do movimento, os guerrilheiros começaram a abandonar os equipamentos mais pesados e até as redes. Armas e munição eram seus únicos tesouros — e o que mais importava. Até o estoque de remédios indispensáveis — o quinino, antibióticos, anestésicos e vitaminas — estava depauperado.

Por volta de setembro de 1973, pouco antes do início da terceira expedição militar, com a guerrilha reduzida à metade e com os depósitos destruídos, havia entre os comunistas um sentimento de que o grupo precisava recuar para áreas mais protegidas. A serra das Andorinhas, a noroeste, e a região do rio Xingu, a sudeste, poderiam oferecer abrigo e tempo para a reorganização. Aquela gente precisava de um descanso físico, já que o mental era impossível. A serra das Andorinhas tinha algumas desvantagens: muitas áreas descampadas, menos rios e menos caça. O Xingu, apesar de mais distante, apresentava densa cobertura de selva, com locais onde um pé humano jamais pisara. A Comissão Militar tinha decidido juntar os três destacamentos numa única força. E os combatentes começaram a se deslocar para o acampamento central.

A ideia era realizar uma reunião ampliada da força guerrilheira e discutir o futuro da guerra. A manobra, iniciada em outubro, não deu certo. Coincidiu com a chegada das tropas, que se embrenharam na mata em três rumos diferentes. Três dias antes do ataque à CM, houve um entrevero entre paraquedistas e guerrilheiros, o que acabou dando ao Exército a localização do comando rebelde. Índios teriam seguido o rastro dos insurgentes na mata. A inteligência militar jura que uma denúncia de moradores havia revelado que ocorreria a tal reunião no fim do ano

— algo nunca confirmado, ao menos por este autor. Mas houve fortes combates com o Exército e as perdas aumentaram, ao menos no campo revolucionário. Diga-se de passagem: durante a terceira campanha, não morreu nenhum militar. Esses "chafurdos" — tiroteios, confrontos, "combates de encontro" no jargão militar — estiveram registrados nos papéis oficiais mais tarde incinerados. Onze dias antes do cerco dos paraquedistas à Comissão Militar, no qual Maurício Grabois seria morto, o líder comunista sofreria a pior baixa: "Para mim, a notícia terrível."

CORTA
"Zé Carlos" vai morrer.

André Grabois, o "Zé Carlos", filho dileto do comandante, que chefiava o Destacamento A, caiu numa emboscada com outros três companheiros. Procurava comida. Ia a um sítio para pegar farinha e três porcos: proteína vital para os demais combatentes. Tinha 27 anos e estava na luta revolucionária desde menino. Aos dezessete, foi à China se preparar para a guerrilha. O choque com os militares, no dia 13 de outubro, desorganiza ainda mais a tentativa de reunião dos guerrilheiros. André Grabois topou com um grupo misto de soldados e pistoleiros, típico da nova ofensiva, liderado por certo "dr. Asdrúbal", na verdade o major Lício Augusto Maciel. Eram oito militares e dois bate-paus. Com André estavam os estudantes João Gualberto Calatroni, o "Zebão", e Divino Ferreira de Souza, codinome "Nunes", filiados ao PCdoB, além do lavrador Antônio Alfredo Lima, que havia aderido à guerrilha. Todos morreram. Um quinto guerrilheiro, conhecido como "João", conseguiu escapar, ziguezagueando entre as árvores, com balas zumbindo ao redor.

A repressão tinha uma gana especial em André Grabois, não só por ser filho do comandante guerrilheiro, mas também porque ele havia comandado o ataque a um posto da Polícia Militar, na rodovia Transamazônica, três semanas antes da terceira campanha. O posto foi incendiado, armas (seis fuzis e revólveres) foram roubadas e os policiais foram obrigados a

314

fugir pela estrada só de cueca. O episódio virou piada na região, provocando a ira do governo militar. André tinha um alvo pintado nas costas. Quando morreu, usava um gorro da PM e tinha no colo um dos fuzis roubados. Os corpos dos quatro guerrilheiros foram enterrados nas imediações do local do combate, à beira da Transamazônica e perto da base de Bacabá. Um ano mais tarde, foram removidos e provavelmente cremados. Desapareceram para sempre.

A notícia do tiroteio fatal chegou ao acampamento da CM com duas semanas de atraso, em 26 de outubro. Após a morte de André Grabois, Ângelo Arroyo deixou o acampamento, nos contrafortes das Andorinhas, com a missão de assumir o comando do Destacamento A, que estava a muitos dias de marcha pela floresta, desorganizado e perdido. Isso salvou a vida dele — ao menos por mais algum tempo. A dor pela perda de "Zé Carlos" está registrada na página 108 do "Diário do Velho Mário", em 30 de outubro, quando restavam ao comandante menos de dois meses de vida. Essa anotação, portanto, foi feita dezessete dias após o confronto com a equipe do "dr. Asdrúbal". Tudo ficava muito longe, a pé, no interior da mata. Todas as formas de contato eram verbais, por meio de bilhetes ou sinais deixados nas árvores. Cada mensagem podia levar semanas até chegar ao destinatário. E nesse meio-tempo muita coisa mudava. Veja o que diz o diário de campanha de Maurício Grabois:

> 30/10 — Novo acesso de malária e más notícias do DA (para mim particularmente terríveis) deixaram-me em estado de não poder escrever coisa alguma. Hoje, livre do ataque de impaludismo e, em parte, refeito do choque emocional, disponho-me a relatar o sucedido com um grupo de combatentes daquele D. No dia 26 chegaram Joca e Ari, depois de caminharem 12 dias, gastos na ida e na volta, até o ponto com os mensageiros do DA. Joca relatou que vieram ao local do encontro Piauí e Antônio. O VC daquela unidade guerrilheira contou o seguinte: no dia 13, um grupo chefiado por ZC, composto por Nunes, João, Zebão e Alfredo, dirigiu-se a um depósito para apanhar farinha. No

dia anterior, Alfredo e outros combatentes insistiram junto ao C para se matar 3 porcos do D, que estavam numa capoeira abandonada. ZC repeliu com energia a proposta, dizendo que ela afetava a segurança e que 'não se devia morrer pela boca'. Por isso, só iriam buscar farinha. No entanto, no meio do caminho, sob pressão de alguns combatentes, deixou-se convencer de apanhar os porcos. E o grupo enveredou capoeira adentro. Então, foi cometida uma série de facilidades: os porcos foram mortos a tiros, acendeu-se o fogo, não se deu importância ao helicóptero que sobrevoava o local e permaneceu-se demasiado tempo na capoeira. Ainda estavam os guerrilheiros dedicados à tarefa de tratar os porcos quando foram surpreendidos pelo inimigo. [...] Assim, o DA foi duramente golpeado. Perdeu seu comandante, homem capaz e um dos mais puros revolucionários. Estava ligado ao P. desde os 16 anos e ainda podia dar muito à revolução...

O homem que comandou a emboscada contra o grupo de André Grabois, resultando em quatro baixas fatais para a guerrilha, também não foi muito longe. No dia 24 de outubro, o major Lício Maciel e sua contraguerrilha cercaram uma das mais famosas militantes do PCdoB na região, a "Sônia". Foi na Grota da Borracheira, uma localidade próxima a Marabá. Tomava água em um riacho quando foi localizada. Com ela estava um menino que sumiu na mata. Mesmo ferida, a guerrilheira deu um tiro na cara do major e ainda acertou outro oficial, o temido capitão Sebastião Alves de Moura, o "major Curió", ferido no braço esquerdo. Ou na barriga, como dizem algumas fontes. O episódio é narrado no extraordinário livro de Hugo Studart,* um dos poucos a esclarecer a versão dos militares para os acontecimentos no sul do Pará:

> [...] a equipe do dr. Asdrúbal conseguiu novo troféu: a guerrilheira Maria Lúcia de Souza [sic], a Sônia, uma das mais conhecidas do Araguaia. Sua morte, envolta em heroísmo e violência, povoa ainda hoje o imaginário dos guerrilheiros, dos moradores da região e, princi-

---

*A lei da selva, p. 237, obra já citada.

palmente, dos militares. Para os comandantes militares, o ato de Sônia, logo em seguida da reação de Zé Carlos, serviria como justificativa definitiva da violência empregada na repressão aos guerrilheiros. Sobre a morte de Sônia, o ex-ministro do regime militar e ex-senador Jarbas Passarinho disse que 'o episódio prova a radicalização e a total inexistência de escrúpulos de ambos os lados'. [...] Deixaram o corpo de Sônia insepulto no local. Os militares da equipe que a abateu alegam que era mais urgente salvar a vida do oficial gravemente ferido, o dr. Asdrúbal. Ele estava inconsciente e perdia muito sangue por causa de um tiro, desferido por Sônia, que lhe esfacelou o rosto. Os militares preferiram usar as energias para salvar a vida do companheiro a gastar tempo com uma inimiga já morta. Até aí, trata-se de ação sensata. Mas a equipe que desceu [de helicóptero] a fim de fotografar Sônia para reconhecimento posterior em Brasília também não a enterrou.*

Depois de atingir os dois oficiais, a guerrilheira foi apanhada pelo subtenente João Pedro do Rego, codinome "J. Peter", e pelo sargento identificado apenas como "Cid". O subtenente perguntou a "Sônia", gravemente ferida, qual era o nome dela. A resposta foi arrasadora:

— Guerrilheiro não tem nome, seu filho da puta, tem causa.

Não se sabe o que aconteceu a ela naqueles últimos momentos de vida: morreu em consequência dos ferimentos ou foi executada? A execução é provável, se considerarmos o clima de terror da terceira campanha do Exército. O nome verdadeiro dela é Lúcia Maria de Souza, tinha 29 anos. Estudante do quarto ano de Medicina do Rio de Janeiro, de origem humilde, trabalhava como estagiária no Hospital Pedro Ernesto. Militante do PCdoB desde adolescente, foi uma das pessoas responsáveis pela impressão do jornal oficial do partido, *A Classe*

---

*A frase de Jarbas Passarinho, citada por Studart, foi publicada na edição de 17 de julho do jornal *Movimento*.

Operária. Perseguida pela repressão, fugiu para o Bico do Papagaio e se juntou à guerrilha.

No Araguaia, ficou conhecida como parteira e assistente do comandante-médico da guerrilha, o gaúcho João Carlos Haas Sobrinho, o "dr. Juca". O Centro de Documentação e Memória da Fundação Maurício Grabois, entidade mantida pelo PCdoB, tem uma pequena biografia de "Sônia", onde se pode ler:

> Era tida como uma mulher carinhosa e doce, muito querida pelos companheiros. Dedicada à causa, superou muitos homens no trabalho físico, que consistia em derrubar a mata somente com o uso de facão, abrindo trincheiras.

Segundo o PCdoB, após lançar aquela resposta desabrida aos militares, foi metralhada. Ao todo, "Sônia levou mais de 80 tiros", informa o texto de "Mulheres do Araguaia":*

> O corpo foi deixado na mata, sem sepultamento. Moradores alegam que viram o corpo definhar, restando-lhe, alguns meses depois, apenas o esqueleto e os cabelos. Jamais foi encontrado.

Aquele terrível mês de outubro de 1973 ainda traria muitas notícias desagradáveis para os guerrilheiros. Uma delas foi a deserção do companheiro "Paulo Paquetá", também do Destacamento A, como vimos momentos atrás. Ele simplesmente sumiu, deixando para trás a mulher, também guerrilheira, Maria Célia Corrêa, a "Rosa". Ela foi capturada e executada. Esse Paulo era um sujeito misterioso, usava uma identidade falsa em nome de João Carlos Borgeth. Dava trabalho, reclamava de tudo, os próprios companheiros desconfiavam dele. Quando desapareceu, naqueles primeiros momentos da terceira campanha militar, o comando da

---

*Disponível em: <http://www.fmauriciograbois.org.br/portal/cdm/noticia.php?id_sessao=28&id_noticia=7122>

guerrilha acreditou que ele era "um espião infiltrado". Maurício Grabois, no "Diário do Velho Mário", assim o descreve:

> Esse indivíduo, verdadeiro crápula, que causou os maiores aborrecimentos ao DA, parecia ter se aquietado, embora não merecesse a menor confiança. [...] Preso pelo inimigo, Paulo representa um perigo para o DA, pois é covarde e conhece camponeses amigos nossos. Conhece igualmente certas áreas, onde os combatentes costumam circular e acampar. [...] Mais tarde as FFGG [Forças Guerrilheiras] ajustarão contas com esse traidor.

"Paulo Paquetá" sumiu. O Centro de Informações da Marinha chegou a dizer que ele havia sido "executado a golpes de facão" pela guerrilha. E que "Rosa" o teria justiçado pessoalmente. O episódio, fantasioso, foi desmentido pelos fatos. Vejam o que diz Hugo Studart:*

> Em setembro de 2004, um dos militares que ajudaram a elaborar o "Dossiê Araguaia" descobriu que ele estava vivo, trabalhava como acupunturista em Niterói (RJ) e seu nome verdadeiro era João Carlos Campos Wisnesky.

Todas essas histórias revelam que havia enorme descoordenação entre os grupos guerrilheiros. E a ferocidade da repressão ia abatendo um a um. Os combatentes estavam doentes, sofrendo principalmente com a malária, mais insidiosa na época das chuvas. Não tinham comida. Estavam sobrevivendo à custa de castanhas, cocos e jabutis. Não podiam mais caçar, tanto por causa do barulho quanto por economia de munição. Em novembro de 1973, só havia 34 guerrilheiros vivos na zona de guerra. Talvez menos. Os militares estavam pagando bem por cabeça, de mil a 10 mil cruzeiros novos, dependendo da importância do guerrilheiro morto. Além das tropas, havia mateiros e jagunços caçando comunistas

---

*Em *A lei da selva*, p. 239, obra já citada.

por conta própria. Com a maior das recompensas, era possível comprar uma fazendinha na região. Mudava a vida de qualquer um. A guerrilha, dispersa pela floresta, não tinha mais condições de combater. O próprio Maurício Grabois reconhece que a situação é muito grave. Na manhã do dia 25 de dezembro, o comandante, já muito doente, escreve a última anotação no diário de campanha:

> Agravou-se a moléstia dos meus olhos. Estou enxergando com certa dificuldade. Há possibilidade de ocorrer um colapso total da minha visão. Não posso facilitar. Penso em sair da região, pois, se não o fizer, posso criar, com a minha doença, uma situação difícil para os CO [comandantes]. Discutirei o assunto na próxima reunião da CM, que se realizará assim que o Joaq [Ângelo Arroyo] chegue. Para mim é bastante doloroso deixar as FFGG [Forças Guerrilheiras].

Quando "Joaquim" chegou, o comandante já estava morto. De longe, ele e "Zezinho" ouviram o tiroteio. Centenas de disparos. Os dois trataram de mudar de rumo, procurando pelos guerrilheiros que poderiam ter sobrevivido. Poucos dias mais tarde, já em 1974, iniciaram a marcha para romper o cerco e fugir do Araguaia. Naquele mesmo mês de janeiro de 1974, talvez fevereiro, a repressão contabilizava a morte da maior parte dos integrantes do movimento comunista.

O PCdoB diz que a última guerrilheira a morrer foi Walquíria Afonso Costa, a "Walk". Mineira de Uberaba, a estudante de Psicologia tinha 27 anos quando foi fuzilada, no dia 25 de outubro de 1974. As tropas da ditadura ficaram no Araguaia até janeiro de 1975. Os militares, vitoriosos, receberam elogios e promoções. E o silêncio desceu sobre as matas e os grandes rios.

Ficaram só as lendas.

4

Um repórter na floresta

Palmério Dória é um obstinado jornalista paraense. Nasceu em Santarém, às margens do rio Tapajós, que ele considera o rio mais bonito do mundo. Foi no dia 9 de março de 1949. Palmério costuma dizer que aprendeu a nadar antes de aprender a andar. E olha que ele andou muito pelas trilhas do Araguaia, percorrendo os caminhos da guerrilha para escrever uma série de reportagens que ficou famosa. As matérias dele saíram no *Coo-Jornal*, de Porto Alegre, uma publicação da cooperativa dos jornalistas gaúchos que tinha circulação nacional. Era um dos jornais "nanicos" da imprensa alternativa, que desafiava a censura do regime militar.

Mais tarde, essas reportagens foram consolidadas no livro, *A guerrilha do Araguaia*, que acabou se transformando num clássico sobre o tema. Palmério Dória foi até a zona dos combates após o final da terceira expedição militar, que deixou a região em janeiro de 1975. Mas quando chegou, a memória da guerrilha ainda estava bem fixada na mente das pessoas. No dia 3 de junho de 2013, me encontrei com o jornalista no apartamento de quarto e sala que ele aluga em São Paulo.

O lugar é tão modesto que quase não coube a equipe de cinema, com duas câmeras, que levei para registrar a conversa. A gravação não ficou muito boa porque faltava distância focal para as câmeras. E também porque não é muito fácil iluminar um cubículo pintado de branco. Não tinha perguntas prontas, nem roteiro, nem nada. Foi só um papo descontraído entre dois repórteres. É o que você acompanha a seguir:

— Você atribui a sua vinda para São Paulo e ter se tornado um jornalista reconhecido naquela imprensa de resistência à ditadura em função da sua reportagem sobre o Araguaia?

— Não. Eu atribuo isso a uma edição especial da revista *Realidade*, feita em 1971, comandada pelo Raimundo Rodrigues Pereira e pelo Hamilton Almeida Filho. Tive a felicidade, como "foca", de participar de um chão de estrelas. Cerca de vinte profissionais, espalhados na Amazônia, fazendo uma edição que deu Prêmio Esso de Reportagem (equipe). Aquilo foi uma espécie de descoberta da Amazônia. Toda a minha base profissional veio daí. Foi uma coisa divina.

Palmério, pouco antes dessa extraordinária edição amazônica da Editora Abril, até hoje uma referência no jornalismo mundial, tinha participado da cobertura do primeiro encontro dos índios paracanãs com as frentes de atração da Funai, na época em que o governo militar estava demarcando a Transamazônica:

— Dei um "furo" nessa ocasião. Fui publicado no *Jornal da Tarde* e no *Jornal Nacional*. Isso foi espalhado, por meio de fotos, pelo mundo inteiro, através da Associated Press. Então eu tive uma base de sobrevivência na grande mídia, inclusive ganhando algum dinheiro, em São Paulo. Para um garoto, como eu, aos dezenove anos, dar um "furo" como esse foi vital.

Apesar da história rica em detalhes desse jornalista notável, autor de sete livros e centenas de reportagens famosas, decido saltar no tempo e focar no Araguaia. Vamos ao que interessa:

— Eu fui para o Araguaia numa coisa bem planejada. Não foi por acaso. Fui até lá com um amigo, o fotógrafo Vincent Carelli, uma das maiores figuras do indigenismo brasileiro. E o Araguaia pintava como o grande assunto. Todo mundo falava, mas ninguém contava. Como uma coisa dessa dimensão pode ter acontecido [a guerrilha] e ninguém vê nada nos jornais? E eu propus essa matéria para o Mino Carta, que estava inician-

322

do a edição mensal da revista *IstoÉ!*. Ele nos deu a grana inicial pra essa aventura. Pode ter sido uns 30 cruzeiros novos, não me lembro direito.

Palmério começou a destrinchar o episódio da guerrilha procurando o governo do Pará:

— Em Belém, procurei um sujeito chamado Orlando Carneiro, conhecido como "Belisca Lua". Ele vinha a ser o assessor de imprensa do governador Aloysio Chaves, chamado de "Pavão". O ano era 1977. Poderia ter sido também no governo de Alacid Nunes. A memória às vezes me falha. O fato é que o Orlando Carneiro era uma figura descomunal e muito simpática. Essa simpatia entre nós prevaleceu e ele nos abriu a porta. Ninguém conhecia ainda a revista *IstoÉ!*. E eu disse que nós queríamos fazer uma matéria sobre o Pará, ambientada ali na serra das Andorinhas, no Araguaia paraense, em Marabá. Vendi o peixe de que seria uma matéria naquele estilo da *Manchete*, muito colorida, cheia de fotos. A *Manchete* era um tipo de revista que estava na cabeça de todo mundo. E ele não apenas nos deu facilidades, como começamos morando numa casa do DER [Departamento de Estradas de Rodagem, órgão do governo estadual]. Era uma casa em Marabá, debruçada sobre o rio Itacaiúnas — e depois eu vim a saber que era a famosa "casa azul", onde ficavam os torturadores, os comandantes militares e tudo o mais.*

O repórter prossegue no relato:

— Nós estávamos ali como correspondentes de uma guerra que já tinha acabado. Além disso, o comandante da PM de Marabá, o major Cleto da Fonseca, também morava ali. Um dia ele foi secretário de Segurança do Pará. Por acaso, o major era meu amigo de adolescência e casado com uma das minhas amigas de infância. Ele andava com dois revólveres na cintura e com uma braçadeira com a inscrição "Guerra na selva". Por todas essas razões, tive uma facilidade extraordinária. E outra vantagem

---

*A chamada "casa azul" foi a sede da inteligência militar durante a repressão à guerrilha. Era considerada um espaço restrito aos órgãos de inteligência militares. Ali não vigoravam as patentes. Nem os generais tinham autorização para entrar naquele lugar. A "casa azul" guarda alguns dos mais profundos segredos dos tempos da guerra de guerrilhas no sul do Pará. Sem saber, o repórter Palmério Dória fora parar na toca do lobo.

inestimável era a companhia do Vincent. Ele era francês e amigo dos índios. Foi casado com uma índia. Era recebido nas aldeias como um igual. Era reconhecido pelos suruís, gaviões, os caiapós. Ele estava em casa. Era a velha dupla repórter e fotógrafo em perfeito entrosamento.

Ao contar a história, diante das câmeras, noto um brilho no olhar do velho jornalista. É como se ele estivesse de volta ao Araguaia. Ainda impressionado pelos grandes rios e aquela mata fresca, que quase não existe mais. É como se vivesse, num instante, toda a aventura outra vez:

— Lá na "casa azul", onde estávamos, havia um faz-tudo, uma espécie de zelador, chamado Ceará, que nos contava que por perto havia guerrilheiros enterrados. Fantasia ou não, as histórias vinham até nós. Como as pessoas percebiam que estávamos ali, escorados em apoio oficial, começavam a falar naturalmente. Por um lado era bom, mas por outro causava problemas, porque algumas pessoas nos identificavam com o governo e a repressão. Mas o fato é que nós entramos na jogada, no meio da coisa, por um golpe de sorte.

Quando Palmério Dória e Vincent Carelli estiveram na zona guerrilheira, não havia mais o grande movimento de tropas, campos de pouso dos helicópteros e aviões de reconhecimento sobrevoando as vilas e a floresta. O centro de comando na "casa azul" já estava desativado há dois anos. O governo tinha construído um quartel para um batalhão de infantaria de selva, em Marabá, e postos avançados. Estão lá até hoje, uma presença permanente das Forças Armadas na região. Mas os fantasmas da guerrilha ainda assombravam o povinho do Araguaia. Palmério continua:

— Os índios suruís foram guias do Exército, assim como os bate-paus, gente da região que colaborou com a repressão. Mais importante do que as tropas de elite, as vitórias sobre os guerrilheiros foram obtidas com ajuda dos caboclos da região. A ação das tropas foi um desastre operacional. Sem os índios e os bate-paus, o regime militar iria penar ainda mais. Foi uma resistência extraordinária. Os suruís foram testemunhas da morte de "Osvaldão". Ele foi morto por um mateiro local, o Piauí, com um tiro de calibre 20.

324

"Osvaldão" estava perdido na mata, esfarrapado. Faminto. Totalmente abandonado. Palmério comenta:

— Do meu ponto de vista, "Osvaldão" talvez seja o Che Guevara do Araguaia. É incrível que um rebelde desse porte, sangue brasileiro, tenha sido esquecido pelo próprio PCdoB. Uma das maiores figuras negras do nosso tempo. Dois metros do raio que o parta de altura. Uma figura planetária. Como é que um homem desses não é um herói da história brasileira? Como é que um cara desses não aparece nos livros de história? É esquecido pelo seu próprio partido.

Ainda na antiga zona de combates, Palmério e Vincent percebem que a presença deles na área começou a ficar perigosa. O próprio major PM Cleto da Fonseca avisou que não podia mais se responsabilizar por eles. Um mês depois de terem chegado, os jornalistas se deram conta de que precisavam ir embora. Deixaram o abrigo do DER e passaram a viver acampados, no mato, em alguma casa de morador local, na aldeia suruí. A visita de Palmério aos suruís nunca mais saiu da cabeça dele:

— À noite, numa taba indígena, os índios estavam ali, em volta de um lampião, contando a guerrilha na língua deles. Os traumas que pintaram depois, de ver gente sendo degolada. O terror que foi instalado na região. Eles contando com naturalidade, mas com sustos. O barulho das metralhadoras. É um filme. O depoimento deles, em uma noite, na língua deles, resume a história do Araguaia compacta, do jeito deles. Acho que foi a coisa mais espetacular que eu testemunhei ali, que eu vi.

Ao voltar para São Paulo, Palmério entrou em contato com José Genoino Neto, que se tornou uma importante fonte de informações. Genoino havia sido libertado, após cinco anos de encarceramento, mas vivia semiclandestino na capital paulista. Palmério e Vincent Carelli se juntaram aos jornalistas Sérgio Buarque e Jaime Sautchuk para preparar o livro sobre a guerrilha. A atividade deles foi quase clandestina, de modo a driblar a censura oficial. Palmério explica:

— O livro foi feito à mão na casa do Polé [Paulo Orlando Lafer de Jesus], da turma da *Realidade*, que depois se tornaria diretor de arte do jornalismo da TV Globo em São Paulo. Ele criou inclusive a marca para a coleção "História Imediata", que *A guerrilha do Araguaia* inaugurou. Talvez valha a pena dizer que o livro vendeu mais de 25 cópias, em bancas de jornal, em apenas uma semana. Um feito extraordinário para a época.

Os proprietários de editora Alfa-Omega haviam bancado a publicação, assumindo grandes riscos diante do regime militar. Foi assim que o país tomou conhecimento de um relato fiel a respeito dos acontecimentos no sul do Pará.

Palmério me emprestou um dos primeiros exemplares do livro, feito em papel-jornal, num formato semelhante à metade de um tabloide. Eu o li avidamente, em 2013, linha por linha. Na época da publicação original, em agosto de 1978, tinha comprado *A guerrilha do Araguaia* por 35 cruzeiros numa banca de jornal no Rio de Janeiro. Mas o meu exemplar se perdeu num dos meus descasamentos. Ficou para trás, numa dessas prateleiras da vida. Ao reler a obra, quase quatro décadas mais tarde, fiquei impressionado com a qualidade da informação. É impressionante que aqueles jornalistas, sob o regime militar, debaixo de uma censura radical, tenham conseguido iluminar de tal maneira o cenário da guerrilha.

Palmério Dória, aos 65 anos, barbas e cabelos brancos, manca de uma das pernas e usa uma bengala. E também tem um chapéu-panamá encardido. Depois de todas as aventuras que viveu, ele se define de maneira simples, quase humilde:

— Nunca quis casar e ter filhos. Não sou mutuário de coisa nenhuma. Nunca quis comprar um carro. Não tenho telefone celular.

5

Liniane procura o passado

— Se não fosse o meu tio e padrinho, Cilon Cunha Brum, desaparecido político no Araguaia, a minha vida teria sido mesmo diferente.

A jornalista Liniane Haag Brum nasceu sob o signo de uma tragédia que atingiu toda a família dela. No dia em que foi batizada, 9 de junho de 1971, em Porto Alegre, Cilon apareceu pela última vez. Seria padrinho de Liniane. Militante do PCdoB, aluno de economia da PUC-RS, ele já havia comunicado aos familiares que estava entrando na clandestinidade. Foi presidente do Diretório Acadêmico da faculdade e estava sendo perseguido pela polícia. Mudou-se para São Paulo. Sem dar detalhes, disse que iria assumir uma tarefa política que o afastaria da família. Todos estavam chocados com aquela situação. Cilon já vivia escondido. E estava prestes a seguir para o Araguaia, onde se transformaria no guerrilheiro "Simão". O batizado de Liniane, na verdade, era uma despedida.

— Minha mãe me conta que Cilon foi um dos últimos a chegar no batizado. Veio de táxi. Era uma coisa estranha para todos. Ele chegou meio se esgueirando, nervoso. O batizado foi de manhã. E depois houve um almoço na casa dos meus pais. E, nesse almoço, todos sabiam que ele estava envolvido em alguma coisa muito complicada e perigosa, alguma coisa de esquerda. Meus pais levaram o Cilon para um quarto e começaram a pressionar para que ele revelasse o que estava acontecendo. Naquela época, ninguém sabia da operação do PCdoB no Araguaia. Aquilo era uma coisa secreta. Ele falava de uma missão, que iria para longe e depois voltaria. Cilon dizia que talvez precisasse dar a vida pelo país.

Liniane diz que isso soou como uma coisa estranha para a família. Morrer por quê? "Parecia meio cafona e fora de propósito." A família nunca entendeu direito o que estava se passando. Mas o estudante da PUC estava decidido a aderir à luta armada no sul do Pará. Cilon Cunha Brum chegou ao Bico do Papagaio naquele mesmo ano de 1971. Aderiu ao Destacamento B da guerrilha, na região do rio Gameleira, sob o comando de "Osvaldão". Participou do combate da Grota Rasa. Provavelmente, foi ele, já conhecido como "Simão", quem acertou um tiro de cartucho no ombro direito do sargento Morais.

— Eu não acho que houve uma guerrilha no Araguaia. Acho que houve um extermínio. No caso do Cilon, houve uma soma de duas situações, estar sendo perseguido nas cidades e procurar uma área de fuga. Objetivamente, sei muito pouco a respeito da guerrilha.

O desaparecimento do tio e padrinho atormentou Liniane durante muitos anos. Ela recolheu cartas, fotos e depoimentos de familiares e amigos para reconstituir a história de Cilon. Viajou duas vezes ao Araguaia para encontrar notícias dele. Alguém o viu? Alguém sabe o que aconteceu com ele? Esteve com pessoas que disseram ter conhecido o guerrilheiro "Simão". Com o material que conseguiu reunir, Liniane escreve um livro sensível, comovente e esclarecedor. De todas as coisas que li sobre o Araguaia, o trabalho dela foi sem dúvida o único que me deu algum alívio em meio à tragédia daqueles jovens. Foi o único relato humano e poético, distanciado da barbárie, que pude encontrar. Quando estive pessoalmente com ela, a mulher de 42 anos que vi pela frente se parecia com seus textos. Seu livro precisa ser lido por todos que queiram entender o que se passou na vida daqueles rapazes e moças que se lançaram numa aventura corajosa por um país melhor.

328

CORTA
O que aconteceu com Cilon?

Após a destruição da Comissão Militar pelos paraquedistas, no dia de Natal de 1973, Cilon Cunha Brum já estava perdido dos companheiros do Destacamento B. A guerrilha toda estava dispersa, talvez houvesse uns trinta combatentes espalhados nas matas. "Zezinho" me disse que eram só dezessete agindo com um mínimo de coordenação. O restante estava espalhado. Cilon era um deles. Estava faminto e doente. Mal conseguia andar. Teria decidido se entregar. Foi até um sítio, na região de Brejo Grande, e se rendeu aos lavradores. Entregou as armas, já não aguentava mais. Os sitiantes chamaram os soldados de uma base que ficava nas proximidades. Cilon ficou detido ali por uns dois meses. Os militares o obrigaram a seguir com patrulhas na mata. Depois ele desapareceu. Teria sido executado. O corpo nunca foi encontrado.

No depoimento que prestou à Comissão Nacional da Verdade, já citado, o general Álvaro Pinheiro confirmou que alguns guerrilheiros se entregaram: "Apareciam nas bases, entregavam as armas [...] Isso acontecia." Um dos representantes da Comissão Nacional da Verdade perguntou: "E o senhor sabe o que acontecia com eles?" A resposta: "Não faço a menor ideia."

Durante a viagem que fez ao Araguaia, acidentalmente Liniane bateu na casa de uma mulher chamada Nazaré, que já tinha uns oitenta anos, ou quase. Ela era um dos moradores que o regime militar colocou na área dos conflitos com a intenção de ajudar a repressão. Liniane conta mais:

— Ela era de uma das famílias que foram colocadas pelo Exército, durante a última campanha de extermínio dos militantes comunistas. Essas pessoas estavam lá para entregar quem eventualmente ainda estivesse pela mata. Quando eu a encontrei, em 2010, ela contou espontaneamente a história do Cilon se rendendo ao filho dela. Ele surge em algum ponto da mata, diz ser o "Simão" e entrega a arma. Ela me falou isso na porta da casa dela e eu estava acompanhada do seu Abel, que tinha sido guia do Exército. Ele era uma pessoa que impunha uma certa autoridade na vila.

Então, o que eu ouvi da dona Nazaré pode ser verdade ou não, mas para mim soou como verdade.

Cilon, enquanto esteve detido na base de Brejo Grande, manteve contato com outros moradores locais. Consta que foi inclusive fotografado na companhia de militares. Depois sumiu.

6

Rioco ficou sozinha

Já conhecemos Rioco Kayano em partes anteriores deste livro. Já a vimos, recentemente, no *Jornal Nacional*, na fila de espera das visitas da Penitenciária da Papuda, em Brasília, quando procurava se encontrar com o marido, José Genoino Neto, o guerrilheiro "Geraldo do Araguaia", dessa vez condenado nas penas do mensalão. Já sabemos de quase tudo a respeito dela. Mas aqui vamos conhecer de perto a mulher que optou pela resistência contra a ditadura militar. Vamos saber quem ela era, quando jovem, o que pensava e por que arriscou a vida diante de um país embotado pelo "milagre econômico" e a Copa do Mundo de 1970.

Fui à modesta casa do casal de antigos militantes do PCdoB, na Vila Indiana, em São Paulo, para entrevistá-la. Nem passava pela minha cabeça discutir esse assunto do mensalão. O tema central do meu trabalho era a luta armada contra a ditadura no sul do Pará. Guerrilha no Araguaia. O mais longo e feroz combate dos anos 1960-70 no Brasil. Rioco, avessa a declarações, nem quis falar. Foi com calma e afetividade que consegui extrair dela alguns minutos de gravação, e também com grande respeito por essa mulher que se lançou na luta revolucionária naqueles anos de chumbo. Com certeza, Rioco já pagou a cota dela de sofrimento neste mundo. E não precisava de mais um jornalista chato e pedante querendo arrancar dela alguma declaração de primeira página. A vida dessa mulher já é uma primeira página: foi presa, espancada e abusada de todas as formas imagináveis.

Rioco, descendente de japoneses, é pequena e magra. Não tem nem 1,60 m. Não pesa nem 50 kg. Não chega ao ombro de Genoino. No entanto, foi ela quem deu o suporte — afeto, carinho e amor — ao companheiro que tinha medo de sair à rua depois de cumprir cinco anos de prisão. Ela mesma passou três anos encarcerada. E cumpriu a promessa que fez ainda atrás das grades: se sobrevivessem — e se saíssem da prisão — viveriam juntos. O tamanho dessa Rioco não dá conta da bravura dela.

Quando pedi que gravasse um depoimento, ela ficou um longo tempo em silêncio. E não olhou diretamente para mim. Percebi que ela estava longe daquela casinha na Vila Indiana. Arriscando, disse:

— Você pode ficar aí mesmo, nessa cadeira. A luz está ótima.

Meus companheiros da equipe de câmeras estavam mudos. Rioco costuma interromper as frases antes do fim. Mas não perde o fio da meada. É como se dispensasse algumas palavras, porque o significado já está claro. Ela também salta alguns artigos. Como nossos equipamentos já estavam prontos, simplesmente começou a falar:

— Eu não conheci nada da região da guerrilha. Peguei um ônibus aqui em São Paulo, estava viajando com um rapaz que eu não conhecia. Só mais tarde fiquei sabendo que se chamava Eduardo [Eduardo Monteiro Teixeira] e era da Bahia. Nós nos encontramos na rodoviária e lá também encontramos a Elza [Elza Monnerat, membro do Comitê Central do PCdoB, responsável pela ida de novos combatentes para o Araguaia.] Estava sendo levada pela Elza, não sabia para onde nem em que condições. No caminho, devíamos fazer de conta que estávamos viajando sozinhos. Sentávamos em assentos diferentes e não falávamos uns com os outros.

Foi uma longa viagem. Milhares de quilômetros. Rioco não deu detalhes do itinerário. Isso aconteceu em abril de 1972, poucos dias após o início da primeira expedição militar contra os comunistas. Ela, Eduardo e Elza estavam indo para Marabá, justamente o quartel-general das forças de ocupação. Só que ainda não sabiam disso. Diante das câmeras, manteve o rosto sereno, mas os olhos se moviam incansavelmente.

Fomos obrigados a interromper a gravação por causa de insistentes latidos do cachorro do vizinho. Quando retomamos, nossa entrevistada já estava na Transamazônica. Ao longo da rodovia, na verdade um estradão de terra e lama, já havia inúmeras barreiras do Exército. Acompanhe o depoimento:

— Nosso ônibus foi parado. Soldados armados entraram, revistando bagagens e pedindo documentos. Mostrei meus documentos e a minha bolsa. Não se interessaram por mim [ela parecia uma menina, muito jovem] nem pela Elza [que era uma senhora de cabelos brancos e por volta dos sessenta anos]. Era um acampamento do Exército, inclusive com uma grande fogueira. Percebi que a situação era muito grave. Os militares mandaram o Eduardo descer. E o ônibus seguiu.

Os militares tinham um álbum de fotografias de gente procurada. E o Eduardo se parecia muito com um sujeito das fotos. Na verdade, era o irmão dele, que já integrava a guerrilha. Foi preso imediatamente. Animados com a provável captura, liberaram o ônibus sem maiores cuidados. Assim, com soldados por todo lado, Rioco e Elza Monnerat chegaram a Marabá:

— Ela [Elza] me levou até um hotel na cidade e me disse para ficar por lá, enquanto iria se informar sobre o que estava acontecendo. Era o dia 12 de abril de 1972, quando começou a ofensiva militar. Mas a gente não sabia dessa operação. Ela saiu, ficou um tempo fora e, quando voltou, me disse que a luta tinha começado.

Elza Monnerat, a "Dona Maria", como era conhecida no partido, disse à jovem companheira que precisava tomar uma série de providências e que Rioco deveria retornar a São Paulo. Só não disse como, uma vez que as Forças Armadas executavam o cerco tático sobre a área guerrilheira, ocupando uma enorme área de milhares de quilômetros quadrados. Veja o que houve a seguir:

— Ela fez uma série de combinações comigo. Coisas ligadas a dinheiro e passagens, nem lembro direito. E eu fiquei sozinha naquele hotel.

Não era mesmo um hotel. Não passava de uma pensão vagabunda, muito utilizada por caixeiros-viajantes, garimpeiros, prostitutas e demais aventureiros. Mas era um lugar muito conhecido na cidade. Portanto, um alvo. Rioco deveria aguardar um barqueiro para atravessar o rio Araguaia, que naquele local tem mais de um quilômetro de largura. Iria ingressar no Destacamento A da guerrilha. Mas não sabia de nada disso. Na verdade, recebera ordens para voltar a São Paulo.

— O hotel foi cercado pelo Exército. Fui presa e ela se mandou. Fugiu. Quando saí de São Paulo, sabia que iria ingressar na guerrilha rural do partido. Sabia também que o nosso ponto inicial seria em Anápolis [GO] e nada mais. Fiquei sozinha.

Quando os soldados cercaram a pensão de Marabá, Rioco sabia que o problema era com ela. Havia escapado do bloqueio na Transamazônica, mas agora a sorte estava lançada. Isso ocorreu em 14 ou 16 de abril, ela não se recorda.

— Me levaram para Belém, depois para Brasília. Eu tinha sido presa em São Paulo, em 1971, mas contei umas histórias que eles [os militares] engoliram. Mas estava queimada e o partido decidiu que tinha que ir para o trabalho de campo no Araguaia.

Perguntei a Rioco qual a avaliação que ela faz da guerrilha, como evento histórico, do ponto de vista político e ideológico. Ela respondeu:

— Para a época, em plena ditadura, achava que a gente não tinha resposta para nada. Acreditei naquela proposta da luta armada. Hoje eu penso que pessoas como eu, dispostas a dar a vida, não sabiam que aquilo não iria dar certo. Só que naquele tempo as coisas não eram nada fáceis. Resistir significava lutar. Era nisso que a gente pensava. Nós tínhamos o ideal de libertar o país, de construir uma sociedade igualitária, socia lista. Acreditei na proposta do PCdoB, trabalho rural para mobilizar a população, como muitos outros jovens. Só que a vida mostrou que não era tão simples assim.

Rioco comentou que seu encontro com José Genoino, na cadeia, como já vimos, materializou-se por meio de bilhetes trocados em encontros furtivos. Genoino era um preso que não tinha família em São Paulo:

— Ele não tinha roupa, não tinha nada. Mas me deu de presente um travesseiro. Talvez a coisa mais valiosa que tinha. Como ele era muito hesitante, um dia escrevi para ele propondo um compromisso. Fui eu quem pediu o Genoino em casamento. Depois de ter sido libertada, antes dele, fiz umas visitas ao Genoino na cadeia. Comprei umas alianças e levei para ele. Foi assim que aconteceu.

Genoino saiu da cadeia em 18 de abril de 1977. No dia 21 daquele mês, em São Paulo, encontrou-se com Rioco. Estão juntos até hoje. Histórias de amor e de guerra.

7

O holocausto de Suely

Uma guerrilheira de 26 anos, pequena e magra, muito bonita, foi assassinada pela repressão no Araguaia com mais de cem tiros de fuzis, pistolas e metralhadoras. Era considerada pelos militares uma inimiga perigosa — e os companheiros do movimento armado no sul do Pará diziam que era "uma combatente-padrão", verdadeiro exemplo para os demais. Ela enfrentou a tropa até cair. Feriu um dos militares com tiro certeiro. Recusou-se à rendição, que significaria a morte de qualquer modo.

O massacre teria sido praticado contra Suely Yumiko Kanayama, descendente de japoneses que se tornaram agricultores no interior de São Paulo, na região de Coronel Macedo. Uma família cuja origem no Brasil remonta ao período da chegada a Santos do vapor *Kasato Maru*, uma velha embarcação russa que trouxe os primeiros imigrantes japoneses há 106 anos: eram 161 famílias, pouco mais de 780 homens, mulheres e crianças. O *Kasato Maru* atracou no porto de Santos em 18 de junho de 1908.*

---

*Para detalhes, consultar: <http://www.imigracaojaponesa.com.br/?page_id=259>. Ver também *Corações sujos*, de Fernando Morais (São Paulo: Companhia das Letras, 2000), que descreve a vida dos imigrantes e a recusa de alguns deles em admitir a derrota japonesa para os Estados Unidos durante a Segunda Guerra Mundial.

Suely foi estudante da Faculdade de Letras da USP, a Universidade de São Paulo. Ativista do movimento estudantil, filiou-se ao PCdoB, provavelmente em 1969, quando tinha apenas 21 anos. Em 1971, deixou a capital paulista e se mudou para o Araguaia, onde integrou o Destacamento B da guerrilha, na área da Gameleira. O Centro de Informações da Marinha registra a morte dela em setembro de 1974, uma das últimas do período de combate à guerrilha. Mas os militares não revelam detalhes da execução.* Suely tinha 1,59 m e pesava em torno de 50 quilos. Havia emagrecido com a vida de privações na floresta, apesar de ser considerada uma das mais aplicadas guerrilheiras do PCdoB, apontada como exemplo por seus companheiros.

A estatura dela não dava ideia de sua bravura. Era incansável no cumprimento de suas tarefas. Na opinião de seus companheiros, "uma heroína na luta de libertação do povo brasileiro". Para a repressão, a pequena nissei representava um grande perigo: estava na lista dos que deveriam morrer. Na guerrilha, onde era conhecida como "Chica", chamou atenção de um militante que se tornaria célebre: José Genoino. Ele nutria pela nissei uma paixão platônica.

Após o holocausto de Suely,** sua família foi informada pelos militares de que havia se transformado em prostituta e morrera de sífilis num garimpo no sul do Pará. Tenho uma boa ideia do mal que a falsa informação causou àquela família japonesa, influenciada por códigos de honra e decência que vêm de séculos.

Anos mais tarde, após ser libertado, em 1977, com o cumprimento da pena de cinco anos de cadeia que recebeu da Justiça Militar, José Genoino desmentiu a farsa. Mesmo tendo sido proibido pela alta direção do PCdoB de contar a verdade a respeito do Araguaia, Genoino tomou a decisão de procurar as famílias das vítimas para oferecer alguma clareza acerca dos fatos que conhecia, inclusive a morte de Suely.

---

*Para mais informações, ver Fernando Portela, *Guerra de guerrilhas no Brasil*, p. 81 e seguintes, obra já citada.

**Alguns autores afirmam que isso não aconteceu: de acordo com o jornalista Leonêncio Nossa, biógrafo de Sebastião Curió, ela teria sido vítima de uma simples injeção letal, conforme as ordens de Brasília de não fazer prisioneiros.

Depois de ouvir a história da barbárie cometida contra a pequena nissei na voz de um dos protagonistas da guerrilha, a mãe dela, cujo nome omito de propósito, apenas disse:

— Agora estou satisfeita! Se ela morreu por essas ideias, estou satisfeita! — respondeu a senhora, vendo o fantasma da desonra se afastar da família.

Genoino me contou que essa visita foi "dramática":

— Imagine contar a uma mãe que a filha foi morta naquelas circunstâncias e que o corpo havia desaparecido. Pode apostar: não foi fácil.

Rioco Kayano me revelou o seguinte, em meados de 2013, sobre Suely:

— Nós éramos amigas do tempo da faculdade. Frequentava a casa dela e tudo. Ela foi antes de mim para o Araguaia. Então você imagina como foi encontrar com a mãe e com o pai, principalmente, e dizer que ela estava morta e ninguém sabia onde. Eu estava aqui e ela estava morta. Mas quando o Genoino relatou tudo, a mãe disse que estava satisfeita, ao saber que a filha tinha morrido por aqueles ideais. Disseram a ela que a Suely tinha virado prostituta.

Antes de ser apanhada pela repressão, supostamente uma das últimas baixas da guerrilha, Suely Kanayama havia sofrido um acidente e estava com sérios ferimentos. Ao subir em uma palmeira para cortar um cacho de açaí, mais ou menos a 10 metros de altura do chão, ela escorregou. O facão afiado que usava decepou dois dedos da mão esquerda dela. E foi nessas condições que Suely enfrentou — na bala — a tropa que a cercou.

8

Zezinho e os fantasmas

Quinze dias após a morte do jovem comandante "Zé Carlos" (André Grabois, do Destacamento A, em outubro de 1973), o camarada "Joaquim" (Ângelo Arroyo) foi chamado para uma reunião na Comissão Militar, da qual fazia parte como chefe de operações. Maurício Grabois, o comandante em chefe do movimento, sofria de impaludismo e remoía as dores pela perda do filho. O "Velho Mário", codinome de Grabois, sob grande sofrimento, disse para Arroyo:

— Você vai assumir o Destacamento A. Reúna os combatentes e venha para cá. Vamos decidir a nossa próxima estratégia.*

O Destacamento A estava localizado a grande distância do acampamento da Comissão Militar. Dias de caminhada pela mata. O grupo de André Grabois, sem comando, estava disperso em subgrupos de cinco a sete guerrilheiros, que se deslocavam numa ampla área de florestas e rios. A missão de "Joaquim" não seria nada fácil. Ele convocou Miqueas Gomes de Almeida, o "Zezinho do Araguaia", para ajudar na tarefa. Veterano de lutas camponesas em Goiás e no Maranhão, "Zezinho" era

---

*Ver a biografia *Maurício Grabois: uma vida de combates*, já citada, e o "Relatório Arroyo", que pode ser encontrado ao final deste livro.

341

quem melhor se deslocava na mataria. Já havia rompido o cerco militar várias vezes, levando companheiros para fora da área ocupada pelas tropas, sempre com sucesso.

Os registros da história da guerrilha, tanto do lado dos comunistas quanto da repressão, dão conta de que "Zezinho" foi o cabra que levou João Amazonas, o "Velho Cid", para fora do cerco militar, permitindo que ele chegasse a São Paulo em segurança, ainda em 1972, antes dos primeiros combates. Era secretário-geral do partido e estava indo se reunir com a direção. Quando quis voltar, as tropas já haviam chegado. Ao chegar à rodoviária de Anápolis (GO), viu de longe "Dona Maria", isto é, Elza Monnerat, que lhe fez um discreto sinal. Não poderia prosseguir. Entre 1972 e 1975, Amazonas atuou no Comitê Central do PCdoB, na capital paulista. E não tenho informações de que tenha regressado à zona dos combates.

Os militares tinham ódio desse velho comunista — e o classificam como "canalha desertor" nos documentos secretos da comunidade de informações. Em dezembro de 1976, quando as forças de segurança localizaram o Comitê Central do PCdoB em São Paulo, durante o chamado "Massacre da Lapa", João Amazonas estava na Albânia, no Leste Europeu, de acordo com os arquivos do Exército. Naquele momento, estava articulando o rompimento do PCdoB com os comunistas chineses. Em Tirana, conversava com o líder do Partido do Trabalho da Albânia, Enver Hoxha. Só voltou ao Brasil após a anistia de 1979.

Também foi esse "Zezinho do Araguaia" a pessoa que salvou Crimeia Alice Schmidt de Almeida. Ela se casou com André Grabois quando os dois estiveram juntos na guerrilha. Foram separados para o Araguaia: ele chegou em 1968; ela, em janeiro de 1969. Crimeia teve dificuldades para se adaptar à vida no campo. André, dedicado integralmente às tarefas do partido na construção das bases guerrilheiras, não dava muita bola para o casamento.

"Alice", como era chamada, tinha 23 anos e era estudante de enfermagem da Universidade Federal do Rio de Janeiro. Assumiu a presidência do Diretório Acadêmico da faculdade e foi presa no malfadado congresso da

UNE, em Ibiúna. No Araguaia, começou a namorar André Grabois, que preferia manter o relacionamento em segredo. Os dois se encontravam furtivamente no mato. E ela engravidou.

"Alice" não estava muito feliz com aquela situação — e ainda teve a falta de sorte de engravidar. Uma noite, no acampamento, contrariando a opinião de André, comunicou o romance aos demais. Como sabemos, o comando do movimento recomendava que os casais evitassem a gravidez. Houve uma reunião e disseram a Crimeia que deveria abortar. Ela se recusou. Em *Operação Araguaia*,* os autores desse livro notável registraram:

> O partido desestimulava aventuras amorosas entre guerrilheiros, permitindo apenas relacionamentos 'sérios'. Alguns militantes eram apresentados à população como parentes uns dos outros. Mesmo fora da guerrilha, o PCdoB se caracterizava pelo conservadorismo na orientação do comportamento dos militantes.

Portanto, era uma situação embaraçosa. Crimeia, ao recusar o aborto, criava um caso sem solução: como marchar barriguda pela floresta? Especialmente por envolver o filho do comandante em chefe da guerrilha, o dilema era complicado. Confira mais um trecho de *Operação Araguaia*:

> A Comissão Militar aceitou os argumentos de Zé Carlos. Alice apresentava sintomas de anemia e deveria ser retirada da área para cuidar da saúde. Ao mesmo tempo, restabeleceria o contato com o partido, prejudicado desde o início do confronto armado.

Crimeia não estava "desertando", como afirmaram os militares. Ela viu seu marido, pela última vez, no dia 25 de agosto de 1972. Naquela ocasião, ocorriam enfrentamentos e os guerrilheiros se mantinham em constante movimento pelas matas.

---

*Obra já citada, p. 72 e seguintes.

A guerrilheira "Alice" foi mandada de volta a São Paulo. Guiada por "Zezinho" numa fuga dramática, como veremos, deixou o Araguaia. A fuga ocorreu durante a primeira expedição das tropas federais. Mas nem de longe essa mulher abandonou a luta revolucionária. Em São Paulo, restabeleceu contato com o PCdoB e continuou ativa. Foi presa em dezembro de 1972. Torturada, interrogada com violência mesmo grávida, terminou sendo transferida para o PIC de Brasília, onde se concentravam as investigações sobre o Araguaia.

Entrou em trabalho de parto numa cela e teve o filho no Hospital do Exército, na capital federal. Jamais renegou a militância comunista. Deu ao bebê o nome de João Carlos, em homenagem ao médico João Carlos Haas Sobrinho. O menino foi apelidado de "Joca", também em alusão a outro combatente do PCdoB. Tentei falar com ela, enviei e-mails, mas Crimeia não gosta de jornalistas, no que faz muito bem.

CORTA
A grande marcha de Zezinho e Arroyo.

Encontrei Miqueas Gomes de Almeida, o "Zezinho do Araguaia", em São Paulo. Foi no dia 2 de setembro de 2013, às duas da tarde. Ele estava na capital paulista para o lançamento do livro *Repressão e direito à resistência*,* no qual assina um capítulo biográfico. Foi na casa de Genoino e Rioco, na Vila Indiana, Zona Sul da capital. Minha primeira impressão foi de total simpatia. Miqueas tinha quase 76 anos. Ele fala baixinho e muito explicadinho, com um leve acento nortista. Usa um par de óculos bem velho, com um fio de náilon prendendo as hastes por trás do pescoço. Quase sempre está de paletó, como no dia em que nos encontramos. É um tipo comunicativo por natureza. Apenas olhando para ele, pequeno e magro, você não se dá conta de que foi um dos mais destemidos guerrilheiros do Araguaia. Nunca foi apanhado pela repressão. Depois de romper o cerco militar com Ângelo

---

*São Paulo: Fundação Maurício Grabois, 2013.

Arroyo, passou 22 anos clandestino na capital paulista. Só apareceu publicamente em 1996.

"Zezinho" nasceu em 21 de abril de 1938, à beira do rio Caetés, no Pará. Filho de lavradores pobres, evangélicos, desde menino trabalhou na roça. Esteve envolvido com movimentos de trabalhadores rurais por toda a juventude porque seu pai havia se tornado um líder da luta contra o latifúndio no Maranhão, no Pará e em Goiás. Entrou para o PCdoB em 1962, quando tinha 24 anos. Fez treinamento militar na China.

"Zezinho" apertou a mão de Mao Tsé-tung, que recebeu os comunistas brasileiros no aeroporto de Pequim. E, quando voltou ao Brasil, em 1967, foi designado para o trabalho de campo no Araguaia. Esteve no combate guerrilheiro até janeiro de 1974, quando deixou o Bico do Papagaio, levando com ele o novo comandante Ângelo Arroyo. Certa vez, matou a facadas um cachorro cujos latidos insistentes denunciavam a posição de seu grupo nas matas. Nunca se ouviu falar que tenha matado qualquer pessoa.

O depoimento que gravei com Miqueas Gomes de Almeida é tão impressionante que o reproduzo da maneira mais detalhada possível:

— As lembranças que eu tenho da minha infância são de trabalhar na roça com o meu pai. O líder dele era Monteiro Lobato (1882-1948), que ele chamava de "o Júlio Verne brasileiro". Inclusive, quando o escritor morreu, ele colocou uma faixa de luto na nossa casa. E eu também me lembro de que meu pai nunca trabalhava sozinho. Juntava dez, quinze pessoas no roçado. Era um guia comunitário. Por causa da formação religiosa, se tornou um homem justo. Ele sempre unia as pessoas. Com três ou quatro anos de idade, eu já trabalhava. Lembro que na nossa casa tinha uma cobra jiboia que ele criava. A cobra comia ratos, pequenos roedores, mas nunca atacou uma galinha de criação, um gato de casa ou um cachorro. No calor do sol, a jiboia ficava esticada e eu, peladinho, com minha irmã Eunice, passava a mão na cabeça da cobra. Vendo isso, minha mãe matou a cobra e ficou desequilibrada. Nunca mais recuperou o equilíbrio perfeito. Ela me bateu com um cipó de goiabeira. E até hoje tenho a marca aqui na perna.

Miqueas não dá muitos detalhes sobre os pais. Ao longo de quatro horas de entrevista, não citou o nome deles nem uma vez. Preferi respeitar o jeito dele e me esquivo de publicar o nome deles.

— Meu pai teve 25 filhos, frutos de três casamentos. Meu pai sempre falava da união entre as pessoas e do sentimento de justiça. A política, na minha vida, sempre foi uma coisa natural. Fiz parte do Grupo dos Onze [unidades de resistência criadas pelo governador gaúcho Leonel Brizola], em 1961. [Quando Jânio Quadros renunciou, Brizola fez as primeiras experiências com esse tipo de organização. A partir do golpe militar de 1964, intensificou a formação de Grupos dos Onze, que mais tarde aderiram ao MNR.] Tive influência da Igreja católica porque quando jovem estive ligado à JOC [Juventude Operária Católica]. Em 1962, me filiei ao PCdoB, onde estou até hoje.

Ele insiste que a guerrilha na região do Bico do Papagaio começou muito antes da chegada de "Osvaldão" e de outros militantes:

— O Araguaia, na verdade, era a continuação da República Camponesa do Norte de Goiás.* A maior emoção da minha vida foi dar um abraço em José Porfírio.** Aquele homem era um sábio, de uma lucidez humilde. Eu realmente considero que o Araguaia foi uma extensão de Formoso, até porque muitos camponeses se refugiaram no Bico do Papagaio.

Ainda em 1961, vivendo em Goiânia, "Zezinho" estava ligado aos movimentos estudantis e operários inspirados pelo antigo PCB. Como ele, muitos dos militantes acreditavam que os militares tentariam tomar o poder. Começaram a fazer treinamentos para uma resistência armada. Logo depois houve o "racha" do partido e "Zezinho" aderiu ao PCdoB. Ele e um grupo de companheiros passaram a ser orientados pelo operário metalúrgico paulista Ângelo Arroyo, integrante da direção do novo partido. Arroyo estava sempre em Goiânia para assumir o comando de estudantes, operários e camponeses. Com o golpe de 1964, Arroyo

---

*Ele se refere ao movimento camponês iniciado em 1930 e que resultou na revolta de Trombas e Formoso, nos anos 1950, da qual já tratamos.
**O líder da revolta de Trombas e Formoso.

foi substituído por Luiz Vergatti, um dirigente que não compreendia as condições de luta locais. "Quando este chegou, todo o trabalho já feito caiu por terra."*

Dispostos a resistir ao golpe militar, em novembro de 1964, Miqueas e seus companheiros organizaram um ataque ao Tiro de Guerra de Anápolis, quartel do Exército no interior de Goiás. Roubaram, sem disparar um tiro, todo o arsenal: setenta fuzis, revólveres e farta munição. Ele explica:

— A ideia era nos apoderarmos das armas, distribuí-las para o povo e iniciar a resistência armada. Pensamos, inclusive, em ocupar o 10º Batalhão de Caçadores e depois o quartel de Ipameri. Então, já tínhamos todo o plano militar estabelecido com o Arroyo. Quando Vergatti chegou, mudou tudo. Mas mantivemos o ataque ao Tiro de Guerra, porque não tínhamos mais condições de voltar atrás. Dissemos: "Se nós fizermos o assalto, caímos; se não fizermos, caímos também; então, vamos cair fazendo."

Como em quase todos os processos insurrecionais da esquerda brasileira, deu tudo errado. A força pública retomou as armas roubadas e o grupo de Miqueas foi desbaratado antes de seguir para os próximos alvos. Como ele mesmo havia previsto, caiu todo mundo. "Zezinho" e outro companheiro, Divino Ferreira de Souza, fugiram para São Paulo, a fim de se encontrar com Ângelo Arroyo e restabelecer o contato com o PCdoB. A partir desse momento, a repressão desabou com toda a fúria sobre os comunistas de Goiás, a ponto de o PCdoB na região ser considerado "fora do mapa".

Durante o ano de 1965, o Comitê Central do PCdoB organizou uma expedição de seus militantes para a China. O grupo deveria ser recebido oficialmente pelas autoridades chinesas e participar de um programa de treinamento guerrilheiro. "Zezinho" seria um dos selecionados para a viagem, ponto de partida para a aventura do PCdoB no Araguaia. Em *Repressão e direito à resistência*,** nosso personagem esclarece:

---

*Ver *Repressão e direito à resistência*, obra já citada, p. 299.
**Obra já citada, p. 300.

— Um dia fui convidado para estar em um ponto e de lá seguir, de olhos fechados, para uma reunião. Quando cheguei, encontrei Divino Ferreira de Souza, João Carlos Haas Sobrinho, André Grabois e todo aquele pessoal. O partido começou a nos preparar para uma missão que não sabíamos onde seria. Mas logo descobrimos que iríamos para a China.

A delegação de comunistas brasileiros que partiu para a China foi comandada pelo médico João Carlos Haas Sobrinho, o "Doutor Juca", que seria o comandante médico da Guerrilha do Araguaia. Durante a viagem, que começou no aeroporto internacional de Guarulhos, região metropolitana de São Paulo, foram tantas as peripécias que dariam um novo livro. Na maior parte do tempo, os comunistas brasileiros foram seguidos por agentes da CIA. Terminaram sendo detidos por agentes americanos no Paquistão, mas o comandante chinês do avião que os levava enfrentou os homens da CIA e decolou com os comunistas brasileiros rumo a Pequim.

Vou pular esta parte da história, porque seria longa demais. Por si só, daria um longa-metragem.

CORTA
De volta às palmeiras e aos sabiás

Zezinho voltou da China na metade de 1967. Ele não tem muita certeza do momento exato. "Às vezes tenho dificuldade para me lembrar de algumas coisas." Mas ele se lembra bem de que não poderia voltar para Goiás porque a repressão tinha arrebentado com o partido. Quantos foram para Pequim? Uns doze ou mais? Nosso personagem evita esses detalhes, talvez porque alguns dos integrantes da comitiva do PCdoB jamais tenham estado no Araguaia. Havia um pernambucano na delegação, curiosamente chamado de "Roberto Carlos". Tinha cara de árabe. No aeroporto de Paris, tentaram prender o cara. Mas foram todos liberados após serem fotografados. Esse "Roberto Carlos" não aparece na história da guerrilha. No Paquistão, última etapa da viagem, como citei, a CIA tentou impedir o voo e prender todos eles. Mas a tripulação chinesa enfrentou a ameaça, argumentando que haveria um incidente internacional com graves consequências. Os americanos recuaram.

Para voltar ao Brasil, o grupo do PCdoB usou rotas diferentes. Parte veio pelo sul do continente, provavelmente Uruguai ou Argentina. Outros, como o nosso personagem, vieram pela Bolívia: entraram no país através do atual Mato Grosso do Sul. Em território nacional, ônibus. "Zezinho" esclarece:

— Fomos para o Maranhão eu, João Carlos Haas Sobrinho, Divino Ferreira de Souza, Ângelo Arroyo e outros que passaram pelo treinamento na China. Nós tivemos a incumbência de fazer o levantamento das matas do Maranhão até o rio Tocantins, já na região do Bico do Papagaio. "Osvaldão" também passou pelo Maranhão.*

Durante quase dois anos, os comunistas percorreram dezenas de milhares de quilômetros de matas e áreas rurais. Eles se instalavam como posseiros, botavam umas roças, estabeleciam contato com as populações locais. Nessa tarefa, na verdade, estavam mapeando o território da guerrilha — uma área que ia de Imperatriz, no Maranhão, até São Geraldo do Araguaia, no Pará. Imenso território cortado pelos rios Araguaia e Tocantins. Mais de 7 mil quilômetros quadrados de matas virgens, na época. No entanto, esse trabalho de mapeamento dos comunistas coincidiu com a decisão do governo militar de demarcar as grandes estradas amazônicas, entre 1969 e 1970.

A Força Aérea fez extenso levantamento aerofotogramétrico da região, de modo a orientar o trabalho de engenharia nas florestas. De certa forma, isso também servia para jogar alguma luz sobre o pesadelo de uma guerra na região. Como parte desse trabalho, os militares desencadearam um enorme treinamento de guerra na selva, com tropas, pequenos navios e aviação. Bombardearam as matas com napalm. Parece que estavam adivinhando o que iria acontecer. Se não me engano, chamou-se "Operação Carajás".

Miqueas fala sobre isso:

---

*Porque até 1968 o PCdoB também visitava outras áreas para implantar a guerrilha.

— Nós não conseguimos terminar o levantamento da área, porque em 1970 as Forças Armadas fizeram uma grande operação militar, com mais de 5 mil homens. Era uma operação antiguerrilha na região.

Os militares não faziam ideia de que o PCdoB havia deslocado seus militantes para a região. Mas sabiam que o Bico do Papagaio era o cenário perfeito para uma guerra de guerrilhas. Uma verdadeira tragédia iria acontecer naquelas matas. Um episódio que marcaria para sempre a história deste país sem memória.

Miqueas Gomes de Almeida, sentado na pequena sala da casa de José Genoino, em São Paulo, conta um pouco mais dessa história:

— Naquela época, já com os destacamentos se formando em três grupos, que deveriam ter sido quatro, a Comissão Militar fez uma consulta aos companheiros para decidir quem seria o elemento de ligação entre os destacamentos. E também para fora da área da guerrilha. Fui escolhido. Cheguei a tirar toda a Comissão Militar e depois trouxe de volta. Também tirei o João Amazonas quando ele precisou ir para São Paulo. Às vezes eu furava o cerco para trazer remédios. A coisa estava brava por lá, com bloqueios em todas as estradas.

Um dia, o "Doutor Juca", o médico chefe da guerrilha, que tinha posto de comandante, procurou "Zezinho" para uma missão especial:

— O João Carlos Haas Sobrinho me chamou e me perguntou se eu tinha condições de tirar uma companheira que estava grávida. Perguntou se poderia levar a companheira em segurança até São Paulo. Ele me disse que era a Crimeia. Quando nós soubemos que o André e a Crimeia estavam juntos, ficamos pasmos porque eles não demonstravam muita intimidade entre si. Eu aceitei a missão. Naquela região, o Araguaia tinha uns 3 quilômetros de largura. Eu tinha uma boia inflável, que me foi dada pelo "Osvaldão", justamente para esse tipo de travessia, que só podia ser feita à noite, indo de uma ilha para outra. Isso podia levar três noites.

A retirada de Crimeia da área conflagrada era uma tarefa dificílima:

— Foi muito difícil essa travessia, inclusive porque ela era terrível. [Risos.] Deixei a Crimeia escondida num matagal e fui procurar um ponto para a travessia. Voltei e dei a boia para ela. Fiz também dois amarrados de cocos e palhas secas para servirem de proteção se desse alguma coisa errada com a boia. Eu tinha preparado um saco, impermeabilizado com leite de seringueira [látex]. Não entrava água de jeito nenhum. Falei para ela tirar a roupa e ficar só de calcinha e sutiã. Ela me disse que não ia tirar a roupa de jeito nenhum. Foi difícil convencer a moça. Tinha escondido a minha espingarda e estava só com um revólver. Crimeia estava desarmada.

Chovia demais. Os militares mantinham patrulhas nas duas margens do rio. Era uma missão desesperada, quase suicida:

— Umas duas patrulhas passaram por nós. Usávamos aquela vegetação flutuante para colocar em cima da gente. Um jacaré enorme pulou de um barranco do nosso lado. Se caísse em cima de nós teria nos matado. E na primeira ilha que paramos havia um monte de capivaras, que saíram correndo. Ficamos o dia todo na ilha, cobertos por folhas e nuvens de muriçocas. Na noite seguinte continuamos a travessia. Fomos sair próximo a Santa Isabel, acima das cachoeiras. Saímos do rio e caminhamos vários quilômetros até chegar ao rio Tocantins. Levei a Crimeia para a casa de camponeses amigos. Eles nos ajudaram a cruzar de canoa o rio Tocantins até a cidade de Imperatriz, no Maranhão. Lá já estava um companheiro, que não conhecia, esperando para levar a Crimeia até São Paulo.

Até esse momento, fim de agosto de 1972, ainda existia um dispositivo de apoio à guerrilha fora da zona de combates. Tanto é verdade que "Zezinho" entregou Crimeia a um companheiro do PCdoB, na cidade de Imperatriz, e voltou para o Araguaia. E ela seguiu sã e salva até São Paulo. Só foi apanhada pela repressão quatro meses mais tarde. Esse dispositivo externo da guerrilha nunca foi bem avaliado. "Zezinho" diz que havia, inclusive, um japonês. Mas os registros do evento nunca apontaram esse militante descendente de orientais. Essa é uma das razões para que até hoje não se saiba exatamente quantas pessoas estiveram envolvidas na luta armada no Bico do Papagaio. O projeto do PCdoB estava sendo conduzido em rigoroso segredo. Alguns detalhes jamais foram desvendados.

Durante o ano de 1972, com o início dos combates, após a retirada de João Amazonas e Crimeia, "Zezinho" estava envolvido com o deslocamento dos guerrilheiros pelas matas. Em dezembro daquele ano, durante a segunda expedição militar, a Comissão Militar realizou uma reunião para decidir os desdobramentos da luta guerrilheira. Duas posições estavam em debate: recuar para áreas mais remotas da floresta ou permanecer no território em que ainda dispunham de apoio dos moradores.

Mas a guerrilha tinha um problema objetivo: como recuar e deixar para trás todo o Destacamento C, com mais de vinte combatentes, que estava perdido nas matas desde a prisão de José Genoino? Além do mais, o movimento tinha a sensação de ter vencido a primeira etapa dos combates. Os militares, que sofreram baixas importantes, evitavam adentrar a floresta, onde os guerrilheiros se escondiam. "Zezinho" explica:

— No nosso primeiro Natal [1972], houve uma reunião para tratar da dispersão. Mas como dispersar deixando um destacamento inteiro para trás? A reunião da Comissão Militar com integrantes dos destacamentos A e B acabou num impasse. Após o encontro, o grupo comandado pelo "Osvaldão" [Destacamento B] se envolveu num forte tiroteio. De longe, ouvimos a longa troca de tiros. O grupo do Destacamento A passou sem maiores incidentes.

O comandante Maurício Grabois, o "Velho Mário", designou "Osvaldão" e "Zezinho" para uma tarefa de levantamento até o Alto Xingu, provável rota de fuga, ao sul da zona guerrilheira. Mas não havia tempo nem recursos para montar um recuo tático nessa direção. Além do mais, o Destacamento C continuava desaparecido. Resultado: permaneceram na área do cerco militar.

Após a localização e a destruição da Comissão Militar, segundo "Zezinho", já em janeiro de 1974 houve uma segunda reunião para discutir a dispersão da guerrilha. Acompanhe:

— Nós só estávamos em dezessete pessoas. Só isso. Era o que restava de todos os destacamentos. Foi a última reunião de dispersão. Arroyo e o Paulo, líderes da Comissão Militar que sobravam, comandaram essa reunião. O grupo que discutia a dispersão era formado por oito pessoas

352

porque o restante tinha que fazer a segurança. A conclusão era pela retirada. Deveríamos sair de dois em dois. Mas era preciso deliberar sobre as rotas de cada grupo e também estabelecer os pontos para o reencontro de todos. Arroyo e o Paulo Rodrigues estabeleceriam esses pontos. Poderia ser no Pará, em Goiás ou no Maranhão.

A retirada seria em três direções diferentes. Mas a liderança do movimento não revelava qual a rota de cada grupo:

— Arroyo me deu uma direção. Disse que nós tínhamos que pegar um determinado rumo. Tantos graus ao norte, tantos a oeste. Mais ou menos na direção do Maranhão. Não dá para dizer a distância que nós tínhamos que percorrer. A gente tinha que seguir um rumo, mas a segurança era o mais importante. Quando nós saímos, com pouco mais de três horas e meia de caminhada o pessoal estava muito cansado. E aí começaram a me forçar a parar. A mata era muito rala, tipo um bosque. E a segurança era muito pequena.

Nosso personagem se lembra de um vento que vinha de frente, mas soprava de dois lados, indicando que poderia existir um morro ou uma elevação do terreno que dividia o vento:

— Disse aos companheiros que não podíamos parar. Mas falei que percebia um morro adiante. Propus que fôssemos para aquele morro e falei que, daquele momento em diante, todos deveriam pisar uns nos rastros dos outros. Quando o da frente tirar o pé, você pisa justamente ali. O terreno era muito seco e eu queria demonstrar que estávamos indo numa determinada direção. Daí a uns 25 ou trinta minutos de marcha depois apareceu o morro. Todo mundo já queria subir o morro. Eu disse que não. Tínhamos que contornar. Falei para a metade do grupo subir pelo lado oposto e a outra metade fazer segurança na dobra do morro.

Logo após essa manobra, um dos guerrilheiros em fuga ergueu os braços num sinal de perigo. "Zezinho" acrescenta:

— Quando eu olho, lá vinha uma coluna do Exército, em cima daquele pisado que nós deixamos no terreno. Eles pararam na nossa frente, tão perto que a gente ouvia o que eles diziam. Falavam para apertar o passo que iriam nos encontrar. E eles ficaram de costas para nós. Se fosse o

353

contrário, teriam nos visto. Eram doze homens do Exército, bem armados. Eles seguiram em frente e logo ouvimos dois tiros de calibre 20. Naquele morro estavam outros companheiros que nós não sabíamos.

Começa nesse momento um intenso tiroteio. Logo surgem helicópteros, metralhando a copa das árvores. "Zezinho" faz um movimento de mestre. Orienta os companheiros a seguirem na rota inversa da qual chegaram os soldados. Era a única possibilidade de fuga.

— As metralhadoras cortavam as galhas de pau acima de nós. Arroyo mandou que a gente se encostasse no tronco das árvores. Falei para ele que havia um caminho de fuga e ele me disse que havia outro companheiro com a gente. Arroyo estava calmo. Dizia para prestar atenção em tudo que se passava a nossa volta, com serenidade, para encontrarmos a saída.

"Zezinho" percebe que outra coluna do Exército estava se aproximando. Decide que a fuga deveria ocorrer justamente entre as duas forças militares, em silêncio e com muita calma. Nesse momento, só ele e Arroyo estão visíveis. Mas "Zezinho" garante que havia um terceiro homem, que não viu em momento algum e não sabe quem era. Um fantasma. Esse mistério nunca será explicado.

— Ficamos entre as duas colunas do Exército, mais ou menos camuflados com galhos, encostados numa árvore. Nós ouvíamos o que eles falavam. Mas era tudo em código e a gente não entendia. Repentinamente, o tiroteio cessou. E aí começamos a ouvir bombas. Eram aviões. Começaram a bombardear. Nós só ouvíamos os estrondos, sem saber o que estava acontecendo. Mas começou a anoitecer e saímos caminhando até não aguentarmos mais.

"Zezinho", Ângelo Arroyo e o fantasma dormiram encolhidos no chão, enquanto a tropa do Exército seguia na direção oposta. Ao amanhecer, Arroyo mandou "Zezinho" numa determinada direção, até um ponto em que deveria encontrar outros companheiros. Mas não havia ninguém por lá. O guerrilheiro deixou um sinal no ponto: um determinado ramo de planta, apontando para determinada direção, e algumas pedras. Cada pedra representava um dia para um novo encontro. Também não deu certo.

Nessa altura dos acontecimentos, Ângelo Arroyo e "Zezinho" estavam perdidos do que ainda restava da guerrilha. Ele não sabe dizer quanto tempo levou essa busca pelos remanescentes do movimento armado. Estiveram em Goiás, no Pará e no Maranhão, os três estados que delimitavam o Bico do Papagaio. Nesse caminho, o terceiro companheiro, o fantasma, sumiu. "Zezinho" acredita que esse homem recebeu instruções de Ângelo Arroyo para seguir em outra direção. Mas o cara desapareceu. Ele nunca soube quem era o tal fantasma.

Num período de dois ou três meses, Arroyo e "Zezinho" perambularam para a zona de cerco militar, já em 1974, quando a terceira expedição militar destruía o que restava da guerrilha. Foram a pé até o Maranhão. Dormiam escondidos de dia. À noite, roubavam cavalos e burros de sítios e fazendas e avançavam muitos quilômetros. Abandonaram as armas e seguiram em frente.

— Não posso precisar em que lugar rompemos o cerco militar, mas estávamos no Maranhão. Um pouco abaixo de Imperatriz. Foi na época da colheita do arroz e havia muitos caminhões nas estradas. Tinha deixado para trás minha espingarda e as munições, bem como meus documentos de identidade. Fiquei só com o meu revólver, que levei até São Paulo. Se fosse preso, me mataria. Podiam levar meu corpo, mas a mim não levariam.

Do Maranhão, pegaram uma carona até Teresina, no Piauí, com lavradores. De lá, pegaram um ônibus que ia até Sobral, no Ceará. Arroyo tinha algum dinheiro. Eles compraram roupas e agora pareciam gente comum. Assim foram até a rodoviária de São Paulo. "Zezinho" diz que tinha medo da cidade grande:

— Lá no mato eu sabia quem era o inimigo. Mas em São Paulo o inimigo podia ser qualquer um. Mantinha o 38 para me suicidar.

Quando Arroyo e "Zezinho" desceram do ônibus em São Paulo, voltaram a se falar. Já estavam em 1975. Durante essa última fase da viagem, que durou dois ou três dias, faziam de conta que não se conheciam.

— Quando chegamos, Arroyo me disse que eu iria me encontrar com a Elza Monnerat. Ele deixou algum dinheiro comigo, que daria para sobreviver por uns dias. O ponto seria na rua Clark. Consegui me encontrar com a Elza, que me passou um novo ponto, onde deveria me encontrar com Pedro Pomar. E nos encontramos. Eu só tinha a roupa do corpo, mas tinha conseguido emprego de servente de pedreiro numa obra. Fazia um frio danado. Pomar me deu um dinheiro para comprar uma roupa. Ele falou que eu deveria cobrir outro ponto, com um companheiro que eu não conhecia. Estabelecemos uma senha, um local e um horário. Se houvesse algum contratempo, deveria voltar ao mesmo local quinze dias depois.

No exato local onde o encontro deveria se realizar, houve um acidente de trânsito. E rapidamente apareceram vários policiais. "Zezinho" não encontrou ninguém no ponto indicado, que ficava na região da Mooca. Pouco depois desses episódios, Pedro Pomar morreria no "Massacre da Lapa". Durante dez anos, "Zezinho" voltou ao mesmo ponto, sem encontrar ninguém.

9

Um general nordestino destruiu a guerrilha

O homem que derrotou a guerrilha do PCdoB é nordestino e tem Bandeira no sobrenome.

Paraibano, nascido a 3 de novembro de 1916, Antônio Bandeira frequentou a Escola Militar de Realengo, no Rio de Janeiro, a mesma onde estudou o líder comunista Maurício Grabois, que seria o comandante em chefe da guerrilha. Os dois iriam se enfrentar nas matas do Araguaia. Quando o golpe militar de 1964 eclodiu, Antônio Bandeira era tenente-coronel e chefiava a área de informações do IV Exército, em Recife. Foi promovido a general de brigada quatro anos mais tarde, quando o regime militar adentrava a etapa mais dura contra os opositores. Ao ser promovido, atuava no gabinete do ministro do Exército, ocupado pelo general Aurélio Lyra Tavares. Bandeira e Tavares eram conterrâneos. E o ministro também frequentara a escola de Realengo.

Esse ministro, aliás, era um dos homens fortes da ditadura. Foi signatário do AI-5 e assumiu a Presidência da República durante o impedimento e morte do presidente Costa e Silva, entre 31 de agosto e 30 de outubro de 1969, quando uma junta militar formada pelos ministros das Três Armas se aboletou no governo. O episódio, na definição do jornalista Carlos Chagas, foi "um golpe dentro do golpe". Como vemos, o general Antônio Bandeira frequentava o segmento mais radical do regime. A "tigrada" — os "duros" — estava no poder, inaugurando a fase mais violenta da repressão, que se consumou sob o mandato do general Garrastazu Médici. Foi a Antônio Bandeira que o regime entregou a difícil tarefa de destruir o movimento comunista no Araguaia. Após o retumbante fracasso da primeira expedição militar, Antônio Bandeira passou a liderar as tropas contra o principal inimigo do regime.

O general Bandeira sempre foi um homem de ação, um militar por vocação, alguém que procurava o combate. Durante o enfrentamento nas matas do Araguaia, ele não quis ficar nos refrigerados gabinetes brasilianos. Foi ao campo. Instalou seu comando em Marabá, aquela vila miserável, coração da zona guerrilheira. Andava em uniforme de combate, com uma Colt 45 na cintura. Em vez de capacete, um boné camuflado, como se pode ver nas fotos de época. Os coturnos estavam sempre limpos, como a demonstrar a vocação. O asseio pessoal, inclusive, era uma exigência que o general transmitia à tropa.

Ele assumiu pessoalmente a responsabilidade por tudo o que viesse a acontecer, inclusive a política de extermínio adotada pelo regime: não fazer prisioneiros. Antônio Bandeira era aclamado pelas tropas. Convivia com soldados e oficiais em pé de igualdade. Comia a mesma gororoba servida a todos: arroz, feijão, bife e salada. Dormia em condições semelhantes aos homens do Exército. Foi ele quem aprovou a tática das "forças especiais descaracterizadas", a contraguerrilha. Acreditava no uso inteligente dos helicópteros, como pinças para pegar e largar. Deu força ao pessoal de inteligência, participou de interrogatórios de presos. Foi ele quem disse que a "casa azul", o centro de comando e informações, estava além das hierarquias. Era o comandante ideal.

Esse general paraibano pensava. Sempre foi um estudioso de táticas e estratégia. É dele o mérito, se é que podemos chamar assim, de ter impedido o surgimento da guerrilha rural no Araguaia. Não se pode dizer que era apenas uma mão de obra útil aos interesses da ditadura. Bandeira estava envolvido na maior luta armada do período militar com a consciência de que prestava um serviço à pátria. O general discutia com os seus combatentes, explicava, exigia resultados. Em torno dele, surgiu a aura do líder implacável. Não queria saber de frescuras ou fraquezas. No íntimo, tinha a intuição de que estava no campo de batalha decisivo. Era vencer ou vencer.

Tinha uma visão resumida do papel que lhe cabia nessas histórias de amor e de guerra. Em depoimento à pesquisadora Eliane Moury Fernandes, em 25 de janeiro de 1983, publicado no livro *Visões do golpe*,* dez anos após o Araguaia, o general analisa o Brasil dos anos 1950/60:

> O país, nessa oportunidade (final dos anos 1950, início dos anos 1960), já estava vivendo uma fase de dificuldades. [...] Já havíamos tido eleições contestadas, como a eleição do presidente Juscelino, com cartas denunciando fraudes, mas a situação, nessa primeira fase, foi contornada com a energia do general Denis (Odílio Denis) e do general Lott (Henrique Teixeira Lott). Com a renúncia do presidente Jânio Quadros, começamos a entrar num período mais agudo de agitação. Sabe-se perfeitamente que a posse do presidente João Goulart foi contestada. [...] Daí, até o fim do seu governo, nós presenciamos o início de um trabalho de implantação de um regime sindicalista, como os esquerdistas que estavam em torno do presidente chamavam.

Nesse depoimento, o general Antônio Bandeira diz que o processo foi se agravando com a insubordinação no interior das Forças Armadas. Houve um levante de sargentos em Brasília (12 de setembro de 1963); depois, o comício de Jango na Central do Brasil (13 de março de 1964), com a participação de soldados e marinheiros; e a revolta dos marinheiros e fuzileiros navais no Rio de Janeiro (25, 26 e 27 de março de 1964). Alguns estudiosos do período acreditam — como eu acredito — que o maior medo dos chefes militares era justamente a perda de controle dentro da caserna. Generais e almirantes acreditavam que soldados e marinheiros poderiam fornecer ao governo Jango uma base de apoio armada. Se isso se

---

*CASTRO, Celso; SOARES, Glaucio Ary Dillon; ARAÚJO, Maria Celina de (Org.). *Visões do golpe*. Rio de Janeiro: Editora Nova Fronteira, 2014, p. 195 e seguintes.

concretizasse, o golpe de 1964 poderia de fato resultar numa guerra civil. Mais do que a oposição parlamentar, os militares temiam o que poderia acontecer dentro dos quartéis. Nas suas memórias, o general Antônio Bandeira deixa isso muito claro, ao destacar a rebeldia entre os militares: "A insubordinação dentro do Exército já estava num ponto inegável."

O general Antônio Bandeira não esteve em combate no Araguaia. Até porque seria um total absurdo. Se o próprio chefe militar fosse obrigado a disparar sua arma, o cenário seria terrível, como muitos generais americanos viram no Vietnã. Mas aqui não aconteceu nada disso. Não houve nenhuma batalha como a do general Custer,* que ficou famoso nas telas do cinema. Antônio Bandeira, durante os enfrentamentos no Araguaia, foi um estrategista. Ele percebeu a fraqueza do inimigo: a falta de apoio popular. Naquilo que os próprios militares brasileiros definiram como "uma guerra suja", no pé da região amazônica, o general foi um mestre na arte de neutralizar e destruir, sem se importar com o que a História diria dele. Percebeu que tropas sem uniforme, com apoio de moradores locais, poderiam encurralar a guerrilha, por força de ameaças ou de dinheiro. E foi exatamente isso o que se deu. Na terceira expedição militar, iniciada em outubro de 1973, com forças especiais e paraquedistas, o general concluiu a sua obra. Neutralizar e destruir.

Antônio Bandeira aposentou-se em 1980, cinco anos antes do fim da ditadura. Dele, até hoje, não há registros visíveis de aparições públicas. Não frequentou nenhuma primeira página de jornal. Não apareceu na televisão. Sempre foi um comandante discreto.

---

*O general George Armstrong Custer, do Exército americano, morreu na Batalha de Little Bighorn, em 25 de junho de 1876, enfrentando tribos indígenas. Disparou seu revólver até a munição acabar.

10

O fim não é agora

Ainda sonho com as florestas. Com aquela barulheira dos macacos e dos pássaros. O mutum solitário, de bico alaranjado, chamando a fêmea. Ainda ouço o ranger dos galhos, que parecem uma gente estrangeira falando. E guardo a sensação de dormir encostado num tronco, com meu chapéu de caçador australiano, abraçado com o rifle, tentando entender idiomas estranhos ao redor, na companhia de índios. Agora mesmo posso sentir o calor da fogueira, em meio ao frio da mata. E aquela visão extraordinária do sol tentando romper a copa das árvores, desenhando holografias de claro e escuro. Só quem viu é que sabe.

Por causa dessa vivência é que me arrisquei a escrever este livro. Estive lá. Os verdes e os rangidos estão pregados na minha mente. Alto Xingu. Não pretendi contar toda a história do conflito, apenas algumas delas. Como você pode imaginar, escrever sobre acontecimentos considerados ultrassecretos é muito difícil. Se errei, se faltou alguma informação, se algo ficou truncado, por favor, me diga. Você pode me encontrar em: www.carlosamorim.com.

3ª Parte

Documentos

Nesta última parte
do livro, o leitor encontra
documentos que ajudam a
entender os acontecimentos
no Araguaia e alguns eventos da
luta armada contra a
ditadura militar.

1

O Relatório Arroyo

Este relatório foi escrito por Ângelo Arroyo, membro do Comitê Central do PCdoB e um dos dirigentes da guerrilha no Araguaia. É datado de 1974, após o conflito e quando já não havia mais qualquer resistência armada na região. Arroyo escapou a pé da zona de combates, atravessando rios e florestas até chegar ao Maranhão. Não se sabe quanto tempo levou a fuga extraordinária de Arroyo, que foi morto pela repressão em São Paulo, dois anos mais tarde. O texto do líder comunista provocou incontáveis críticas e levou a várias cisões no partido. A seguir, a íntegra do documento.

Primeira campanha

Dia 12 de abril de 1972 iniciou-se a luta guerrilheira no Araguaia. Cerca de 20 soldados atacaram o "peazão" (principal PA — Ponto de Apoio — do Destacamento A), entrando por São Domingos. Dia 14, uns 15 soldados atacaram o PA do Pau Preto (do Destacamento C), entrando por São Geraldo. Nos primeiros dias de abril, já alguns policiais andaram pelas áreas dos destacamentos A e C à procura de informações sobre os "paulistas". O exército soube de nossa presença no sul do Pará através da denúncia do traidor Pedro Albuquerque que, meses antes, havia fugido com sua mulher, do Destacamento C. [Nota do Editor: mais tarde, soube-se que não foi Pedro Albuquerque o denunciante dos guerrilheiros que se encontravam no Araguaia.] Esse casal tinha concordado plenamente com a tarefa que iria realizar e com as condições difíceis que iria enfrentar. No entanto, logo depois de sua chegada ao Destacamento C, a mulher de Pedro Albuquerque começou a dizer que não [tinha] condições para permanecer na tarefa e acabou convencendo seu marido a fugir. Com a fuga desses elementos, foram tomadas medidas de segurança. Em março de 1972, soube-se que Pedro Albuquerque havia sido preso no Ceará e, em seguida, começou a pesquisa policial na zona. Devido a isso, reforçaram-se as medidas de segurança. Construíram-se alguns barracos na mata ou em capoeiras e nosso pessoal passou a dormir fora dos locais conhecidos. De dia, colocavam-se guardas para manter a vigilância. Os destacamentos ficaram de sobreaviso, prontos para informar, uns aos outros, quaisquer fatos que afetassem a segurança.

No dia 12 de abril foi atacado o Destacamento A. O comando enviou um companheiro para avisar o Destacamento B. Por sua vez, o Destacamento C, que havia sido atacado dia 14, avisou a Comissão Militar (CM), através de um dos seus membros que lá se encontrava. A CM tomou medidas para avisar o Destacamento B e também o Destacamento A (pois não sabia ainda do ataque àquele destacamento). O Destacamento B, ao tomar conhecimento do que havia ocorrido no A, tratou de enviar um elemento, Geraldo (José Genoino Neto), para avisar o C. Acontece que o C já havia se retirado. Geraldo, não encontrando o pessoal no local combinado, nem qualquer sinal informando que o inimigo havia batido no C, retomou por estrada, quando devia vir pela mata, conforme recomendação. Em consequência, foi preso por alguns soldados, dois bate-paus e com a ajuda do comerciante e fazendeiro Nemer. No A, foi liberado um elemento, Nilo (Danilo Carneiro), que, desde que chegara, disse não ter condições para a tarefa. Ficou, no entanto, trabalhando num PA e concordou em permanecer aí até o começo da luta, quando seria dispensado. No dia 12, o Comando entregou-lhe uma certa quantia para a viagem e mandou-o embora. Ao chegar à Transamazônica, Nilo foi preso.

Apesar de prevenidos, os destacamentos tiveram alguns prejuízos materiais na retirada. No "peazão" (A) ficaram roupas, calçados, remédios, livros, papel para impressão, o Manual do Curso Militar, armas que estavam em conserto e algumas em vias de fabricação. Caiu também em poder do inimigo grande parte da oficina de mecânica. No Destacamento C caíram dez sacos de arroz, dez hectolitros de castanha-do-pará, um rádio e algumas panelas.

A primeira ofensiva do Exército se verificou quando ainda não se tinha terminado a preparação dos três destacamentos para a luta. A situação dos destacamentos era a seguinte: no A havia 22 elementos, comandante: Zé Carlos (André Grabois), vice: Piauí (Antônio de Pádua Costa); no B, 21, comandante: Osvaldo (Osvaldo Orlando Costa); vice: Zeca (José Humberto Bronca); no C, 20, comandante: Paulo (Paulo Mendes Rodrigues); vice: Vitor (José Toledo de Oliveira). Na CM, além dos quatro membros, havia dois elementos de guarda. Ao todo havia 69 elementos. Para completar os efetivos faltavam 13 elementos. Todos os destacamentos tinham reservas de alimentos, roupas, remédios e munição. Faltavam, no entanto, coisas indispensáveis. No A e no C não havia reserva de farinha. As armas com que se contava eram precárias. O Destacamento A tinha quatro fuzis, quatro rifles 44, uma metralhadora fabricada lá mesmo, uma metralhadora INA, seis espingardas 20 e duas carabinas 22; o Destacamento B tinha um fuzil, uma submetralhadora Royal, seis rifles 44, uma metralhadora fabricada lá mesmo, 16 de dois canos, uma espingarda 16 de um só cano, seis espingardas 20, uma espingarda 36 e duas carabinas 22; no C havia quatro fuzis, alguns rifles 44, espingardas 20 e carabinas 22; na CM, havia duas espingardas 20. A maior parte dessas armas era antiga e apresentava defeitos. Todos os combatentes tinham revólveres 38, com mais de 40 balas cada. Embora todos os elementos tivessem feito progresso no conhecimento do terreno, as deficiências ainda eram grandes. Muitos companheiros tinham ainda dificuldades em se orientar na mata e caçavam mal. Não existia também uma rede de informações e de comunicações. Não existiam organizações do Partido nas áreas periféricas, nem mesmo nos estados vizinhos. A CM e os destacamentos A e B dispunham de pouco dinheiro.

A área de atuação dos destacamentos ia desde São Domingos das Latas até o rio Caiano (pouco mais de 20 km de São Geraldo). Em extensão, essa área tinha cerca de 130 km de comprimento por uns 50 km de fundo. Um total de cerca de 6.500 km². A população da área onde atuavam os destacamentos era de mais ou menos 20 mil almas, sem incluir as zonas próximas, como Marabá (18 mil habitantes), São João (3.000 habitantes), Araguatins (5.000 habitantes), Xambioá (5.000 habitantes). (No Norte de Goiás e Oeste de Maranhão, durante uns três anos, realizou-se também amplo trabalho de ligação com as massas.) Os produtos principais da área são: castanha-do-pará, babaçu, arroz, mandioca e milho. Quase toda a região é de mata e há muita caça.

Ao iniciar-se a luta, a CM perdeu contato com o Destacamento C. Somente em janeiro de 1973 esse contato foi restabelecido.

Início da luta

O Exército atacou simultaneamente os destacamentos A e C. Uns dez dias depois, atacou o Destacamento B e também o local da CM. As tropas ficaram na Transamazônica e nas cidades de Xambioá, Marabá, Araguatins, Araguanã e nos povoados de Palestina, Brejo Grande, São Geraldo, Santa Cruz e outros. Não foi muito grande o número de soldados que entrou na área onde se achavam os PAs. O Exército ocupou algumas fazendas e sedes dos castanhais (Mano Ferreira, Oito Barracas, Castanhal da Viúva, Castanhal do Alexandre, Fazenda do Nemer). Utilizou aviões, helicópteros e, nos rios e igarapés, barcos da Marinha. As tropas não chegaram a entrar [na] mata, movimentaram-se pelas estradas. Ficavam emboscadas nas proximidades de casas de moradores nas roças, capoeiras, grotas e algumas estradas. O Exército procurou apresentar os guerrilheiros [como] marginais, terroristas, assaltantes [de] bancos, maconheiros etc. Depois passou a dizer que éramos estrangeiros, russos, cubanos, alemães. Prendeu muitos elementos de massa, que considerava mais amigos nossos, tanto nas roças como nas cidades vizinhas. Depois de alguns dias, esses elementos foram soltos. Começaram a se apoiar nos bate-paus da região e recrutar muitos deles para pô-los a seu serviço. Forçaram muitos moradores a servir de guias. Todos os nossos locais foram queimados pelo Exército, inclusive os paióis de milho e arroz e depósitos de castanha. Cortaram todas as árvores frutíferas. Também algumas roças e casas de massa foram queimadas. As perseguições estenderam-se aos padres. Alguns foram presos e depois soltos. O Exército não possuía informações completas sobre nós. Alguns PAs só foram queimados uns 15 dias depois do início da luta. O Exército, além da farda comum, usou também roupa azul, roupa camuflada e trajes civis. Suas patrulhas eram de dez elementos. Mas usava também grupos menores, seis, ou maiores, de 30. Recebia alimentação de campanha, em latas, sacos plásticos. A primeira campanha se prolongou até julho.

Nossa atuação

Ao serem atacados, todos os componentes dos destacamentos A e B retiraram-se, em ordem, para as áreas de refúgio. De imediato não [houve] choques com o inimigo. Em [?] de abril, dois elementos do B defrontaram-se com um grupo do exército. Houve troca de tiros. Um sargento e um soldado foram mortos; outros dispersaram. Os inimigos abandonaram no local uma [arma] que conduziam. No entanto, nesse encontro não foram apreendidas nem armas, nem essa carga. A CM reuniu-se em maio e tomou uma série de providências. Publicou também o Comunicado nº 1. Entre as providências, indicou como forma de luta a propaganda armada [tendo] em vista explicar às massas o motivo da luta. Indicou medidas para melhorar o abastecimento, a preparação militar e o conhecimento do terreno. Ordenou que se estudassem as possibilidades de realizar ações de fustigamento e emboscadas. E iniciou a preparação de uma rede de informações. A tática então empregada resumia-se no seguinte: 1) recuar para as áreas de refúgio; 2) buscar contato com as massas; e 3) tentar realizar ações de fustigamento e emboscadas do inimigo.

O Destacamento A permaneceu no refúgio mais de um mês. Enfrentou dificuldades de abastecimento. Em julho voltou-se para a massa e foi bem recebido. No contato com as massas resolveu o problema de alimento e emboscada, mas não houve nenhuma ação militar. O inimigo se retirou da mata. Todos os componentes do A mantiveram-se firmes, com exceção do Paulo (João Carlos Campos Wisnesky), que fingiu doença.

O Destacamento B permaneceu mais tempo do que devia no refúgio. Somente em fins de junho começou a voltar-se para a massa, sendo também bem recebido. Houve o choque militar já mencionado. A atuação de massa foi principalmente na área da Palestina.

O Destacamento C apresentou alguns problemas mais sérios. Em abril, o destacamento já havia abandonado a área do rio Caiano, onde atuara, e se concentrara numa área de mais mata, mas onde o pessoal era recente, não conhecia bem a região. Além disso, entre os componentes do C havia dois elementos incorporados há apenas uns três meses, dois outros ingressaram no momento mesmo em que a luta se iniciava. Logo no início, alguns elementos mostraram vacilação. Miguel e Josias. Esse destacamento perdeu contato com a CM até janeiro de 1973. Ao contrário do A e do B, que mantiveram os três grupos de sua composição sob controle direto do mando, no C o destacamento se dispersou em três grupos, indo um deles para a antiga região do Caiano. Todos procuraram contato com a massa. Houve vários choques militares. Em maio, um grupo dirigido por Jorge (Bergson Gurjão Farias) seguiu para um antigo PA (Água Bonita). Aí acampou. No dia seguinte, ouvindo um assobio perto de onde estava, Jorge mandou Domingos (Dower Moraes Cavalcante) verificar o que era. Era o Exército. Domingos foi preso.

Em seguida, houve troca de tiros, tendo os nossos se dispersado. Um soldado foi ferido no braço. Dois elementos [Baianinha (Luzia Ribeiro) e Miguel], que não conheciam a área, se perderam. Logo depois foram presos em casas de moradores, em pontos diferentes. Domingos se comportou mal e levou o Exército a um depósito do destacamento, onde havia remédios e alimentos. Dias depois, Paulo (comandante do destacamento) procurou um morador de nome Cearense, seu conhecido, que já havia prestado alguma ajuda, encomendando-lhe um rolo de fumo, que seria apanhado dentro de uns três dias. Cearense sempre foi muito ajudado por Paulo. No entanto, diante da recompensa oferecida pelo Exército (mil cruzeiros) a cada guerrilheiro que entregasse, Cearense foi a São Geraldo e avisou o Exército do ponto marcado por Paulo. No dia de apanhar o fumo, dirigiu-se ao local um grupo constituído por cinco elementos: Paulo, Jorge, Áurea (Áurea Elisa Pereira Valadão), Ari (Arildo Aírton Valadão) e Josias. Ao se aproximarem do local, foram metralhados, tendo morrido Jorge. Os demais se dispersaram. No choque, perdeu-se, além da arma de Jorge, uma pistola 45 que Paulo conduzia. Em meados de junho, três companheiros, dirigidos por Mundico (Rosalindo Cruz Souza), procuraram um elemento de massa, João Coioió, que já tinha ajudado várias vezes os guerrilheiros com comida e informação. Ficou acertado o dia em que ele voltaria de São Geraldo para entregar as encomendas. À noitinha desse dia, aproximaram-se da casa Mundico, Cazuza (Miguel Pereira dos Santos) e Maria (Maria Lúcia Petit), mas perceberam que não havia ninguém.

Cazuza afirmou que ouvira alguém dizendo baixinho "pega, pega". Mas os outros dois nada tinham ouvido. Acamparam a uns 200 metros. Durante a noite, ouviram barulho que parecia de tropa de burro chegando na casa. De manhã cedo, ouviram barulho de pilão batendo. Aproximaram-se com cautela, protegendo-se nas árvores. Maria ia na frente. A uns 50 metros da casa, recebeu um tiro e caiu morta. Os outros dois retiraram-se rapidamente. Dez minutos depois, os helicópteros metralhavam as áreas próximas da casa. Alguns elementos de massa disseram, mais tarde, que Maria fora morta com um tiro de espingarda desfechado por Coioió. Este, logo depois, desapareceu com a família. Uns dias mais tarde, Lena (Regilena) entregou-se ao Exército.

370

Deixou no acampamento a espingarda e a mochila. Em princípios de julho, Vitor e Carlito (Kleber Lemos da Silva) saíram para tentar um encontro com a CM. Mas Carlito não pôde prosseguir viagem, devido ao agravamento de uma ferida (leishmaniose) na perna. Sem poder caminhar, ficou num castanhal, próximo à estrada, enquanto Vitor voltava para avisar os companheiros. Nesse meio tempo [sic], passou pela estrada o bate-pau Pernambuco, que ouviu o barulho de alguém quebrando um ouriço de castanha. Levou, então, o Exército ao local. Ao procurar se defender, Carlito foi alvejado no ombro e, em seguida, preso. Foi levado para um local chamado Abóbora e lá foi bastante torturado. Chegou a ser amarrado num burro e por este arrastado. Elementos de massa disseram que o viram praticamente morto sobre o burro. Soube-se depois que Carlito levou os soldados até um velho depósito que nada continha. Pode ser que o tenham matado, mas também pode ser que ficou apenas preso. Um pequeno grupo, chefiado por Ari, trocou tiros com o inimigo, tendo matado um soldado da Polícia Militar.

O destacamento fez também uma ação contra um barracão, sede de castanhal, tendo conseguido regular quantidade de comestíveis, algumas pilhas e querosene. Mas pagaram as mercadorias ao preço corrente em São Geraldo. Também um grupo de três, num encontro casual, liquidou um bate-pau, filho de um tal José Pereira. O bate-pau foi intimado a levantar o braço. Mas apontou a arma contra os companheiros, sendo alvejado. A morte desse bate-pau causou pânico entre os demais da zona. Dois outros pequenos grupos caíram em emboscadas do Exército, mas não tiveram baixas. Conseguiram safar-se. A emboscada foi possível por falta de vigilância. Os companheiros iam caminhando por estradas e, apesar de notarem o rastro dos soldados, não se afastaram do caminho.

No curso da primeira campanha do inimigo, a CM manteve contato regular com os destacamentos A e B. A alimentação da CM foi mantida pelo B. Em julho, a CM resolveu enviar um grupo de companheiros, chefiados pelo Juca (João Carlos Haas Sobrinho), para conseguir relatar o contato com o C. Faziam parte do grupo: Flávio (Ciro Flávio de Oliveira Salazar), Gil (Manoel José Nurchis), Aparício (Idalisio Soares Aranha Filho) e Ferreira (Antônio Guilherme Ribeiro Ribas), do B. Esta medida se impunha, porque o C não atendeu aos pontos previamente estabelecidos. Este grupo caiu numa emboscada do Exército na Grota Vermelha, a uns 50 metros da estrada. Juca levou dois tiros, um na perna e outro na coxa, mas conseguiu, juntamente com os outros companheiros, embrenhar-se na mata. Ficaram parados alguns dias, para que Juca se restabelecesse. Durante esse período, Aparício saiu para caçar e se perdeu. Procurou a casa de um morador, chamado Peri, por onde sabia que os demais iam passar. Lá ficou à espera. O dono da casa onde se refugiou levou-o para um barraco no mato, próximo à casa. Aí lhe serviam a comida. Dias depois, apareceu o Exército e travou tiroteio com Aparício. Este descarregou todas as balas do revólver que tinha e, quando tentava enchê-lo de novo, recebeu um tiro e morreu. Não se sabe se o Exército chegou por acaso ou se foi denúncia. O Juca, com os outros, foi até a casa de morador conhecido que podia fazer o contato com o C. Deixou aí um ponto para o Paulo (todo dia 1º de cada mês, a partir de setembro). Mas o ponto era uma indicação que só Paulo poderia saber. Juca retornou à CM com os demais. A CM reforçou a sua guarda com a vinda de Ari (Marcos José), do A, e Zezinho, do B, e tentou fazer contato com o CC.

Assim termina o período da primeira campanha do inimigo.

Segunda campanha

A segunda campanha se inicia [em] setembro de 1972. Nesta campanha, as Forças Armadas empregaram 8 mil a 10 mil soldados. As tr[o]pas eram, em geral, de recrutas e de vários estados. Distribuíam-se por várias bases implantadas na área. Estas bases eram fazendas, sedes de castanhas ou mesmo roças. Ocuparam as estradas e abriram algumas picadas na mata. Chegaram a entrar na mata, guiados por um morador local (Osmar), na área do B. Havia pouca tropa especializada. [O] moral dos soldados era baix[o]. Todos estavam ansiosos para regressar. Armaram muitas emboscadas em beiras de grotas, estradas, casas de moradores e em capoeiras. Fizeram algumas armadilhas. Utilizaram helicópteros e aviões. Soltaram três bombas na mata, nas proximidades de um acampamento do Destacamento B. Recrutaram bate-paus locais e pagavam 25 cruzeiros por dia aos moradores que quisessem servir de guias. Durante a campanha, o Exército distribuiu boletins na área, concitando os guerrilheiros a se entregar. Distribuiu também o fac-símile de uma carta do Geraldo, dirigida ao Glênio (Glênio Sá), do B, na qual afirmava que estava sendo bem tratado, e com dignidade, pelo Exército e pedindo a ele para se entregar. A carta trazia o retrato de Geraldo e também o de Miguel (que havia sido preso no C). Elementos de massa dizem que viram também uma carta da Baianinha e outra da Lena, mas não temos confirmação. O boletim, entre outras coisas, dizia que "o povo não apoiava os guerrilheiros", que "as fonte de suprimentos dos guerrilheiros estavam bloqueadas", que "as organizações do Partido nas cidades haviam caído e onde não caíram estavam prestes a cair", que "a luta do Araguaia não teve a repercussão que os guerrilheiros esperavam", que "as rotas de fuga estavam bloqueadas", que "a guerrilha urbana tinha fracassado e que era inútil prosseguir no caminho que estávamos" e que "não restava outro caminho senão entregar-se". Ao mesmo tempo que realizavam a segunda grande operação, as Forças Armadas desenvolviam uma ação paralela junto às massas. Procederam à Operação Aciso (Ação Cívico Social), distribuindo remédios, fazendo consultas médicas e dentárias, levando doentes de helicópteros e aviões para as cidades maiores. Montaram também uma operação com o Incra. Este anunciava que iria distribuir terras, legalizar as posses dos lavradores. A campanha militar manteve-se até fins de outubro.

Avanços e perdas

Ao iniciar-se a segunda campanha, os guerrilheiros já possuíam maior experiência. Tinham avançado no conhecimento da mata, na ligação com as massas, na preparação militar e conseguido organizar um pouco melhor o abastecimento. As armas, no entanto, continuavam precárias. Não havíamos conseguido tomá-las do inimigo até esta data.

Antes de o inimigo entrar em ação, a CM tinha decidido enviar um dos seus membros para o Destacamento A e outro para o B, a fim de lá ficar um mês. O companheiro Juca foi enviado para o C, com o fim de reatar o contato.

No Destacamento A, o inimigo não conseguiu estabelecer contato com os guerrilheiros. Movimentou-se na área, sem resultado. O comando do destacamento tentou, também sem resultado, realizar operações de fustigamento. No dia 29 de setembro, houve um choque que resultou na morte de Helenira Resende (Helenira Resende de Souza Nazareth). Ela, juntamente com outro companheiro, estava de guarda num ponto alto da mata, para permitir a passagem, sem surpresa, de grupos do destacamento. Nessa ocasião, pela estrada, vinham tropas. Como estas acharam a passagem perigosa, enviaram "batedores" para explorar a margem da estrada, precisamente onde se encontrava Helenira e o outro companheiro. Este, quando viu os soldados, acionou a metralhadora, que não funcionou. Ele correu e Helenira não se deu conta do que estava sucedendo. Quando viu, os soldados já estavam diante dela. Helenira atirou com uma espingarda 16. Matou um. O outro soldado deu uma rajada de metralhadora que a atingiu. Ferida, sacou o revólver e atirou no soldado, que deve ter sido atingido. Foi presa e torturada até a morte. Elementos da massa dizem que seu corpo foi enterrado no local chamado Oito Barracas. A morte de Helenira causou grande indignação.

Zé Carlos e Nunes (Divino Ferreira de Souza) saíram para pesquisar um local que permitisse fazer uma emboscada. Na estrada, perceberam a vinda de gente e trataram de se esconder. Eram muitos soldados. Já tinham passado os quatro primeiros. O quinto os viu e atirou. Houve forte tiroteio. Nunes e Zé Carlos escaparam com muita dificuldade. Ambos chegaram a sofrer arranhões das balas.

No Destacamento B, um pouco antes do início da segunda campanha, havia-se programado uma ação de propaganda armada no povoado de Santa Cruz. Quando os companheiros se deslocaram para fazer essa operação, o inimigo já estava penetrando na área. Amauri (Paulo Roberto Pereira Marques) e Mané (José Maurílio Patricio) chegaram a ir até Santa Cruz, enquanto os outros aguardavam num acampamento à margem do Gameleira. Quando Amauri chegou ao povoado, ainda não havia soldados. Ao regressar para avisar os demais, foi surpreendido por tropas que já tinham chegado. Ele foi atacado e respondeu ao fogo. Escondeu-se numa capoeira e conseguiu escapar. Os soldados vinham para atacar o acampamento. Na véspera, passara ali um bate-pau, Mãozinha de Paca, e viu o acampamento. Falou com o Comprido (Simão Cilon Cunha Brum) e mostrou-se amigo. Em seguida, foi avisar o Exército. No dia 15, os helicópteros começaram a sobrevoar a área. Desta forma, a ação programada para Santa Cruz não poderia mais ser realizada. O comando resolveu retirar o grosso dos combatentes e mudar de área. Foi para a Palestina. Antes de se retirar, foi tentada uma emboscada que não se realizou. Ficaram dois grupos de três, com o objetivo de fazer fustigamento ao inimigo. Deviam permanecer na área por cinco dias e retomar [sic] depois para se juntar ao destacamento. Um grupo ficou à espera do inimigo na estrada que vai para Couro d'Anta e outro na estrada que vai para Duas Passagens. Passaram quatro soldados, vestidos à paisana, pela estrada onde estava o primeiro grupo.

Amauri ficou em dúvida se eram realmente soldados e quando chegou a essa conclusão já o último tinha passado. Não houve ação. Pelo segundo grupo também passaram vários soldados. Os companheiros atiraram e mataram um, retirando-se em seguida. Na marcha para a Palestina, o destacamento tentou fazer uma ação contra os soldados que estavam acantonados no Castanha. Mas verificou que era grande o número dos inimigos — mais de 80. Desistiu-se da ação. Dividiu-se o destacamento em dois grupos e seguiu-se para a nova área. Aí resolveu-se fazer trabalho de massa, apesar de o inimigo estar desenvolvendo sua campanha. Visitaram-se umas dez famílias, que se mostraram solidárias, ainda que alguns demonstrassem medo do Exército. Obteve-se certa quantidade de farinha e batatas da terra. Logo que começamos as visitas, soubemos que o Exército estava se retirando. Pouco antes, era grande o número de soldados na área. Somente na roça do Osmar chegou a haver 170 soldados e lá pousaram quatro helicópteros. Surgiu um sério atrito entre o vice-comandante Zeca e os demais membros do destacamento. Zeca, irritado, insultou muitos companheiros e acabou dizendo que ia se demitir do cargo. Ele não tinha nenhuma razão e, com isso, perdeu a autoridade. Ocorreu também o desaparecimento do combatente Glênio. Este, em princípios de outubro, já na área da Palestina, perdeu-se e foi preso em dezembro, na casa de um pequeno comerciante, perto de Santa Cruz. Um bate-pau, Mãozinha de Paca, o viu lá e foi buscar outro bate-pau, Alfredo Fogoió, e [ambos] o prenderam. Glênio havia sido procurado pelo destacamento, sem resultado. Chegamos a pensar que ele havia fugido, mas isto não era certo, embora Glênio tivesse mostrado passividade na ocasião da prisão. Parece que estava doente.

No Destacamento C, perto do dia 20 de setembro, dois companheiros, Vitor e Cazuza, deslocavam-se para fazer um encontro com três companheiros. Acamparam perto de onde devia ser o encontro. À tardinha, ouviram barulho de gente que ia passando perto. Cazuza achou que eram os companheiros e quis ir ao encontro deles, mas Vitor não permitiu. Disse que só devia ir ao ponto no dia seguinte. Pela manhã Cazuza convenceu Vitor a permitir que ele fosse ao local onde, na véspera, ouvira o barulho. Vitor ainda insistiu que não se devia ir ao ponto, mas acabou concordando. Ao se aproximar do local do barulho, **Cazuza foi metralhado e morreu. Vitor encontrou os três** — Dina (Dinalva Oliveira Teixeira), Antonio (Antonio Carlos Monteiro Teixeira) e Zé Francisco (Francisco Manoel Chaves).

Como estavam sem alimento, Vitor resolveu ir à roça de um tal de Rodrigues apanhar mandioca. Os companheiros disseram que lá não havia mais mandioca. Vitor, porém, insistiu. Quando se aproximaram da roça, viram rastros de soldados. Então, Vitor decidiu que os quatro deveriam esconder-se na capoeira, próxima à estrada, certamente para ver se os soldados passavam e depois então ir apanhar mandioca. Acontece que, no momento exato em que os soldados passavam pelo local onde eles estavam, um dos companheiros fez um ruído acidental. Os soldados imediatamente metralharam os quatro. Dois morreram logo: Vitor e Zé Francisco. Antonio foi gravemente ferido e levado para São Geraldo, onde foi torturado e assassinado. Escapou a companheira Dina, que sofreu um arranhão de bala no pescoço. Depois destes fatos, o comando do C decidiu recuar e procurar por todos os meios o contato com a CM.

Na CM, foi decidido enviar o Juca, em companhia de mais quatro companheiros: Flávio, Gil, Raul (Antonio Teodoro de Castro) e Valk (Valquíria Afonso Costa), do B, para conseguir o contato com o C. Quando Juca saiu, o Exército não tinha ainda iniciado a segunda campanha. Ele estava a caminho quando isso ocorreu. No segundo dia de viagem, houve um choque na área do Franco. Os cinco estavam numa capoeira quando receberam ordem de prisão [de] um soldado que apontava a arma. Mas Flávio, que estava um pouco afastado, atirou e acertou, ferindo gravemente o soldado. Em seguida, se afastaram do local. No dia seguinte, ocorreu outro choque. Juca vira um cartaz do Exército pregado numa árvore ao longo de uma estrada. Mandou ver o que o cartaz dizia. Quando o companheiro se aproximava do mesmo, deparou com um soldado. Atirou e errou. O soldado correu. Ao chegar, a 30 de setembro, nas proximidades do local do encontro com o C (Paulo), Juca observou que havia muitos soldados nas redondezas. Em todas as casas de moradores havia soldados. Juca resolveu, porém, aproximar-se de uma das casas, para se orientar melhor. Viu que lá também havia tropa. Retrocedeu e se juntou ao grupo. No momento em que iam saindo, Gil perguntou, talvez um pouco alto, se poderia amarrar a botina. Imediatamente ouviu-se uma rajada. Juca e Flávio caíram mortos. Raul foi ferido no braço, escapando juntamente com Valk. Gil ainda se aproximou de Juca tentando reanimá-lo. Ocorreram novos disparos. Depois não se soube mais de Gil. Deve ter morrido. Raul e Valk, que não conheciam bem a região, vagaram durante dois meses pela mata, até que se encontraram novamente com os companheiros do destacamento B. A CM decidiu também enviar uma companheira para o sul. A CM discutiu a situação criada pelo vice-comandante do B e decidiu retirá-lo do cargo e incorporá-lo à guarda da CM (como vice-comandante). Indicou Simão para o lugar do Zeca no B.

Ao final da segunda campanha do Exército, as forças guerrilheiras haviam perdido os seguintes companheiros: no Destacamento A, Helenira; no B, Flávio

376

e Gil; no C, Cazuza, Vitor, Antonio e Zé Francisco; na CM, Juca. Além destes, houve o desaparecimento de Glênio. Desde que começou a luta, em 12 de abril, até o final de outubro, as baixas foram 18 (entre mortos e aprisionados). O total de combatentes era então de 50 (com a saída da companheira para o Sul). O destacamento A estava com 19 elementos; o B, com 14; o C, com 9; a CM, com 8.

Período de trégua

Em novembro de 1972, iniciou-se um período de trégua. O grosso das tropas se retirou da área. Ficaram algumas tropas na periferia e a PM manteve-se nos postos de fiscalização e controle. Multiplicaram-se também os agentes da Polícia Federal (disfarçados). Não tendo conseguido esmagar os guerrilheiros na segunda campanha, o Exército se preparava para realizar uma nova operação. Começou a construir quartéis em Marabá, Imperatriz, Itaituba, Altamira e Humaitá. Procurava recrutar mateiros em vários lugares. Construiu estradas na área e alargou as existentes. Entre estas, a de São Domingos a São Geraldo; Transamazônica — Brejo Grande; da Fazenda do Mano Ferreira, passando pelo Garimpo e a Viúva e indo até o Araguaia; a estrada que ia da Viúva (próximo de Santa Isabel), passando pelo castanhal do Ferreira e indo até Santa Cruz; a estrada da Transamazônica — Tabocão. A serviço do Exército (ao que tudo indica), começaram a aparecer indivíduos estranhos na área, comprando terra, abrindo serviço de roça, instalando-se em fazendas. Eram pessoas de outros estados, inclusive de São Paulo.

A CM orientou os destacamentos no sentido de melhor aproveitar a trégua para se preparar. Previa a nova ofensiva para o começo do verão, lá para maio. Entre as tarefas mais importantes, destacava: ligação maior com as massas, tanto em extensão como em profundidade; preparação de locais para ações de fustigamento e emboscada, preparação de bons locais de refúgio; conhecimento maior do terreno e melhoramento dos croquis; intensificação do preparo militar; procurar melhorar o armamento através das massas (compra, troca etc.) e montar a oficina de consertos, organização de depósitos que garantissem a alimentação para seis meses (sobretudo farinha, milho, arroz). Os depósitos deviam ser pequenos, descentralizados, e a maior parte dos alimentos guardados devia ir para as zonas de refúgio. A CM orientou também para que os destacamentos limpassem a área, eliminando os bate-paus, para que mantivessem vigilância a respeito de todas as pessoas estranhas que aparecessem na área. O princípio estratégico fundamental era a sobrevivência das forças guerrilheiras. De acordo com esse princípio, era necessário preservar as forças, não fazer ações que redundassem em baixas. A CM insistiu também na necessidade de se criar núcleos da ULDP (União pela Liberdade e Direitos do Povo).

Em janeiro de 1973, o Destacamento C conseguiu estabelecer contato com a CM. Paulo, com outros companheiros, foi até a área da Palestina e lá encontrou os elementos do B e um membro da CM. Logo depois, a CM reuniu-se e tomou as seguintes decisões: colocar Paulo como membro da CM e fundir os destacamentos B e C. O destacamento B deslocou-se para fazer a fusão. A CM, porém, logo depois mudou de opinião e decidiu manter os dois destacamentos separados, procedendo à reorganização do C. Vieram para o C os companheiros Luis (Guilherme Gomes Lund) e Lauro (Custódio Saraiva Nela), do A; Raul e Valk, do B e Ivo (José Lima Piauí Dourado), do destacamento de guarda da CM. Foi designado para comandante do C o companheiro Pedro (Gilberto Maria Olimpio), da CM; ficando Dina como vice-comandante. A CM decidiu que o destacamento C concentrasse sua atividade na área próxima da estrada de São Geraldo, abandonando temporariamente as zonas da Grota Vermelha e do Caiano.

Nesse período da trégua, a CM editou vários materiais de propaganda, uns mimeografados (em reco-reco) e outros escritos à mão. Foram os seguintes: I) "Carta ao Povo de Porto Franco e Tocantinópolis", assinada pelo médico João Haas; 2) "Carta de Osvaldão aos Seus Amigos"; 3) "Comunicado sobre a Morte de Helenira Resende"; 4) "Comunicado sobre a morte do Juca"; 5) "Manifesto do 1º Ano de Luta"; 6) "Manifesto ao Soldado". Foram mimeografados mais de cem exemplares do documento "Em Defesa do Povo Pobre e pelo Progresso do Interior" (programa da ULPD). Também foi mimeografado o "Romance da Libertação" (de autoria de Mundico, do C). Editou-se, igualmente, um manifesto contra o Incra.

A CM elaborou os seguintes materiais: I) "Normas sobre Segurança no Trabalho de Massa"; 2) "Normas sobre Acampamento"; 3) "Normas sobre Recrutamento para a Guerrilha"; 4) "Adendo às Normas de Marcha"; 5) "Indicações para a Organização de Núcleos da ULDP"

As normas de segurança no trabalho de massa foram elaboradas tendo em conta a experiência e os ensinamentos decorrentes das condições em que morreram alguns combatentes, como Jorge, Maria e outros. Aí se dizia que qualquer visita às casas de moradores devia ser encarada como uma operação militar. Antes de entrar nas casas, era necessário observá-las de longe, para se certificar de que nelas não havia soldados ou pessoas estranhas. Durante a visita, deviam-se manter guardas em todas as vias de acesso às casas. Não se devia permitir a saída de nenhuma pessoa da casa enquanto durasse a visita. Se alguém se aproximasse da casa, deixar passar se fosse amigo, ou deter se não fosse gente conhecida ou amiga. Não largar a arma e explicar o motivo aos moradores, pedindo inclusive desculpas. Nas visitas de massa, os guerrilheiros não deviam conduzir nenhum documento pessoal ou que comprometesse a guerrilha. Antes de ingressar nas casas, os companheiros deviam combinar uma referência para encontro, no caso de terem de se dispersar repentinamente (uma referência próxima e outra mais longe). Quando se tivesse que marcar encontros com elementos de massa, não se devia dizer à massa o dia exato em que se voltaria a sua casa. Ao sair da visita, os visitantes não deveriam dar a entender o rumo que iriam tomar. Também não se devia dormir nas casas de massa.

Quanto às normas de acampamento, dizia-se que, antes de acampar, era preciso pesquisar em torno, para ver se não havia estrada, pique etc. Ao acampar, devia-se fazer o plano de defesa e retirada. Evitar ruídos. O fogo só devia ser aceso quando escurecer. Não se devia dar tiros próximo ao acampamento. A mochila de cada combatente devia estar sempre arrumada, pronta para ser levada no caso de retirada. Reclamava-se o cumprimento das normas de higiene (quando o acampamento era por um prazo mais longo, deviam-se abrir pequenas fossas). As armas deviam estar à mão ou bem próximas do combatente. Era necessário evitar cortes na vegetação que deixassem marcas à vista. Os acampamentos não deviam ser conhecidos pelas massas. Quando levantassem acampamento, exigia-se que o mesmo fosse camuflado.

Sobre as normas de recrutamento para a guerrilha, exigia-se que, antes de trazer qualquer elemento de massa para as fileiras dos combatentes, era preciso conhecer bem a pessoa, saber a opinião das massas sobre ela, se se tratava de morador antigo ou novo e se era estimada ou não. Antes do ingresso nas fileiras, se possível, era necessário, durante algum tempo, experimentar os elementos na realização de determinadas tarefas. Convinha ajudar o elemento novo a elevar seu nível político e ideológico e ensinar os analfabetos a ler e escrever.

379

Os recrutados não deviam conhecer os depósitos, áreas de refúgio e locais de encontro com outros destacamentos.

No que se refere à marcha, recomendava-se que, quando se fosse atender a um encontro, era preciso seguir o caminho conhecido, evitando-se fazer pesquisa de novos roteiros, para evitar atrasos prejudiciais. Se ocorresse um engano no caminho, devia-se voltar ao ponto conhecido, para melhor reorientar-se. Os mantimentos para a viagem deviam ser para mais uns dois dias do tempo previsto.

A respeito da criação dos núcleos da ULDP, dizia-se que: a) deviam ter de três a cinco membros, com um responsável; b) os componentes de um núcleo não deviam conhecer a organização de outros núcleos; c) as tarefas dos núcleos deviam ser: colher informação, fazer propaganda da guerrilha entre os moradores, ajudar a guerrilha com alimentação, defender os interesses do povo da região.

A guerrilha e as massas

O êxito maior da nossa atuação, nesse período da trégua, foi a ligação com as massas. Estendeu-se nossa influência entre o povo. Ganhamos muitos amigos, e não era só apoio moral. A massa fornecia comida e mesmo redes, calçados, roupas etc. E informação. Contávamos com o apoio de mais de 90% da população. A fraca presença do inimigo na área e a nossa política correta no trabalho de massa proporcionaram esses [ê]xitos. Os guerrilheiros, todos eles, eram bastante estimados pela massa. Os de maior prestígio eram Osvaldo e Dina. Logo depois vinham: Sônia (Lúcia Maria de Souza), Piauí (Nelson Lima Piauí Dourado), Nelito, Zé Carlos (do A); Amauri, Mariadina (Dinaelza Santana Coqueiro) (do B); Mundico (do C); Joca (Giancarlo Castiglia) (do CM) e Paulo. Os guerrilheiros ajudavam as massas no trabalho de roça. O "Romance da Libertação" era recitado pela massa. Os hinos da guerrilha, elaborados lá mesmo, eram cantados pela massa. Nas sessões de terecô (candomblé) se faziam cantorias de elogio à guerrilha. O primeiro aniversário da luta guerrilheira foi comemorado com a participação de elementos de massa. Na área do Destacamento A, fez-se reunião com a massa (mais de 50 moradores) para discutir medidas contra o Incra. A massa achava que o Incra era nova forma de cativeiro. Criaram-se, em toda a região, 13 núcleos da ULDP. Antes da terceira ofensiva do inimigo, o trabalho junto a outras forças havia se estendido. Ampliaram-se os contatos com comerciantes, religiosos etc. Na propaganda, alcançou também êxito o folheto "A vida de um lavrador", literatura de cordel da autoria de Beto (Lúcio Petit da Silva). Uma composição musical em ritmo de toada local (lindô), da autoria de Osvaldo Peri (Pedro Alexandrino de Oliveira), alcançou êxito. A Rádio Tirana era ouvida por muitos elementos do povo e seus comentários eram bem recebidos. Aderiram à guerrilha, como combatentes, vários elementos da massa: em dezembro de 1972, entrou um; em abril de 1973, um; de junho em diante entraram mais cinco no A; dois no B; e dois no C. Uma boa parte da massa realizou tarefas ligadas à atividade guerrilheira.

Ação militar

No período da trégua, realizaram-se algumas ações militares. Em março, o Destacamento B fez uma operação contra um antigo pistoleiro a serviço da Capingo, chamado Pedro Mineiro. Sua casa foi cercada e ele foi preso. Em seguida, foi julgado e executado. No local, foram apreendidas duas espingardas calibre 16 de dois canos; uma espingarda 16; dois revólveres 38; um revólver 32; uma garrucha; e uma carabina calibre 32-20. Foram apreendidos também roupas, comestíveis e remédios. Em poder de Pedro Mineiro havia mapas aerofotogramétricos da área do Gameleira, vários títulos de posse ilegal de terra e cartas de militares recomendando-o a outros militares. O Destacamento B executou também um morador da área da Palestina chamado Osmar. Este elemento era o melhor mateiro da zona e se dizia amigo de Osvaldo. Mas foi engajado pelo Exército e se dispunha a perseguir os guerrilheiros.

O Destacamento C, em agosto, realizou uma operação contra a fazenda e a casa de comércio de Nemer Kouri. Este fazendeiro ajudou o Exército a prender Geraldo, no início da luta, e tinha se apossado de um burro que pertencia aos guerrilheiros. A operação foi feita à noite. Sua fazenda foi cercada. Encontravam-se lá Nemer e sua mulher e mais 13 trabalhadores. Nemer foi preso. Aos 13 peões, os guerrilheiros explicaram o motivo da ação e os objetivos da luta. Nada se fez contra eles. Os guerrilheiros confiscaram 400 cruzeiros, um revólver 38, roupas, alimentos, remédios.

O Destacamento A, na segunda quinzena de setembro, realizou uma operação contra um posto da Polícia Militar do Pará, na Transamazônica (entroncamento com São Domingos). O posto foi cercado pelos guerrilheiros, que intimaram os soldados a se entregarem. Não cedendo à intimação, foi incendiado o telhado de palha. Os soldados se entregaram. Na ação foram apreendidos seis fuzis, um revólver 32, roupas e alguma munição. Os soldados foram interrogados e depois libertados, sendo advertidos de que seriam justiçados se voltassem a cometer violências contra as massas.

Todas estas ações contaram com a ampla simpatia da população. Foram emitidos comunicados militares, pelos destacamentos de cada uma dessas ações.

Novas tarefas e medidas da CM

Em agosto, a CM realizou uma reunião com os comandantes dos destacamentos A, B e C e os vice-comandantes do A e do C. Fez-se um balanço da atividade guerrilheira. Constatou-se que se havia obtido êxitos importantes, principalmente no trabalho de massa, que se avançou no conhecimento do terreno e no suprimento de alimentos. Constataram-se também deficiências, entre as quais, que as nossas armas eram ainda precárias e débil nosso serviço de informação, tornava-se necessário consolidar e estender o trabalho de massa e estar atento para o inimigo, que podia entrar a qualquer momento. Examinaram-se várias hipóteses quanto à tática que o inimigo poderia usar.

Na reunião, adotaram-se as seguintes recomendações. Ao começar a ofensiva do inimigo, os destacamentos deviam concentrar todos os seus componentes e, diante das informações concretas, ver como agir. Era preciso ter sempre presente o nosso objetivo estratégico principal nesta primeira fase da luta guerrilheira: conservar as forças, sobreviver. Por isso, evitar ações que redundassem baixas. Dependendo da envergadura da ação do inimigo, poderia se recuar para as áreas de refúgio ou continuar realizando pequeno trabalho de massas e ações militares de fustigamento ou mesmo de emboscadas. Predominava na CM a opinião de que, se o inimigo não entrasse até outubro, possivelmente não entraria no período seguinte, devido às chuvas. E que ele não poderia fazer uma campanha demorada, devido a problemas de logística. Acreditava-se que não entraria na mata, pois não tinha bastantes tropas especializadas para isso. Ficaria nas estradas e batendo as grotas. Achava-se improvável um cerco total da área. Considerava que o inimigo atacaria mais seriamente as massas e, por isso, se devia estudar a possibilidade de a massa proteger. Havia condições para recrutar muitos elementos de massa [para] a guerrilha. Era grande já o número dos que se tinham comprometido ingressar na luta, caso o Exército ocupasse as roças.

A CM decidiu estender a área [do] Destacamento B até além da estrada de São Geraldo. O B passaria [a] centrar sua atividade na nova área [que] lhe foi atribuída pela CM. A antiaérea da Palestina seria percorrida dois ou três meses. O Destacamento C deveria deslocar-se para as áreas Grota Vermelha e do Caiano, entretanto, o C ainda continuaria uns dois ou três meses atuando [no que] vinha fazendo, isto é, na área que seria atribuída ao B a fim de os contatos [...] e ajudar o B a conhecer melhor essa zona.

Desde a segunda campanha do inimigo, os destacamentos já não conservaram a antiga estrutura [de] grupos de sete permanentes. Mantiveram-se os chefes de grupos, estes grupos variavam, em sua composição e número, segundo as necessidades das tarefas. Terminada a tarefa, o grupo desaparecia. Os destacamentos jogavam com o conjunto dos combatentes.

Em setembro, a companheira Tuca (Maria Luiza Garlippe) foi transferida do Destacamento B para a CM, na função de responsável pelo setor de saúde.

Dois acontecimentos negativos ocorreram também em setembro: a morte de Mundico, do C, por acidente com a arma que portava; e a fuga de Paulo, do A. Este elemento, desde o início da luta, se mostrara vacilante e criava toda sorte de problemas. Aproveitou a saída dos elementos do A que foram realizar o ato contra o posto policial e desapareceu. Mostrou-se indigno de participar da guerrilha.

Terceira campanha

A terceira campanha do inimigo iniciou-se a 7 de outubro. Neste momento, a situação das forças guerrilheiras era a seguinte: o Destacamento A contava com 22 elementos; o B com 12; o C com 14; a CM com 8. Ao todo, 56 guerrilheiros. O destacamento A tinha oito fuzis e um no conserto, cinco rifles 44, uma metralhadora INA, oito espingardas, 22 revólveres 38 e um revólver 31. O Destacamento B tinha um fuzil, uma submetralhadora Royal, três rifles 44, duas espingardas 16 de dois anos, uma espingarda 16, uma carabina 32-20, duas espingardas 20, uma carabina 22, 12 revólveres 38. O Destacamento C tinha dois fuzis, sete rifles 44, cinco espingardas 20 e 14 revólveres 38. Em conserto, havia mais de dez armas longas. Havia, em média, 40 balas para cada revólver 38. Eram insuficientes os cartuchos para as espingardas 20 e não havia mais balas de calibre 22. As reservas de alimentos garantiam um abastecimento para cerca de quatro meses. Os remédios também existiam em quantidades suficientes. A maioria dos combatentes estava com pouca roupa e já não havia calçados. Uma parte usava lambreta de sola de pneu e alguns companheiros andavam mesmo descalços. Eram insuficientes as quantidades de bússolas, isqueiros, facas, querosene e pilhas. Muitos companheiros não possuíam plásticos para abrigar-se da chuva. Também faltavam sacos plásticos para guardar comidas e roupas. Todo o dinheiro existente eram 400 cruzeiros. A maioria dos companheiros, 80%, orientava-se bastante bem na mata. No fundamental, toda área era conhecida. O moral dos companheiros era muito bom. Todos mostravam-se confiantes e entusiasmados.

As tropas inimigas entraram por diferentes pontos. Transamazônica, São Domingos, Metade, Brejo Grande, São Geraldo e, possivelmente, pela Palestina e Santa Cruz. Iniciaram a operação desencadeando intensa repressão contra as massas. Prenderam quase todos os homens válidos das áreas em que atuávamos. Deixaram nas roças só as mulheres e as crianças. Algumas mulheres também foram presas. O Exército procurou implantar o terror entre as massas. Espancou muita gente. Houve elementos que enlouqueceram de tanta pancada. Queimaram casas e paióis onde não encontravam os moradores. Dezenas de pequenos e médios comerciantes foram também presos. As tropas obrigavam elementos da massa a servir de guias. Gradualmente, foi aumentando o número de soldados na zona. Ocuparam fazendas, sedes de castanha, roças, estradas, grotas etc. Na periferia havia também grande número de soldados. Fizeram bases de operação no meio do mato, utilizando fazendas, roças e sedes de castanhas. Estavam apoiados por helicópteros e aviões. A maior parte da tropa era especializada em combate na selva. Traziam bons mateiros.

No dia 7 de outubro, quando as tropas entraram na área, o Destacamento A estava ainda disperso em três grupos. Um dirigido por Zé Carlos, que estava atuando nas proximidades do rio Fortaleza, outro, dirigido pelo Piauí, estava no Tabocão e o terceiro, comandado pelo Nunes, estava na roça do Alfredo, ajudando no trabalho de broqui [sic]. Sabedores da presença do Exército, os três grupos se retiraram. No dia 7, o Exército bateu na roça do Alfredo, elemento de massa que integrava a guerrilha. No dia 12, o grupo do Zé Carlos comunicou que o destacamento ficaria na zona em que se encontrava até a data do encontro com a CM, que seria dia 20. Alfredo, na ocasião, insistiu com Zé Carlos para que fossem apanhar dois porcos deles, que se encontravam numa roça próxima. Os porcos ajudariam a alimentação dos guerrilheiros. Zé Carlos considerou temerário o projeto de Alfredo. Chegou a dizer: "Não vamos morrer pela boca." Sabia que o Exército provavelmente estaria emboscado na roça onde se encontravam os porcos. No dia seguinte, saíram cinco companheiros para apanhar farinha num depósito e, se nada de anormal notassem, poderiam ir apanhar os porcos. Mas, no caminho, decidiram ir, primeiramente, apanhar os porcos. Lá chegaram cerca de 9 horas. Mataram os porcos com quatro tiros e os levaram para um lugar limpo a fim de retalhá-los. Fizeram fogo de palha para pelar os porcos. Uma hora depois estava terminado o serviço. Mas, quando foram carregar a carne, as alças das mochilas se quebraram. Alfredo resolveu, então, improvisar um cipó (vira-mundo) para carregar nas costas. Quando terminou o último atado, era já 12 horas. Estavam presentes os guerrilheiros Zé Carlos, Nunes, Alfredo, Zebão (João Gualberto) e João (Demerval da Silva Pereira). Preparavam-se para sair, quando Alfredo ouviu um barulho esquisito. Chamou a atenção de João. Este, porém, achou que era uma palha de coqueiro que tinha caído. Ato contínuo, apareceram os soldados, apontando suas armas. Atiraram sobre o grupo. João conseguiu escapar, os outros foram mortos. Não tiveram tempo nem de pegar as armas. Perderam-se, além da vida dos companheiros, quatro fuzis, um rifle 44 e cinco revólveres 38.

No dia 20, houve o contato com um companheiro da CM. Este decidiu nomear o companheiro Piauí para comandante do destacamento e Beta para vice. Como o local onde se encontravam era conhecido de elementos de massa, foi decidido mudar-se para outro ponto. Chegou a informação, dia 22, de que os elementos da massa que queriam entrar na guerrilha não haviam aparecido no ponto. Dia 22 foram enviados dois companheiros para o Tabocão, a fim de trazer o grupo chefiado por Nelito. E no dia 23, pela manhã, dois outros companheiros foram levar, até a estrada que vai para São Domingos, um rapazinho que, por acaso, se encontrava com os nossos. Nesse mesmo dia, os demais, em número de 11, inclusive o membro da CM, deslocaram-se para a margem esquerda do Fortaleza. Dois helicópteros e um avião começavam a sobrevoar a área. No dia 24, Sônia e Manuel (Rodolfo de Carvalho Troiano) foram ao encontro dos dois que haviam levado o rapazinho. Não encontraram. À tarde, novamente Sônia e Wilson (elemento de massa) voltaram ao local de encontro. Recomendou-se que não fossem por um piseiro antigo, pois ali poderia haver soldados emboscados. Acontece que Sônia acabou indo pelo piseiro e, como decidisse caminhar descalça, deixou a botina no caminho. Quando voltou, não encontrou a botina.

Pensou que fosse brincadeira de gente de massa. Chamou por um nome conhecido. Apareceu uma patrulha do Exército que atirou nela, ficando ferida. Os soldados — segundo relatou gente de massa — perguntaram-lhe o nome. E ela respondeu que era guerrilheira que lutava pela liberdade. Então o que comandava a patrulha respondeu: "Tu queres liberdade. Então toma..." Desfechou vários tiros e a matou. Wilson conseguiu escapar. No momento em que o Exército atirava vinham chegando os dois companheiros a quem Sônia ia buscar. Ouvindo os tiros, retiraram-se e, três dias depois, retornaram ao destacamento. O destacamento deslocou-se para nova área. No dia 27 chegavam Duda (Luiz René Silveira e Silva) e Rib., que informaram que o grupo do Nelito já havia se deslocado quando eles lá chegaram. Dois elementos de massa, bastante jovens, Ribamar e Wilson, mostrando medo, pediram para sair da guerrilha. Diziam que eles não iam aguentar as dificuldades. O comando os dispensou.

Dia 2 de novembro, chegaram Nelito e seu grupo. Assim, o destacamento ficou completo. Nelito informou que tentou realizar uma emboscada com nove elementos de massa, mas os soldados não passaram. Depois, com os mesmos elementos, tentou destruir uma ponte na Transamazônica. Também não conseguiram. Chegaram a tocar fogo na ponte, mas esta não queimou. Os elementos de massa voltaram para suas casas, pois tinham dito que ficariam fora apenas uns poucos dias. Com Nelito, além dos nossos, ficou apenas um jovem de massa, que pediu ingresso na guerrilha. O destacamento decidiu embrenhar-se na área de refúgio.

Passemos, agora, ao que sucedeu com a CM e os destacamentos B e C. Com o início da ofensiva do Exército, a CM decidiu juntar os dois destacamentos e colocá-los sob o comando do Pedro. Então pensava-se em permanecer na mesma área em que se encontravam. A informação inicial era de que o número de soldados não passava de uns 50. Pedro designou um grupo de dez companheiros, sob a direção de Osvaldo, para fazer uma emboscada, em lugar apropriado, contra o inimigo. Outro grupo, de seis companheiros dirigidos por Ari, do C, foi mandado ao Franco para realizar uma operação de fustigamento. Depois de dez dias, Osvaldo retornou. Permaneceu emboscado, mas as tropas não apareceram. O grupo de Ari atacou alguns soldados, mas não liquidou nenhum. Foi recrutado um elemento de massa, Jonas, para a guerrilha. Este elemento já havia sido preso na segunda campanha e seu pai, atualmente, estava preso. No começo de novembro, uma patrulha do Exército passou a uns 30 metros do acampamento onde estavam os dois destacamentos. A patrulha caminhava pela mata, sem fazer ruído. Não foi observada pela guarda. Foi vista por dois companheiros que vinham chegando ao acampamento e se esconderam.

Em meados de novembro, reuniu-se a CM. Fez-se um balanço da situação [com] base [nos] informes e se afirmava que a ofensiva do inimigo não era tão grande, aparecia com pouca força. A CM resolveu juntar os três destacamentos, que ficariam sob o seu comando. Esta força não teria mais áreas fixas determinadas, poderia movimentar-se segundo as necessidades. A justificativa apresentada para a fusão dos três destacamentos era a de que, com isso, se teria uma força maior e com maior potência de fogo, podendo-se realizar ações de certa envergadura. Afirmou-se que, com os destacamentos separados, era difícil ter em mãos força suficiente para certos tipos de ação. Quando se discutiram as medidas práticas para levar a cabo essa decisão, chegou-se à conclusão de que o princípio da fusão era justo, mas que apresentava dificuldades quanto à execução, pois surgiam problemas, como o do abastecimento para um grande número de pessoas. Decidiu-se, assim, adiar as medidas práticas para uma próxima reunião da CM. A CM designou o companheiro J. (Ângelo Arroyo) para assumir o comando do destacamento A e manter este concentrado, em condições de poder se reunir aos outros dois logo que a CM tomasse decisão a esse respeito. Nova reunião da CM foi marcada para 20 de dezembro.

No dia 19 de novembro, o membro da CM que voltava para o A, em companhia de dois elementos de guarda da CM, encontrou grande quantidade de rastros de soldados dentro da mata, tanto na área da CM como do destacamento BC e também do A. Os soldados palmilhavam a mata, não só onde existiam moradores, mas também onde não os havia — portanto, em áreas de refúgio. Os soldados, apoiados por helicópteros e aviões, percorriam o Gameleira, o Ezequiel, o Cunha, o Caracol e o Saranzal — todos eles dentro da nossa área.

O Destacamento A se mantinha na área de refúgio. Não foi atacado, nem via rastros de soldados nas proximidades. Os helicópteros continuavam voando na área onde foram mortos Zé Carlos e outros. Em fins [de] novembro, Nélito e Carretel foram enviados à Metade para colher informações com a massa. Voltaram mais tarde e disseram que a massa [in]formara que [havia] 15 dias [que] os soldados não passavam por lá. Mas, no momento em que saíam, chegavam soldados no lugar onde eles [estavam]. A massa informou ainda que os soldados estavam pensando que os guerrilheiros estavam no castanhal do Carlos Holanda e, por isso, faziam muitas batidas. Os helicópteros sobrevoavam aquele castanhal. Landin (Orlando Momente) e outro companheiro foram até Cruzeiro obter informações e ver se conseguiam sal. Voltaram dizendo que todas as casas estavam vazias e que os amigos tinham sido presos. Em dezembro, foi enviado um grupo, chefiado por João, à área do Tabocão, para colher informações e ver se conseguia comprar alguns objetos e se obtinha farinha e sal. Souberam que [havia] 15 dias [que] o Exército não passava lá. Elementos de massa compraram um pouco do que se precisava, inclusive quatro pilhas. Lá disseram que os elementos que atuaram junto com Nelito na tentativa de destruir o ponto da Transamazônica tinham sido presos. Dois desses elementos estariam sendo obrigados a servir de guia. Disseram ainda que o pai de um companheiro de lá, que estava na guerrilha, havia sido barbaramente espancado, tendo sido levado para o hospital. No Tabocão haviam prendido todos os homens, num total de 17.

No dia 20 de dezembro, J., Piauí e Antonio foram atender ao ponto com a CM. No caminho, encontraram rastros de soldado. No dia seguinte, encontraram-se com Ari e Mané, que tinham sido enviados pela CM para conduzir J. à reunião. No ponto apareceram também os companheiros Zezim, Raul e Lourival (Elmo Corrêa). Piauí e Antonio retornaram ao A. À tardinha, chegavam, também enviados pela CM, os companheiros Jaca e Chica (Suely Yomiko Kanaiama). A presença de todos esses elementos no ponto foi explicada da seguinte maneira: depois que haviam saído Mané e Ari, ocorreu um ataque aos três outros (Zezim, Raul e Lourival) por tropas do Exército. Sabendo que Ari e Mané tinham ido buscar J. para levá-lo à CM, os três que sabiam o lugar do ponto decidiram ir avisar o que havia ocorrido, para evitar que J. fosse surpreendido pelo inimigo. Mas os companheiros da CM já tinham tomado as providências para esse aviso, enviando o Joca e a Chica. J. decidiu enviar Ari e Mané para apanhar farinha num depósito próximo. Mané ficou aguardando Ari a uma certa distância. Como Ari demorasse, Joca, que havia chegado, foi até o depósito e lá não encontrou o Ari. No local do depósito estava apenas o saco plástico que Ari havia levado para trazer a farinha. A impressão que se teve é de que ele fugiu, pois não apareceu nem no acampamento, nem nas referências.

Joca informou o que havia ocorrido com o BC e a CM a partir de 20 de novembro. Contou o seguinte: dias 21 e 22 de novembro, um grupo de três companheiros — Lauro, Jaime (Jaime Petit da Silva) e Mané — fustigou uma patrulha na estrada e matou um soldado. No dia 24, quando voltavam de um contato com a massa, os companheiros Ari, Raul e Jonas passaram próximo de uma grota. Ari e Raul se aproximaram da grota para melhor se orientar. Jonas ficou de guarda, perto das mochilas. Ouviu-se um tiro e Ari caiu. Em seguida, ouviram-se mais dois tiros. Raul correu. O Comando do destacamento BC, que também ouvira os tiros, enviou quatro companheiros para pesquisar o que teria havido. Logo adiante, esses companheiros encontraram o corpo de Ari sem a cabeça. Sua arma, um rifle 44, seu bornal e sua bússola tinham sido levados. As mochilas de Ari, Jonas e Raul estavam lá. Raul voltou pela manhã ao acampamento e Jonas desapareceu. (Houve suspeitas de que o assassino de Ari fosse o próprio Jonas.) Depois disso, houve a junção dos dois destacamentos com a CM, formando uma única força. Devido a Jonas conhecer bem a área onde os companheiros se encontravam e inclusive alguns planos do comando, resolveu-se sair da área e transferir-se para a área da Palestina. Aí havia alguns depósitos e o Destacamento B há alguns meses ali não estivera. Dividiram a força em três grupos para se deslocar. Ao todo eram 32 elementos.

Dias 28 e 29 de novembro o grupo dirigido pelo Simão (oito companheiros) acampou nas cabeceiras da grota do Nascimento. Neste mesmo local, o Destacamento B já havia acampado meses atrás. Ferreira ficou na guarda, Jaime foi catar babaçu. Chico (Adriano Fonseca Filho) e Toninho foram procurar jabuti numa gameleira próxima. Chico recebeu um tiro, caindo morto. Eram 17 horas. Em seguida, ouviram-se mais seis tiros. O grupo levantou acampamento imediatamente, deixando, no entanto, as mochilas, as panelas, os bornais. O Doca (Daniel Calado) deixou o revólver, que estava consertando no momento da saída. Jaime e Ferreira ficaram desligados do grupo. O Simão não foi à referência procurá-los. Não se sabe o que ocorreu com eles. Durante cinco dias, os demais companheiros, em número de cinco, caminharam pela mata sem ter o que comer e sequer um isqueiro para acender fogo. Ao se encontrarem com o resto da força, apresentavam o corpo inchado de picadas de tatuquira e estavam famintos. Dia 13, fugiu Toninho (elemento de massa). Ele conhecia a área. Dia 14, toda a força se juntou novamente. Eram 28, caminharam mais dois dias e acamparam num local onde se pretendia fazer a reunião da CM. Os 28 companheiros tinham feito o deslocamento numa só coluna, tendo deixado fortes rastros. No dia seguinte saíram Mané e Ari para ir buscar o J. Os demais afastaram-se uns 200 metros de onde se encontravam e mandaram Zezim, Lourival e Raul apagar os rastros. Quando os três realizavam essa tarefa, foram surpreendidos pelo inimigo. Sem poder voltar de imediato ao acampamento, temerosos de que J. viesse ao ponto sem saber do ocorrido, os três se dirigiram para o local onde J. seria encontrado por Mané e Ari. O resto da força, então 23 pessoas, em face do que sucedera, decidiu abandonar a área em que estava e ir para a área do A. Seguiram em coluna, deixando rastro. Entre 17 e 18 de dezembro, Josias fugiu perto de uma base do inimigo. O comando enviou Joca e Chica para avisar o J. e marcar um novo local e dia para o encontro, que seria já na área de refúgio do A. Joca informou que o grosso da força chegaria depois do dia 24 e que estavam sem comida. Pediam para que J. arranjasse comida com o Destacamento A.

Os cinco companheiros — Joca, Mané, Chica, Lourival e Raul — retornaram e foram esperar o grosso da força em área próxima. J. e Zezim também retornaram para o acampamento do Destacamento A.

Dia 25 de dezembro, J. veio ao ponto acompanhado de Zezim, João e Antonio, trazendo umas quatro latas de farinha. No ponto encontraram Mané e Chica. Mané informou que o grosso da força estava acampado a umas duas ou três horas de caminhada. Disse que no caminho encontrou rastros de soldados (papel higiênico servido). Em seguida, os seis dirigiram-se com o máximo de cautela para o acampamento da força. Um helicóptero sobrevoava a área próxima ao acampamento da força. Quando já estavam mais ou menos a um quilômetro do acampamento, às 11h25 da manhã, ouviram cerrado tiroteio. Encontraram-se logo depois com Áurea e Peri, que vinham apanhá-los para o acampamento.

Os dois afirmaram que o tiroteio tinha sido no rumo do acampamento. Cinco minutos depois do tiroteio, dois helicópteros e um avião começaram a sobrevoar a área onde houvera o tiroteio, e continuaram durante todo o dia nessa operação. Dois helicópteros grandes fizeram duas viagens — da base do Mano Ferreira, a uns cinco ou seis quilômetros, até o local do tiroteio. Tinha-se a impressão de que estavam levando mais tropas ou retirando mortos e feridos do local, e seus companheiros (eram oito) afastaram-se do local mais ou menos um quilômetro. No dia seguinte, 26, foram a uma referência para encontro, num local próximo. Aí encontraram os companheiros Osvaldo, Lia (Telma Regina Cordeiro Corrêa), Batista e Lauro.

Osvaldo informou o seguinte: o grosso da força havia acampado dia 24, mas percebeu que estava perto da estrada. Dia 25, pela manhã, afastaram-se uns

100 metros de onde se achavam, designando alguns companheiros para limpar (camuflar) o local em que estiveram. Os membros [da] CM e sua guarda ficaram num ponto mais alto do terreno e os demais ficaram na parte de baixo. Na hora do tiroteio, havia 15 companheiros no acampamento: Mário (Maurício Grabois), Paulo, Pedro, Joca, Tuca, Dina (com febre), Luis (com febre), na parte alta; embaixo: Zeca, Lourival, Doca e Raul (estava ralando coco babaçu para comer). Lia e Lauro faziam guarda. Osvaldo e Batista realizavam a camuflagem. Fora do acampamento estavam Áurea e Peri, que haviam se deslocado para trazer J., João (Vandick Reidner Pereira Coqueiro), Mariadina, que tinham ficado, proximidades do local onde houvera o tiroteio de 17 de novembro sobre Zezim, Raul e Lourival, a de apanhá-los; Amauri e Valk tinham sido enviados pelo comando para trazer de volta João, Mariadina e possivelmente os outros três; Simão e Ivo, que tinham ido a uma referência ver se conseguiam pegar o Ferreira e o Jaime; Amauri, Valk, João e Mariadina deviam chegar num ponto a uns cem metros de onde houve o tiroteio, a partir do dia 28 de dezembro. Osvaldo achava que os tiros haviam sido sobre o pessoal da CM, e que ele se retirara quando os tiros já o alcançavam.

No dia 27, observava-se crescente pressão do inimigo. Na manhã do dia seguinte, decidiu-se enviar Mané e Chica para apanhar Simão e Ivo (talvez também Jaime e Ferreira) numa referência na área do B, dia 30. Eles não deviam retornar à área do A, mas permanecer com os demais numa área do B. Aí poderiam juntar-se a outros companheiros, os que procurassem na referência conhecida. Ficou combinado que Mané viria a 1º e 15 de fevereiro a um encontro na área do A (com J.), mas isso somente se a barra estivesse limpa. Foi dito que poderiam ficar desligados muitos meses. A partir de março, havia referência no B. Ainda dia 27, os dez companheiros, então juntos, decidiram se transferir para a área de refúgio do A. Caminharam em dois grupos. Chegaram dia 28 à tarde. O acampamento estava em estado de alerta. Tinham ouvido os tiros e a movimentação de helicópteros e aviões. Dia 29, dois companheiros tinham a informação de que, para os lados do Fortaleza, não havia movimento de tropas. Reuniu-se o comando que tomou as seguintes decisões: devia-se abandonar aquele local; os companheiros recentes — em número de 25 — deviam se dividir em pequenos grupos e ir atuar na área que mais conhecessem, [pois] a experiência das campanhas anteriores mostrara que os pequenos grupos têm mais mobilidade, mais facilidade de abastecer e deixam menos rastros, que os grupos não deviam dar sinal de presença nos locais onde estivessem e, se fossem notados pelo inimigo, deviam afastar-se da zona e ligar-se apenas a uma pessoa da massa, de confiança, para obter informações; devia-se ter o máximo de cuidado com os rastros, pois fora pelos rastros que o inimigo nos atacara. Os grupos eram cinco. Um chefiado por Osvaldo (que retomou [sic] à sua área); outro por J.; outro pelo João; outro pelo Nelito; e outro pelo Landim. Foi marcado um ponto para os dias 1º e 15 de fevereiro. À noite do dia 29, fez-se uma reunião com todos os presentes. Mostrou-se a gravidade da situação e destacou-se que este era o período mais crítico que atravessava a guerrilha. Acentuou-se que outros povos também tinham passado por momentos muito difíceis e venceram porque persistiram na luta, não se deixaram abater. Mantendo-se unidos e decididos, poder-se-ia superar as dificuldades. O comando indagou se algum dos combatentes queria abandonar a luta. Caso alguém se sentisse abalado e não mais quisesse continuar, poderia dizer. O comando autorizaria a saída. Mas ninguém manifestou desejo de sair. Afirmou-se também que não se conhecia a sorte dos demais membros da CM. Não se podia dizer que tivessem sido mortos, apesar do que ocorrera. Que se ia tentar um contato e procurar agrupar todos os elementos dispersos.

Dia 30, pela manhã, os cinco grupos tomaram seus destinos. Às 15 horas ouviu-se ruído de metralhadora no rumo em que havia seguido Osvaldo ou Landim. Não se sabe o que houve. No dia 2 de janeiro, ouviu-se ruído de metralhadora para o rumo em que seguia Nelito. Dia 4, o grupo de J. aproximou-se da casa de um morador para obter informações e alimentos. As pessoas da casa estavam bastante atemorizadas. Não sabiam informar sobre os tiros e disseram que os soldados estavam por perto. Que se tomasse muito cuidado, porque com eles havia um rastreador, Bigode, carioca, que era bom piseiro. Dia 14, acamparam próximo a uma capoeira. Foram ver se conseguiam alguma mandioca. Iam com a recomendação de ir pela estrada e voltar pela mata, mas voltaram pela estrada. Trouxeram um pouco de mandioca e não camuflaram o local de que arrancaram as mandiocas. Às 9h30, quando estavam preparando a refeição, ouviram um barulho estranho na mata. Ficaram de sobreaviso, com as armas na mão. Viram então os soldados que vinham seguindo o rastro e passavam a uns dez metros de onde os companheiros se encontravam. Os soldados atiraram, ouviram-se várias rajadas. J., Zezim e Edinho (Helio Luiz Navarro) escaparam por um lado. Não se sabe se os outros três — Piauí, Beta e Edinho — encontraram Duda, do grupo do Nelito. Ele contou que os tiros do dia 2 tinham sido sobre o grupo em que ele estava. Disse que, depois do almoço desse dia, Nelito e Duda estavam juntos e que Cristina (Jana Morone

Barroso) e Rosa (Maria Célia Corrêa) haviam se afastado por um momento. Carretel estava na guarda. Na véspera, Duda e Carretel tinham ido à casa de um morador. A casa estava vazia. Quando se retiraram, viram que vinham chegando os soldados. Avisaram Nelito. Imediatamente, afastaram-se do local. Mas caminharam em trechos de estrada, deixando rastros. Dia 2, Nelito tinha ido a uma capoeira apanhar alguma coisa para comer. Trouxe pepino e abóbora numa lata grande que lá encontrara. A lata fez muito barulho na marcha de volta. Às 13h30, ouviram-se rajadas. Os tiros foram dados sobre Carretel, que saiu correndo. Nelito não quis sair logo. Entrincheirou-se, talvez pensando nas duas companheiras. Mas os soldados se aproximavam. Então, ele correu, junto com Duda, mas foi atingido. Assim mesmo, ainda se levantou e correu mais uns 20 metros. Foi novamente atingido e caiu morto. Duda conseguiu escapar. Não se sabe o que houve com as duas companheiras, nem com Carretel.

No dia 19 de janeiro, J. decidiu tentar aproximar-se do local de referência com a CM, na esperança de que algum companheiro aparecesse por lá. Foi junto com Zezim, deixando Edinho e Duda juntos. A estes recomendou que, se encontrassem Piauí, avisassem de um encontro para os dias 1º e 15, a partir de março. O local de referência com a CM distava uns quatro a cinco dias. Era na antiga área da CM, de cinco em cinco dias. Quando J. e Zezim se aproximavam do local onde houve os tiroteios de 25 de dezembro, [foram notados] fortes rastros do inimigo, não só antigos como recentes. E os helicópteros sobrevoavam o local. Decidiram voltar porque não havia condições para prosseguir. A mata estava esquadrinhada pelo inimigo.

Em poder do camarada Mário, responsável pela CM, havia uma espécie de diário, onde ele anotou os principais fatos e as medidas adotadas pela guerrilha, desde o seu início. Essas anotações são da maior importância, refletem as opiniões do comando em diferentes ocasiões. Com Mário encontravam-se também cópias de todos os materiais editados, assim como os hinos, poesias etc.

2

O Comunicado nº 1

Este documento, que no original apresenta uma série de problemas ortográficos e de concordância, foi preparado pela Comissão Militar da guerrilha, o comando da luta no Araguaia. Foi lido em português, ao vivo, na Rádio Tirana, capital da Albânia comunista, e na Rádio Pequim. Cópias deste documento foram mimeografadas e distribuídas na região do conflito, num momento em que os militares haviam se retirado.

Comunicado nº 1

Movimento de Libertação do Povo (MLP) Forças Guerrilheiras do Araguaia

25 de maio de 1972

Aos posseiros, trabalhadores do campo e a todas as pessoas progressistas do sul do PARÁ, oeste do MARANHÃO e norte de GOIÁS.

Aos moradores dos municípios do MARABÁ, SÃO JOÃO DO ARAGUAIA, CONCEIÇÃO DO ARAGUAIA, ARAGUATINS, XAMBIOÁ, IMPERATRIZ, TOCANTINÓPOLIS, PORTO FRANCO E ARAGUAÍNA.

Ao povo brasileiro.

No passado mês de abril, tropas do Exército, em operações conjuntas com a Aeronáutica, Marinha e Polícia Militar do Pará, atacaram de surpresa antigos moradoras [sic] das margens do rio Araguaia e de diversos locais situados entre SÃO DOMINGOS DAS LATAS e SÃO GERALDO, prendendo e espancando diversas pessoas, queimando casas, destruindo depósitos de arroz e outros cereais e danificando plantações. Este traiçoeiro ato de violência praticado contra honestos trabalhadores do campo é mais um dos inúmeros crimes que a ditadura militar vem cometendo em todo o país contra camponeses, operários, estudantes, democratas e patriotas. O governo dos generais procura difamar as vítimas de suas arbitrariedades, espalhando que se trata de ação realizada contra bandidos, contrabandistas, marginais e assaltantes de bancos. Mas a população da região não acredita em tais mentiras. Conhece, há muitos anos, os perseguidos, todos pessoas corretas, dedicadas ao trabalho e amigas da pobreza, sempre prestativas e solidárias com o povo, em particular, com os espoliados pelos grileiros e alvo das injustiças da polícia.

Os soldados as agrediram porque elas não querem viver como escravas sob o chicote dos militares que, acabando por completo com as liberdades, oprimem impiedosamente os brasileiros e enxovalham a nação.

Diante do criminoso ataque das forças armadas governamentais, muitos habitantes das zonas de SÃO DOMINGOS DAS LATAS, BREJO GRANDE, ARA- GUATINS, PALESTINA, ITAMERIM, SANTA IZABEL, SANTA CRUZ e SÃO GERALDO resolveram não se entregar, armar-se com o que puderam e enfrentar corajosamente o arbítrio e a prepotência do Exército e da Polícia. Com tal objetivo, internaram-se nas matas do PARÁ, GOIÁS e MARANHÃO para resistir com êxito ao inimigo muito mais numeroso e [mais bem] armado. A fim de desbaratar as operações militares da ditadura, defender suas vidas e desenvolver sua luta pela posse da terra, a liberdade e uma existência melhor para toda a população, deci- diram formar destacamentos armados, criaram as FORÇAS GUERRILHEIRAS DO ARAGUAIA. Tomaram, também, a iniciativa de fundar ampla frente popular para mobilizar e organizar os que almejam o progresso e o bem-estar, os que não se conformam com a fome e a miséria, com o abandono e a opressão.

Deste modo surgiu o MOVIMENTO DE LIBERTAÇÃO DO POVO (MLP), onde podem ingressar os moradores da região e de outros estados, muitos dos quais vêm tendo suas terras roubadas por gananciosos grileiros e são perseguidos, presos e espancados pelos agentes da ditadura. Nele há lugar não só para os pobres como também para todo patriota, seja qual for sua condição social, que deseja pôr abaixo a ditadura e instaurar no Brasil um regime verdadeiramente democrático.

Este movimento lançou manifesto em defesa do povo pobre e pelo progresso do interior, refletindo as mais profundas aspirações populares por uma vida digna, livre e feliz.

No documento estão incluídas as reivindicações mais sentidas da população local, que constituem o programa do MLP, a bandeira de luta da pobreza e de todos os elementos progressistas favoráveis ao desenvolvimento efetivo das **regiões atrasadas.**

Por sua vez, as forças guerrilheiras do Araguaia mostraram-se firmemente dispostas a combater os soldados da ditadura. Na zona próxima a SANTA CRUZ, alguns combatentes dessas forças defrontaram-se com inimigos superiores em número, matando um, ferindo outro e dispersando os demais. As tropas do Exército, depois de cometer numerosas arbitrariedades contra moradores da região, sem revelar até agora disposição de lutar nas matas, retira[ra]m-se, temporariamente, das zonas onde atuam os destacamentos do povo e concentram-se em cidades, povoados e corrutelas. Nada valeram os grandes e aparatosos efetivos militares, os helicópteros e aviões, o armamento moderno das forças armadas do governo. Em várias áreas, os lutadores do povo, de armas nas mãos, usando a tática de guerrilha, realizam a propaganda das ideias e do programa do MLP entre os moradores, que os apoiam com entusiasmo e repelem as calúnias difundidas pela ditadura contra os revolucionários.

A luta armada que se desenvolve no sul do PARÁ e em outras regiões vem contando com a simpatia de amplos setores da população, não só do campo como também de importantes cidades situadas em torno da região rebelada. Isto porque a luta ora iniciada é de todos os oprimidos, de todos os que não aceitam o cativeiro e anseiam derrubar o regime tirânico imposto pelos militares. Não por acaso, os generais escondem os motivos de suas poderosas investidas. Temem que o exemplo dos habitantes do ARAGUAIA seja seguido por todo povo brasileiro.

O Movimento de Libertação do Povo (MLP) e as forças guerrilheiras do ARAGUAIA apelam para os moradores da região a fim de que engrossem a resistência à odiosa ditadura militar, aos grandes magnatas, aos grileiros e aos gringos norte-americanos que, no norte e nordeste do País, já se apoderaram de imensas extensões de terra e das ricas minas de ferro da Serra Norte perto de MARABÁ. A todos conclama a se estruturar nos comitês do MLP ou em outras formas de organização. Não há outro caminho para o povo senão o de combater valentemente os opressores. Cada lavrador, cada posseiro, cada trabalhador de fazenda ou castanhal, cada injustiçado, cada patriota, deve ajudar, de todos os modos, os que enfrentam sem temor as tropas do governo de traição nacional.

O povo unido e armado derrotará seus inimigos.

Abaixo a grilagem!

Viva a liberdade!

Morra a ditadura militar!

Por um Brasil livre e independente!

— Em algum lugar da Amazônia, 25 de maio de 1972

O MOVIMENTO DE LIBERTAÇÃO DO POVO (MLP)

O COMANDO DAS FORÇAS GUERRILHEIRAS DO ARAGUAIA

3

A carta de Pedro Pomar
ao Comitê Central do PCdoB

Pedro Pomar, membro do Comitê Central do PCdoB, fez duras críticas ao movimento guerrilheiro no Araguaia. Ele estava afastado da Comissão Executiva do CC justamente por discordar das posições do partido em relação ao modelo de luta armada. O texto de Pomar sintetizava o descontentamento da militância, mas o trabalho dele ficou incompleto: foi executado durante a invasão da casa onde se reunia a direção do PCdoB, em dezembro de 1976, no bairro da Lapa, em São Paulo. Curiosamente, o ataque da repressão se deu ao amanhecer, pouco tempo depois de encerrada a reunião do CC. Vários participantes do encontro já tinham saído, mas foram apanhados nos dois dias seguintes. Tanto o "Relatório Arroyo" quanto a "Carta de Pedro Pomar" foram apreendidos pela polícia no "aparelho" da Lapa.

Nesta carta, Pedro Pomar respondia ao editorial "Gloriosa Jornada de Lutas", publicado no jornal oficial do partido, *A Classe Operária*, que apresentava uma versão positiva da luta no Araguaia. O editorial se baseava no "Relatório Arroyo", uma espécie de diário da campanha, redigido um ano e meio antes. Pomar, nesse texto, cita "o camarada J.", possivelmente o próprio Ângelo Arroyo. Em síntese, a crítica do dirigente comunista pode ser destacada em uma linha: não há luta revolucionária sem a ampla participação das massas populares. Isso não aconteceu no Araguaia. Acompanhe o trecho mais importante da carta:

Examinemos mais detidamente essas opiniões expendidas pelo camarada J. A concepção. A ideia geral, que presidiu a preparação e, a seguir, a deflagração da luta, bem como a própria luta no Araguaia, foi a de, a partir de um dado momento, julgado o melhor pela Comissão Militar, converter o núcleo de camaradas implantados e organizados em destacamentos guerrilheiros, no estopim de um movimento armado que se expandiria paulatinamente e abarcaria, ao fim e ao cabo, todo o país. Baseados nessa concepção é que trabalhamos desde 66-67. A coisa começou pela escolha de áreas adequadas onde seriam fixados os camaradas, que para lá se dirigiam voluntariamente, mas devidamente selecionados e advertidos. A princípio houve empenho para o trabalho de implantação em três áreas contíguas, mas por motivos de segurança, de falta de confiança, ou por outros motivos, a preparação acabou limitada a uma só área, cujo fundo, no entanto, era imenso, praticamente assegurando tranquilidade quanto à retaguarda. Para essa área tudo convergiu, tudo se subordinou. Nela seriam colocados, cuidadosamente, os camaradas adredemente escolhidos, mas voluntários. Mediante o treinamento militar intensivo e prioritário, o conhecimento do terreno, a capacitação ideológica e política, o estudo dos problemas locais etc., esses camaradas se transformariam, num prazo determinado (de acordo com o critério da CM), num pequeno agrupamento guerrilheiro — célula-máter [sic] do exército popular, do fortalecimento do Partido, da libertação do país etc. A configuração desse agrupamento já correspondia à de um exército em miniatura, dirigido pela Comissão Militar do CC, a qual se deslocara para a área, e nela concentrara sua atividade. Em relação às massas locais, o critério foi o de travar amizade com elas, conhecer seus problemas, prestar-lhes assistência. Cada camarada devia aparecer como pessoa amiga, séria, trabalhadora, mas que não falava por nada no mundo em política ou coisa que o valha. O trabalho, dito de massas, consistia em servir ao povo por meio de assistência médica e farmacêutica, da ajuda dos mutirões e em outras atividades desse tipo. Na medida em que a situação dos moradores era estudada e seus problemas conhecidos, tinha-se em vista formular um programa que, no entanto, só devia ser dado ao conhecimento do povo e do país após a deflagração da luta, como aliás aconteceu. Nem sequer a Comissão Executiva dele soube de antemão, dado o estrito segredo em que era mantido o trabalho na área.

Quanto ao Partido, como organização, aparecia formalmente através do trabalho da Comissão Militar. Nem na periferia foi estruturado, muito menos na área, por precaução. Os comunistas que lá estavam ficaram enquadrados militarmente e deviam, antes de tudo, preocupar-se com sua preparação para se transformarem em guerrilheiros, combatentes. No âmbito nacional, cabia ao Partido principalmente selecionar militantes e quadros destinados à guerrilha na área prioritária. Não foi fácil enviar esses militantes, atendendo a insistentes pedidos da Comissão Militar e preencher o número de camaradas julgado ideal. Apesar disso, houve organizações regionais que fizeram o máximo para cumprir seu dever, já que o fundamento da argumentação era de que do cumprimento dessa tarefa dependia o futuro do Partido. Em princípios de 71, quando a CM julgou estar bem próximo o momento da explosão da luta, o CC reuniu-se e adotou uma série de medidas relacionadas com o desencadeamento da luta armada para curto prazo. Entre as mais importantes estava a tarefa de criar condições para instalar na área (conhecida só como prioritária) o resto da direção que permaneceria nas cidades enquanto não houvesse as referidas condições. A parte do CC nas cidades devia dar o máximo de apoio ao trabalho desenvolvido pela direção da área. As comunicações entre as duas direções dependeriam, como dependeram, da iniciativa e da responsabilidade da CM. Em suma, tudo se condicionou ao êxito da luta armada que se preparava no Araguaia. Do ponto de vista político, os motivos e a decisão para o desencadeamento da luta também ficariam sob a responsabilidade da Comissão Militar. As Forças Guerrilheiras seriam o braço armado do Partido, em desafio à ditadura militar-fascista. A bandeira política, embora de amplo sentido democrático e libertador, devia ser arvorada assim que se iniciasse a luta, que se daria por meio de uma ação de repercussão nacional. As contradições sociais e políticas da área, as motivações locais, deveriam apenas respaldar a ação nacional; serviriam para atrair as massas da área e incorporá-las à luta, no processo.

Repito: essa, em síntese, me parece ter sido a concepção que presidiu a preparação e terminou sendo aplicada na luta armada do sul do Pará. Mas, a partir de abril de 1972, ou pouco antes, que aconteceu? Apesar de todo o sigilo da preparação, esta foi denunciada e descoberta. O inimigo resolveu imediatamente liquidar os núcleos guerrilheiros através de uma investida de surpresa. A eventualidade estava prevista. Como, porém, reagiu a Comissão Militar? O camarada J. coloca a questão em termos de opção, entre abandonar a área e resistir. A opção foi pela resistência. Isto foi bom, acrescenta o camarada J, porque aparecemos como vítimas. Mas não esclarece quais os objetivos imediatos e futuros perseguidos por essa resistência. E não o faz, porque tais objetivos estavam há muito fixados. Quero dizer que, na realidade, essa resistência já havia sido decidida com antecedência; decorreu de toda a concepção do trabalho realizado: do número de elementos dispostos na área, de sua organização, do plano geral de luta. A concentração das forças e a centralização do comando eram parte integrante e fundamental dessa concepção. Em virtude de tal preparação e da ideia política predominante, dificilmente a Comissão Militar poderia recorrer, por exemplo, a outra opção, ou mesmo a uma forma de luta como a preconizada no documento da Guerra Popular para os propagandistas armados. No entanto, agora o camarada J. reconhece que o principal erro da guerrilha consistiu em não ter dispersado seus grupos. Mas isto importa num erro de princípio e não de tática, secundário. O camarada J. viu-se obrigado também a concordar que era grande a quantidade de elementos combatentes em relação ao terreno e à massa (70 combatentes para uma área de 6.500 km² de população rarefeita). E afirma que foi um erro tático (só tático?) manter forças concentradas numa área bem menor, ao invés de dispersá-las. Explica que isso ocorreu pela necessidade de consolidar o trabalho de massas, em vista de o Exército poder voltar a qualquer momento. Era "indispensável ter o pessoal à mão". Tal concentração foi agravada pela decisão da CM de fundir os três destacamentos. Mesmo assim, não fica claro o verdadeiro sentido dessa premência em "consolidar o trabalho de massas".

Apesar dessas constatações e da derrota sofrida, o camarada J. dá como aceita a concepção que prevaleceu na luta do Araguaia. Pondera que devemos continuar trilhando-a. Sinceramente, discordo dessa opinião. Certamente, como já disse, a experiência do Araguaia tem aspectos de valor que devem ser sistematizados e aproveitados. O espírito de luta, heroísmo mesmo, o esforço para adaptar-se às condições do meio, a capacidade de resistência, precisam ser salientados e devidamente estimados;

servem como exemplo. Nosso Partido sempre se orgulhará dessa luta; do sacrifício dos camaradas que lá tombaram, tentando abrir caminho para a vitória de nossa causa. Mas para determinar a validade de uma experiência isso apenas não basta. O fundamental, no caso concreto e como já ficou esclarecido em documentos relacionados com a guerra de guerrilhas, é a sobrevivência e o desenvolvimento da mesma. E isto depende antes de tudo da incorporação das massas à guerrilha, de estas fazerem sua a causa — a bandeira levantada pelos guerrilheiros. Nessa determinação devemos contar, naturalmente, com erros, com fracassos, com perdas terríveis. Em certa medida, as derrotas e os erros serão inevitáveis; mas poderemos sem dificuldades avaliar seu resultado político (e/ou sua sobrevivência) pelo nível de incorporação das massas, por seu apoio ativo à luta guerrilheira. Ora, exatamente é com essa dificuldade que nos deparamos ao tratar da experiência do Araguaia. O número de elementos de massas ganho para a guerrilha foi insignificante, principalmente se considerarmos como um êxito formidável o tempo de duração da luta armada. Mesmo assim, não se soube trabalhar com esses elementos. Também a atividade política dos núcleos da ULDP [União pelas Liberdades e Direitos do Povo] não é esclarecida. Tudo leva a crer que a guerrilha se iniciou como um corpo a corpo dos comunistas contra as tropas da ditadura militar. E assim continuou quase todo o tempo. Aí reside, a meu ver, o maior erro, o mais negativo da experiência do Araguaia. Pois a conquista política das massas não pode ser efetuada só depois da formação do grupo guerrilheiro. Tampouco este deve ser constituído única e exclusivamente, mesmo que seja apenas no princípio, de comunistas. E não se diga que a orientação contida nos documentos e resoluções do Partido não seja cristalina a respeito. Tanto pela letra como pelo espírito, os documentos partidários essencialmente dirigidos contra as teses pequeno-burguesas e foquistas indicam, sem margem de dúvida, que:

1. a guerra popular é uma guerra de massas;
2. a guerrilha é uma forma de luta de massas;
3. para iniciá-la, "mesmo que a situação esteja madura, impõe-se que os combatentes tenham forjado sólidos vínculos com as massas";
4. a preparação "pressupõe o trabalho político de massas";
5. os três aspectos — trabalho político de massas, construção do Partido e luta armada — são inseparáveis na guerra popular;

6. o Partido, isto é, o político, é o predominante desses aspectos;
7. numa palavra, o trabalho militar é tarefa de todos os comunistas e não apenas de especialistas.

A experiência contrariou frontalmente essa orientação sobre a guerra popular. Sob o fundamento de que nas atuais condições brasileiras é impossível criar a base política antes de se forjar e acionar o dispositivo militar, o braço armado do povo; alegando-se impossibilidade de ganhar elementos de massa para a guerrilha antes de deflagrar a luta armada e que, portanto, o núcleo guerrilheiro deve ser organizado de início só com comunistas, enveredou-se pelo caminho que levou aos resultados que estamos discutindo. A vida, porém, encarregou-se de mostrar que esse tipo de preparação, assim como a organização de grupos guerrilheiros só de comunistas, não permitirão sua sobrevivência nem seu desenvolvimento. Por mais conspirativa que venha a ser a preparação, o inimigo poderá descobri-la "antes da criança nascer"; por mais heroicamente que se comportem os combatentes comunistas, se estiverem isolados das massas, sem seu apoio ativo, serão batidos; e por mais eficiente que seja a direção militar, com tal concepção será derrotada. Por isso, a orientação seguida no Araguaia tem de ser modificada em suas linhas essenciais.

Ao invés de se considerar que só será viável o trabalho de preparação à base dessa concepção, o certo é primeiro realizar o trabalho político, procurar, através de uma ação planificada, cuidadosa, paciente, clandestina, e tendo em conta o movimento camponês real, criar a base de massas necessária para desencadear a luta. Afirmar que esse trabalho, no momento atual, por causa do aumento de vigilância do inimigo, não é possível, me parece falso. Seria o mesmo que concluir ser o trabalho de massas em geral, bem como a construção do Partido, sob as condições da ditadura militar-fascista, também impraticável. Mas esta conclusão ninguém a aceita entre nós, por absurda.

Julgo este ponto de vista, acusado de dogmático, o único capaz de corresponder à realidade atual e aos princípios da guerra popular, quer na concepção, quer no método.

4

O Programa dos 27 Pontos

O programa da guerrilha foi elaborado pela União pelas Liberdades e Direitos do Povo (ULDP), uma espécie de braço político do PCdoB na região da luta armada no Araguaia, também chamado de Movimento de Libertação do Povo (MLP). Foi baseado nas reivindicações da população local e nas observações e análises dos próprios guerrilheiros. Veja a íntegra:

Em Defesa do Povo Pobre e Pelo Progresso do Interior

Movimento de Libertação do Povo (MLP)

1972

Nada mais difícil, mais sofrido, do que a vida de milhões de brasileiros pobres do interior do país. Carecem de tudo e não têm nenhum direito, encontrando-se em completo abandono. Particularmente no Norte e Nordeste, as condições de existência são as piores possíveis. Vive-se no atraso e na ignorância. O interior está estagnado, não conta com a ajuda de ninguém.

A terra está em mãos de uma pequena minoria. Para usá-la, o lavrador tem de se sujeitar ao pagamento da meia ou da terça. As terras devolutas, onde o homem do interior pode trabalhar, vão ficando cada vez mais longe dos povoados, da beira dos rios e das estradas. Os ricos tomam conta dos melhores terrenos. E os grileiros expulsam [o povo], constantemente com a ajuda da polícia e dos jagunços, antigos e novos moradores. Para as matas do Pará, em número sempre maior, chegam lavradores de outros estados, enxotados pela miséria e pelos donos da terra. Já estiveram em diferentes lugares, rolaram pelo Maranhão, Piauí, Ceará, Pernambuco, Bahia e Goiás. Tampouco no Pará encontram sossego.

O lavrador, ajudado pela mulher e pelos filhos, trabalha sem descanso e o resultado de seu esforço não dá para atender às suas necessidades. Muitas vezes é obrigado a vender o que era preciso guardar para a alimentação do dia de amanhã. Mais tarde, vai comprar o mesmo produto pelo dobro ou pelo triplo do preço que vendeu. No trabalho da roça não conta com o veneno contra a formiga, a máquina de semear, a lona para bater o arroz. Por isso, boa parte da plantação é destruída pela praga, o plantio é feito com o facão, e a apanha de arroz realiza-se com a participação de outras pessoas, que recebem em troca um terço ou a metade do que colherem. Quando o lavrador consegue boa safra, tem dificuldades para transportá-la porque não possui animais. Então os compradores disto se aproveitam para pagar uma insignificância pelo que foi obtido com tanto sacrifício.

A produção do lavrador não alcança o preço que merece. O arroz, o milho, o feijão e a farinha aumentam muito pouco de valor. Mas os preços dos produtos que vêm das grandes cidades, como o café, o açúcar, o querosene, as ferramentas, a roupa, o sabão e os remédios elevam-se de mês para mês.

Hoje, é preciso muito arroz para comprar um quilo de café. E mais de uma quarta de farinha para adquirir um único facão. Forçado pela necessidade, o lavrador vende seus produtos na folha com grandes prejuízos.

Os moradores do interior têm vontade de [LACUNA NO ORIGINAL] Goiás e Mato Grosso, só obtêm emprego nas grandes fazendas, nos castanhais, nos seringais ou nas companhias madeireiras, onde são terrivelmente explorados. Frequentemente, nas fazendas, companhias madeireiras e seringais, não recebem seus salários ou os recebem com grande atraso. É comum o pagamento em bagulhos demasiadamente caros, chegando a ultrapassar o dobro dos preços correntes. Há casos em que a companhia ou seus empreiteiros, para não pagar o que devem aos trabalhadores, mandam matá-los. Nas zonas da castanha, a situação não é melhor. Os castanheiros, apesar do duro trabalho de vários meses, raramente retirar [sic] saldo compensador. São roubados de todas as maneiras. Recebem por hectolitro de castanha quantia muito inferior à cotação de Marabá, para não se falar na de Belém. O hectolitro, ao invés de ter a medida certa de 6 latas de querosene, sem "caculo", é de 6 a 7 latas deformadas e com "caculo". O barracão do castanhal cobra preços absurdos pelos mantimentos que proporciona ao castanheiro.

A difícil situação dos moradores do interior é seriamente agravada pelas doenças. Sempre os acompanham as febres. Às vezes é uma família inteira que se vê atingida. A chamada Campanha de Erradicação da Malária (CEM) só existe no papel, não traz nenhum benefício para o povo. Antigamente, ainda distribuía remédio. Atualmente, nem isso faz. As crianças são atacadas pelos vermes e o custo dos lombrigueiros é alto. Outras doenças, como o lecho (leishmaniose), as corubas, perebas ou feridas, a disenteria amebiana, a dor de pontada (pneumonia), a sífilis e as moléstias venéreas, afetam a saúde de quase toda a população. Muitas são as mulheres que morrem de parto ou ficam inutilizadas depois do parto por falta de assistência e recursos médicos. Crianças nascem mortas em grande número ou morrem logo após o nascimento. No interior, e sobretudo na roça, não há médicos, nem mesmo enfermeiros. Morre-se à míngua por falta de tratamento ou alimentação adequada em casos de moléstias facilmente curáveis.

Poucas são as pessoas que sabem ler ou escrever. Os lavradores desejam que seus filhos estudem e costumam dizer que não querem que suas crianças fiquem analfabetas como eles. Mas não há escolas nem professores. Os meninos crescem sem ver um livro. Só as grandes cidades possuem grupos escolares, e os trabalhadores do campo não têm meios para ali manter seus filhos.

E como se todo esse martírio não bastasse, o homem do interior sofre ainda as arbitrariedades e violências da polícia. Qualquer soldado ou bate-pau pode prendê-lo, sem razão, espancá-lo barbaramente, amar- [LACUNA NO ORIGINAL]

As diligências policiais são caras e pagas pelos envolvidos nas questões, tenham ou não culpa, hajam ou não pedido a interferência das autoridades. Uma simples festa somente é realizada com a licença da polícia, que exige quantidade elevada para dar autorização. Muitos pais de família são afrontados pelos comissários e delegados. O povo não desfruta de qualquer liberdade, vive atemorizado pelos soldados, pistoleiros e jagunços. Não tem direito de se reunir livremente, criticar as injustiças e escolher as autoridades.

Coletoria e polícia andam juntos. Os impostos são arrecadados usando-se ameaças e efetuando-se prisões. Cobram-se impostos sobre tudo e os produtos são pesadamente taxados. Uma pequena quitanda paga imposto mensal acima de suas possibilidades. Os Coletores se arvoram em juiz e decidem ilegalmente sobre questões de terra, dando ganho de causa a quem bem entendem. Empregam a polícia para expulsar os moradores e garantem direitos a quem não os têm [sic]. Para eles o que vale é o dinheiro e não a razão.

Enfrentando tantas dificuldades os lavradores não sabem o que é bem-estar. Conhecem, como costumam dizer, tudo o que existe de ruim na vida; só não conhecem o que existe de bom.

Nas pequenas cidades e corrutelas, a situação também é difícil. O governo não lhes dá nenhuma atenção. A única coisa que faz é cobrar impostos. Ainda que os municípios possuam algumas escolas, seu número é insuficiente. Não há postos de saúde pública; faltam médicos e os remédios custam preços tão altos que o povo não pode comprá-los. Os melhoramentos que existem nestes lugares foram feitos pelos seus moradores. Eles querem a construção de estradas, escolas, postos médicos, água encanada, calçamento das ruas, praças ajardinadas e luz elétrica.

Mas as prefeituras do interior têm pouco dinheiro. O grosso dos impostos arrecadados fica com os governos estaduais e federal. Mesmo a cota que cabe aos municípios é recolhida pelo estado e só é liberada quando convém aos interesses dos de cima. Se o prefeito é do mesmo bando do governador, ainda arranja alguma coisa. Nesta situação, as prefeituras pouco podem fazer. Não contam com recursos nem têm a seu cargo todos os ramos da administração. Até a polícia é nomeada pelo estado e entra muitas vezes em choque com os prefeitos. Uma simples estação de radioemissora de pequeno alcance para ser instalada depende de autorização do governo federal, que faz exigências sem cabimento.

Nas cidades do interior há poucos empregos e a maioria da popula- [LACUNA NO ORIGINAL] sem futuro. Não têm onde praticar esportes ou se divertir, não têm condições de adquirir instrução ou melhorar seus conhecimentos.

408

Falta-lhes tudo o que constitui a alegria de viver própria da juventude. Seu destino é incerto, particularmente o das moças, muitas das quais acabam na prostituição. Os jovens, assim que podem, abandonam as pequenas cidades em busca de serviço.

Esta [é] a triste situação do interior. Os governantes nunca se interessaram pela sorte do povo e pelo progresso das regiões atrasadas. Deixam o campo no completo esquecimento. Depois que os militares se apoderaram do governo, em 1964, a situação dos habitantes do interior tornou-se pior. Aumentou a miséria, cresceu a perseguição contra os pobres. Nos últimos tempos, os generais vêm falando em ajudar as zonas rurais, mas o que eles ajudam mesmo são os grandes fazendeiros de café, os usineiros do açúcar, os poderosos do campo. Imensas áreas são entregues de mão beijada aos gringos norte-americanos, quando é sabido que a grande maioria dos lavradores não possui terra para trabalhar. As ricas jazidas de minérios da Serra Norte, não muito distantes de Marabá, foram criminosamente cedidas a um grupo de capitalistas dos Estados Unidos. Os militares fazem alarde com a construção da Transamazônica, mas esta estrada não resolverá os problemas da região. Serve de chamariz aos grileiros, que já estão em plena atividade, apossando-se de léguas e léguas de terra e pondo para fora antigos e novos moradores. O lavrador, para conseguir uma área ao longo da Transamazônica, tem que se submeter ao controle policial e ao sistema de colônias imposto pelo governo, que lhe tira toda [a] liberdade e não lhe traz benefícios.

Este sistema já foi empregado em Dourados (Mato Grosso) e em Ceres (Goiás) e de nada adiantou. Os camponeses continuaram a viver na pobreza.

O governo e os exploradores costumam dizer que a culpa pela situação aflitiva em que vive o interior é dos lavradores e do povo que, segundo eles, não gostam de trabalhar. Será verdade que o homem do interior não trabalha, não se esforça para ter uma vida melhor? Ele trabalha até demais. Só ele sabe o quanto é duro cuidar de uma roça. Para conseguir o arroz, o milho, o feijão, a farinha, tem de brocar, derrubar, queimar, encoivarar, plantar, limpar, combater as pragas, colher. E tudo no braço, usando unicamente o machado e o facão. Não é qualquer um que enfrenta trabalho tão pesado. Além disso, planta [LACUNA NO ORIGINAL] continuada, corre risco de ser atingido por um ouriço que pode matá-lo ou aleijá-lo, enfrenta o trabalho penoso de corte e transporte da castanha. Na exploração da madeira, derruba, a golpes de machado, grossos e altos troncos de mogno, arrasta-os na selva e lança-os nos rios e igarapés. Com seu trabalho contribui para o bem geral, mas quase nada recebe em troca. Faz a fortuna de muitos mas vive no atraso e na pobreza.

A causa da situação em que se encontra o interior é outra. É o domínio do Brasil por capitalistas norte-americanos e por um punhado de maus brasileiros. Eles são os donos das grandes fazendas, fábricas e usinas, dos bancos e meios de transporte. Só se preocupam em ganhar mais dinheiro, explorar o povo e roubar as riquezas do país. O governo está nas mãos deles e faz o que eles querem. Têm o Exército também em suas mãos. O povo não tem voz, vive no cativeiro. Enquanto eles dominarem o Brasil, continuará o atraso e o Interior [permanecerá] em completo abandono.

O interior só pode sair da situação atual quando houver um [sic] revolução popular que ponha para fora do Brasil os imperialistas norte-americanos, derrube o governo dos inimigos da Pátria, acabe com a ditadura dos militares, uma revolução que estabeleça um governo do povo. Então mudará inteiramente a vida do País. Os camponeses terão direito à terra, os operários obterão trabalho e melhores condições de vida. Os jovens poderão adquirir instrução, todos os brasileiros gozarão de plena liberdade. O Brasil avançará soberano pelo caminho do progresso, livre da dominação estrangeira. O interior conhecerá novos dias de prosperidade e bem-estar geral.

Mas a vitória da revolução não se consegue sem luta. Os poderosos não dão nada à pobreza. É preciso enfrentar os inimigos e combatê-los sem descanso. Se os escravos não tivessem lutado, ainda hoje haveria escravidão. O povo do interior tem que se levantar para exigir seus direitos e juntar-se aos trabalhadores das cidades, aos estudantes, a todos os revoltados que já estão lutando. Unidos conquistarão seu próprio governo, um governo popular revolucionário.

A União do povo do interior tem que ser feita partindo de suas reivindicações mais sentidas e imediatas. Que deseja o homem do interior? Quais os problemas que mais sente? Ele quer:

1. Terra para trabalhar e título de propriedade de sua posse.
2. Combate à grilagem, com a punição severa de todos os que grilam terras.
3. [LACUNA NO ORIGINAL] não se distanciem muito dos que vigoram nos grandes mercados de consumo. Criação de entrepostos do estado,

que adquiram por preço fixado todos os produtos que lhe sejam oferecidos e ao mesmo tempo vendam, com pequena margem de lucro e também a prazo, ferramentas, adubos, venenos, sementes, máquinas de fabricar farinha, lonas para a colheita de arroz, moinhos etc.

4. Facilidades para o deslocamento da produção através de diferentes meios de transporte e financiamento ao lavrador para compra de animais.

5. Proteção à mão de obra dos que trabalham nos castanhais, na extração de madeira ou nas grandes fazendas. O castanheiro deve receber por hectolitro de castanha cortada um preço que corresponda no mínimo [a] um terço da cotação de Marabá, fixado pelo governo. O hectolitro oficial deve ser de 6 latas de querosene, sem "caculo" e sem deformação das latas. O preço das mercadorias aviadas nos barracões não pode exceder em muito do preço vigorante nas cidades e corrutelas próximas. O pagamento ao castanheiro deve ser realizado no local de serviço. Os trabalhadores da exploração de madeira ou das grandes fazendas devem receber seus salários em dinheiro no final de cada mês, não sendo permitido o pagamento de salários em espécie ou bagulhos.

6. Direitos aos garimpeiros de trabalhar livremente e [da] regulamentação de sua atividade, impedindo-se que sejam espoliados na venda dos bens obtidos no garimpo.

7. Liberdade de caça e pesca para sua alimentação, permitindo-se a venda das peles dos animais abatidos para consumo. Proibição da matança generalizada da caça com o único objetivo de comercializar peles.

8. Liberdade para cortar, quebrar e vender o babaçu.

9. Redução dos impostos tanto para a lavoura como para o pequeno comércio. Liquidação do sistema de multas das coletorias e de cobrança de impostos com o auxílio da polícia.

10. Direito de todo lavrador ou trabalhador da mata de possuir sua arma de caça ou de defesa pessoal.

11. Assistência médica feita através de postos instalados em zonas e distritos e também de postos volantes montados em barcos e caminhões. Serviço médico gratuito para as doenças endêmicas da região e pago, a preços módicos, para as doenças evitáveis, como a sífilis. Combate sistemático e eficaz à malária e verminose.

12. Criação de escolas nos povoados, nas margens dos grandes rios, [LACUNA NO ORIGINAL] al escolar. Construção de internatos para

a alfabetização das crianças que moram longe das escolas, cujos cursos devem ter a duração de 8 a 10 meses.

13. Cessação das arbitrariedades da polícia contra o povo. A polícia não pode cobrar diligências, autorização para festas, carceragem nem prender ninguém sem motivo plenamente justificado. Não pode bater nos presos, nem tomar armas, animais, instrumentos de trabalho ou objetos de uso do homem do interior. Os policiais estão obrigados a manter atitude de respeito ao lavrador e sua família, bem como em relação a mulheres.

14. Casamento civil e registro de nascimentos gratuitos.

15. Proteção à mulher. Direito [da] mulher, no caso de separação do marido ou companheiro, à parte do que lhe cabe na produção ou nos bens do casal, de acordo com seu trabalho direto ou indireto, na obtenção desta produção ou destes bens. Ajuda à maternidade. Cursos práticos para formar novas parteiras e melhorar os conhecimentos técnicos das que trabalham na região, a fim de garantir melhor assistência às mulheres que derem à luz.

16. Trabalho, instrução e educação física para a juventude. Estímulo ao desenvolvimento do esporte com a construção de campos de futebol, quadras de basquete, pistas de atletismo e outras iniciativas. Ajuda à fundação de clubes, centros recreativos e culturais e à construção de suas sedes.

17. Respeito a todos os cultos religiosos, não sendo permitida a perseguição a qualquer pessoa por motivos de prática religiosa, inclusive a pajelança, o terecô, o espiritismo, desde que essas práticas não causem dano ao indivíduo.

18. Liberdade para reunir-se, discutir seus problemas, criticar as autoridades, exigir seus direitos, organizar suas associações e sindicatos, eleger seus representantes sem pressão de qualquer natureza.

19. Comitês Populares eleitos diretamente pelo povo, para administrar os distritos e povoados, orientar as iniciativas que têm relação com a coletividade e resolver as desavenças surgidas entre os habitantes. Os Comitês estabelecem, de comum acordo com o povo, as normas de proteção às roças, contra a invasão de gado, porcos e outros animais, assim como indica[m] a forma de criá-los sem prejudicar os interesses coletivos.

20. Eleição livre do prefeito e de um Conselho Administrativo nos municípios, bem como de comitês populares nos bairros das cidades.

21. Emprego de boa parte dos impostos recolhidos nos municípios no [LACUNA NO ORIGINAL] estadual devem dar ajuda aos municípios na construção de estradas, pavimentação de ruas, instalação de luz e água, manutenção de escolas e execução de serviços médicos.

22. Planos de urbanização e desenvolvimentos em todas as cidades. Facilidades para a construção de casas de moradia. Estímulo à criação de bibliotecas e radioemissoras locais, não sendo necessária permissão das autoridades para o seu funcionamento.

23. Distribuição anual entre moradores, para serem usadas por um ano como roças, das terras devolutas situadas em torno das corrutelas e pequenas cidades.

24. Aproveitamento racional das grandes áreas não cultivadas em torno das cidades e vilarejos para a criação de granjas e plantações rendosas, a fim de garantir trabalho e meio de vida à população.

25. Defesa da terra dos índios, respeito a seus hábitos e costumes e ajuda do governo aos indígenas.

26. Obrigatoriedade de reflorestamento e pleno aproveitamento das árvores derrubadas na extração de madeira feita em grande escala. Beneficiamento da madeira feito na região para incentivar seu progresso. Pertence ao posseiro a madeira existente em suas terras.

27. Respeito à propriedade particular, que não prejudique a coletividade. Apoio às iniciativas privadas de caráter progressista, à pequena e às médias indústrias e ao artesanato.

O Movimento de Libertação do Povo, surgido para unir as amplas massas e dirigir a revolução popular, acredita que esses 27 pontos resolvem as reivindicações mais sentidas e imediatas do homem desta região. Não incluem tudo o que ele almeja e a que tem direito. Representam, no entanto, o mínimo por ele exigido nas condições atuais. Por isso, o MLP considera que este é um programa em defesa da pobreza e pelo progresso do interior.

Em torno dele se unirá o povo sofredor — os lavradores, os castanheiros, os tropeiros, os garimpeiros, os peões, os barqueiros, os que trabalham na madeira e na quebra de babaçu, os pequenos e médios comerciantes, enfim, todos os que querem o progresso da região e a felicidade de seus moradores.

O Movimento de Libertação do Povo convoca a todos, homens e mulheres, jovens e velhos, para lutar com energia e entusiasmo por este programa de reivindicações mínimas. Chama os habitantes do interior a ingressar em suas fileiras e a levar adiante a revolução popular.

É hora da decisão, de acabar para sempre com o abandono em que vive o interior e para pôr fim à vida de padecimentos sem conta dos milhões de brasileiros esquecidos, humilhados e explorados.

A Revolução abrirá o caminho para a completa emancipação nacional e para a liquidação das injustiças sociais.

Até agora o povo tem sido tratado como escravo e chegou a vez de se levantar para varrer com os inimigos da liberdade, da independência e do progresso do Brasil.

Em um ponto qualquer da Amazônia

O MOVIMENTO DE LIBERTAÇÃO DO POVO (MLP)

5

Manifesto dos sequestradores do embaixador

O embaixador dos Estados Unidos no Brasil, Charles Burke Elbrick, foi sequestrado por um comando guerrilheiro no Rio de Janeiro, em setembro de 1969. O caso teve enorme repercussão na mídia mundial e representou uma vergonhosa derrota política para a ditadura militar. Em troca da vida do diplomata, os sequestradores exigiram a libertação de quinze presos políticos e a leitura de uma carta-manifesto em cadeia nacional de rádio e televisão. Veja a íntegra do documento:

Grupos revolucionários detiveram hoje o sr. Charles Burke Elbrick, embaixador dos Estados Unidos, levando-o para algum lugar do país, onde o mantêm preso. Este ato não é um episódio isolado. Ele se soma aos inúmeros atos revolucionários já levados a cabo: assaltos a bancos, nos quais se arrecadam fundos para a revolução, tomando de volta o que os banqueiros tomam do povo e de seus empregados; ocupação de quartéis e delegacias, onde se conseguem armas e munições para a luta pela derrubada da ditadura; invasões de presídios, quando se libertam revolucionários, para devolvê-los à luta do povo; explosões de prédios que simbolizam a opressão; e o justiçamento de carrascos e torturadores.

Na verdade, o rapto do embaixador é apenas mais um ato da guerra revolucionária, que avança a cada dia e que ainda este ano iniciará sua etapa de guerrilha rural.

Com o rapto do embaixador, queremos mostrar que é possível vencer a ditadura e a exploração, se nos armarmos e nos organizarmos. Apareceremos onde o inimigo menos nos espera e desapareceremos em seguida, desgastando a ditadura, levando o terror e o medo para os exploradores, a esperança e a certeza da vitória para o meio dos explorados.

O sr. Burke Elbrick representa em nosso país os interesses do imperialismo, que, aliados aos grandes patrões, aos grandes fazendeiros e aos grandes banqueiros nacionais, mantêm o regime de opressão e exploração.

Os interesses desses consórcios de se enriquecerem cada vez mais criaram e mantêm o arrocho salarial, a estrutura agrária injusta e a repressão institucionalizada. Portanto, o rapto do embaixador é uma advertência clara de que o povo brasileiro não lhes dará descanso e a todo momento fará desabar sobre eles o peso de sua luta. Saibam todos que esta é uma luta sem tréguas, uma luta longa e dura, que não termina com a troca de um ou outro general no poder, mas que só acaba com o fim do regime dos grandes exploradores e com a constituição de um governo que liberte os trabalhadores de todo o país da situação em que se encontram.

Estamos na Semana da Independência. O povo e a ditadura comemoram de maneiras diferentes. A ditadura promove festas, paradas e desfiles, solta fogos de artifício e prega cartazes. Com isso, ela não quer comemorar coisa nenhuma; quer jogar areia nos olhos dos explorados, instalando uma falsa alegria com o objetivo de esconder a vida de miséria, exploração e repressão em que vivemos. Pode-se tapar o sol com a peneira? Pode-se esconder do povo a sua miséria, quando ele a sente na carne?

Na Semana da Independência, há duas comemorações: a da elite e a do povo, a dos que promovem paradas e a dos que raptam o embaixador, símbolo da exploração.

A vida e a morte do sr. embaixador estão nas mãos da ditadura. Se ela atender a duas exigências, o sr. Burke Elbrick será libertado. Caso contrário, seremos obrigados a cumprir a justiça revolucionária. Nossas duas exigências são:

416

a)   libertação de quinze prisioneiros políticos. São quinze revolucionários entre os milhares que sofrem as torturas nas prisões-quartéis de todo o país, que são espancados, seviciados, e que amargam as humilhações impostas pelos militares. Não estamos exigindo o impossível. Não estamos exigindo a restituição da vida de inúmeros combatentes assassinados nas prisões. Esses não serão libertados, é lógico. Serão vingados, um dia. Exigimos apenas a libertação desses quinze homens, líderes da luta contra a ditadura. Cada um deles vale cem embaixadores, do ponto de vista do povo. Mas um embaixador dos Estados Unidos também vale muito, do ponto de vista da ditadura e da exploração.

b) A publicação e leitura desta mensagem, na íntegra, nos principais jornais, rádios e televisões de todo o país.

Os quinze prisioneiros políticos devem ser conduzidos em avião especial até um país determinado — Argélia, Chile ou México —, onde lhes seja concedido asilo político. Contra eles não devem ser tentadas quaisquer represálias, sob pena de retaliação.

A ditadura tem 48 horas para responder publicamente se aceita ou rejeita nossa proposta. Se a resposta for positiva, divulgaremos a lista dos quinze líderes revolucionários e esperaremos 24 horas por seu transporte para um país seguro. Se a resposta for negativa, ou se não houver resposta nesse prazo, o sr. Burke Elbrick será justiçado. Os quinze companheiros devem ser libertados, estejam ou não condenados: esta é uma "situação excepcional". Nas "situações excepcionais", os juristas da ditadura sempre arranjam uma fórmula para resolver as coisas, como se viu recentemente, na subida da junta militar.

As conversações só serão iniciadas a partir de declarações públicas e oficiais da ditadura de que atenderá às exigências.

O método será sempre público por parte das autoridades e sempre imprevisto por nossa parte.

Queremos lembrar que os prazos são improrrogáveis e que não vacilaremos em cumprir nossas promessas.

Finalmente, queremos advertir aqueles que torturam, espancam e matam nossos companheiros: não vamos aceitar a continuação dessa prática odiosa. Estamos dando o último aviso. Quem prosseguir torturando, espancando e matando ponha as barbas de molho. Agora é olho por olho, dente por dente.

Ação Libertadora Nacional (ALN)

Movimento Revolucionário 8 de Outubro (MR-8)

6

Uma autocrítica do PCdoB?

Em 1974, quando a guerrilha do Araguaia já estava desarticulada e os poucos sobreviventes perambulavam pelas matas, o PCdoB preparou uma análise crítica do movimento para discussão entre todos os militantes do partido. O texto é de um simplismo impressionante e dá a falsa impressão de que a luta continuava. Mesmo quando enfrenta as precariedades da guerrilha, o documento faz observações apenas técnicas e deixa de examinar a fundo o problema político. Insiste que a luta camponesa é o caminho da revolução no Brasil e propõe a criação de outras frentes de luta no campo.

Análise Sobre a Guerrilha do Araguaia

Partido Comunista do Brasil (PCdoB)

Camaradas,

Na última reunião do CC foi apresentado um relato objetivo do trabalho de preparação da luta armada em várias regiões do BRASIL, após a reorganização do Partido. Deu-se particular atenção aos preparativos, desencadeamento e desenvolvimento da resistência armada no ARAGUAIA. Nesta reunião, se discutira essa experiência.

A guerrilha no sul do PARÁ sobrevive há mais de 3 anos. Nenhuma luta com esse caráter em nosso país sustentou-se durante tanto tempo. As tentativas depois do golpe de 1964 fracassaram em poucos dias. É o caso do levante do coronel CARDIM, no RIO GRANDE DO SUL, a preparação armada na serra do CAPARAÓ, a guerrilha do VALE DA [sic] RIBEIRA, a guerrilha urbana dirigida por MARIGHELLA etc.

Importância Política da Luta no Araguaia

A resistência armada no ARAGUAIA verificou-se quando a ditadura já imperava há oito anos no país. Na época, os militares consideravam como liquidada a oposição ao regime fascista. Acendeu-se então uma chama que ilumina a estrada que deve ser trilhada pelo nosso povo na busca de sua libertação. Este exemplo é um poderoso estímulo para todos os patriotas e revolucionários. O PC do BRASIL, à frente dessa luta, coloca-se como a força mais consequente na luta contra a ditadura. Com isto aumenta seu prestígio no seio das correntes progressistas do país e no exterior.

Fato político a assinalar é que na área onde se desenvolve a luta guerrilheira, mais de 90% da população passou a apoiar os combatentes do povo. A princípio, Apoio Moral. A massa mostrava-se simpática aos guerrilheiros, apesar de todo o trabalho realizado pelo inimigo com o objetivo de amedrontá-la e enganá-la. A seguir, a ajuda passou a ser mais ativa. Além dos alimentos, auxílio na transmissão de informações e na aquisição de objetos necessários. Era comum a massa colocar sua roça à disposição dos guerrilheiros. Sua integração com os guerrilheiros cresceu a tal ponto que estes realizavam trabalho produtivo junto com os moradores em suas roças. Populares faziam propaganda da guerrilha. O povo local to- [LACUNA NA REPRODUÇÃO DO ORIGINAL] combatentes. Numa fase mais adiantada da luta, organizaram-se núcleos da ULDP, alguns posseiros ingressam nas forças guerrilheiras e cerca de 40 elementos haviam se comprometido a isto fazer quando os militares iniciassem a 3ª campanha. Nove participam de ações guerrilheiras sem pertencer aos Destacamentos.

"O povo mata" uniu em torno de si pessoas de todas as crenças e camadas sociais; católicos, crentes, terecozeiros, posseiros pobres, camponeses médios, comerciantes, alguns fazendeiros e mesmo donos de castanhais. A luta elevou a consciência política das massas, ajudou-a a ver quem são seus amigos e seus inimigos, despertou-a para as causas da situação de miséria em que vive. A ditadura não conseguiu mobilizar e organizar o povo no combate à guerrilha. Tiveram imensas dificuldades em conseguir guias. Todas as tentativas de ganhar as massas com o ... INCRA e Operações Aciso fracassaram.

Foi, portanto, no terreno político, fundamentalmente no trabalho de massas, que residiu o êxito principal da resistência armada no sul do PARÁ.

Constitui fato relevante a guerrilha ter resistido longo período, apesar de o Exército ter realizado três campanhas militares, empregando cerca de 20 mil homens. Os Destacamentos armados fizeram algumas ações militares que tiveram grande repercussão política na região. Conseguiram algumas armas, provisões e liquidaram soldados e bate-paus.

No ARAGUAIA forjaram-se verdadeiros revolucionários. A alta consciência política, as dificuldades da luta, fizeram surgir combatentes firmes, Leais ao Partido e ao Povo, dispostos aos maiores sacrifícios. Com raras exceções, quase todos avançaram na sua formação revolucionária, dando exemplos de coragem, abnegação, firmeza e disciplina. O ARAGUAIA constituiu-se numa escola de quadros. Destaque especial merecem as mulheres que em todas as tarefas se igualavam aos homens. Os que ali tombaram são mártires da luta para que o nosso povo tenha um futuro mais feliz. Cumpriram com honra seu dever de comunistas. Os que ainda mantêm a chama acesa da luta no ARAGUAIA merecem a nossa grande admiração, respeito, solidariedade proletária.

Grande importância política teve a luta do ARAGUAIA no conjunto do país. Ela é inseparável do esforço de nosso povo para se ver livre da ditadura. Como forma mais alta de luta, onde se torna conhecida, ganha adeptos e é saudada com entusiasmo. Pode-se considerá-la como um golpe potente sobre o regime dos militares fascistas.

Também no exterior, a resistência armada teve uma grande repercussão. Foi encarada como parte da grande luta dos povos oprimidos por sua verdadeira eman- [LACUNA NA REPRODUÇÃO DO ORIGINAL]

O Que Nos Ensino [sic] o Araguaia

Camaradas. O ARAGUAIA, qualquer que seja a sua sorte, traz inúmeros ensinamentos para o nosso povo e para o nosso Partido que é a sua vanguarda. Durante a luta tivemos êxitos significativos e também erros e deficiências. Até o início da 3ª campanha já havíamos notado diversas falhas, embora, no conjunto, fosse bastante positivo [sic] os resultados alcançados. Os insucessos mais graves ocorreram no curso da 3ª campanha. Sofremos uma derrota temporária. Devemos aqui fazer um exame crítico e autocrítico de toda a nossa atuação no ARAGUAIA, aprender com as experiências tanto positivas como negativas. A discussão se faz baseada numa experiência vivida. Entretanto, os dados que temos referem-se ao período que vai até janeiro de 1974. De lá para cá, as informações que possuímos são precárias. Não sabemos qual foi a consequência do ataque do inimigo sobre o acampamento em que se encontrava a CM e elementos de dois destacamentos, o B e o C, ataque realizado em 25 de dezembro de 1973. Tampouco sabemos como reagiu a massa diante da ofensiva do Exército. As notícias recentes dizem que o Exército continua na área realizando operações antiguerrilha. E o General Geisel, em março, tornou pública a existência das guerrilhas de MARABÁ-XIMBIOÁ. Deduzimos, pelo que sabemos, que a luta continua, apesar dos sérios golpes que sofremos.

A luta no sul do PARÁ iniciou-se por iniciativa do inimigo. As Forças Guerrilheiras ainda não haviam terminado sua preparação em todos os terrenos, quando foram atacadas. Diante da agressão, tínhamos duas opções: a) abandonar a área; b) resistir de armas nas mãos. Preferiu-se a segunda pelo fato de que já havia um mínimo de preparação e a luta se iniciava politicamente de maneira favorável. Os resistentes apareciam como vítimas da violência da ditadura e os militares apresentavam-se perante o povo com sua verdadeira face de instrumento dos mais poderosos e do regime fascista.

Por que a luta armada no ARAGUAIA manteve-se acesa durante os vinte primeiros meses? Por que ganhou o apoio de mais de 90% da população? Isto foi possível por uma série de fatores dos quais destacamos os seguintes:

1. INTEGRAÇÃO COM AS MASSAS

Realizou-se um bom trabalho de integração com os moradores da região. Os guerrilheiros não eram estranhos ao povo, não caíram de paraquedas. Alguns viviam lá há uns 6 ou 7 anos. Os laços de amizade entre os combatentes e as massas eram estreitos. Efetuou-se um trabalho de servir o povo através de atividades de assistência médica, farmacêutica, dentária, alfabetização, comércio, trabalho produtivo em comum, visitas etc. O trabalho político não era aberto antes de começar a luta e se o fosse não há dúvida de que sofreríamos golpes antes de nos firmar na área. A maioria da população conhecia bem os nossos camaradas os quais eram respeitados e queridos pelo povo. Por isso, a ditadura não conseguiu mobilizar as massas contra os guerrilheiros.

2. ORIENTAÇÃO POLÍTICA CORRETA

A orientação política foi certa desde o período da preparação, início e desenvolvimento da luta armada. Baseava-se na orientação programática e tática do Partido e que se expressava, na região, no documento "EM DEFESA DO POVO POBRE E PELO PROGRESSO DO INTERIOR". O conflito armado apresentou-se como resistência dos moradores às arbitrariedades do Exército. O povo era vítima da ação militar e apelava para as armas como o único recurso para defender seus direitos. O comunicado nº 1 das FF.GG esclarece às massas sobre o motivo da luta, seus objetivos e apela para que estas se unam, se organizem e enfrentem o inimigo. Toda a propaganda verbal e escrita concentrava-se no ataque à ditadura militar, contra os grileiros e também contra os imperialistas norte-americanos. Ligou-se a luta pelas reivindicações locais com a luta pelas reivindicações nacio- [LACUNA NA REPRODUÇÃO DO ORIGINAL] Denunciou-se [sic] as manobras do INCRA, da Operação ACISO, a venda de grandes extensões de terra aos americanos, a entrega do minério da serra dos CARAJÁS etc. Nas relações com as massas, respeitávamos seus costumes e suas crenças, não se discutia religião e se tomava parte nas suas sessões de rezas, respeitávamos as mulheres e as filhas dos camponeses, tudo que se comprava se pagava. Essa nossa conduta nos distinguia dos militares que, por onde passavam, cometiam as maiores brutalidades. Nossa política foi uma política de massas, que se apoiava no princípio de unir todos os que possam ser unidos, neutralizar os que possam ser neutralizados, e atacar os que devem ser atacados. O resultado dessa orientação correta foi a criação de uma base política na região, embora elementar, o ingresso de elementos de massa na guerrilha, a organização de núcleos da ULDP e o apoio de mais de 90% dos moradores.

3. A REGIÃO BEM ESCOLHIDA

A região escolhida para se preparar e desencadear a luta armada era boa, do ponto de vista de massa, mata e recursos naturais. Houve uma justa combinação do fator mata e massa. A população é constituída por posseiros, sendo que mais de 80% era gente pobre. Alguns vieram para ali [sic], expulsos de outras regiões. Embora fosse uma população politicamente atrasada, odiava os grileiros, a polícia e procurava ter a sua terra. Potencialmente é uma massa favorável à Revolução democrática e anti-imperialista. Na área e na periferia ocorriam choques com os grileiros, por motivo de terras. A densidade populacional era regular, incluindo-se a periferia. As maiores concentrações estão na beira do ARAGUAIA, diminuindo à medida que dela se afasta para o interior da mata. A região liga-se com GOIÁS e MARANHÃO, também com MATO GROSSO, podendo por isso ecoar nesses estados a luta travada no ARAGUAIA. É toda coberta de mata. Esta foi um aliado poderoso da guerrilha, sobretudo na primeira e segunda campanhas. A área tinha poucas estradas, muita caça, frutos, palmito e era autossuficiente em produtos agrícolas. O fato de a guerrilha estar localizada numa área coberta de mata, com poucas estradas, com recursos naturais e alimentícios foi fator favorável a sua sobrevivência. Na fase inicial, tratando-se de uma força pequena, com pouca experiência e armas ineficientes, a mata tem enorme importância. Protege a guerrilha dos ataques aéreos, dos blindados e da artilharia. A existência de poucas estradas dificulta o cerco do inimigo.

4. ORIENTAÇÃO MILITAR, NO FUNDAMENTAL, CORRETA (ATÉ O INÍCIO DA 3ª CAMPANHA)

A orientação partia do fato de que a guerrilha era uma força pequena, com pouca experiência militar, mal armada, responsável pelo único foco de luta armada no país. E o inimigo era forte militarmente. Toda a ação militar foi examinada de um ponto de vista político; se contribuiria ou não para maior ligação da guerrilha com as massas. Em síntese a orientação foi a seguinte: quando o inimigo entrava na zona da guerrilha, devíamos recuar e concentrar nossa força em cada Destacamento; a partir de informações concretas, adotar a linha de ação. Se o inimigo realizasse uma grande operação, devíamos ficar recuados nos refúgios. Se a operação é de menor envergadura, se deviam realizar algumas ações militares e trabalho de massa. Admitimos como princípio estratégico fundamental — a sobrevivência. Esta significava não realizar ações que levassem à perda desnecessária de companheiros, evitar combates frontais, conhecer bem o terreno e ter áreas de refúgio. O princípio da sobrevivência estava ligado à perspectiva de que a luta seria prolongada e que a existência de um foco armado jogava papel relevante na situação nacional. Como forma principal de luta armada, adotou-se a propaganda armada. Fez-se mais propaganda política e menos ações militares. A propaganda visava explicar às massas os objetivos da luta, elevar a sua consciência política, ganhar o seu apoio, estender a nossa influência e criar uma base política na região. A criação dessa base tinha enorme importância na ampliação da luta armada. Pode se afirmar que criamos uma base política, pois contávamos com o apoio e a imensa simpatia do povo.

5 . *PREPARAÇÃO DOS COMBATENTES*

Os combatentes tinham uma razoável preparação política, ideológica e militar. Todos conheciam a orientação do Partido e esforçavam-se para aplicá-la na região. Os documentos partidários eram discutidos, tendo-se o máximo de cuidado com a segurança. Faziam-se debates sobre problemas nacionais e internacionais. A Rádio prestou uma grande ajuda na formação política dos combatentes. O preparo ideológico era encarado como fundamental para os guerrilheiros. Na seleção do pessoal, considerava-se em primeiro lugar o aspecto ideológico. Cerca de 90% dos que foram para o ARAGUAIA comportaram-se dignamente e honraram a tarefa que receberam. Embora em sua imensa maioria não tivessem conhecimentos militares, quando lá chegaram, esforçaram-se para adquiri-los. Todos aprenderam a atirar, alguns chegaram a ser bons atiradores, aprenderam a caminhar bem na mata, a orientar-se, sobreviver etc. O Curso Militar que foi ali elaborado e ministrado contribuiu muito para o aperfeiçoamento do pessoal. E depois a luta ensinou mais ainda. Sem esse mínimo de preparação militar e de conhecimento do terreno, seria muito difícil enfrentar o inimigo.

6. A RESERVA DE PROVISÕES

Havia uma certa preparação logística. Ainda que na região houvesse recursos alimentícios, organizaram-se, antes da luta, vários depósitos com medicamentos, alimentos, roupas, pólvora etc. Isto serviu de apoio aos guerrilheiros quando foram atacados pelos militares. A guerrilha recuou para áreas de refúgio e durante algumas semanas evitou ter que se aproximar da casa dos posseiros à procura de comida, o que seria perigoso, porque o inimigo vigiava esses locais. No desenvolvimento da luta, foram criados novos depósitos de alimentos que desempenharam importante papel. Se faltasse esse mínimo de provisão a sobrevivência da guerrilha tornar-se-ia difícil. Há momento em que a pressão do inimigo é grande, obrigando a guerrilha a sumir durante meses para escapar aos golpes do adversário. Por isso são necessários a criação de depósitos clandestinos e pontos de apoio clandestinos que ajudem no abastecimento. A luta armada no BRASIL não conta com países vizinhos amigos. Daí a necessidade de cuidar atentamente de uma rede interna de abastecimentos.

7. INIMIGO CARENTE DE EXPERIÊNCIA

Por último, a guerrilha enfrentou nas duas primeiras campanhas um adversário mal preparado e com pouca experiência para a luta na selva. A maioria dos soldados eram recrutas, tinham moral baixo. O Exército não dispunha de bons guias. Por isso, a sua movimentação limitava-se mais a andar nas estradas, caminhos, roças, abrindo picadas ou beirando as grotas. As informações que eles tinham sobre as nossas forças, nossa movimentação, nossas áreas de atuação e refúgios eram precárias. Tendo se retirado da área e permanecido unicamen [LACUNA NA REPRODUÇÃO DO ORIGINAL] periferia, permitindo certa liberdade de ação dos guerrilheiros. Sem a pressão imediata do inimigo, a massa sentia-se mais confiante. A guerrilha aparecia, no local, como autoridade. Assim pôde ligar-se mais às massas e expandir sua influência.

Em linhas gerais, foram estes os fatores principais que atuaram positivamente e permitiram os êxitos alcançados pela guerrilha até o início da 3ª campanha.

ERROS E DEFICIÊNCIAS

Apesar de a guerrilha ter conseguido, particularmente, entre a primeira e a terceira campanha, importantes êxitos, registraram-se também falhas, deficiências e erros que devemos analisar, os quais nos conduziam a sofrer uma derrota temporária no curso da terceira campanha.

O principal erro foi não ter expandido a base guerrilheira e sim tê-la restringido. Ter concentrado demais nossas forças ao invés de dispersá-las. Desde o início da luta era grande o número de combatente[s] em relação ao terreno e à massa. Havia cerca de 70 elementos numa extensão de 130 quilômetros por 50 de fundo. No decorrer da luta, a área foi ainda mais reduzida, em consequência das baixas sofridas pelo Destacamento "C". Este, a partir de março de 1973, aproximou-se mais da área do Destacamento B, restringindo-se assim a sua área de atuação. A partir de agosto, passou a atuar junto com o B. O Destacamento A também ficou muito tempo preso à área de FORTALEZA, quando podia ter ampliado mais seu campo de incursões. Ficou-se demasiado amarrado ao território já trabalhado politicamente. Neste já não seria necessário ficar tanta gente, uma vez que as massas nos apoiavam abertamente. Tratava-se de deixar alguns elementos para consolidar o trabalho de massas e organizar mais o povo. Outros elementos podiam deslocar-se para outras áreas tendo em vista a abertura de novas frentes guerrilheiras. Esta hipótese já vinha sendo discutida mas não foi levada à prática. Achava-se que era necessário consolidar mais o trabalho de massa, pois muitos moradores ainda não tinham sido atingidos com a nossa propaganda. Havia também a perspectiva de que o Exército podia voltar a qualquer momento e era necessário ter o pessoal à mão. Além disto, havia as promessas da entrada de cerca de 40 elementos depois da volta do Exército. O deslocamento para outras áreas seria inteiramente correto, porque estenderia ainda mais nossa influência política, nosso campo de manobra tornar-se-ia maior, obrigando o inimigo a dispersar mais suas forças.

Este erro se agravou com a decisão da CM, em novembro de 1973, de fundir os 3 destacamentos. A ideia da fusão partiu do fato de que, reunidos, os 3 teriam mais poder de fogo, melhores condições para realizar ações armadas e um comando mais atuante e eficiente. Além disso, as forças dos Destacamentos B e C tinham-se reduzido e com as baixas sofridas o C contava somente com 14 elementos e o B com 12 elementos. A decisão de fundir os 3 não chegou a se concretizar. Apesar disto, a CM ficou "amarrada" a essa resolução. Quando o inimigo, na 3ª campanha, acossou fortemente os guerrilheiros, a CM manteve unidos os destacamentos B e C e rumou para a área de A com vista a unir toda a força. Com isto, reduziu-se enormemente a área de manobra, facilitando a perseguição do inimigo. Cometeu-se um erro tático ao manter as forças concentradas numa pequena área ao invés de dispersá-las numa grande área. Em consequência, no dia 25 de dezembro sofremos um sério golpe. O inimigo atacou com grande superioridade de força o agrupamento guerrilheiro de 15 elementos, onde se encontrava a CM. Não sabemos o que ocorreu com onze dos companheiros que aí estavam, inclusive três elementos da CM. Depois dessa ação, o Exército concentrou mais força na área do A, criando problemas sérios para o Destacamento que há mais de dois meses não mantinha contato com o inimigo.

É admissível a concentração de vários destacamentos para ações de maior vulto, mas esta concentração deve ser esporádica e não permanente. Naquela situação concreta, essa decisão foi incorreta. Em face da ofensiva inimiga, o certo seria a dispersão. Um grupo grande torna-se mais vulnerável, mais lento, deixa mais rastros, tem maiores dificuldades para se abastecer. Dispondo de tropas móveis e bem armados, o inimigo tem maior facilidade para obter contato com os destacamentos, particularmente seguindo os rastros, o que ocorreu várias vezes.

A experiência mostrou que, se tivéssemos ampliado mais a nossa área de atuação e dispersado nossas forças, teríamos evitado ou pelo menos diminuído os golpes sofridos.

Outro erro pode ser considerado o de não termos nos prevenido com refúgios distantes para a hipótese de ter que sair da área no caso de forte pressão inimiga. Embora tivéssemos vários refúgios dentro da área guerrilheira, não cuidamos de prepará-los em lugares bem afastados da zona onde atuávamos e que poderiam ser usados nos casos de extrema necessidade. A criação desses refúgios distantes foi discutida, mas não chegou a ser concretizada porque se acreditava que os refúgios existentes seriam suficientes. Acontece que o Exército na 3ª campanha vasculhou toda a área, inclusive as de refúgio, espalhou patrulhas em todas as direções procurando estabelecer contato com a guerrilha. Nestas condições tornou-se difícil a situação dos combatentes que ficaram sem locais seguros onde se refugiar.

Outras falhas se verificaram. Entre estas a de não termos liquidado alguns bate-paus conhecidos e expulsado da área elementos suspeitos que para lá foram enviados pelo inimigo. Embora tivéssemos liquidado três bate-paus, outros bem conhecidos não o foram, apesar de praticamente terem estado em nossas mãos. Esses bate-paus, que conheciam muito bem a região, acabaram criando sérios problemas para nós. Eles eram guias e colaboradores efetivos do Exército. Quanto aos elementos suspeitos, eles estavam localizados dentro da área e serviriam de ponto de apoio ao inimigo. Nossa política com eles foi tolerante. Devíamos tê-los expulsados [sic]. Chegou-se a tomar uma decisão a esse respeito, mas muito tardiamente.

Consideramos também que nem sempre fizemos um justo aproveitamento dos elementos de massa na guerrilha. Houve de nossa parte precipitação em trazer para o grupo armado certos elementos que poderiam prestar maior serviço fora dos destacamentos. Podiam ter ficado aparentemente neutros a fim de ajudar diversos tipos de trabalho; prestariam maior colaboração na infraestrutura, por exemplo. A luta mostrou que com uma política correta ganha-se muitos combatentes locais. É necessário tratá-los sem discriminações, levar em conta seu nível de consciência, ajudá-los a se tornar bons combatentes em todos os sentidos. Isto aconteceu com vários elementos. Aprenderam a ler, e avançaram politicamente e ajudaram bastante com sua experiência de mata e de roça. Outros, porém, não aprovaram plenamente. É o caso de três jovens recrutados. Eles vieram no período da trégua e na base do entusiasmo. Mas diante das dificuldades, surgidas na 3ª campanha, desistiram de continuar. No Destacamento B, a deserção de um desses jovens criou sérios problemas pois conhecia a área, alguns amigos e os depósitos. Foi erro deixá-lo conhecer depósitos. Além disto, a deserção pode repercutir mal no meio da população e ser aproveitada pelo inimigo. Há necessidade de trazer os jovens, mas convém, primeiro, conhecê-los melhor e fazê-los passar por certo estágio de preparação. Na fase mais avançada, será mais fácil a entrada sem preparação desses jovens. Mas na fase inicial é preciso fazer melhor seleção.

A resistência armada revelou, igualmente, deficiências. Umas existiam já antes da luta; outras manifestaram-se no curso da resistência. Vejamos algumas:

1) VIGILÂNCIA E ESPÍRITO MILITAR

A maioria dos companheiros tombados na luta morre[u] por falta de vigilância. Na mata, o campo de visão é pequeno, a surpresa está presente a cada momento. Na sua maior parte os choques se dão de modo repentino. Por isso, impõe-se uma aguda vigilância. Qualquer descuido, cochilo ou ruído pode significar a morte de combatentes. Quando se iniciou a 3ª campanha, perdemos 5 bons companheiros no destacamento A, por falta de vigilância, já durante a 1ª e a 2ª campanhas tínhamos perdido vários elementos no Destacamento C pelo mesmo motivo. Nem todos os combatentes tinham a vigilância aguçada. Esta exige que o guerrilheiro esteja sempre atento e nunca esqueça que está em guerra e que quem é surpreendido leva desvantagens. Tivemos exemplos positivos, como o[s] de OSVALDO e de MUNDICO, que, por estarem vigilantes e atentos, liquidaram o inimigo de surpresa.

Isto se forja principalmente na luta, ainda que o treinamento ajude a adquiri-lo. Os longos períodos de trégua em certo sentido descondiciona[m] o combatente se não houver constante exercício. Compreendemos que ter espírito militar é estar sempre pronto para o combate, com a arma na mão ou próxima, em condições de usar; e estar todo [o] tempo de olhos abertos e ouvidos atentos; falar baixo e quando houver necessidade não fazer ruído no acampamento ou quando em marcha não deixar rastro. É obedecer imediatamente ordens do comando, ter reflexos rápidos, atirar com rapidez, andar ligeiro quando a situação exigir, e ter coragem ao enfrentar o inimigo etc. Nossos companheiros vinham adquirindo todas estas qualidades guerrilheiras, porém ainda faltava muito para se tornarem mais qualificados.

2) CARÊNCIA DE REDE DE INFORMAÇÕES

É sabido que o êxito das ações guerrilheiras depende de informações precisas e oportunas. A sobrevivência da guerrilha subordina-se em parte a um bom serviço de informações capaz de fornecer dados sobre o movimento e se possível dos planos do inimigo. Nossas informações eram fornecidas pela massa, de maneira esporádica. Não tínhamos uma rede de informações organizada. Na periferia somente pouco antes da 3ª campanha é que obtivemos algumas informações sobre o inimigo. A CM talvez tivesse adotado outra tática se tivesse notícias mais precisas sobre a movimentação e o número de soldados inimigos. Pensava-se que o número de soldados era pequeno. Atuar sem informações ou com informações tardias é o mesmo que agir no escuro, sem segurança. A experiência indicou que o serviço de informações organizado é essencial para a guerrilha. Dela muito depende a sobrevivência e seus êxitos nas ações militares.

3) REDE DE COMUNICAÇÕES

Em abril de 72, quando fomos atacados, estávamos dando os primeiros passos para a organização de uma rede de comunicações. O que existia era muito precário. Por isso, a resistência ficou sem contato com o CC durante a maior parte do tempo, e hoje sofremos as consequências disto. Esta falta de maior contato impediu que a guerrilha recebesse mais ajuda política e material. Havia pouco dinheiro em mãos dos combatentes. A massa ajudava com alimentos, roupas, redes etc., mas ela é muito pobre. Na terceira campanha, havia carência de bússolas, roupas, sapatos, plásticos e alguns remédios. Esse desligamento também não permitiu que novos combatentes chegassem das cidades, os quais poderiam contribuir para ampliar mais a área da luta e preencher os lugares vazios deixados pelos que morreram. Tivemos um ano de trégua no qual poderíamos ter completado o que não foi feito na fase preparatória. Infelizmente os golpes sofridos pelo Partido nas cidades também contribuiu para isso. O contato com a direção possibilitaria a esta receber maiores informações sobre a luta, permitiria maior e melhor propaganda. De outra parte, convém destacar que nossas comunicações internas na área eram feitas por mensageiros a pé, a cada 20 ou 25 dias havia contato entre os destacamentos e a CM. Os mensageiros levavam, ida e volta, de 4 a 8 dias. Nesses contatos havia o risco de haver choques com soldados. A demora nas comunicações dificultava o recebimento de informes valiosos e a coordenação de nossas forças. O inimigo, porém, dispunha de comunicações rápidas e eficientes, usando rádios e outros recursos. A experiência mostrou que necessitamos de meios de comunicação rápidos, eficientes e seguros, tanto internos como com o exterior. É necessário cuidar atentamente desse problema pois a tática do inimigo visa em primeiro lugar a isolar a guerrilha da massa e dos centros de sustentação. Sabe que impedindo essas comunicações a tarefa de liquidar a guerrilha torna-se mais fácil.

4) ARMAS E EXPLOSIVOS DEFICIENTES

Nossas armas de um modo geral não eram boas e seu poder de fogo, bem pequeno. Enquanto dávamos um tiro, o inimigo podia dar 20 no mesmo tempo. O combatente com uma arma boa tem mais confiança em si. Uma boa metralhadora pode paralisar um grupo inimigo, porém, uma espingarda não. Várias vezes não se liquidou [sic] soldados por defeito da arma. O inimigo sabia que nossas armas eram precárias. Se recebessem algumas rajadas de metralhadoras, viriam com mais cuidado, tínhamos alguns fuzis e no assalto ao Posto Policial conseguimos mais seis. Eram antigos e a maior parte se perdeu na luta. A arma não é o fator decisivo, mas joga um papel importantíssimo. Vale muito mais um guerrilheiro preparado ideologicamente e armado de fuzil FAL do que com uma espingarda de cartucho. A orientação atual do Exército é atacar em resposta ao tiro que recebe e não se imobilizar, isto porque possuem armas automáticas. A falta de explosivos, pólvora, dinamite etc. impediu que fabricássemos minas. O uso de minas criaria sérias dificuldades ao inimigo. Tínhamos pouca pólvora, em geral reservada para cartuchos de espingarda. Poucas foram as armas que conseguimos no curso da luta. Não pegamos uma só metralhadora.

5) O PARTIDO NA PERIFERIA

Não havia Partido no[s] estado[s] de GOIÁS, PARÁ e no MARANHÃO, existia somente um pequeno núcleo. Durante a preparação não foram criadas organizações partidárias nas cidades periféricas da zona guerrilheira. Do ponto de vista orgânico, a guerrilha ficou isolada do conjunto do Partido. A ausência de organizações do Partido nas proximidades da área refletiu negativamente na ampliação da luta, no terreno de massas e em todos os sentidos. A existência do Partido poderia ajudar nas informações, comunicações, esclarecimento do povo, elevação de sua consciência, política, recrutamento para a guerrilha e na abertura de outras frentes. Com um trabalho do Partido entre o povo, a ajuda deste seria maior e também a repercussão da luta na periferia. A experiência mostra que é necessário a organização do Partido nessas áreas nevrálgicas, sem a existência delas o inimigo tem mais facilidade de isolar a guerrilha, territorialmente.

Essas, em linhas gerais, foram nossas deficiências principais e que influenciaram negativamente no desenvolvimento da luta armada no sul do PARÁ.

432

Camaradas. Por que se cometeram esses erros? Quais as suas causas? A derrota era inevitável?

Pensamos que não era inevitável. Os golpes poderiam ter sido evitados se a CM não cometesse algumas faltas sérias. Os erros se devem a algumas concepções falsas em nosso meio e a nossa falta de experiência militar. Houve grande subestimação do inimigo. Esta subestimação aumentou com o fracasso das duas primeiras campanhas do Exército nas quais os soldados somente andavam nas estradas, caminhos, roças ou beirando grotas, campanhas de curta duração, no período da seca. Tínhamos a compreensão de que o Exército não entraria a fundo na mata e que nesta estaríamos seguros, que não entrariam na época da chuva, que não poderiam fazer longas campanhas por dificuldades logística[s], que seria muito difícil realizar o cerco, pois nosso campo de manobra era favorável. Estes pontos de vistas [sic] que avaliavam de maneira incorreta as possibilidades do inimigo influíram na tomada de algumas medidas que a vida mostrou serem indispensáveis, conduziram ao relaxamento da vigilância e a cometer algumas facilidades. A tática empregada pelo inimigo na 3ª campanha nos surpreendeu. Além disto, a campanha estendeu-se por todo o período das chuvas.

Houve de parte da CM certa tendência à centralização, o que tolhia um pouco a iniciativa dos destacamentos. Os contatos de 20 e 25 dias amarravam demais os destacamentos à CM. A centralização é necessária, mas deve ser flexível. A nossa falta de experiência militar também nos levou a cometer erros. A resistência do ARAGUAIA foi a nossa primeira experiência prática, o nosso primeiro ensaio, e nesse sentido muitos erros são inevitáveis.

SOBRE A TÁTICA DO INIMIGO

[LACUNA NA REPRODUÇÃO DO ORIGINAL] tática usada pelo inimigo.

O Exército iniciou a primeira campanha atacando os pontos de apoio com pequenos efetivos. Tinha, porém, mobilizado na zona efetivos de cerca de 5 mil homens. Queimava as moradias, os paióis de arroz e milho, cortava árvores frutíferas etc. Propagou na região que os guerrilheiros eram terroristas, assaltantes de bancos, maconheiros, cubanos, russos etc. Montaram bases em fazendas, sedes de castanhais e nas cidades e povoados da periferia. Prenderam algumas dezenas de moradores como suspeitos de ligação com os guerrilheiros. Soltou-os depois de alguns dias. Essa campanha durou cerca de 3 meses. Ao lado das medidas militares, proibiu a difusão de qualquer notícia sobre a luta (na imprensa, rádio, televisão).

Em setembro de 72, começou a 2ª campanha. Os efetivos empregados aumentaram para cerca de 10 mil. Em sua maioria eram recrutas de vários estados. A tropa especializada em luta na selva não era predominante. A campanha durou cerca de 3 meses. O Exército retirou-se da mata, deixando na periferia soldados do Exército, da PM, em operações tipo polícia.

Levaram quase um ano preparando a nova ofensiva, a 3ª campanha. Nesse período, a ditadura lançou-se contra o Partido nas cidades, visando com isso interditar o apoio externo à guerrilha. O CC foi seriamente golpeado com a morte de 4 companheiros. Os Comitês do Partido no CEARÁ, ESPÍRITO SANTO, GUANABARA, SÃO PAULO e BAHIA foram gravemente atingidos. Na região, o Exército intensificou o trabalho com o INCRA, procurando legalizar alguns títulos de posse e realizou Operações ACISO com o atendimento médico, dentário, distribuição de remédios gratuitos etc., com o objetivo de ganhar apoio de massa. Prepararam tropas de combate nas selvas. Recrutaram e treinaram bons guias. Montaram infraestrutura na periferia e iniciaram esse trabalho dentro da área. Construíram quartéis para alojar Batalhões de Infantaria da Selva nas cidades de MARABÁ, IMPERATRIZ, ITAITUBA, ALTAMIRA e HUMAITÁ. Dentro da área de guerrilha, alargaram e construíram novas estradas. Infiltraram várias pessoas na região com a cobertura de "fazendeiros", objetivando colher informações sobre a massa e as forças guerrilheiras.

Dia 7 de outubro de 73, iniciaram a 3ª campanha. Penetraram na área por S. GERALDO, SÃO DOMINGOS e TRANSAMAZÔNICA, com pouca tropa. Mantiveram na periferia alguns milhares. A seguir foi crescendo o número de soldado[s] deslocado[s] para a mata. Uma das primeiras medidas que tomaram foi a prisão de centenas de moradores e, em especial, os melhores amigos dos guerrilheiros. As prisões também se estenderam nas cidades periféricas. Desta vez os presos não foram soltos. Muitos permaneceram vários meses. O Exército criou um clima de terror na região com o objetivo de amedrontar a massa, afastá-la da guerrilha, impedindo seu apoio e seu ingresso nas Forças Guerrilheiras. Obrigaram alguns moradores a servir de guia sob ameaça física.

Queimaram todas as casas e paióis onde não encontraram moradores. Através do terror procuraram manter o controle sobre a população. Outra medida foi a instalação de bases de operações dentro e fora da área. Utilizaram as antigas e criaram novas. Fala-se em 5 mil o número de soldados mobilizados. Nas bases dispunham de helicópteros e em algumas desciam aviões. O Exército espalhou dezenas de patrulhas de combate nas selvas em todas as direções com objetivo de buscar contato com a guerrilha e conseguir informações. Armaram emboscadas nas roças, capoeiras, estradas. Evitavam andar pelas estradas. Entraram nas matas com bons rastreadores, em grupos de 10, sendo que havia também alguns bem maiores. Estavam bem armados com metralhadoras e fuzis FAL. Usavam roupa civil na mata, tênis e mochilas. Levavam ração para passar vários dias na mata, sem depender da base de operações. Empregaram em grande escala o helicóptero e o avião. Geralmente, os dois tipos de aparelhos operavam juntos e coordenados com as forças terrestres. Esses aparelhos eram usados para o transporte, deslocamento de tropas, comunicação com patrulhas na mata, inquietação etc. De modo geral, no local em que os helicópteros voavam havia tropas em baixo, ou esquadrinhando a área. Houve casos também em que onde não havia helicópteros voando existia tropa se movimentando. O helicóptero, em certo sentido, inquietava a tropa guerrilheira pois esta nunca sabia ao certo se tinha ou não tropa onde ela voava ou se era uma operação de despistamento.

Pelos dados que conhecemos, podemos resumir, no seguinte, a orientação empregada pelo Exército: a) isolamento da área onde surgiu a luta guerrilheira, realizando para isso operações tipo polícia, controlando a população, fazendo censura rigorosa, na imprensa e outros meios de comunicação; b) apresentar os guerrilheiros como terroristas, assaltantes de bancos, maconheiros etc.; c) combater a guerrilha em todos os campos: político, econômico, militar e psicológico; d) procurar separar a guerrilha da população civil, tomando medidas severas como prisões de moradores, violências e assassinatos e também medidas demagógicas de atendimentos de reivindicações do povo; e) lançar sobre as guerrilhas grupos pequenos espalhados pela mata, usando os mesmos métodos de atuação dos guerrilheiros, com boas armas, bons mateiros, procurando estabelecer contatos com a guerrilha através dos rastros ou preparando emboscadas; f) uso intensivo do helicóptero e do avião; g) organização de um sistema da informação dentro da zo- [LACUNA NA REPRODUÇÃO DO ORIGINAL] paração física dos elementos da guerrilha entre si, da sua base de apoio na população local e do Partido; h) pressão contínua sobre a guerrilha durante vários meses, não considerar a campanha terminada enquanto não liquidar totalmente o movimento.

NOSSAS TAREFAS ATUAIS

No ARAGUAIA, nosso Partido procurou aplicar a orientaçãc traçada no seu Documento sobre o CAMINHO DA LUTA ARMADA NO BRASIL. Cometeram-se erros e acertos. A guerrilha sofreu uma derrota temporária, o que não invalida o caminho traçado pelo nosso Partido para a conquista do Poder. A derrota se deve a erros na condução da luta e às deficiências que já foram assinaladas. Nas condições atuais do BRASIL, a conquista do Poder pelas forças revolucionárias se fará através da luta armada no campo, ou seja, o caminho do cerco das cidades pelo campo. As particularidades da situação brasileira que indicavam esse caminho não mudaram, mas, ao contrário, se aprofundaram. A ditadura se tornou mais feroz, a dependência ao imperialismo cresceu. **O interior continua a ser o ponto mais débil da reação.** Aí as forças revolucionárias têm mais campo de manobra, melhores condições para sobreviver, se desenvolver e criar seu Exército revolucionário. Devido ao desenvolvimento desigual do nosso país, tanto no plano político como econômico, a revolução também se desenvolverá de maneira desigual, não amadureceram simultaneamente as condições para a revolução em todo o conjunto do país. No campo, crescem os choques entre os camponeses que querem terra para trabalhar, de um lado, e do outro os grileiros e latifundiários, e as empresas agropastoris. A situação no campo é grave do ponto de vista econômico e social. É necessário aproveitar essas condições favoráveis à revolução para se ligar mais aos camponeses e criar base política no campo. A luta armada nessa região fará com que amadureçam mais rapidamente as condições para a revolução no resto do país. A luta não será fácil, terá vitórias e derrotas e será prolongada. A par da luta armada no campo, é preciso desenvolver a luta de massas nas cidades e também no campo; concentrar esforços na classe operária, mobilizar os estudantes, pôr em movimento os camponeses e assalariados agrícolas. O renascimento e o fortalecimento do Partido [são condições] necessária[s] para conseguir êxito na luta, tanto na cidade como no campo. Mas a revolução não é obra somente do Partido — a revolução é obra das massas; se as massas não estiverem convencidas da necessidade da revolução, se elas não se preparam, não se mobilizam e não se organizam, nenhuma revolução pode triunfar. É necessário dar atenção especial ao trabalho no campo, procurar estabelecer contato com as bases camponesas, para recrutar camponeses para o Partido.

Camaradas. Como prosseguir no caminho da preparação e desencadeamento da luta armada? A experiência do ARAGUAIA tem ou não validade? Em suas linhas gerais tem validade. É preciso aproveitar a experiência positiva, do ARAGUAIA, corrigir os erros e as deficiências. Nas condições atuais do BRASIL, com o inimigo atento, esse é o caminho mais indicado. Isto não significa ser o único caminho viável. É possível que no esforço para levar à prática a orientação da guerra popular apareçam novas experiências.

Sugerimos ao CC que se deve pôr em prática medidas tais como:

1) Escolher áreas boas do ponto de vista político, massas e mata que ofereçam cobertura e abrigo aos combatentes, que tenha[m] recursos naturais e seja[m] autossuficiente[s] em alimentos. Estas áreas devem estar localizadas de maneira que o inimigo não consiga isolá-las e que tenham possibilidades de exercer influência sobre áreas vizinhas. De preferência, áreas onde **haja disputas de terras ou atritos locais.**

2) A preparação na sua primeira fase deve ser feita de maneira clandestina. Os companheiros que realizam esse trabalho especial devem ter ótima cobertura e **não devem fazer trabalho político aberto.** Nesta fase a integração com as massas da região se deve fazer através do trabalho de amizade, respeito aos camponeses, aos seus costumes, religião etc., assim como trabalho produtivo em comum. Deve-se aplicar o princípio de SERVIR O POVO, em tudo. A tarefa deve ser realizada com prudência e sem chamar a atenção do inimigo. Faz-se necessário conhecer bem a população, suas reivindicações, o terreno onde operarão no futuro etc. Na fase seguinte, as tarefas serão realizadas de acordo com a situação concreta. Desde que estejam asseguradas as condições para a sobrevivência e a resistência no caso de ataque do inimigo, é possível se fazer um trabalho mais aberto. É preferível que a luta se inicie com a participação da massa, ou seja, em torno de problemas que ela sente.

3) A disposição dos companheiros no terreno deve ser mais dispersa do que foi no ARAGUAIA. Os grupos podem ser menores e espalhados numa área maior. Já no deslocamento dos companheiros, ir definindo com clareza as tarefas de cada um, isto é, quem vai para os grupos armados e os que ficarão na infraestrutura.

Estas diferentes tarefas devem ser realizadas simultaneamente.

4) Dar atenção à criação de organizações do Partido no campo, principalmente nas áreas nevrálgicas. **O Partido deve ser organizado em rigorosa clandestinidade**, de maneira que possa atuar em qualquer circunstância. **Nestas áreas não se deve fazer propaganda escrita de materiais do Partido**. A atuação deve ter o Máximo de cobertura. Isto exige métodos corretos de atuação. O trabalho do Partido deve ser compartimentado do trabalho especial.

5) É preciso dar atenção à mobilização de companheiros que poderão ser utilizados para o trabalho especial e de campo. Na seleção, o critério deve ser fundamentalmente político, ideológico e físico (os combatentes). É preciso dar atenção ao trabalho de ganhar médicos, enfermeiros, técnicos de rádio, explosivos etc.

6) Desenvolver o estudo da arte militar, esforçar-se por formar quadros militares que dominem a técnica da guerra popular.

Quanto ao ARAGUAIA, devemos continuar nos esforçando para manter acesa a chama, buscando restabelecer o contato e criando condições para o seu desenvolvimento. Continuar a fazer a propaganda política da luta, sem no entanto exagerá-la.

7

PCB: O Manifesto de Agosto de 1950

Manifesto de agosto de 1950

Ao povo brasileiro!

A todos os patriotas e democratas!

Concidadãos! Trabalhadores!

É em nome dos comunistas brasileiros que me dirijo a todos vós na certeza de que minhas palavras hão de ser compreendidas pelo que valem, como mais um brado de alerta, mas um apelo à união e à ação, já que traduzem os sentimentos mais profundos daqueles que não se conformam com a crescente colonização de nossa pátria, daqueles que não se submetem aos traidores e assassinos que nos governam, daqueles que sempre lutaram e jamais deixarão de lutar pela liberdade e o progresso e a independência do Brasil.

Atravessamos um dos momentos mais graves da vida de nosso povo. Já não se trata somente da miséria crescente e da fome crônica em que se debate a maioria esmagadora da nação, já não se trata apenas da brutalidade da exploração a que se acham submetidos os que trabalham e produzem em nossa terra, é o sangue do povo, sem distinções de sexo ou de idade, de homens, mulheres e crianças, que corre nas ruas de nossas cidades e nos cárceres da reação, e denuncia as intenções sinistras do bando de assassinos, negocistas e traidores que hoje governa o país.

É a guerra que nos bate às portas e ameaça a vida de nossos filhos e o futuro da nação.

Sentimos em nossa própria carne, através do terror fascista, como avançam os imperialistas norte-americanos no caminho do crime, dos preparativos febris para a guerra, como passam eles à agressão aberta e à intervenção armada contra os povos que lutam pelo progresso e a independência nacional!

Na Coreia, os aviões norte-americanos já trucidam a mulheres e crianças e bombardeiam povoações pacíficas. É que, premidos pela crise econômica em que se debatem, querem precipitar o desencadeamento da guerra mundial, já proclamam cinicamente suas bárbaras intenções e ameaçam matar com suas bombas atômicas mulheres e crianças, jovens e velhos, indistintamente, para impor ao mundo sua dominação escravizadora.

E é por meio do terror fascista, procurando criar um clima de guerra civil, que o governo de traição nacional de Dutra quer levar o país à guerra e fazer de nossa juventude carne de canhão para as aventuras bestiais de Truman.

Os acontecimentos se precipitam e é evidente que se aproximam dias decisivos que exigem de todos nós mais ação e vigilância. A indiferença e o silêncio, o conformismo e a passividade já constituem, no momento que atravessamos, um crime de lesa-pátria, diante das ameaças que pesam sobre os destinos da nação.

Brasileiros!

Estamos em face de um governo de traição nacional que entrega a nação à exploração total dos grandes bancos, trustes e monopólios anglo-americanos, governo que constitui a maior humilhação até hoje imposta à nação, cujas tradições de altivez, de independência, de convivência pacífica com todos os povos são brutalmente negadas e substituídas pelo servilismo com que esse governo se submete à política totalitária e guerreira do Departamento de Estado norte-americano.

A dominação imperialista assume, dia a dia, em nossa terra, aspectos mais violentos e sombrios. Marchamos no caminho da escravidão colonial e da perda total de nossa soberania nacional.

As posições-chaves da economia do país são dominadas pelos monopólios anglo-americanos, o comércio de nossos principais produtos de exportação está sob o controle de firmas norte-americanas, a indústria nacional, quando já não pertence aos monopólios ianques, está sob a constante ameaça de total aniquilamento e no próprio comércio interno avança o controle dos grandes consórcios e monopólios americanos. O petróleo continua sob a ameaça avassaladora da Standard Oil que faz às escâncaras a mais despudorada campanha de suborno e corrupção. O ferro, o manganês, as areias monazíticas, os minérios radioativos já se encontram em poder dos monopólios ianques que saqueiam a nação. Simultaneamente, crescem de ano para ano os lucros das grandes empresas estrangeiras que, como a Light, por exemplo, se apoderam de uma boa parte do valor ouro de nossas exportações para remeter para o estrangeiro o fruto do trabalho e da vida de nosso povo, brutalmente explorado. Sob os mais variados pretextos, grandes extensões do território nacional passam à propriedade dos magnatas ianques, como Rockefeller, ou são entregues pelo governo aos "especialistas" do imperialismo com direito de extraterritorialidade, como acontece no caso da Hileia Amazônica. Mas é especialmente no setor das forças armadas que agem com maior desenvoltura e cinismo, por meio das missões militares que subordinam ao comando americano todas as forças armadas do país, controlam e ocupam as bases militares aéreas e navais, tudo no sentido da preparação aberta para a guerra. A estação radiotelegráfica do Pina, em Recife, já se encontra completamente sob ocupação dos mercenários de Truman. E a recente vaga de terror policial desencadeada naquela capital do Nordeste sob a direção imediata dos generais fascistas que exigiram inclusive a cassação dos mandatos dos vereadores comunistas, componentes da bancada majoritária eleita pelos trabalhadores do Recife, precede e anuncia a chegada de novos contingentes de soldados ianques para ocupação da base de Ibura na mesma capital.

É a preparação para a guerra que se intensifica no país. À medida que crescem no mundo inteiro as forças da democracia e do socialismo, que a União Soviética, cada vez mais poderosa, amplia seu prestígio mundial, que os povos da Ásia com o grande povo chinês à frente libertam-se do jugo imperialista, que os partidários da paz organizam-se em todo o mundo e unem suas forças, que cresce o movimento operário e a influência do Partido Comunista, as forças do imperialismo, do mundo capitalista minado por contradições cada vez maiores desesperam, tornam-se mais agressivas, preparam-se abertamente para a guerra, cujo desfecho querem precipitar, e exercem pressão, cada dia maior, sobre os governos dos países dominados, dos quais exigem submissão e obediência crescentes. O atual ataque norte-americano à Coreia é a comprovação prática mais recente e brutal dessa política de agressão aberta de aventura e desespero, por meio da qual pretendem os trustes e monopólios anglo-americanos arrastar os povos a mais uma carnificina guerreira de proporções jamais vistas.

A ameaça de guerra pesa sobre o país. É cada dia maior e mais iminente o perigo que ameaça a vida de nossa juventude e a segurança de toda a população do país. Os provocadores de guerra exigem o nosso sangue para suas aventuras guerreiras. Querem dois milhões de brasileiros para serem incorporados as suas forças armadas e milhares de operários para que participem no trabalho escravo de suas usinas de guerra distribuídas pelo mundo inteiro. E, diante de tais exigências, o governo Dutra, que não sabe senão ceder diante do patrão imperialista, trai como sempre os interesses da nação. É o caminho já praticamente trilhado com a recente nota do Itamaraty de adesão e apoio à decisão ilegal do Conselho de Segurança da ONU sobre a Coreia e com a qual o governo do sr. Dutra pensa poder empurrar o país pouco a pouco, sem que as grandes massas o percebam, para a fogueira da guerra que o governo norte-americano se esforça por acender no mundo inteiro.

E é a iminência desse perigo de guerra e a intensificação da preparação para a guerra que explica[m] fundamentalmente o clima de terror crescente em que já nos encontramos.

Os dominadores não vacilam no emprego da violência e do crime contra o povo. As últimas aparências de uma democracia de fachada são rapidamente postas de lado e todas as conquistas populares, os mais elementares direitos do cidadão e do trabalhador, tudo é violentamente eliminado pelos governantes que avançam como feras brutas no caminho do fascismo, da ditadura aberta, da completa entrega do país aos monopólios americanos, da submissão total à política totalitária e guerreira do Departamento de Estado norte-americano.

Avança no país a reação fascista que se torna cada dia mais brutal e sanguinária. Cresce o número de perseguidos políticos e nos cárceres da reação são barbaramente espancados, torturados, ensandecidos e assassinados os melhores filhos do povo, todos aqueles que não se conformam com a colonização do

Brasil, que aspiram por uma pátria livre e que lutam pela paz contra o crime de mais uma guerra imperialista.

O caminho do crime, iniciado com a chacina do Largo do Carioca em 1946, ganha o país inteiro e passa à prática generalizada de todos os governantes por mais diversos que sejam os títulos ou legendas dos partidos políticos que os elegeram. A polícia udenista do Ceará, de mãos dadas com os bandidos integralistas, fuzila em plena rua Jaime Calado, o bravo antifascista e jornalista do povo, como os facínoras de Adroaldo Lima Câmara matam Zélia Magalhães em plena Capital da República. O assassino Ademar de Barros, o novo aliado do tirano Vargas e patrono de sua candidatura, esmera-se no assalto de Tupã, onde caem vítimas do ódio das classes dominantes aos camponeses que lutam pela paz e pela terra os três heróis de nosso povo — Pedro Godoi, Afonso Marma e Miguel Rossi. Já a 1º de maio, é na cidade do Rio Grande que o sr. Jobim manda atirar contra o povo, e mais de uma dezena de operários, homens e mulheres, caem mortos ou feridos sob as balas assassinas dos policiais do governo pessedista. É o terror sangrento contra a classe operária.

É esta a política do governo Dutra e de todos os que o apoiam inclusive aqueles que, hoje, em vésperas de eleições fingem uma oposição em palavras para mais uma vez enganar o povo e facilitar assim a marcha para o fascismo e para a guerra e a defesa de seus interesses de exploradores desalmados.

As classes dominantes utilizam-se também da reação policial para enfrentar a situação de miséria crescente em que se debate o nosso povo. Com o terror fascista procuram os dominadores descarregar sobre as grandes massas trabalhadoras todo o peso da crise crônica de nossa agricultura e da crise industrial de superprodução que já se inicia com os estoques que se avolumam e o desemprego que aumenta. A política de inflação crescente, em benefício dos grandes capitalistas e dos negocistas do governo, determina o encarecimento do custo da vida a um ritmo cada vez mais acelerado e a consequente baixa catastrófica do salário real que já é de fome para as mais amplas massas trabalhadoras, desde operários e camponeses até as camadas médias que já se encontram em rápido processo de pauperização. Além disso, a política de preparação para a guerra determina gastos cada vez maiores, que já representam mais de 50 por cento do orçamento federal, cuja bancarrota a ninguém mais é possível ocultar, apesar dos impostos indiretos que crescem no país inteiro.

Marchamos assim para o aniquilamento físico pela fome [e] pela tuberculose que mata[m] em proporções nunca vistas e ameaça[m] a vida de nossos filhos, pelas endemias que devastam as populações subalimentadas do país inteiro. As crianças nascem para morrer antes de completar o primeiro ano de vida, em proporção que atinge, em muitas regiões do país, a 50 por cento e mesmo mais. Nas grandes cidades, a maioria da população é obrigada a viver amontoada, quase ao relento, na promiscuidade imunda das favelas e cortiços, porque as casas são cada vez mais um privilégio dos ricos, como privilégio dos ricos já é igualmente a instrução, mesmo a primária mais elementar. E esta situação de fome e desolação, só comparável à de países devastados pela guerra, ameaça agravar-se ainda mais e assumir proporções de catástrofe com a crise econômica que avança nos Estados Unidos, tão grande é a dependência em que o atual governo já colocou a economia do país como complementar e caudatária da economia norte-americana.

É neste ambiente de miséria e de fome, de terror policial, de preparação aberta para a guerra imperialista, que se inicia no país a campanha política para as eleições gerais de 3 de outubro. Os mesmos políticos que estiveram sempre unidos contra o povo, que sempre apoiaram a política de traição nacional de Dutra, os mesmos politiqueiros do acordo interpartidário e da cassação de mandatos acentuam agora diante das massas populares suas divergências e formam em bandos aparentemente contrários e irreconciliáveis. Muitos deles [se] fingem agora de oposicionistas. Os papéis são assim distribuídos para a nova farsa que visa enganar o povo e arrastá-lo atrás do "salvador", do novo Dutra, para que este possa, mais facilmente que o atual, prosseguir no caminho da venda do país ao imperialismo e da preparação acelerada para a guerra. Mas, diante do povo que luta contra a miséria [e] contra a colonização do país, que manifesta com vigor cada dia maior seu ódio aos atuais dominadores, que quer paz e já se levanta contra os vendilhões da pátria e os provocadores de guerra, diante do povo que luta, os politiqueiros vacilam ainda entre o golpe de Estado, entre a substituição violenta de Dutra por um outro general qualquer e a realização de eleições em regime ditatorial, sem liberdade de imprensa, sem direito de reunião, sem direito de associação política para a classe operária. Incapazes de encontrar qualquer solução para a situação a que já chegou o país, com medo crescente do povo, e divididos na defesa de seus interesses egoístas e vorazes, lutam pelas posições, pela posse do Tesouro e do Banco do Brasil, pelos governos estaduais e municipais, sempre com o mesmo objetivo de consolidar sua dominação de classe e prosseguir na venda do país aos monopólios anglo-americanos.

Sob o jugo imperialista, como nos encontramos, nem eleições nem golpes de Estado "salvadores" poderão modificar a situação. O que pretendem as classes dominantes é substituir Dutra por outro Dutra, seja ele um sr. Cristiano Machado, o politiqueiro do PSD, que espera ser eleito com a força do governo e que proclama por isso, às escâncaras, sem um mínimo de pudor patriótico, sua fidelidade à política de traição nacional do sr. Dutra, ou seja, o sr. Eduardo Gomes, que sempre silenciou diante de todos os crimes da ditadura, o mesmo Brigadeiro que defende a entrega do petróleo à Standard Oil, que se alia cinicamente aos traidores do nazi-integralismo e que, inimigo da paz e do progresso, inimigo do povo que despreza, já defende com servilismo a guerra de Truman na Coreia e a total entrega de nossas forças armadas ao comando norte-americano. Nessa competição resta ainda o candidato do facínora Ademar de Barros e é fácil de imaginar o que significaria a volta ao poder do velho tirano, do latifundiário Getúlio Vargas, pai dos tubarões dos lucros extraordinários, que já demonstrou em quinze anos de governo seu ódio ao povo e sua vocação para o fascismo e para o terror sangrento contra o povo.

É evidente, pois, que qualquer que seja a saída que possam tentar neste momento, as classes dominantes se encaminham para a liquidação dos últimos vestígios de liberdade, para a mais sangrenta repressão contra o povo, para a ditadura fascista. É o caminho da entrega completa do país aos monopólios anglo-americanos e da preparação acelerada para a guerra imperialista. E desta forma agravam-se todas as causas da miséria e do atraso em que se debate o nosso povo e que estão fundamentalmente na estrutura arcaica de nossa economia, na miséria da renda nacional, nos restos feudais e no monopólio da terra que impedem a ampliação no mercado interno e o desenvolvimento da indústria nacional.

Mas, para os senhores das classes dominantes — os grandes comerciantes e industriais, os banqueiros e latifundiários —, não há outra saída para os problemas brasileiros senão através dessa submissão crescente ao dominador americano e, quando pedem dólares, pedem também a intervenção estrangeira no país, na esperança de conseguirem assim prolongar sua dominação sobre o povo, impedir que se realizem as profundas modificações já inadiáveis e indispensáveis no livre desenvolvimento econômico, social e político de nossa pátria. Classes caducas e impotentes, incapazes de resolver qualquer problema nacional, de tirar o país do atraso crônico em que perece, passam todos esses senhores, com seus políticos e governantes, à traição aberta e lançam-se com fúria e desespero contra os patriotas que lutam pelo progresso e a independência do Brasil.

Nosso Povo enfrenta assim um dilema que se torna cada dia mais agudo e evidente. A paz ou a guerra, a independência ou a colonização total, a liberdade ou o terror fascista, o progresso ou a miséria e a fome para as grandes massas trabalhadoras. Ou o povo toma os destinos da nação em suas próprias mãos para resolver de maneira prática e decisiva seus problemas fundamentais, ou submete-se à reação fascista, à crescente dominação do imperialismo ianque, à ignomínia da pior escravidão, que o levará à mais infame de todas as guerras.

São duas políticas que se defrontam, num antagonismo que se torna dia a dia mais claro para todos, que não admite uma terceira posição e que obriga a todos, seja qual for sua posição social, sua crença religiosa ou opinião política a se definir num ou noutro sentido. De um lado, o sr. Dutra, com a sua maioria parlamentar, com os latifundiários e grandes capitalistas que o apoiam, com os dirigentes de todos os partidos políticos das classes dominantes, que quer a guerra, a colonização, o terror e a fome para a povo. De outro, as grandes massas trabalhadoras, operários e camponeses, os intelectuais honestos que não se prostituem aos opressores estrangeiros ou a seus agentes no país, o funcionalismo pobre civil e militar, os estudantes, os pequenos comerciantes e industriais, a maioria esmagadora de nosso povo, enfim, que luta contra a miséria, que quer paz e liberdade, que luta pela independência da pátria do jugo imperialista.

É o povo que luta porque não está disposto a ser reduzido à condição de escravo. Diante da violência dos dominadores, a violência das massas é inevitável e necessária, é um direito sagrado e o dever iniludível de todos os patriotas. É o caminho da luta e da ação, o caminho da revolução. Este [é] o caminho do povo que nos últimos anos em árduas lutas já demonstrou sua imensa vontade de paz, que desperta, e já começa a mostrar aos provocadores de guerra que não se deixará arrastar em suas aventuras criminosas, que não trabalhará para a guerra, nem admitirá que o sangue de nossa juventude seja derramado em benefício dos banqueiros anglo-americanos, nem jamais participará de qualquer guerra de agressão, muito especialmente, contra a União Soviética, baluarte da paz e do socialismo, para o qual se voltam cheios de esperanças os povos oprimidos do mundo inteiro.

Nosso povo saberá honrar suas gloriosas tradições e lutará agora pela paz e a independência da pátria com a mesma bravura com que soube lutar em todos os momentos decisivos de nossa história, com que lutou contra a dominação portuguesa e contra todos os invasores estrangeiros, com que sempre lutou pela liberdade contra todos os tiranos. Em cada região do país continua viva no coração do povo, das grandes massas sofredoras, a memória de seus mártires e heróis de Tiradentes a Frei Caneca, dos cabanos, dos farrapos e dos balaios, dos jovens soldados e alfaiates de 1798, dos heróis pernambucanos de 1817 e 1824, dos negros que lutaram durante séculos contra a escravidão, como vivem os exemplos mais recentes de todos aqueles que tombaram na luta contra o integralismo, dos heroicos lutadores de 1935, dos que morreram nos cárceres getulistas e dos bravos da FEB que combateram na Europa para ajudar com o sacrifício de suas jovens vidas a libertar o mundo da escravidão nazista.

Nós, comunistas, não vacilamos — sempre lutamos pela libertação nacional, contra o jugo do opressor estrangeiro pelo progresso do Brasil. Nenhuma reação conseguiu quebrar nossa vontade de luta e hoje, apesar da brutalidade de todas as perseguições, lutamos com energia redobrada pelos mesmos objetivos, convencidos de que, nas condições atuais do mundo e do país, nunca foram tão grandes como agora os fatores favoráveis ao sucesso de nosso novo na sua luta pela independência nacional e pelo progresso social.

E é justamente por isso que, hoje, mais uma vez, nos dirigimos a todos vós, democratas e patriotas e, diante dos perigos que ameaçam os destinos da nação, apresentamos a única solução viável e progressista dos problemas brasileiros — a solução revolucionária — que pode e há de ser realizada pela ação unida do próprio povo com a classe operária à frente. É este o caminho da independência e do progresso, da democracia e da paz. Precisamos libertar o país do jugo imperialista e pôr abaixo a ditadura de latifundiários e grandes capitalistas, substituir o governo da traição, da guerra e do terror contra o povo pelo governo efetivamente democrático e popular. Para isso, é indispensável liquidar as bases econômicas da reação, o que significa a confiscação das empresas imperialistas e dos grandes monopólios estrangeiros e nacionais, a nacionalização dos bancos, dos serviços públicos, das minas, das quedas d'água e, igualmente, a confiscação das grandes propriedades latifundiárias que devem passar gratuitamente para as mãos dos que nelas vivem e trabalham. Só um governo da democracia popular, um governo do bloco de todas as classes e camadas sociais que lutem efetivamente pela libertação nacional sob a direção do proletariado, será capaz de garantir no país um regime de liberdade para o povo e de impulsionar o desenvolvimento independente da economia nacional, de assegurar a marcha rápida no caminho do progresso, da melhoria efetiva das condições de vida das grandes massas trabalhadoras, dar saúde e instrução para o povo, igualdade econômica e jurídica para a mulher, deslocar, enfim, o país do campo da reação e da guerra para o campo da paz, da democracia e do socialismo.

Este [é] o caminho revolucionário que apresentamos e propomos a todos os compatriotas, que não querem ser escravos, que não estão dispostos a aceitar a submissão ao terror fascista, a todos que almejam o progresso do Brasil, que querem ver o nosso povo livre do atraso, da miséria, da ignorância em que até agora vegeta.

Neste momento de tanta gravidade para a vida e o futuro de nosso povo, o que precisamos fazer, todos os patriotas e democratas, é unir nossas forças e lutar para impor a vontade do povo, derrotar a política de traição nacional de Dutra e fazer triunfar a política oposta, a política do povo.

O caminho não será fácil, exigirá duros combates. É necessário lutar com energia e audácia e não perder tempo, não permitir que a reação prossiga sem maior resistência de nossa parte, não permitir que continue a venda do país ao imperialismo, nem que a ditadura dê novos passos no caminho da preparação para a guerra e da implantação do terror fascista no país.

Para realizar esta tarefa histórica, saibamos organizar e unir nossas forças em ampla FRENTE DEMOCRÁTICA DE LIBERTAÇÃO NACIONAL, organização de luta e de ação em defesa do povo, com raízes nas fábricas e nas fazendas, nas escolas e repartições públicas, nos quartéis e nos navios, em todos os locais de trabalho, enfim, nos bairros das grandes cidades e nas aldeias e povoados.

É indispensável e urgente unir e organizar as forças do povo em amplos comitês da FRENTE DEMOCRÁTICA DE LIBERTAÇÃO NACIONAL nos locais de trabalho e de resistência. Nesse grande esforço de organização e unificação popular cabe ao proletariado um papel dirigente e fundamental. Mas a classe operária precisa simultaneamente organizar-se e unificar suas próprias forças para que possa constituir a grande força motriz capaz de mobilizar e dirigir as demais camadas populares na grande luta pela libertação nacional do jugo imperialista e pela conquista da democracia popular.

É através da luta diária, da ação e do trabalho pertinaz, que conseguiremos organizar o povo para essa grande batalha. É nessa luta diária, pelas reivindicações mais imediatas e sensíveis, sempre em íntima ligação com a luta pala [sic] paz e pela independência nacional, que se reforçará e ampliará no país inteiro a FRENTE DEMOCRÁTICA DE LIBERTAÇÃO NACIONAL.

Unamo-nos, todos, democratas e patriotas, acima de quaisquer diferenças de crenças religiosas, de pontos de vista políticos e filosóficos, homens e mulheres, jovens e velhos, operários e camponeses, intelectuais pobres, pequenos funcionários, comerciantes e industriais, soldados e marinheiros, oficiais das forças armadas, em ampla FRENTE DEMOCRÁTICA DE LIBERTAÇÃO NACIONAL para a ação e para a luta com o seguinte programa:

Programa

1. POR UM GOVERNO DEMOCRÁTICO E POPULAR — Substituição da atual ditadura feudal burguesa serviçal do imperialismo por um governo revolucionário, emanação direta do povo e legítimo representante do bloco de todas as classes e camadas sociais, de todos os setores da população do país que participem efetivamente da luta revolucionária pela libertação nacional do jugo imperialista, sob a direção do proletariado.

2. PELA PAZ E CONTRA A GUERRA IMPERIALISTA — Interdição absoluta da arma atômica, rigoroso controle internacional dessa interdição e condenação como criminoso de guerra do governo que primeiro utilizar essa arma de agressão e extermínio em massa. Luta efetiva pela paz, contra os provocadores de guerra e todas as medidas de preparação guerreira. Contra a política reacionária e guerreira do governo norte-americano, por uma política de paz e de luta efetiva pela paz no mundo inteiro e de apoio à luta anti-imperialista e de libertação nacional de todos os povos. Contra

o Tratado do Rio de Janeiro e todos os demais tratados internacionais de guerra. Contra qualquer concessão de bases militares em nosso solo ao governo norte-americano. Imediato estabelecimento de relações comerciais e diplomáticas com a União Soviética, com a China Popular, com a Alemanha Democrática e todos os povos amantes da paz.

3. PELA IMEDIATA LIBERTAÇÃO DO BRASIL DO JUGO IMPERIALISTA — Confiscação e imediata nacionalização de todos os bancos, empresas industriais, de serviços públicos, de transporte, de energia elétrica, minas, plantações etc. pertencentes ao imperialismo. Imediata anulação da dívida externa do Estado e denúncia de todos os acordos e tratados lesivos aos interesses da nação. Imediata expulsão do território nacional de todas as missões militares ianques, de todos os técnicos, agentes e espiões norte-americanos, como de todos os destacamentos militares ianques que ocupam nossa terra.

4. PELA ENTREGA DA TERRA A QUEM A TRABALHA — Confiscação das grandes propriedades latifundiárias com todos os bens móveis e imóveis nelas existentes, sem indenização e imediata entrega gratuita da terra, máquinas, ferramentas, animais, veículos etc. aos camponeses sem terra ou possuidores de pouca terra e a todos os demais trabalhadores agrícolas que queiram se dedicar à agricultura. Abolição de todas as formas semifeudais de exploração da terra, abolição da "meia", da "terça" etc., abolição do vale e obrigação de pagamento em dinheiro a todos os trabalhadores. Imediata anulação de todas as dívidas dos camponeses para com o Estado, bancos, fazendeiros, comerciantes e usurários.

5. PELO DESENVOLVIMENTO INDEPENDENTE DA ECONOMIA NACIONAL — Completa nacionalização das minas, das quedas d'água e de todos os serviços públicos. Nacionalização dos bancos e empresas de seguro, assim como de todas as grandes empresas industriais e comerciais de caráter monopolista ou que exerçam influência preponderante na economia nacional, com ou sem indenização, conforme a posição de seus proprietários na luta pela libertação nacional do jugo imperialista. Controle estatal do comércio externo, controle dos lucros dos grandes capitalistas, abolição dos impostos indiretos e instituição do imposto fortemente progressivo sobre a renda e ampla liberdade para o comércio interno. Ajuda estatal técnica e financeira para o cultivo da terra, estímulo ao cooperativismo e garantia de preço mínimo para a produção dos pequenos agricultores.

6. PELAS LIBERDADES DEMOCRÁTICAS PARA O POVO — Efetiva liberdade de manifestação do pensamento, de imprensa, de reunião, de associação, de organização sindical etc. Direito de voto para todos os homens e mulheres maiores de 18 anos, inclusive analfabetos, soldados e marinheiros. Abolição de todas as desigualdades econômicas e jurídicas que ainda pesam sobre a mulher. Completa separação da Igreja do Estado e ampla liberdade para prática de todos os cultos. Abolição de todas as discriminações de raças, cor, religião, nacionalidade etc. Ajuda e proteção especial aos indígenas, defesa de suas terras e estímulo à sua organização livre e autônoma. Justiça rápida e efetivamente gratuita com juízes e tribunais eleitos pelo povo.

7. PELO IMEDIATO MELHORAMENTO DAS CONDIÇÕES DE VIDA DAS MASSAS TRABALHADORAS — Aumento geral de salários, inclusive, do salário mínimo familiar, que devem ser colocados no nível já atingido pelo custo da vida. Escala móvel de salários. Salário igual para igual trabalho, para homens, mulheres e menores. Abolição imediata da assiduidade de 100 por cento. Aposentadorias e pensões que satisfaçam as necessidades vitais dos trabalhadores e suas famílias, e ajuda aos desempregados. Democratização da legislação social, sua ampliação e extensão aos assalariados agrícolas. Assistência social custeada pelo patrão e pelo Estado. Fiscalização dos direitos dos trabalhadores, bem como a administração da assistência social, entregue aos próprios trabalhadores por intermédio de seus sindicatos. Imediata melhoria da situação econômica dos soldados e marinheiros.

8. INSTRUÇÃO E CULTURA PARA O POVO — Ensino gratuito para todas as crianças entre 7 e 14 anos de idade e redução de todas as taxas e impostos que pesam sobre a instrução secundária e superior. Trabalho para a juventude que termina seus estudos. Apoio e estímulo à atividade científica e artística de caráter democrático.

9. POR UM EXÉRCITO POPULAR DE LIBERTAÇÃO NACIONAL — Expulsão das forças armadas de todos os fascistas e agentes do imperialismo e imediata reintegração em suas fileiras dos militares delas afastados por motivo de sua atividade democrática e revolucionária. Livre acesso das praças de pré ao oficialato de suas respectivas corporações. Armamento geral do povo e reorganização democrática das forças armadas na luta pela libertação nacional e para a defesa da nação contra os ataques do imperialismo e de seus agentes no país.

A maioria esmagadora da nação não pode deixar de concordar com este programa revolucionário, de luta concreta e ação imediata, que sintetiza as aspirações de todos e que oferece a todos os verdadeiros democratas e sinceros patriotas uma perspectiva de liberdade, de paz, de independência e progresso para o Brasil.

Saibamos levar esse programa às mais amplas massas da população do país. Através da imprensa do povo, em comícios e assembleias populares, saibamos abrir a mais ampla discussão em torno de seu conteúdo que precisa ser conhecido de todos os brasileiros. Mas é fundamentalmente através da luta pelas diversas reivindicações nele contidas que o programa se tornará conhecido do povo, ganhará as massas e transformar-se-á na grande bandeira e na força poderosa capaz de libertar o país do jugo imperialista. Nesse processo, organizando para lutar e aproveitando a luta para organizar, unificar-se-ão as forças populares e rapidamente crescerá e estruturar-se-á, a partir das organizações de base, a grande e poderosa FRENTE DEMOCRÁTICA DE LIBERTAÇÃO NACIONAL.

As diferenças de crenças religiosas, de pontos de vista políticos e filosóficos não podem impedir a união de todos os democratas e patriotas em torno desse programa democrático de libertação nacional. Os esforços que fazem os agentes do imperialismo, assim como particularmente o Vaticano e a alta hierarquia da Igreja católica, para dividir nosso povo e arrastar, especialmente os católicos, na luta contra o proletariado mais consciente e revolucionário, contra os comunistas em particular, não pode[m] ter sucesso, porque nem as calúnias do anticomunismo, nem a exploração dos sentimentos religiosos do povo poderão impedir que os democratas e patriotas participem da luta pela paz e pela libertação da pátria do jugo imperialista, que marchem conosco contra os traidores nacionais e os provocadores de guerra.

Chamamos a todos os trabalhadores das cidades e do campo, manuais e intelectuais, homens e mulheres, para a ação e para a luta por esse programa revolucionário e a todos convocamos para organizarem, sem perda de tempo, no país inteiro, amplos COMITÊS DEMOCRÁTICOS DE LIBERTAÇÃO NACIONAL.

Dirigimo-nos a todas as personalidades de prestígio popular, aos dirigentes políticos efetivamente democráticos, aos intelectuais antifascistas e antiimperialistas, aos verdadeiros líderes populares, e a todos eles convocamos para que venham participar da FRENTE DEMOCRÁTICA DE LIBERTAÇÃO NACIONAL e lutar pelo seu programa.

Dirigimo-nos igualmente a todas as organizações operárias, às organizações de camponeses, de mulheres, de jovens, a todas as organizações populares e democráticas de qualquer caráter, e apelamos para que venham organizadamente engrossar as fileiras nacional-libertadoras, aderindo à FRENTE DEMOCRÁTICA DE LIBERTAÇÃO NACIONAL e participando ativamente da luta pela vitória de seu programa.

Avançamos com coragem e audácia no caminho das lutas revolucionárias de massa. É este o caminho que de nós exigem os superiores interesses nacionais. À medida que se agrava a situação do país e aumenta o perigo de guerra no mundo inteiro, aumentam a radicalização e a combatividade das massas trabalhadoras. À frente delas não devemos recear as formas de luta mais altas e vigorosas, inclusive os choques violentos com as forças da reação e os combates parciais que nos levarão à luta vitoriosa pelo Poder e à libertação nacional do jugo imperialista.

Diante da campanha eleitoral em andamento e das ameaças, que não cessam, de golpes de Estado, o que precisamos fazer é acelerar a organização de nosso povo, desencadear lutas de massas, greves, demonstrações, etc., e intensificar, através das lutas parciais, a mobilização popular para a grande luta pela libertação nacional. O voto é um direito do povo que reclamamos. Já vimos como a justiça eleitoral e o parlamento, instrumentos servis das classes dominantes, atentam contra os mandatos dos verdadeiros representantes do povo, mas lutemos para conquistar tribunais parlamentares que devemos utilizar de maneira revolucionária. Saibamos utilizar a oportunidade para desmascarar sistematicamente os demagogos agentes da reação e do imperialismo e só votemos nos melhores filhos do povo que participem ativamente da grande luta pela paz e a liberdade nacional, naqueles que sejam capazes, nos postos eletivos a que forem alçados, de prosseguirem com energia redobrada a luta pela vitória revolucionária do programa da FRENTE DEMOCRÁTICA DE LIBERTAÇÃO NACIONAL.

Mas o essencial é saber aproveitar a atual campanha eleitoral para organizar o povo, esclarecê-lo, alertá-lo diante dos perigos que o ameaçam e levá-lo à luta. Só assim estaremos preparados para enfrentar a eventualidade dos golpes "salvadores", que exigem resposta imediata das massas. Só à frente das massas e com a força das massas organizadas estaremos em condições de transformar os golpes de Estado reacionários, que visam a implantação imediata e brutal do fascismo em nossa terra, em luta armada pela libertação nacional, contra a ditadura terrorista, pela vitória da revolução e a conquista da democracia popular.

Concidadãos! Trabalhadores!

Não vos deixeis esfomear e massacrar sem luta; não vos deixeis arrastar como gado de corte para a carnificina de uma nova guerra imperialista! Nas condições atuais, o essencial é lutar, não capitular diante das dificuldades, não temer que as lutas mais elementares se desenvolvam e levem aos combates parciais. Lutai com firmeza contra a ditadura policial e terrorista de Dutra, por um governo democrático popular que liberte o país do jugo imperialista! A luta contra a guerra e o imperialismo é fundamentalmente uma luta pela derrocada das atuais classes dominantes, uma luta pelo Poder, que, quando alcançado, mesmo transitoriamente ou em âmbito restrito, deve sempre servir para mostrar às massas populares o que lhes pode dar o governo democrático popular — especialmente, pão, terra e liberdade. COMPATRIOTAS! Lutai em defesa da paz! Exijamos a interdição absoluta da arma atômica. Que milhões de brasileiros subscrevam o Apelo de Estocolmo e imponham sua vontade contra o emprego da bomba atômica, arma de terror e de extermínio em massa. OPERÁRIOS! Organizai vossas forças nos locais de trabalho e unificai vossas fileiras em âmbito local, regional e nacional. Lutai contra a carestia da vida, por maiores salários contra a assiduidade de 100 por cento, que diminui arbitrária e brutalmente os salários. Vossas mulheres e filhos não podem morrer de fome para que enriqueçam os patrões e o governo consiga dinheiro para a guerra. Defendei na prática o direito de greve e lutai pelas liberdades civis, pela liberdade sindical, contra o roubo do imposto sindical que engorda os traidores da classe operária. Lutai pela paz e a independência nacional.

TRABALHADORES DO CAMPO! Assalariados, peões, meeiros, parceiros, colonos, arrendatários, trabalhadores do eito! Organizai-vos nas fazendas e nas aldeias. Lutai pelos vossos interesses econômicos, por maiores salários, pelo pagamento do salário em dinheiro e quinzenalmente, contra o vale e os preços extorsivos do armazém ou barracão. Lutai pela completa liberdade de organização e de locomoção dentro do latifúndio, contra a expulsão da terra, pelo direito de prorrogação de todos os contratos, por uma menor taxa de

454

arrendamento, pela liberdade para a venda no mercado de toda a produção. Lutai contra a guerra imperialista, em defesa da paz e pela posse da terra; por um governo democrático popular que vos ajude a tomar a terra dos latifundiários e a distribuí-la sem indenização entre os trabalhadores do campo. MULHERES DO BRASIL! Sois as primeiras e as maiores vítimas da guerra e do terror fascista. Operárias e camponesas, donas de casa, mães e esposa! Sois vós que primeiro sentis as agruras produzidas pela fome em vossos lares. Com vossa tradicional coragem e decisão impedi o crime de mais uma guerra imperialista! Organizai-vos para a luta contra a fome e a carestia da vida.

A libertação nacional do jugo imperialista exige vossa participação ativa — é a bandeira por que já tombaram Zélia e Angelina, e que continua em vossas mãos.

JOVENS TRABALHADORES E ESTUDANTES! Lutai pela vida, contra o crime de mais uma guerra imperialista. Lutai por um Brasil livre e progressista, que vos possa assegurar um futuro melhor, diferente da dura realidade atual. Depende muito de vós, do vosso patriotismo generoso e audaz, da vossa energia e capacidade de luta, do vosso espírito de organização, do vosso esforço no sentido de levantar e unir toda a juventude brasileira contra a mais infame de todas as guerras, está em vossas mãos o futuro do Brasil e o destino de seu povo. Lutai pelo progresso social, lutando pela democracia de verdade, sem latifundiários e tubarões capitalistas e seus políticos venais. Lutai pela independência nacional do jugo imperialista, como única maneira que efetivamente nos resta para livrar o país da guerra imperialista e do terror fascista que já ameaçam o nosso povo.

SOLDADOS E MARINHEIROS! Os operários e camponeses são vossos irmãos — não vos presteis a instrumento de um governo de traição nacional que manda atirar no povo para poder mais facilmente entregar o Brasil aos imperialistas. Lutai dentro do quartel e do navio contra as brutalidades e as perseguições, contra a disciplina fascista, pelo direito de reunião e de discussão de vossos problemas, pelo direito à melhor alimentação por um soldo que vos permita uma vida digna. Lutai pelo governo democrático popular que vos assegurará o direito à instrução e ao livre acesso ao oficialato do Exército Popular de Libertação Nacional. Lutai contra a guerra imperialista e não participes como instrumento dos generais fascistas na perseguição e na ação terrorista contra os filhos do povo que estão lutando pela independência do Brasil. COMPATRIOTAS! Exijamos a imediata denúncia do Tratado do Rio de Janeiro, da Carta de Bogotá e demais compromissos do pan-americanismo reacionário, em que se baseia a ditadura para tentar arrastar nosso povo nas aventuras guerreiras do imperialismo americano. Exijamos a imediata anulação de todas as concessões e de todos os acordos internacionais lesivos aos interesses da nação. Lutemos pela expulsão imediata do território nacional de todas as missões militares ianques, assim como de todos os destacamentos militares ianques que ocupam nossa terra e ofendem nossa soberania. Que saiam do Brasil esses intrusos e criminosos e todos os agentes técnico [sic], especialistas, policiais e espiões norte-americanos que nos querem reduzir à condição infame de povo colonizado e escravo. Lutemos pela paz contra qualquer participação na criminosa intervenção guerreira de Truman na Coreia e na China. Nada, mas absolutamente nada, para a guerra imperialista! Nenhum soldado do Brasil para ajudar a agressão americana na Coreia. A luta dos povos asiáticos contra o imperialismo é parte integrante de nossa própria luta pela independência do Brasil do jugo imperialista. Que os norte-americanos saiam imediatamente da Coreia.

Lutemos pela liberdade e a democracia! Contra a Lei de Segurança!

Contra o terror policial, exijamos a punição dos assassinos do povo!

Abaixo a ditadura sanguinária de Dutra, por um governo democrático popular!

Viva a União Soviética e os povos que lutam pela paz!

Viva a união dos povos da América Latina livres do jugo do imperialismo norte-americano!

Viva a união do povo brasileiro e sua organização de luta — a FRENTE DE-MOCRÁTICA DE LIBERTAÇÃO NACIONAL!

Viva o Brasil livre, independente e progressista!

LUIZ CARLOS PRESTES (Pelo Comitê Nacional do Partido Comunista do Brasil)
Rio, 1º de agosto de 1950

Voz Operária. Rio de Janeiro, 5 de agosto de 1950, p. 1-2, 4.

A lista dos guerrilheiros

Os que pegaram em armas e os que foram apenas suspeitos

Uma das tarefas mais difíceis para o pesquisador, ao tentar reconstituir os episódios da guerrilha no Araguaia, é saber quem de fato participou da luta armada no sul do Pará. Durante muitos anos, o número oficial de combatentes comunistas foi estabelecido em 69. Depoimentos mais recentes, no entanto, falam em 73 e até em 83 envolvidos nos preparativos da guerrilha e nos combates que se seguiram até abril de 1972. As informações são contraditórias. Os militares, em análises e documentos secretos, dizem que as Forças Guerrilheiras do Araguaia tinham entre 114 e 140 ativistas, incluindo moradores locais que aderiram ao movimento. E o próprio Partido Comunista do Brasil (PCdoB) não fez muita questão de esclarecer esses detalhes, até porque não tinha interesse em revelar circunstâncias que a repressão desconhecia. Dessa maneira, o número de guerrilheiros restou impreciso até os dias de hoje.

Durante a "Operação Sucuri", que precedeu a terceira expedição militar, os agentes de segurança listaram 203 pessoas da região consideradas "elementos de apoio" da guerrilha, das quais 161 foram presas e submetidas a violências. Um esquema do PCdoB que funcionava fora da área conflagrada, cuidando da entrada e saída de militantes, nunca foi corretamente avaliado. Havia elementos de apoio na região de Porto Franco e Imperatriz, no estado do Maranhão, que não foram identificados. Quando deixou a região da guerrilha, em 1972, a militante Crimeia Schmidt foi recebida no Maranhão por um companheiro desconhecido. José Genoino Neto, ao se dirigir de São Paulo para o Araguaia, estava acompanhado por um militante que ele não conhecia e que não falava com ele.

Ou seja: os dados são confusos e até agora, quatro décadas mais tarde, continuam misteriosos. Há, inclusive, relatos de mortos e desaparecidos antes da chegada das tropas federais à região. A lista a seguir, com 127 nomes, é mais uma tentativa de esclarecer o assunto, a partir de fontes variadas, que incluem os militares, sobreviventes da guerrilha e o governo. Acompanhe:

Adriano Fonseca Filho — *Chico* também estava entre os últimos cinco combatentes comunistas a chegar ao Araguaia, em abril de 1972, poucos dias antes de iniciada a primeira expedição militar. Carioca, estudou Filosofia na UFRJ. Sobreviveu um ano e oito meses: caiu em 3 de dezembro de 1973, baleado por bate-paus a serviço do Exército quando caçava jabutis para alimentar o que havia sobrado do Destacamento B. O relatório da CEMDP registra que foi decapitado e teve o corpo enterrado na mata.

Alumínio — Não há informações sobre ele. Nem o nome completo aparece nas listas. O apelido, porém, consta dos registros militares, onde se lê: "Paradeiro desconhecido."

André Grabois — Conhecido como *Zé Carlos* ou *ZC*, André era filho do comandante Maurício Grabois. Após o golpe militar de 1964, filiou-se ao PCdoB, teve que abandonar a escola e passou a viver clandestinamente, quando tinha apenas quatorze anos. Em 1967, aos dezessete anos, foi para a China fazer um curso de capacitação política e receber treinamento militar. Um ano e meio depois, chegou ao Araguaia. Foi comandante do Destacamento A e um dos combatentes mais destacados da guerrilha. Morreu numa emboscada do Exército em 13 de outubro de 1973. Quando foi apanhado, portava um fuzil e usava uma boina da Polícia Militar de Goiás, roubados durante o ataque que liderou a um dos postos de controle da Transamazônica.

Ângelo Arroyo — Operário metalúrgico paulista, *Joaquim* filiou-se ao PCB em 1945. Era um dos comunistas mais ativos no movimento sindical, o que o levou a subir na hierarquia partidária. Foi um dos fundadores do PCdoB e seguiu para a zona de guerrilha em 1968. Integrou a Comissão Militar, onde era considerado o chefe de operações. Com a morte do comandante Maurício Grabois, Arroyo assumiu a liderança da guerrilha. Mas não durou muito na função. Os guerrilheiros estavam cercados e já tinham perdido mais de sessenta combatentes. O novo líder desejava prosseguir na luta, mas precisava de orientação do partido. O plano dele era deixar a área estratégica, retomar contato com o Comitê Central do PCdoB e voltar. Guiado por Miqueas Gomes de Almeida, o *Zezinho do Araguaia*, rompeu o cerco militar no início de 1974 e foi a pé até Imperatriz, no Maranhão, de onde seguiu para São Paulo. Ângelo Arroyo não voltou, até porque a guerrilha foi totalmente destruída nesse meio-tempo. Em 1976, ainda defendia a luta guerrilheira e estava querendo encontrar outra área de florestas para reiniciar o movimento. Foi morto no "Massacre da Lapa", em 16 de dezembro daquele ano. Levou mais de cinquenta tiros.

Antônio Alfredo de Lima — Lavrador, aderiu à guerrilha depois de ser ameaçado por pistoleiros a serviço de um fazendeiro local, que desejava as terras dele. Recrutado pelo PCdoB, integrava o Destacamento A. Aprendeu a ler e a escrever com os comunistas. Caiu em combate no dia 14 de outubro de 1973, durante a terceira expedição militar.

Antônio Araújo Veloso — Lavrador, amigo dos "paulistas", costumava abrigar guerrilheiros em sua casa e com eles entrava na mata para caçar. Não deve ser considerado um combatente, mas com certeza tinha fortes ligações com os comunistas. Os militares se convenceram de que era um guerrilheiro. Chamado de *Sitônio*, corruptela de *Seu Antônio*, foi preso pelo Exército em abril de 1972, quando abrigava o guerrilheiro Danilo Carneiro. Submetido a "torturas brutais", de acordo com relatório da Comissão de Mortos e Desaparecidos Políticos, nunca se recuperou do espancamento. Morreu em 31 de agosto de 1976, em consequência dos ferimentos. Danilo Carneiro, um dos poucos militantes do PCdoB a ser capturado e sobreviver, prestou contundente depoimento à comissão, descrevendo o que havia acontecido com *Sitônio*. Além de confirmar que morava na casa do lavrador, disse ter visto o homem preso. E acrescentou: "Estava barbaramente ferido na cabeça, ouvidos e boca, por onde sangrava abundantemente, aparentando estar com fraturas no corpo."

Antônio Borges dos Santos — Lavrador desaparecido. Não há informações sobre o caso. O nome dele aparece no relatório da CEMDP, sem conclusões.

Antônio Carlos Monteiro Teixeira — Baiano, casado com a guerrilheira Dina, a mais temida pelos militares, era chamado de *Antônio da Dina*. O casal se separou durante a campanha no Araguaia. Geólogo formado pela UFBA, integrava o Destacamento C desde 1970. Ele foi instrutor de sobrevivência e de deslocamentos pela mata. Orientava os recém-chegados. Caiu em combate durante a primeira expedição militar, no dia 21 de setembro de 1972.

Antônio de Pádua Costa — *Piauí* foi estudante de Astronomia na UFRJ, com forte atuação no movimento estudantil entre 1967 e 1969. Preso no XXX Congresso da UNE, em Ibiúna, passou a viver clandestinamente, mas continuou ligado a atividades políticas no meio estudantil. Militante do PCdoB, chegou ao Araguaia em 1970. Subcomandante do Destacamento A, assumiu a chefia da unidade guerrilheira após a morte de André Grabois. *Piauí* participou de um tiroteio com soldados em 14 de janeiro de 1974. Foi preso e obrigado a guiar as tropas pela mata durante várias semanas. Os militares queriam que ele apontasse o local de um depósito de alimentos da guerrilha. Existe, inclusive, uma foto do guerrilheiro com os soldados. Um relatório da Marinha, entregue ao Ministério Público Federal em janeiro de 2002, confirma a prisão de Antônio de Pádua na base de Bacabá. Um mateiro a serviço das forças federais, Manoel Leal Lima, o *Vanu*, declarou ter visto o guerrilheiro preso e que ele teria sido executado.

Antônio Ferreira Pinto — *Antônio Alfaiate* nasceu no sertão pernambucano, mas fez a vida no Rio de Janeiro, onde foi dirigente sindical dos alfaiates. Filiado ao PCdoB, deslocou-se para o Araguaia em 1970. Foi morar na localidade conhecida como Metade e se juntou ao Destacamento A. Capturado com outros dois guerrilheiros na casa de um lavrador, desapareceu. Uma testemunha da prisão, o morador local Antônio Félix da Silva, que colaborava com os militares, viu quando um helicóptero pousou no sítio e levou os três prisioneiros. Esse depoimento da testemunha foi feito ao Ministério Público Federal e está registrado em relatório da Comissão Especial sobre Mortos e Desaparecidos Políticos do Ministério da Justiça (CEMDP, processo nº 323/96), no qual a data da prisão é 21 de abril de 1974. Equivocadamente, o "Dossiê Araguaia" informa que *Antônio Alfaiate* era morador da região e que tinha sido recrutado pelos comunistas. O corpo nunca foi encontrado.

Antônio Guilherme Ribeiro Ribas — Conhecido como *Ferreira*, foi presidente da União Paulista de Estudantes Secundaristas. Preso no XXX Congresso da UNE, em Ibiúna, 1968, passou um ano na cadeia. Chegou ao Araguaia em 1969, integrando o Destacamento B. Foi morto em novembro de 1973, durante a terceira expedição militar. O corpo dele nunca foi encontrado.

Antônio Teodoro de Castro — *Raul*, mais um cearense na guerrilha. Cursou a Universidade Federal do Ceará, em Fortaleza, até o quarto ano de Farmácia. Vítima de perseguições políticas no estado natal, mudou-se para o Rio de Janeiro, onde ficou durante os anos de 1969 e 1970. Membro do PCdoB, foi deslocado no ano seguinte para o Araguaia, passando a fazer parte do Destacamento B. O relatório de Ângelo Arroyo, chefe de operações da guerrilha, informa que foi ferido à bala em 30 de setembro de 1972. Os companheiros não tiveram outra notícia dele. A Marinha, porém, assegura que morreu em fevereiro de 1974.

Arildo Aírton Valadão — *Ari* nasceu em Cachoeiro de Itapemirim (ES). Estudante de Física na UFRJ, participou da agitação estudantil em 1968. Na faculdade conheceu Áurea Elisa Pereira. Apaixonados, os dois se casaram em fevereiro de 1970, quando já eram filiados ao PCdoB. Oito meses depois já estavam no Araguaia. Arildo virou dentista na região de Caianos, apesar de não ter cursado Odontologia. Com a chegada das tropas federais, integrou o Destacamento C. Morreu em combate em 24 de novembro de 1973, como registrou o relatório da Marinha de 1993. *Ari* foi decapitado e o corpo sumiu.

Augusto — Não há informações sobre ele. Os militares acreditam que pode ter acompanhado José Piauhy ao Araguaia, participando da equipe externa. Estava na região já em 1967.

Áurea Elisa Pereira Valadão — *Elisa* acompanhou o marido Arildo Valadão ao Araguaia. Integrou o Destacamento C junto com ele. Foi morta por bate-paus a serviço do Exército em 13 de junho de 1974. Esta data, contrariando testemunhas, está registrada no relatório da Marinha.

Batista — Lavrador que aderiu à guerrilha. O nome aparece na lista dos militares. Esteve preso na base de Xambioá, junto com Cilon Brum. Foi visto por um ma-

460

teiro local, Pedro Ribeiro Alves, o *Galego*, que servia de guia para as tropas. Esse homem prestou depoimento ao Ministério Público Federal, em 19 de julho de 2001, confirmando que Batista estava vivo. O lavrador desapareceu.

Benedito Ferreira Alves — Lavrador. Desaparecido desde abril de 1973. Não há outras informações sobre este homem, a não ser o fato de que a família tentou — e não conseguiu — que o governo reconhecesse o desaparecimento e a morte por envolvimento com os comunistas.

Bergson Gurjão Farias — *Jorge* nasceu no Ceará e estudou Química na Universidade Federal, em Fortaleza. Esteve no XXX Congresso da UNE e foi preso. De volta ao Ceará, durante uma manifestação de estudantes naquele mesmo ano, levou um tiro na cabeça. Em julho de 1969, foi condenado a dois anos de reclusão pela Justiça Militar, pena que não cumpriu. Já vivia clandestino. Não se sabe quando ele chegou ao Araguaia, mas teve destaque na guerrilha, sendo rapidamente alçado ao posto de subcomandante do Destacamento C. *Jorge* foi o primeiro combatente do PCdoB a morrer. No dia 8 de maio de 1972, caiu numa emboscada e levou uma rajada de metralhadora. Preso ainda com vida, teria sido executado a golpes de baioneta num acampamento militar em Marabá. A morte dele, sem detalhes, é confirmada em documento assinado pelo general Antônio Bandeira. Aparece também no relatório que a Marinha enviou ao Ministério da Justiça em 1993.

Carlos Nicolau Danielli — *Antônio* foi um militante histórico do PCdoB, atuante no movimento sindical desde menino. Membro do Comitê Central do partido, foi um dos responsáveis pelo recrutamento dos guerrilheiros. Entrevistava pessoalmente cada um deles em "aparelhos" na capital paulista. Antes de seguir para o Araguaia, todos os combatentes passaram por São Paulo. *Antônio* fazia a ligação entre a guerrilha e a cúpula do partido. O dirigente comunista foi localizado pelos órgãos de segurança no final de 1972, na capital paulista. Morreu na véspera do Ano-Novo, quando era interrogado no DOI-Codi do II Exército.

Cícero Tocador — Supostamente, era vaqueiro em alguma das fazendas da região. Considerado desaparecido. O apelido está registrado no relatório da CEMDP, em razão de ter sido citado no livro *A lei da selva*, do jornalista Hugo Studart. Aparece também na lista dos militares.

Cilon Cunha Brum — Junto com *Osvaldão*, *Simão* participou do primeiro combate entre guerrilheiros e uma patrulha do Exército. Foi nessa ocasião que morreu o cabo Odílio Cruz Rosa, do Batalhão de Infantaria de Selva de Belém, em maio de 1972. Era gaúcho. Frequentou a faculdade de economia da USP, em São Paulo. Líder estudantil, perseguido pela repressão, caiu na clandestinidade em junho de 1970. Chegou ao Araguaia em 1971 e passou a integrar o Destacamento B. No ano seguinte, foi promovido a subcomandante da unidade. O Ministério da Marinha informou que *Simão* morreu em 27 de fevereiro de 1974, mas os militares não esclareceram

461

como. Sobrinha de Cilon, a jornalista Liniane Haag Brum escreveu um livro onde encontramos a informação de que o guerrilheiro se rendeu e foi aprisionado na base de Xambioá. Pouco tempo depois, foi executado a tiros. O irmão do cabo Odílio Rosa, o soldado Adolfo da Cruz Rosa, esteve com Cilon na base de Xambioá. Queria saber se o guerrilheiro havia mesmo matado seu irmão. Cilon disse a ele que não.

Ciro Flávio Salazar de Oliveira — *Flávio*, mineiro de Araguari, estudou Arquitetura na UFRJ. Quando estava para se formar, foi preso pelo Dops ao distribuir "panfletos subversivos", um dia antes da "Passeata dos Cem Mil", um dos maiores atos públicos contra a ditadura, ocorrido no Rio de Janeiro em 26 de junho de 1968. Filiado ao PCdoB, ao sair da prisão (jamais foi formalmente acusado de qualquer crime), caiu na clandestinidade. A revista *Manchete* havia publicado uma foto em que Ciro aparece incendiando uma viatura policial. Refugiou-se no Araguaia em 1970. Junto com Paulo Roberto Pereira Marques, iniciou um pequeno comércio na área da Palestina. A farmácia era uma fachada para o trabalho de implantação da guerrilha. *Flávio* integrou o Destacamento B das forças guerrilheiras. Morreu metralhado pelo Exército em 29 ou 30 de setembro de 1972. Uma foto do cadáver de Ciro Flávio Salazar de Oliveira foi mostrada a presos políticos confinados no Pelotão de Investigações Criminais (PIC), entre os quais Crimeia Alice Schmidt de Almeida.

Clóvis Ribeiro dos Santos — Lavrador. Familiares e amigos dizem que foi preso pelos militares, em fevereiro de 1974, e torturado. Libertado em novembro do mesmo ano, era obrigado a se apresentar toda semana na base de Bacabá. Um dia não voltou mais. A CEMDP investigou o caso, sem encontrar provas da militância de Clóvis ou da morte dele. É considerado desaparecido.

Crimeia Alice Schmidt de Almeida — Militante do PCdoB no movimento estudantil, quando cursava a escola de enfermagem da UFRJ foi recrutada para a guerrilha e seguiu para a zona de combates em 1969. Integrou o Destacamento A, onde conheceu André Grabois, de quem se tornou mulher e companheira. Era conhecida como *Alice*. Em 1972, grávida e com problemas na gestação, deixou a região guiada por *Zezinho*. Foi presa em São Paulo, em dezembro daquele ano, e submetida a violentos interrogatórios, mesmo no estado em que se encontrava. Transferida para Brasília, teve o filho João Carlos no Hospital Central do Exército, na capital federal. Atualmente, mora em Brasília e é uma das coordenadoras do movimento de familiares de mortos e desaparecidos políticos.

Custódio Saraiva Neto — *Lauro* era estudante secundarista baiano, com intensa participação no movimento estudantil. Costumava viajar para vários estados, a fim de organizar as entidades de segundo grau, como representante da União Brasileira de Estudantes Secundaristas (UBES). Numa dessas viagens conheceu Helenira Resende. Recrutado pelo PCdoB, concordou em seguir para o Araguaia.

Integrou o Destacamento A e foi transferido para o grupo de guarda da Comissão Militar. O relatório da Marinha entregue ao Ministério da Justiça, em 1993, diz que morreu em 15 de fevereiro de 1974.

Dagoberto Alves Costa — *Miguel* foi o último militante do PCdoB a chegar à zona da guerrilha, em 18 de abril de 1972, quando os combates já haviam começado. Incorporado ao Destacamento C, atuou apenas 52 dias e foi apanhado pelo Exército. Ficou um ano e meio preso. Sobreviveu.

Daniel Calado — *Doca* foi militar, atingindo o posto de terceiro-sargento. Trabalhou em fábricas como metalúrgico e mecânico. Treinou na China. Preso e executado no Araguaia. A Marinha anotou a morte em 28 de março de 1974.

Danilo Carneiro — *Nilo* foi um dos primeiros guerrilheiros presos no Araguaia. Talvez tenha sido o primeiro, logo após o início da primeira expedição militar, em 12 de abril de 1972. (José Genoino só cairia no dia 17.) Cumpria missão de mensageiro da Comissão Militar, levando instruções ao Destacamento A, quando se deparou com uma patrulha, nas proximidades da Transamazônica. Foi agredido com coronhadas de fuzil e golpes de baioneta. Arrastado por um jipe, ficou com metade do corpo ferido. Passou só um ano e meio preso. Depois de solto, teve que enfrentar mais de trinta cirurgias para se recuperar.

Dinaelza Santana Coqueiro — *Maria Dina* ou *Dinorá* era baiana de Vitória da Conquista, estudante de Geografia da PUC de Salvador. Membro do Comitê Estadual do PCdoB, trabalhou na companhia aérea Transbrasil até 1971, quando viajou para o Araguaia com o marido Vandick. O casal foi incorporado ao Destacamento B. Dinaelza esteve em combate várias vezes. Relatório do Ministério da Marinha, entregue ao ministro da Justiça Maurício Corrêa, em 1993, registra a morte da guerrilheira no dia 8 de abril de 1974, sem maiores explicações. Em 28 de janeiro de 2002, quatro representantes do Ministério Público Federal apresentaram relatório informando que *Maria Dina* teria sido "presa por um mateiro e entregue ao Exército; interrogada na casa de um camponês, teria cuspido em um dos oficiais e então executada".

Dinalva Conceição Teixeira — *Dina* foi a mais famosa guerrilheira do Araguaia. A lenda desta militante do PCdoB persiste até hoje na região, disputando a primazia com *Osvaldão*, o comandante negro do Destacamento B. Era amada e temida pelos moradores, que acreditavam que a guerrilheira se transformava em borboleta ou folhagem para escapar dos inimigos, como no mito das amazonas. Ela esteve em combate inúmeras vezes. Certa vez, levou um tiro no pescoço, mas sem gravidade. Nesse tiroteio, escapou milagrosamente, não sem antes meter uma bala no ombro do capitão Álvaro Sousa Pinheiro. Baiana de Castro Alves, formada em Geologia pela UFBA, chegou ao Bico do Papagaio, em 1970, com o marido, *Antônio da Dina*. Antes da guerrilha, em Salvador, integrou a Resistência Universitária Feminina, com forte atuação no movimento estudantil de 1967-68. Nesse período, foi presa pela única vez e libertada logo depois. Ela se casou em 1969 — e foi o marido quem a levou para o PCdoB. Na zona guerrilheira, atuou como professora e parteira, antes da chegada dos federais. Foi a única mulher a assumir um posto de liderança na guerrilha, sendo subcomandante do Destacamento C. Quando a luta armada começou, em abril de 1972, *Dina* e Antônio já estavam separados. Ela se apaixonou por outro guerrilheiro, Gilberto Olímpio Maria, o *Pedro*, de quem teria engravidado. Denunciada por lavradores locais em troca de dinheiro, *Dina* foi capturada pelo major Curió, que saltou sobre ela numa trilha da mata. Interrogada pelos militares durante duas semanas na "casa azul", em Marabá, terminou sendo levada de helicóptero para uma área de mata densa, onde seria executada. Os relatórios militares informam que foi em junho de 1974. Quem a matou? O "Dossiê Araguaia" diz que foi o sargento Joaquim Arthur Lopes de Souza, codinome *Ivan*, agente infiltrado entre os guerrilheiros, que chegou a ser amigo de *Osvaldão*. O sargento deu um tiro de pistola 45 no peito de *Dina*, que não morreu imediatamente. O sargento se viu obrigado a dar um segundo tiro, dessa vez na cabeça — o chamado "tiro de misericórdia".

Divino Ferreira de Souza — *Nunes* era goiano de Caldas Novas. Ligado ao movimento comunista desde o final do anos 1950, esteve na China, em 1966, junto com Miqueas Gomes de Almeida, o *Zezinho do Araguaia*, e outros militantes do PCdoB. A caminho do país de Mao Tsé-tung, numa escala em Karachi (Paquistão), foi detido por agentes da CIA, que fizeram fotos dele. Mas a viagem prosseguiu. Voltou clandestino ao Brasil e participou, já em 1968, do trabalho de levantamento da área de implantação da guerrilha, em Goiás, Maranhão e Pará. No Araguaia, integrou o Destacamento A. Ferido em tiroteio com uma patrulha, foi torturado até a morte, provavelmente entre os dias 14 e 15 de outubro de 1974. Um guia local do Exército, Manuel Leal Lima, o *Vanu*, em depoimento ao Ministério Público Federal no dia 28 de janeiro de 2001, confirmou a tortura e a morte do comunista.

Dower Moraes Cavalcante — *Domingos*, cearense, militante do PCdoB, chegou ao Araguaia em 1971. Um ano depois, durante a primeira expedição militar, se envolveu num tiroteio com as tropas, em junho de 1972. Ferido, foi apanhado e torturado. Enviado para o PIC de Brasília, continuou sendo submetido a espancamentos, pau de arara, choques elétricos e afogamentos. Sobreviveu. Ficou preso até 1977. Libertado, cursou Medicina e chegou a trabalhar para o Ministério da Saúde. Morreu de ataque cardíaco em 1992, aos 41 anos de idade.

Eduardo Monteiro Teixeira — Baiano de Ilhéus, ativista do movimento estudantil, filiado ao PCdoB, foi preso dentro de um ônibus na Transamazônica antes de chegar à zona guerrilheira. No mesmo veículo estavam Elza Monnerat e Rioco Kayano. Isso teria acontecido no dia 14 de abril de 1972, mas não há registros oficiais e a data é imprecisa. Os militares acreditaram que ele viajava sozinho. Foi confundido com a foto de outro militante procurado, Antônio Carlos Monteiro Teixeira, seu irmão, mas acabou preso mesmo assim. A história dele foi contada ao autor por Rioco Kayano.

Elmo Corrêa — *Lourival* estudou até o terceiro ano na Escola de Medicina e Cirurgia do Rio de Janeiro. Era casado com Telma Regina Cordeiro Corrêa. O casal se transferiu para o Araguaia em fins de 1971. Os militares têm versões diferentes para a morte de Elmo: teria ocorrido durante o tiroteio do Natal de 1973, quando o comando da guerrilha foi cercado, segundo relatório da Marinha — ou teria ocorrido em 14 de maio de 1974, de acordo com o documento "Suplantando o Araguaia". A mulher do guerrilheiro, Telma, e a irmã dele, Maria Célia, também morreram na guerrilha. O marido de Maria Célia Corrêa (a *Rosa*), João Carlos Campos Wisnesky, conhecido como *Paulo Paquetá*, teria desertado da guerrilha.

Elza Monnerat — Chamada de *Dona Maria* ou de *A Velha*, nasceu no interior do Rio de Janeiro. Membro do Comitê Central do PCdoB, ligada ao movimento comunista desde 1945, era responsável pelo dispositivo externo da guerrilha, tendo sido uma das primeiras a chegar à região, em 1967. Elza deixou a área por volta do dia 16 de abril de 1972, com a chegada das primeiras tropas do Exército. Escapou de ser apanhada em um bloqueio na Transamazônica porque estava pobremente vestida e não parecia mais do que uma camponesa de quase sessenta anos. Nunca mais voltou ao Araguaia — e por isso os militares a consideram uma desertora da guerrilha. Depois de "desertar", continuou ativa na direção do PCdoB. No partido, *Dona Maria* defendia as posições mais radicais e dogmáticas. Foi presa em dezembro de 1976 e libertada com a anistia. Morreu de causas naturais em 2004, aos noventa anos. Em seus últimos anos, acusou a guerrilheira Lúcia Regina Martins, a *Regina*, de ter denunciado a existência da guerrilha aos militares. Elza Monnerat hoje é nome de uma rua na Zona Oeste do Rio.

Epaminondas — Lavrador. Desapareceu, de acordo com os militares.

Francisco Amaro Lins — Este foi o comunista que abandonou a guerrilha para viver um grande amor. Amaro se apaixonou por uma jovem camponesa, a Neuzinha, e perdeu o juízo. Largou tudo, botou uma roça e foi curtir a paixão. Ele chegou a ser preso, em 14 de abril de 1972, mas continuou no Araguaia até o fim da vida. Morreu de causas naturais, aos 86 anos. Em maio de 1996, a repórter Lília Teles, da TV Globo, encontrou Amaro e Neuza. A matéria foi exibida no *Fantástico* do dia 19. A mulher, hoje uma senhora de idade, ainda vê o pôr do sol sobre as águas do grande rio. Não foi possível apurar muitos detalhes sobre Amaro Lins, mas a história me foi confirmada por dois protagonistas da guerrilha: José Genoino e Miqueas Gomes de Almeida.

Francisco Manoel Chaves — *Zé Francisco* foi um veterano do movimento comunista. Participou da Aliança Nacional Libertadora, em 1935, e foi companheiro do escritor Graciliano Ramos no presídio da Ilha Grande. Negro, de origem camponesa, foi marinheiro. Depois do golpe de 1964, viveu clandestinamente até seguir para o Araguaia. Integrou o Destacamento C, com mais de sessenta anos de idade. Morreu em combate no dia 29 de setembro de 1972.

Frederico Lopes — Morador da região. Ninguém sabe nada sobre ele. O relato contido em "Suplantando o Araguaia", redigido por oficiais do Exército, informa que foi preso pelas tropas. Não há datas ou detalhes da prisão.

Gabriel — Lavrador morto pelo Exército, segundo depoimento de Elza Monnerat à Câmara dos Deputados. Em razão desse testemunho, o nome também aparece no relatório da CEMDP do Ministério da Justiça.

Gilberto Olímpio Maria — *Pedro* era genro do comandante Grabois. Jornalista, atuava na imprensa clandestina do PCdoB. Escrevia frequentemente para o jornal *A Classe Operária*. Entrou para a guerrilha em 1969. Atuava no esquema de segurança da Comissão Militar e morreu com o sogro no tiroteio do Natal de 1973. Após o golpe militar, tentou montar uma base guerrilheira no interior de Mato Grosso, nas proximidades do município de Guiratinga. Lá também estava Osvaldão. Descoberto pela repressão, Gilberto foi para a China (1966), onde fez curso de capacitação política e treinamento militar. Paulista de Mirassol, era casado com Victoria Lavínia Grabois, filha do comandante. O corpo de Gilberto nunca foi encontrado.

Glênio Fernandes de Sá — *Glênio*, estudante de Física da Universidade Federal do Rio Grande do Norte, filiado ao PCdoB desde 1968, atuou no movimento estudantil e foi para o Araguaia em 1970. Durante um choque com os militares, em dezembro de 1972, perdeu-se dos companheiros e passou dois meses na mata, sobrevivendo de recursos naturais. Um lavrador o entregou ao Exército, em troca de recompensa. Ficou preso até 1975. Escreveu um livro de memórias da guerrilha (*Araguaia: memórias de um guerrilheiro*, Editora Anita Garibaldi, 1990). Morreu num acidente de carro em 26 de junho de 1990, quando fazia campanha para disputar uma vaga no Senado.

Guilherme Gomes Lund — *Luís* foi aluno do Colégio Militar, no Rio de Janeiro, mas foi só na faculdade de arquitetura da UFRJ, em 1967, que entrou no movimento estudantil. Foi amigo de Ciro Salazar — e como ele foi preso distribuindo panfletos que convocavam a população carioca para a "Passeata dos Cem Mil". Detido em 25 de junho de 1968 pelo Dops, ficou em cana até 10 de julho. Condenado a seis meses de prisão, fugiu para Porto Alegre, onde se filiou ao PCdoB, em 1969. Um ano mais tarde, chegou ao Araguaia. Em carta que escreveu aos pais, quando se decidiu pela luta armada, Guilherme registrou: "A violência injusta gera a violência justa." Pertenceu aos destacamentos A e C. Mais tarde, integrou, como segurança, a Comissão Militar. Morreu no tiroteio do Natal de 1973, quando o comando da guerrilha caiu.

Helenira Resende de Souza Nazareth — *Fátima* foi estudante de Letras na faculdade de filosofia da USP. Eleita vice-presidente da UNE (1968), esteve presa três vezes antes de seguir para a guerrilha. Helenira se incorporou ao Destacamento A, em 1971. Virou símbolo da luta armada no sul do Pará. Corajosa e determinada, enfrentava qualquer parada. Caiu em combate no dia 28 ou 29 de setembro de 1972. Matou um soldado e feriu um sargento, com uma carabina calibre 16, antes de tombar metralhada nas pernas. Teria sido liquidada a golpes de baioneta. Helenalda Resende, irmã da guerrilheira, confirma esta última informação no "Dossiê Mortos e Desaparecidos Políticos no Brasil". O episódio também é descrito no "Diário do Velho Mario", as anotações de campanha do comandante Grabois.

Hélio Luís Navarro de Magalhães — *Edinho* estudou Química na UFRJ. Teve intensa participação no movimento estudantil, apesar de ser filho de um comandante da Marinha. Largou a faculdade quando o governo militar decretou o AI-5, em 13 de dezembro de 1968. Amante da música, tocava flauta no acampamento do Destacamento A. Caiu em combate no Araguaia, atingido por três tiros de fuzil, no dia 14 de março de 1974, segundo relatório da Marinha. Portava uma metralhadora artesanal calibre 38, uma das poucas armas automáticas do arsenal guerrilheiro.

Hermógenes — Igual ao item anterior: "Paradeiro desconhecido."

Humberto — Lavrador. Mais um desaparecido, de acordo com o documento "Suplantando o Araguaia".

Idalísio Soares Aranha Filho — *Aparício* era mineiro. Estudou Psicologia na UFMG. Em 1970, ele se casou com Walquíria Afonso Costa, militante do PCdoB, a última guerrilheira a ser morta no Araguaia. Em janeiro de 1971, o casal se deslocou de Belo Horizonte para a zona da guerrilha e se fixou na Gameleira, onde operava o Destacamento B. *Aparício* tocava viola e cantava muito bem, fazendo inúmeras amizades na região. Em 12 de junho de 1972, o grupo dele foi emboscado por uma equipe do CIEx. Idalísio conseguiu fugir, mesmo gravemente ferido com dezenas de tiros de metralhadora. Ele se arrastou pela mata por quase dois quilômetros. O documento "Suplantando o Araguaia" informa que foi encontrado por um mateiro e morto com um tiro de 44 na cabeça. O corpo foi levado até Xambioá e enterrado como indigente.

Jaime Petit da Silva — O terceiro dos irmãos Petit era conhecido apenas pelo primeiro nome. Chegou à zona de guerra em 1971. Vinha condenado pela LSN, por atividades políticas no meio estudantil. Cursava Engenharia Elétrica e era professor de Física e Matemática. Preso no XXX Congresso da UNE em Ibiúna, ao ser solto, caiu na clandestinidade. Casou-se com Regilena da Silva Carvalho e foi com ela para Goiânia, de onde os dois partiram para a localidade de Caianos, na zona da guerrilha. O casal se juntou ao Destacamento B. Quando a luta começou, Regilena se perdeu dos companheiros e terminou se entregando a uma patrulha do Exército, provavelmente em julho ou setembro de 1972 (as datas são divergentes em vários documentos). Ela sobreviveu. Jaime não teve a mesma sorte: foi atingido por vários tiros de FAL e teve morte rápida, durante choque entre um destacamento guerrilheiro e os militares. Exército e Marinha informaram, em 1993, que o tiroteio teria ocorrido em 22 de dezembro de 1973.

Jair Maciel — Conhecido como *Zezinho*. Lavrador. Os militares dizem que foi morto em janeiro de 1974. Não há outras informações.

Jana Moroni Barroso — *Cristina* era cearense de Fortaleza, mas se criou em Petrópolis, Região Serrana do Rio. Estudou até o quarto ano de Biologia na UFRJ, quando já estava filiada ao PCdoB. Cuidava, com outros comunistas, da imprensa clandestina do partido. Em 21 de abril de 1971, foi designada para o Araguaia. Morou na localidade de Metade, onde foi professora e se tornou muito querida entre a população da vila. Com o início dos combates, se juntou ao Destacamento A. Na guerrilha, casou com Nelson Lima Dourado Piauhy, também combatente. *Cristina* foi encontrada por soldados no meio da mata, nas proximidades do rio Fortaleza. Mesmo desarmada, foi baleada e morta. Um mateiro local, guia da tropa, Raimundo Nonato dos Santos, o "Peixinho", prestou depoimento ao Ministério Público Federal, anos mais tarde, descrevendo o fuzilamento da guerrilheira. Segundo ele, o corpo foi fotografado e abandonado na mata, insepulto. Relatório da Marinha, datado de 1993, registra a morte em 8 de fevereiro de 1974.

João Amazonas de Souza Pedroso — O *Velho Cid* foi um veterano do movimento comunista. Ingressou na ANL (Aliança Nacional Libertadora, orientada pelo PCB) em 1935. Esteve preso várias vezes e foi um dos fundadores do PCdoB, do qual se tornou o líder máximo. Era um homem rígido com os companheiros, muitas vezes acusado de dogmatismo. Acreditava que a revolução valia qualquer sacrifício e propunha o emprego dos meios mais radicais. Defendia com vigor a luta armada e as teses maoistas da insurreição camponesa. Para o caso brasileiro, um engano lamentável, que produziu graves consequências. Esteve entre os primeiros comunistas a chegar ao Araguaia (1967-68). Deixou a zona guerrilheira em 1972, já sexagenário, com a chegada das primeiras tropas federais. Morreu em 2002, aos noventa anos, de causas naturais.

João Bispo Ferreira Borges — Esse nome aparece em relatório do CIEx como sendo um militante do PCdoB que chegou ao Araguaia em 1969. No entanto, os militares podem ter feito uma confusão com João Bispo Ferreira da Silva, identidade falsa usada por Libero Giancarlo Castiglia, o guerrilheiro *Joca*, cuja chegada à zona de combates se deu dois anos antes. De todo modo, mantenho o nome nesta lista porque entrou na contabilidade do serviço de informações do Exército. Mas não há outros detalhes sobre esta pessoa, nem sobre o destino que teve.

João Carlos Campos Wisnesky — *Paulo Paquetá* era estudante de Medicina no Rio de Janeiro e filiado ao PCdoB, incorporando-se à guerrilha em 1971. Foi para o Bico do Papagaio com a mulher, Maria Célia Corrêa. Fugiu em 1973, mas não se sabe como conseguiu romper sozinho o cerco militar. Esteve desaparecido por muitos anos, até ser localizado vivo na região metropolitana do Rio.

João Carlos Haas Sobrinho — Médico gaúcho, formado pela UFRGS, instalou-se no Maranhão, na área do Bico do Papagaio, ainda em 1967. Mudou-se para a região de Caianos, onde atuava o Destacamento C. Foi membro da Comissão Militar. Conhecido como *dr. Juca*, atuou entre as populações de Marabá e Xambioá. Era um dos mais queridos integrantes da guerrilha, na qual teve o título de comandante-médico. Certa vez, fez uma cesariana de emergência usando apenas uma lâmina de barbear. Além de suas atividades no movimento, fazia pesquisas sobre doenças tropicais. Os relatórios militares informam que morreu no dia 30 de setembro de 1972, cinco anos após chegar ao Bico do Papagaio. O corpo do *dr. Juca* foi exibido para os moradores da vila de Xambioá, mas desapareceu em seguida.

João Gualberto Calatroni — *Zebão*, militante do PCdoB no movimento estudantil secundarista do Espírito Santo. São poucas as informações a respeito dele. Sabemos que chegou ao Araguaia em 1970, com apenas dezenove anos. Foi tropeiro e caçador, atividades que dominava. Incorporado ao Destacamento A, operava na área de Brejo Grande. Morreu no tiroteio de 13 de outubro de 1973, no qual caiu André Grabois.

Joaquim de Oliveira dos Santos — Morador da vila de Bacabá, trabalhava na Agrovila 013, empreendimento rural incentivado pelo governo militar. Segundo a mulher dele, em novembro de 1973, saiu para o trabalho e nunca mais voltou. Teria sido preso pelo Exército, suspeito de participação na guerrilha. Foi aberto um processo na CEMDP (nº 163/05), visando indenização que beneficiaria a viúva, Maria Nazaré Medeiros. O pedido foi recusado por falta de provas.

Joaquim de Sousa Moura — Dono de uma pequena roça na área da vila de Xambioá. Está desaparecido desde 1973. A família diz que o nome dele estava em uma lista de procurados e que teria sido morto pelo Exército no dia 18 de junho. Nada ficou provado. No entanto, o apelido *Joaquinzão*, como o lavrador era conhecido naquelas bandas, consta do "Dossiê Araguaia", documento elaborado por oficiais do Exército que participaram da campanha. Lá está escrito: "Paradeiro desconhecido."

José — Lavrador. Nada se sabe. O nome aparece na lista dos militares como "desaparecido".

José de Lima Piauhy Dourado — Conhecido como *Ivo* ou *Zé Baiano*, participou com Wladimir Pomar da implantação de uma área de atuação do PCdoB em Goiás (Colinas, hoje Tocantins), no mesmo período de levantamento de zonas para a guerrilha. Isso durou quase dois anos, entre 1967 e 1969, quando o militante se deslocou para o Araguaia e se juntou ao Destacamento C. Junto com eles estava um militante conhecido apenas como *Augusto*, nunca identificado. É coincidência demais que Piauhy e Pomar estivessem tão perto (cerca de 100 quilômetros ao sul de Araguaína) sem ter qualquer envolvimento com a preparação da luta armada. Não há registros de que Wladimir Pomar tenha estado na guerrilha. Ele era membro da alta direção do PCdoB. José Piauhy, provavelmente, atuou na guerrilha durante quatro anos. Os relatórios militares garantem que morreu em janeiro de 1974, mas o corpo nunca foi encontrado.

José de Oliveira — Lavrador morto pelas tropas federais, segundo depoimento do padre Humberto, missionário católico na região. O nome aparece no relatório da CEMDP.

José Genoino Neto — *Geraldo*, filho de lavradores do sertão cearense, tornou-se líder estudantil e foi preso no XXX Congresso da UNE. Filiado ao PCdoB, passou à clandestinidade e chegou ao Araguaia em 1970, integrando o Destacamento B, no qual coordenava um grupo de sete guerrilheiros. Detido em abril de 1972, passou cinco anos encarcerado. E foi na cadeia que reencontrou a militante Rioco Kayano, que conhecia do movimento estudantil paulista e que foi apanhada pelo Exército na cidade de Marabá, tentando se juntar à guerrilha. Eles se casaram, em 1977, e tiveram três filhos. Sobrevivente, Genoino fez carreira política: elegeu-se deputado federal para seguidos mandatos, entre 1982 e 2002. Foi presidente do PT durante o primeiro governo Lula. Acusado de participar do "mensalão", foi condenado e está em prisão domiciliar.

José Humberto Bronca — Era conhecido na região da guerrilha como *Zeca Fogoió*, subcomandante do Destacamento B. Chegou em 1969. Foi mecânico de aviões da Varig, antes de aderir à luta armada, e fez parte da Comissão Militar. Escapou do tiroteio do Natal de 1973, mas foi denunciado ao Exército por um lavrador. Quando foi preso, estava doente, com graves infecções de pele, resultado de picadas de mosquitos e desnutrição. A Marinha registra a morte dele em 13 de março de 1974.

José Machado da Silva — Lavrador maranhense, suspeito de envolvimento com a guerrilha. De acordo com informações do irmão dele, Luís Machado da Silva, o trabalhador rural era obrigado a se apresentar uma vez por semana na base de Bacabá. Numa dessas ocasiões, sofreu um acidente de carro na frente do acampamento das tropas: gravemente ferido, foi levado de helicóptero para Marabá, onde morreu.

José Maurílio Patrício — *Manuel do B* ou *Mané* era capixaba. Estudou na Universidade Federal Rural do Rio de Janeiro e foi preso no XXX Congresso da UNE.

Depois disso, passou à clandestinidade e foi recrutado pelo PCdoB. Atuou no Destacamento B. O "Relatório Arroyo" informa que desapareceu na véspera do cerco à Comissão Militar, em dezembro de 1973. A Marinha diz que não: "Foi morto em out/74, na localidade de Saranzal."

José Ribeiro Dourado — Lavrador que serviu de guia para o Exército em 1974. Era conhecido como *José da Madalena*. Teria sido assassinado porque encontrou o guerrilheiro *Osvaldão* perdido na mata e, em vez de entregar o comunista, cuidou dele, inclusive conseguindo alimentos. A história de José aparece no jornal *A Província do Pará*, edição de 25 de abril de 1991, que publicou uma entrevista com a mulher dele, Madalena Lopes de Souza. A família diz que o lavrador sumiu.

José Toledo de Oliveira — Mineiro de Uberlândia, *Vitor* era formado em Direito e trabalhou como bancário no Rio de Janeiro. Esteve filiado ao PCB e rompeu com o partido para se ligar ao PCdoB. Fez parte do Comitê Estadual. Preso em 1969 pelo Dops, em razão de atividade sindical, foi entregue à Marinha e aprisionado na Ilha das Flores, então um centro de tortura no Rio de Janeiro. Absolvido do processo na Justiça Militar, passou à clandestinidade. Foi libertado em 31 de julho de 1970. No ano seguinte estava no Araguaia. Chegou a subcomandante do Destacamento C. Desapareceu em 21 de setembro de 1972, após ser metralhado em confronto com soldados. O diário do comandante Grabois tem uma anotação para a morte de *Vitor*, que também aparece no "Relatório Arroyo".

José Vieira de Almeida — Lavrador. Não há informações sobre ele. O documento "Suplantando o Araguaia" ("Dossiê Araguaia"), produzido por 27 oficiais do Exército que tiveram participação ativa na repressão à guerrilha, informa: "Preso em JAN/74." O pai desse lavrador, Luiz Vieira, desapareceu.

Juarez Rodrigo Coelho — Nada se sabe. "Suplantando o Araguaia" registra: "Preso em 14 AGO 72, suicidou-se." A morte do lavrador, considerado "elemento de apoio do Destacamento C", aparece em ofício enviado ao Ministério do Exército em 30 de outubro de 1972. O documento é assinado pelo general Antônio Bandeira, comandante da 3ª Brigada de Infantaria. Bandeira chegou a ser o chefe de operações militares no Araguaia.

Kleber Lemos da Silva — *Carlito*, economista carioca, estava incorporado ao Destacamento B. Foi recrutado para o partido (e para a guerrilha) por Lincoln Bicalho Roque, dirigente comunista no Rio de Janeiro, membro do Comitê Estadual e do Comitê Central. Integrava o Destacamento C. Logo após a chegada das tropas, essa unidade guerrilheira se embrenhou na floresta e passou onze meses sem contato com a Comissão Militar. No dia 26 de junho de 1972, com outros companheiros, cumpria missão de tentar localizar o comando guerrilheiro. Foi preso por uma patrulha de paraquedistas do Exército. *Carlito* tinha um largo ferimento na perna direita, causado por leishmaniose, e não conseguia andar sem ajuda. Um mateiro chamado "Pernambuco" o localizou e chamou os soldados. Ao tentar fugir, levou um tiro de fuzil no ombro. De acordo com o "Relatório Arroyo", o preso foi submetido a violenta tortura, chegando a ser arrastado por um burro de carga. *Carlito* entregou a localização de um antigo depósito de mantimentos da guerrilha, que já estava vazio. Os militares, então, o mataram em 29 de junho. Teria sido "metralhado ao tentar fugir", conforme registro na CEMDP.

Lázaro Peres Nunes — Empregado da Fazenda Boa Esperança, maranhense, teria aderido à guerrilha comunista na área do município de São Domingos (PA). A informação é do irmão dele, João Peres Nunes. A família diz que Lázaro foi preso pelo Exército e desapareceu em 1972. Foi aberto um processo na CEMDP (nº 139/04), mas a tentativa de receber indenização do governo fracassou, porque não foram encontradas provas ou testemunhas do episódio.

Levi — Morador da zona guerrilheira. Não há informações sobre ele. No documento "Suplantando o Araguaia", feito pelos militares, o nome consta da lista de camponeses mortos e desaparecidos.

Libero Giancarlo Castiglia — O *Joca* foi o único estrangeiro envolvido na guerrilha. Nasceu em San Lucido, na Itália, em 1944. Veio menino para o Brasil. Virou torneiro mecânico, trabalhava em fábricas e foi recrutado para o movimento comunista no final dos anos 1950. Foi um dos fundadores do PCdoB e chegou ao Araguaia em 1967. Instalou-se na área conhecida como Faveira, onde operava o Destacamento A. Comandou a unidade guerrilheira, que chegou a ter mais de vinte combatentes. *Joca* fez parte da Comissão Militar e sobreviveu ao cerco do Natal de 1973. Comunicados via rádio entre patrulhas da Brigada Paraquedista do Exército informaram que o italiano foi encontrado na mata e metralhado em janeiro de 1974.

Lourival Moura Paulino — Era barqueiro no rio Araguaia. Tinha 55 anos e uma pequena roça na beira do Gameleira. Amigo de *Osvaldão*, costumava comprar mantimentos e levar para os guerrilheiros. O delegado de polícia da vila de Xambioá, Carlos Teixeira Marra, o mesmo que prendeu José Genoino, estava investigando o barqueiro. Chegou à conclusão de que Lourival fazia parte do Destacamento B da guerrilha, tal a intimidade que tinha com os militantes do PCdoB. Decidiu prender o homem no dia 18 de maio de 1972. Levado para a delegacia, por volta das 3 horas da tarde, Lourival apareceu morto três dias depois, segundo o que está escrito na página 203 do relatório da Comissão Especial sobre Mortos e Desaparecidos Políticos do Ministério da Justiça. Teria se enforcado na cela, utilizando a corda de uma rede de dormir. Júlio Santana, guia do Exército na região, disse ao jornalista Klester Cavalcanti que viu o barqueiro na delegacia: "A imagem era assombrosa. O corpo estava suspenso, a meio metro do chão, amarrado pelo pescoço a uma viga de madeira do teto e vestido só de cueca." De acordo com esse relato de Júlio Santana, "as mãos do morto estavam amarradas para trás".

Lúcia Maria de Souza — *Sônia* foi estudante da Escola de Medicina e Cirurgia do Rio de Janeiro. Na universidade, fez parte de uma célula comunista e distribuía o jornal clandestino *A Classe Operária*, do PCdoB. Largou tudo e foi para o Araguaia, em 1971. Atuava na localidade de Brejo Grande, onde ficou conhecida como parteira. Quando as tropas federais chegaram, *Sônia* passou a viver no acampamento do Destacamento A. No dia 24 de outubro de 1973, caiu numa emboscada. Reagiu violentamente, disparando contra os militares. Metralhada nas pernas, caiu e foi cercada. Antes de ser executada, conseguiu sacar uma pequena pistola 22 que trazia na bota e atirou contra dois oficiais. O capitão Lício Augusto Ribeiro Maciel, conhecido como *dr. Asdrúbal*, levou um tiro no rosto. Gravemente ferido, teve de abandonar a campanha. O segundo oficial ferido foi o capitão Sebastião Rodrigues de Moura, o *major Curió*, atingido de raspão na barriga e no braço esquerdo.

Lúcia Regina de Souza Martins — *Regina* era médica obstetra, formada pela USP. Não era militante do PCdoB, mas decidiu acompanhar o namorado Lúcio Petit, o *Beto*, que viria a ser subcomandante do Destacamento A. Chegou ao Araguaia, em 1970, disposta a realizar trabalho social junto às comunidades locais. Logo demonstrou insatisfação com aquela vida no mato e com o próprio relacionamento. Um ano depois de chegar, contraiu brucelose e precisou de atendimento médico especializado. Para piorar, ficou grávida e foi submetida a um aborto improvisado. A situação era desesperadora. O comandante Mário (Maurício Grabois) autorizou a saída dela da região. Foi levada no lombo de um burro até a Transamazônica. Elza Monnerat acompanhou *Regina*, de ônibus, até um hospital na cidade de Anápolis (GO), onde os médicos ficaram impressionados com o estado da obstetra paulista. Ela fugiu, dias depois, pegando um ônibus para São Paulo, chegando em 16 de dezembro. Socorrida pelos pais, foi internada. Os médicos descobriram a brucelose que Lúcia Regina Martins havia contraído no Araguaia. Essa informação chegou, não se sabe como, aos militares. Elza Monnerat, muitos anos depois, acusou a mulher de ter denunciado a guerrilha, mas não há comprovação.

Lúcio Petit da Silva — *Beto* era um dos três irmãos Petit que participaram da luta armada no Bico do Papagaio. A família de classe média baixa vivia (e parte ainda vive) no interior de São Paulo. Engenheiro, militante do PCdoB desde o movimento estudantil na faculdade de engenharia (Itajubá, MG), era o irmão mais velho. Primeiro a chegar ao Araguaia, em 1970, foi subcomandante do Destacamento A. Durante a campanha, *Beto* passou a viver com a guerrilheira Lúcia Regina, aquela acusada por Elza Monnerat de ter denunciado as atividades do partido na região, como veremos em detalhes mais à frente. Foi preso pelo Exército na casa do sitiante *Manoelzinho das Duas*, cujo nome real não é conhecido, no dia 21 de abril de 1974. O sitiante era informante do Exército. Testemunhas dizem que foi levado de helicóptero com outros dois combatentes capturados. Estava com as mãos amarradas com uma corda de náilon e nunca mais foi visto.

Luís Dias de Andrade — Lavrador recrutado pela guerrilha. O irmão, Noel, prestou depoimento ao Ministério Público informando que ele desapareceu em 1972, na região de Brejo Grande, por ocasião da primeira expedição militar ao Araguaia. Luís levava mantimentos para os guerrilheiros. Frequentemente andava pela mata com os rebeldes. A família entrou com processo na CEMDP (nº 134/04) solicitando indenização pela morte do suposto apoiador da luta armada. O caso foi indeferido em 2006. Este pode ser o *Luís Viola*, que aparece no "Dossiê Araguaia" com a seguinte anotação: "Morto."

Luís dos Santos — Lavrador. Estaria desaparecido desde 1971. É estranho, porque os militares só chegaram um ano depois. A família deste homem entrou com um processo na CEMDP (nº 147/04) para reconhecimento de sua morte durante a guerrilha. O pedido foi recusado por falta de informações. Seu filho, Raimundo dos Santos, prestou depoimento dizendo que o pai andava pelas matas com um grupo de pessoas estranhas e que "nunca mais voltou pra casa".

Luiz Renê Silveira e Silva — *Duda* foi estudante na Escola de Medicina e Cirurgia do Rio de Janeiro. Abandonou os estudos para ingressar na guerrilha, em 1971, já filiado ao PCdoB, apesar de ter apenas dezenove anos. O "Relatório Arroyo" registra o desaparecimento de *Duda* no dia 19 de janeiro de 1974, quando ele perdeu o contato com os companheiros. Um morador da área da Gameleira, Pedro Moraes da Silva, que conhecia o guerrilheiro, diz que viu o rapaz preso. Estava ferido (um tiro teria quebrado uma das pernas) e era arrastado com cordas por um grupo de vinte soldados. Relatório da Marinha, datado de 1993, garante que *Duda* "foi morto em combate, em março de 1974".

Luiz Vieira de Almeida — Camponês de origem indígena, *Luizinho* tinha uma roça a uns 15 quilômetros da vila de Bacabá. Era amigo dos "paulistas", como os guerrilheiros eram chamados, desde 1970. Foi recrutado para o movimento, ao qual teria aderido como combatente. Encontrado na mata por uma patrulha do Exército, a cerca de um quilômetro do pequeno sítio, foi executado pelas costas. Uma testemunha da morte, José Ribamar Ribeiro Lima, guia do Exército à época, em depoimento à Procuradoria Geral da República no dia 4 de julho de 1996, confirmou o fuzilamento. A viúva de *Luizinho*, Joana, também sofreu violências e o filho do casal, José Vieira, depois de preso, foi obrigado a se alistar no Exército como recruta, apesar de já ter 24 anos. A morte do guerrilheiro foi anotada pelos militares no dia 31 de dezembro de 1973.

Luiza Augusta Garlippe — *Tuca* nasceu em Araraquara, no interior paulista, em outubro de 1941. Tinha jeito de bebê de capa de revista. Cresceu e se transformou numa mulher que impressionava pela beleza. Ela se formou na escola de enfermagem da USP, em São Paulo (1964), e chegou a ser enfermeira-chefe no Hospital das Clínicas. Especializada em doenças tropicais, viajou pelos rincões do país, tomando gosto pela floresta amazônica. Não se sabe quando ingressou no PCdoB, mas em

1971 já estava no Araguaia. Integrou o Destacamento B, na região do rio Gameleira. Ficou conhecida — e querida por todos — como parteira. Na guerrilha, viveu com Pedro Alexandrino de Oliveira, o *Peri*, também combatente. Com a morte do médico João Carlos Haas Sobrinho, passou a cuidar da saúde dos comunistas e fez parte da Comissão Militar. Presa junto com *Dina*, teria sido executada em junho de 1974.

Luzia Reis Ribeiro — *Baianinha* foi para a região do Bico do Papagaio em janeiro de 1972. Estava na última leva de militantes que o PCdoB mandou para a guerrilha. Aluna do curso de Estudos Sociais da UFBA, viu-se às voltas com a repressão por causa da atuação no movimento estudantil. Foi para São Paulo com outros militantes baianos e de lá seguiu para o Araguaia. *Baianinha* teve treinamento em sobrevivência e tiro. O instrutor foi *Osvaldão*. Em abril daquele ano, quando começou a primeira ofensiva militar, estava incorporada ao Destacamento C, em Caianos. O trabalho revolucionário de Luzia Reis não durou muito: em maio, com outros companheiros, caiu numa emboscada, na qual o subcomandante do destacamento, Bergson Gurjão Farias, foi ferido. Ela conseguiu fugir atravessando um rio, mas foi apanhada dias depois, ao procurar abrigo com moradores locais. Na base de Xambioá, foi interrogada com violência. Primeira mulher a ser presa, sofreu choques elétricos, afogamento e humilhações. Transferida para Brasília, ficou presa dez meses. Libertada, abandonou a militância. Passou um ano em tratamento médico e psicológico.

Manoel Pereira Marinho — Lavrador. Tinha apenas dezesseis anos quando começou a andar pela mata com os "paulistas". Seis meses depois, desapareceu, no final de 1972. O tio de Manoel, Leontino Dias Costa, relatou o caso ao Ministério Público Federal em 30 de julho de 2001. Disse que o rapaz foi localizado na mata por um dos guias da repressão, conhecido como *Luís Marinheiro*, e entregue ao Exército. Está desaparecido.

Manuel José Nurchis — *Gil*, operário comunista de São Paulo, amigo de Ângelo Arroyo, se juntou aos guerrilheiros em 1971, no Destacamento B. Morreu em combate no dia 30 de setembro de 1972, quando também morreram outros dois combatentes do PCdoB. O corpo desapareceu.

Marco Aurélio de Freitas Lisboa - Este nome aparece na lista dos militares com a seguinte anotação: "Paradeiro desconhecido."

Marcos José de Lima — *Ari do A* era ferreiro e foi recrutado para cuidar do armamento da guerrilha. Fez parte do Destacamento A e conhecia muito bem os militantes do PCdoB, inclusive os principais líderes e a Comissão Militar. O "Relatório Arroyo" informa que desapareceu no dia 20 de dezembro de 1973. No documento, o dirigente comunista suspeita que ele pode ter abandonado a luta. Os militares registraram Marcos como "camponês recrutado pela guerrilha". Teria mesmo desertado. Foi preso por soldados na Transamazônica e sumiu. Nesse caso, há a suspeita de que tenha se tornado informante do Exército, recebendo nova identidade e dinheiro para recomeçar a vida em outro lugar.

Maria Célia Corrêa — *Rosa* nasceu no Rio, era bancária e estudava Filosofia na UFRJ. Chegou ao Araguaia em 1971 para se encontrar com o "noivo" *Paulo Paquetá*, com quem passou a viver no Destacamento A. Sobreviveu pouco mais de dois anos: em 2 de janeiro de 1974, após confronto com soldados, Maria Célia se perdeu dos companheiros. Procurou ajuda em sítios da região, mas acabou denunciada aos militares. Em 1981, ofício do Ministério do Exército, assinado pelo então coronel Oswaldo Pereira Gomes, hoje general, dava conta de que Maria Célia nunca foi presa. No entanto, em 2 de maio de 1996, uma reportagem de *O Globo* traz o depoimento de um colaborador das Forças Armadas na região, Manuel Leal Lima, o *Vanu*, que diz ter visto quando três guerrilheiros presos desceram de helicóptero algemados e com capuz. Entre eles, segundo o informante, estava Maria Célia. Os prisioneiros teriam sido levados para a mata e executados. Em 2002, quatro representantes do Ministério Público Federal assinaram parecer dizendo que "tudo indica que foi presa viva".

Maria Lúcia Petit da Silva - *Maria*, irmã caçula de Lúcio, também chegou ao Araguaia em 1970. Morava na região de Caianos, onde operava o Destacamento C. Professora primária, dava aulas para os filhos dos lavradores e assim conquistou muitas simpatias. Com a chegada das primeiras tropas federais, juntou-se aos companheiros na mata. Teria caído num enfrentamento com soldados, ao amanhecer do dia 16 de junho de 1972. O "Relatório Arroyo", porém, traz uma versão diferente: Maria Lúcia Petit teria sido morta com um tiro de espingarda disparado pelo sitiante *João Coioió* (nome verdadeiro desconhecido), colaborador dos "paulistas" que decidiu entregá-los à repressão. Moradores locais dizem que havia tropas na área e que helicópteros abriram fogo de metralhadoras contra a mata. No momento em que *Maria* foi assassinada, outros três guerrilheiros estavam nas redondezas. A morte dela "em combate" é confirmada em relatório da Marinha, entregue ao Ministério da Justiça em 1993. Os restos mortais da guerrilheira foram encontrados num cemitério de Xambioá, em 1996. Dentre todos os desaparecidos na guerrilha, só os restos de *Maria* e de Bergson Gurjão Farias foram localizados.

Maurício Grabois - O *Velho Mário ou Tio Mário*, comandante em chefe da guerrilha, morreu aos 61 anos, no Natal de 1973. Foi cercado com outros quinze companheiros durante uma reunião da Comissão Militar. Caiu atingido por dois tiros de fuzil durante o feroz tiroteio conhecido como "Chafurdo de Natal". Um dos projéteis explodiu sua cabeça. Por sua coragem e desprendimento, Grabois era muito respeitado pelos militares que o caçavam, inclusive por ter frequentado a Escola Militar de Realengo, no Rio, durante a juventude. O *Velho Mário* havia chegado ao Araguaia em 1967.

Miguel Pereira dos Santos — *Cazuza* era pernambucano, mas morou em São Paulo quase a vida toda. Trabalhou como bancário, mas seguiu para a China em 1966: treinamento de guerrilha. Os serviços de inteligência brasileiros receberam informações da CIA sobre a viagem. Em 1968, clandestino, participou do grupo que fez os primeiros levantamentos para a luta armada, acompanhando Miqueas e Arroyo. Foi morto numa emboscada em 20 de setembro de 1972. Os militares levaram meses para conseguir identificá-lo.

Miqueas Gomes de Almeida — O *Zezinho do Araguaia* era filho de lavradores e desde menino esteve ligado a movimentos camponeses em Goiás e no Maranhão, ainda nos anos 1950. Participou da dissidência comunista que apoiava a luta armada e filiou-se ao PCdoB logo que se deu a fundação do partido. Após o golpe, fez parte do grupo que roubou armas de um arsenal do Exército em Anápolis (GO). Essas armas seriam usadas para montar uma resistência ao golpe. O assalto deu certo, mas a repressão pegou todos eles e *Zezinho* teve que fugir. Fez treinamento de guerrilhas na China e chegou ao Araguaia em 1968. Integrou o Destacamento B e se tornou o mais eficiente dos combatentes na mata fechada, tendo rompido o cerco várias vezes. Nunca foi preso. Fugiu com Ângelo Arroyo e passou 22 anos clandestino em São Paulo, mesmo após o fim da ditadura, só reaparecendo em 1996. É o mais impressionante sobrevivente da guerrilha. Atualmente mora em Goiás.

Nelson Piauhy Dourado — *Nelito*, irmão de José, era petroleiro. Vivia clandestinamente desde 1967, por causa de atuação no movimento sindical. Foi para o Araguaia com a mulher, Jana Moroni. Morto em combate no dia 2 de janeiro de 1974.

Orlando Momente — Paulista de Rio Claro, operário veterano do movimento comunista, filiado ao PCB desde os anos 1950. Fez parte do grupo fundador do PCdoB. Com o golpe de 1964, foi viver com a mulher Maria José e a filha Rosana numa fazenda em Fernandópolis, interior de São Paulo. Passou à clandestinidade após o AI-5. A última notícia que a mulher e a filha tiveram dele foi uma carta, em 1969. Não há informações precisas sobre quando se dirigiu ao Araguaia, mas integrou o Destacamento A. Orlando, chamado de *Landim* pelos moradores locais (corruptela de *Orlandinho*), se deparou várias vezes com agentes da repressão, mas nunca foi incomodado. Passava por lavrador e dava pistas falsas sobre os guerrilheiros. Após o cerco e destruição da Comissão Militar, comandou um grupo de combatentes em fuga. Perdeu contato com os companheiros em 30 de dezembro de 1973. Desapareceu.

Osvaldo Orlando da Costa — *Osvaldão*, como ficou conhecido no Araguaia, é apontado como o primeiro comunista a se implantar na região. Chegou ainda em 1966, quando o PCdoB fazia levantamentos em três áreas diferentes para a instalação da guerrilha. Foi ele quem montou a base guerrilheira da Gameleira, o Destacamento B, no qual chegou a comandar 23 combatentes. Atuou durante oito anos, até janeiro de 1974, quando foi morto por um morador local a serviço do Exército. Estava sozinho na mata, esfomeado e doente, vestindo apenas farrapos. Levou um tiro de calibre 12 e morreu na hora. Foi um dos mais carismáticos líderes do movimento, respeitado e querido pelo povo. Morto, *Osvaldão* foi amarrado no trem de pouso de um helicóptero e exibido nas vilas como um troféu. O corpo desapareceu.

Paulo Mendes Rodrigues — Gaúcho de Cruz Alta, *Paulo* era economista. Treinado na China, integrante do Comitê Central, foi um dos primeiros quadros do partido a chegar ao Araguaia. Comprou uma fazenda na área de Caianos e criava gado. Tratava bem os empregados e isso fez dele uma pessoa querida na região. Foi comandante do Destacamento C e integrou a Comissão Militar. Morreu com Maurício Grabois no tiroteio do Natal de 1973.

Paulo Roberto Pereira Marques — *Amauri* (ou *Amauri da Farmácia*) era bancário em Belo Horizonte e participou da greve da categoria em 1968. Perseguido pela repressão, perdeu o emprego e foi processado pela LSN. Filiou-se ao PCdoB e caiu na clandestinidade um ano depois. Em 1970, já estava no Araguaia. Foi dono de uma farmácia no lugarejo conhecido como Palestina. O pequeno comércio era apenas uma fachada para o trabalho de implantação da guerrilha, verdadeira razão para estar ali. Desapareceu depois de um forte confronto entre os comunistas e a Brigada Paraquedista, no dia 17 de dezembro de 1973. Outra versão, registrada no "Dossiê Araguaia", garante que caiu em combate no cerco à Comissão Militar, no dia de Natal daquele ano.

Pedrão — Lavrador envolvido com os guerrilheiros. Simplesmente sumiu. Mas o apelido aparece na lista de mortos e desaparecidos elaborada por militares, onde consta: "Paradeiro desconhecido."

Pedro Albuquerque Neto — *Pedro*, cearense, ativo no movimento estudantil enquanto frequentava a faculdade de Direito, preso no XXX Congresso da UNE, em 1968. Com a decretação do AI-5, passou a viver clandestinamente. A mulher dele, Teresa Cristina Albuquerque, também passou à clandestinidade. Filiados ao PCdoB, os dois seguiram para o Araguaia em fevereiro de 1971. Teresa Cristina não suportou as duras condições de vida na selva e convenceu o marido a fugir. Deixaram a região do Bico do Papagaio antes da guerrilha ser descoberta pelo governo militar. De volta a Fortaleza, em 1972, Pedro Albuquerque Neto foi preso quando tentava tirar a segunda via da carteira de identidade. O casal pretendia deixar o país. Ficou desaparecido durante um ano, submetido a torturas, até que os militares desistiram dele, tal a confusão que produziu com falsas revelações. Ele chegou a ser levado até o Araguaia e durante muitos anos carregou a pecha de ter denunciado o movimento guerrilheiro, acusação mais tarde retirada pelo PCdoB. O partido concluiu que não foi ele. Esteve exilado no Chile e no Canadá, retornando ao Brasil com a anistia, em 1979.

Pedro Alexandrino de Oliveira Filho — *Peri*, mineiro de Belo Horizonte, militou no movimento sindicalista dos bancários. Filiado ao PCdoB, foi preso pelo Dops em dezembro de 1969, na casa da irmã, Ângela. Agredido com socos e coronhadas, na frente de suas sobrinhas de três e cinco anos, ficou surdo de um dos ouvidos. Libertado, passou para a clandestinidade. *Peri* chegou à zona de guerra no Araguaia em 1971. Ele e *Tuca* se apaixonaram e viveram juntos no Destacamento B. Em agosto de 1974, sozinho, perdido na mata, foi encontrado por uma das patrulhas do Exército. Teria reagido. Levou um tiro de fuzil na cabeça. O corpo foi levado de helicóptero para a base de Xambioá. Ao chegar, soldados enfurecidos atacaram o cadáver, que foi chutado e cuspido. Isso levou à intervenção de um oficial da FAB, que gritou para a tropa: "Respeitem o inimigo!"

Pedro Matias de Oliveira — Este é, provavelmente, o nome real do posseiro *Pedro Carretel*, lavrador pobre estabelecido na vida de Bacabá. Era uma figura muito conhecida na região e se incorporou à guerrilha. Foi preso com a mulher, Joana Almeida, última pessoa a vê-lo com vida. De acordo com o documento "Suplantando o Araguaia" (o "Dossiê Araguaia"), produzido por 27 oficiais que estiveram na campanha, a morte dele ocorreu em 6 de janeiro de 1974. *Pedro* teria sido executado com outros dois guerrilheiros capturados.

Pedro Sander — Lavrador, conhecido como *Pedro Onça*. Amigo dos guerrilheiros, tinha fortes ligações com os integrantes do Destacamento C, na área de Caianos. Era vizinho de João Carlos Haas Sobrinho, o comandante-médico da guerrilha. Costumava trazer mantimentos para os combatentes, com quem também caçava. Foi apanhado pelo Exército e aprisionado em um buraco cavado no chão, coberto com grades e arame farpado, próximo à base de Xambioá. A história dele aparece no site da Fundação Maurício Grabois.

Pedro Souza Milhomem — Boiadeiro. Segundo a mulher dele, Maria Dionísia de Oliveira, saiu para levar gado de uma fazenda para outra e sumiu. Teria sido preso. Nada ficou provado.

Quincas — Lavrador. Não há informações sobre essa pessoa. Mas o apelido aparece na lista dos militares, onde consta: "Morto."

Rafael — Lavrador. O nome completo dele não é conhecido. Aparece na lista dos militares, onde consta: "Paradeiro desconhecido."

Raimundo Nonato de Araújo — Lavrador desaparecido. O nome consta do relatório da CEMDP, a partir de processo aberto por Suzana Keniger Lisboa (nº 165/05), mas nada foi apurado.

Regilena da Silva Carvalho — *Lena* foi detida por paraquedistas do Exército. Estava muito mal, com os pés feridos e infeccionados. Usava muletas quando se entregou. Levada para a base de Xambioá, foi logo transferida para Brasília. Na prisão, escreveu mensagem ao marido e aos companheiros, pedindo que se rendessem e informando que estava sendo bem tratada. O texto foi transformado em panfleto e lançado de helicóptero sobre a área de Caianos e Gameleira. *Lena* conversava frequentemente com o general Antônio Bandeira, expoente da repressão ao movimento guerrilheiro. Um dia ela pediu assistência de um advogado e o general respondeu que não precisava, porque o governo não iria processar ninguém: "Se houver processo vamos admitir a existência da guerrilha." Ela sobreviveu e abandonou a militância.

Rioco Kayano — Militante do PCdoB no movimento estudantil da USP, foi identificada pela repressão e precisou fugir. Fugiu para o Araguaia, mas não conseguiu se juntar aos companheiros do Destacamento A, porque foi presa na cidade de Marabá. Passou três anos na cadeia.

Rita — Moradora da região. Nenhuma informação sobre esta mulher. O nome consta da lista dos militares como "desaparecida".

Rodolfo de Carvalho Troiano — *Mané* ou *Manoel do A* era mineiro. Não há muitas informações sobre ele. Estudante secundarista ligado ao PCdoB, foi preso em 1969. Em 1971 já estava no Araguaia, onde fez parte do Destacamento A. Teria sido executado após ser preso no dia 12 de janeiro de 1974. Um morador entregou *Mané* ao Exército. No dia 13 de março de 2010 foi descoberta uma ossada na localidade de Brejo Grande, a 90 quilômetros de Marabá, que pode pertencer ao guerrilheiro.

Rosalindo Cruz Souza — Advogado baiano, *Mundico*, entre as vítimas do Araguaia, é um dos casos mais complicados. Tinha 31 anos quando chegou à guerrilha, em 1971. Foi incorporado ao Destacamento C, que operava na região de Caianos. *Mundico* foi encontrado morto numa área de mata, no sítio de um morador conhecido como *João do Buraco*. Foi sepultado lá mesmo. A localização exata viria a ser revelada pelo próprio lavrador, que foi preso pelo Exército porque os guerrilheiros costumavam acampar no sítio. Os militares desenterraram o corpo e cortaram a cabeça, que foi levada para a base de Xambioá, onde ficou dois ou três dias exposta aos olhos da população, em setembro de 1973. Há quatro hipóteses para a morte de Rosalindo Cruz Souza: ocorreu em combate, em agosto de 1973, conforme relatório do Exército; por causa de um acidente com a própria arma, segundo Ângelo Arroyo; suicídio, porque o guerrilheiro estaria sofrendo de forte depressão; ou teria sido executado pelos próprios companheiros. Esta última versão, apoiada pelos militares e por pesquisadores independentes, ganhou força nos últimos anos. *Mundico* teria sido acusado de desvio ideológico, traição e adultério. Por quê? Porque viveria um triângulo amoroso em seu destacamento, prática proibida pelo partido. Teria sido submetido a julgamento, por meio de um "tribunal revolucionário" composto por cinco guerrilheiros e na presença de sete camponeses, entre os quais *João do Buraco* e um agente infiltrado. A suposta sentença de morte teria sido executada pela subcomandante do Destacamento C, a lendária *Dina*.

480

Sabino Alves da Silva — Trabalhador rural cuja morte é atribuída à explosão de uma granada. Não há mais detalhes. E também não existe sequer a suspeita de que ele estivesse ligado aos guerrilheiros.

Sabonete — Lavrador. Nada se sabe dele. Está na lista dos militares como "desaparecido".

Sandoval — Lavrador. Teria sido o primeiro camponês a ser preso pelas tropas federais. Chegou morto à vila de Marabá. As circunstâncias da morte não são conhecidas. Era suspeito de ligações com a guerrilha e foi apanhado na área de combates. É citado no relatório da CEMDP a partir de um depoimento do patrão dele, Eduardo Rodrigues dos Santos, dado à revista *Manchete* em fevereiro de 1993. O nome também aparece em "Suplantando o Araguaia", onde consta: "Paradeiro desconhecido."

Sebastião Vieira Silva — Lavrador na área da serra das Andorinhas, segundo denúncias da família foi capturado antes mesmo da chegada das tropas, em janeiro de 1972. A filha dele, Maria Vieira da Silva, prestou depoimento afirmando que viu o pai ser preso e espancado por homens armados que queriam encontrar a guerrilheira *Dina*. Morreu oito dias depois, "em consequência da gravidade dos ferimentos, em Marabá, sem assistência médica". A prisão, dois meses antes da primeira expedição militar, também é muito estranha. Mas havia na região grupos de jagunços e pistoleiros, a serviço de fazendeiros e comerciantes, que mataram muita gente antes da guerrilha por questões fundiárias.

Simão Pereira da Silva — Ocupação indefinida. Preso pelo Exército em 1973, durante a terceira expedição militar ao Araguaia, foi brutalmente espancado e morreu, três anos depois, em Goiânia, em consequência das agressões que sofreu. Os militares queriam que Simão revelasse o paradeiro de guerrilheiros operando na área da vila de São Domingos. Em 1996, a Comissão Especial sobre Mortos e Desaparecidos Políticos do Ministério da Justiça reconheceu os maus-tratos sofridos pelo morador, supostamente integrante (ou colaborador) da guerrilha: "[...] é sem dúvida uma das dezenas de pessoas vítimas da truculência praticada pelo Exército contra os moradores, no afã de lograr informações sobre os guerrilheiros do Araguaia." A viúva de Simão, Maria da Paz Moreira, tenta obter reparação do governo federal.

Suely Yumiko Kanayama — *Chica* era descendente de japoneses, pequena, magra e muito bonita. Amiga de José Genoino e de Rioco Kayano no movimento estudantil paulista. Estudava Letras na USP e dava aulas de inglês para pagar a faculdade. Militante do PCdoB, chegou ao Araguaia em 1971, passando a integrar o Destacamento B. Era considerada uma combatente-padrão, dedicada e corajosa. Tinha dificuldade para se orientar na mata, mas realizava todas as tarefas com êxito. Antes de cair em combate, sofreu um grave ferimento: subiu numa palmeira de açaí e, acidentalmente, atingiu a mão esquerda com o facão; teria perdido dois dedos. O "Relatório Arroyo" informa que desapareceu antes do Natal de 1973, quando a Comissão Militar foi cercada. Documento do Exército, entregue ao Ministério da Justiça, traz a seguinte anotação: "Em 1974, cercada pela força de segurança, foi morta ao recusar sua rendição." Após a recusa, Suely foi atacada pela tropa enfurecida: levou mais de cem tiros. O corpo ficou despedaçado.

Telma Regina Cordeiro Corrêa — *Lia* era estudante de Geografia da Universidade Federal Fluminense (UFF). Em 1968, foi expulsa da faculdade, acusada de "subversão". Casada com Elmo Corrêa, chegou com ele ao Araguaia em 1971, onde ambos incorporaram o Destacamento B. Telma se perdeu dos companheiros, após perseguição dos militares, em setembro de 1974. Nunca mais foi vista. Há versões diferentes para a morte desta mulher: teria se perdido em algum ponto da serra das Andorinhas e falecido de sede e fome; teria sido apanhada por um agente do Exército, o engenheiro José Olímpio, e entregue na base de Xambioá; ou teria sido levada de helicóptero para nunca mais ser encontrada. Para aumentar a confusão, um relatório da Marinha registra a morte de Telma em janeiro de 1974.

Teresa Cristina Albuquerque — *Ana*, casada com Pedro Albuquerque Neto, não foi encontrada pela repressão depois de fugir do Araguaia. Ficou escondida na casa de parentes em Recife. Vive de um pequeno comércio na capital pernambucana. Não há outras informações.

Tobias Pereira Júnior — *Josias* foi estudante de Medicina no Rio de Janeiro. Não há muitas informações sobre sua militância antes do Araguaia. Abandonou a faculdade no terceiro ano para viver a experiência da luta armada na selva. Desde que chegou, no início de 1972, questionava os companheiros sobre a possibilidade de vencerem todos aqueles desafios. Segundo a maioria dos pesquisadores, desertou no final de 1973. Um morador local, informante do Exército, Sinésio Martins Ribeiro, prestou depoimento informando que *Josias* se rendeu a uma patrulha. Disse também que o guerrilheiro colaborou com a repressão. A prisão teria ocorrido no dia 18 de dezembro de 1973, na área da Gameleira. O relatório da Marinha de 1993 aponta 15 de fevereiro como o dia da morte, sem esclarecer as circunstâncias.

Tonho — Lavrador. Sem detalhes. O apelido surge na lista dos militares como "desertor da guerrilha". Foi recolhido pelas tropas em 10 de dezembro de 1973. O que aconteceu a seguir não é esclarecido. Também sumiu.

Uirassú Assis Batista — *Valdir*, outro baiano na guerrilha. Era o mais jovem combatente do PCdoB no Araguaia. Em 1971, estudante secundarista, com apenas dezoito anos, caiu na clandestinidade. Procurado pela polícia, fugiu para o Araguaia. Integrava o Destacamento A. Alegre e comunicativo, *Valdir* não perdia a oportunidade de ir às festas das comunidades. Fez muitas amizades entre os moradores. Preso com outros dois guerrilheiros, teria sido executado em 21 de abril de 1974. Testemunhas dizem que tinha um grande ferimento numa das pernas, causado por leishmaniose, e mancava quando embarcou num helicóptero do Exército. Nunca mais foi visto. Os militares registram a morte do rapaz em data diferente: 11 de janeiro, de acordo com "Suplantando o Araguaia" e com o relatório da Marinha de 1993.

Vandick Reidner Pereira Coqueiro — *João Goiano* foi estudante de Economia na UFBA. Dava aulas de história e tinha grande cultura. Fez parte do Comitê Estadual do PCdoB. Em 1971, com a mulher, Dinaelza Santana Coqueiro, seguiu para a área do rio Gameleira, passando a integrar o Destacamento B. Os dois viveram na guerrilha até dezembro de 1973. Vandick perdeu contato com os companheiros no dia 17, após intenso tiroteio com paraquedistas do Exército. O Ministério da Marinha registrou a morte do guerrilheiro da seguinte maneira: "Morto em 17/1/1974 pela equipe [de combate] C 11."

Walquíria Afonso Costa — *Walk* ou *Val*, casada com o guerrilheiro Idalísio Soares, foi a última a ser morta no Araguaia, executada em 25 de outubro de 1974. A queda de Walquíria sinalizou o fim da luta armada. As tropas federais se retiraram da região em janeiro de 1975. Mineira de Uberaba, estudou Pedagogia e se formou professora, atividade que exerceu na Gameleira. *Walk* foi presa pelo Exército e levada para as proximidades da base de Xambioá. Um guia das tropas, conhecido como Raimundo Nonato, passou três dias vigiando a prisioneira, amarrada num pé de jacarandá. Surgiram então dois tenentes e disseram ao bate-pau que ele deveria cavar um buraco no chão. Nonato cavou. Daí mandaram que ele se afastasse daquele lugar por pelo menos uma hora. Foi o que ele fez. Ao voltar, não havia mais prisioneira e a vala estava coberta de terra. Relatório da Marinha, entregue ao Ministério da Justiça em 1993, registra a morte de Walquíria.

Zé Maria — Morador da área de conflitos. "Paradeiro desconhecido", segundo os militares.

Zequinha — Morador local. Outro desaparecido. Nenhum detalhe. O apelido aparece na lista dos militares.

Índice Onomástico

XVII Semana de História da Unesp/Assis 1999), 205n

XX Congresso do Partido Comunista da União Soviética (PCUS), 58, 62, 65, 66, 74

XXIX Congresso da UNE, Vinhedo, 244

XXX Congresso da UNE, Ibiúna, 94, 163, 241, 244, 248, 267, 273, 342-343, 463, 467, 474

100 anos de guerras no continente americano (Severo), 50n

1961: o Brasil entre a ditadura e a guerra civil (Markun e Hamilton), 154

1964: golpe ou contragolpe? (Silva), 158n

1968: o ano que não terminou (Ventura), 84n, 141n, 207n

Abel, guia do Exército, 329

Abreu, general Hugo de, 27, 29, 216-219, 220, 223, 258

Academia Militar de Realengo, Rio de Janeiro, 305

Ação Libertadora Nacional (ALN), 36, 73, 74, 76-78, 174-175, 190, 193, 200, 215, 238, 241-242, 245, 247, 271, 287, 289, 418

Ação Popular (AP), 244, 246

Açores, 65

Aeroporto dos Guararapes, Recife, 92

África, 58, 65, 67, 91, 107, 110, 196

Agência Central de Inteligência (CIA, na sigla em inglês), 153

"Agrupamento Comunista de São Paulo", 74

Agrupamento Revolucionário de São Paulo, 190, 193

Ahora!, 127

Ala Vermelha, 287

Alagoas (CE), 70

Albânia, 65, 224, 254, 342, 395

Albuquerque, Teresa Cristina ("Ana"), 475

Albuquerque Neto, Pedro, 213, 215, 365-366, 475

Alemanha Ocidental, 177

Alfredo Fogoió, 375

"Algumas questões sobre as guerrilhas no Brasil", 74

Allende, Salvador, 154

Almeida, Crimeia Alice Schmidt de ("Alice"), 30, 342-344, 350-352, 458, 463, 472

Almeida, Luiz Vieira de, 465

Almeida, Miqueas Gomes de ("Zezinho do Araguaia"), 13, 30, 40, 65, 137, 168-169, 187, 231, 266, 290, 304, 306-307, 309, 320, 329, 341-342, 344-356, 461, 462, 469, 492, 494, 495

Almeida, José Vieira de, 479

Almeida Filho, Hamilton, 322

Alves, Baiana de Castro, 469

Alves, Benedito Ferreira, 474

Alves, Ivan ("Pato Rouco"), 84

Alves, Márcio Moreira, 74

Alves, Pedro Ribeiro ("Galego"), 486

Alves Brito, sargento Francisco das Chagas, 224

Alves Filho, Ivan, 70n, 84

Amado, Jorge, 59

Amaro Lins, Francisco, 260-261, 468-469

Amazônia, 12, 17, 18, 20, 22-23, 25, 27, 32, 34-39, 44, 47, 49, 51, 67, 71, 85, 106, 113-114, 120, 136, 166, 184, 186, 215, 219, 227, 229, 232, 254, 301-302, 304, 311, 322, 349, 360

América Latina, 58, 62, 64, 67, 75, 91, 139, 149, 159, 195, 198, 227, 252, 288

Amorim, Carlos, 11-13, 129n, 189n, 361

Anápolis (GO), 214, 250, 334, 342, 347, 462, 476

Anarquistas e comunistas no Brasil (Dulles), 60n

Andorinhas, serra das, 118, 119, 226-227, 301, 306, 313, 315, 323, 471, 481

Andrade, Evandro Carlos de, 145-147

Andrade, Luís Dias, 474

Angola, 65, 66

Aníbal, general cartaginês, 196

Anima Films, 191

Anistia Internacional, Londres, 242

Ano vermelho, O (Bandeira), 50n

"Antimil" (PCB), 176

Antônio Conselheiro ("o Peregrino"), 11, 26-27, 29, 50, 69

"Ao que vai nascer" (Nascimento e Brant), 73

"Aquele abraço" (Gil), 72

Aragão, almirante Cândido da Costa ("o almirante vermelho"), 156

Araguaia, 21-44, 48-50, 55, 56, 58, 64-65, 67, 70, 71, 86n, 87, 91-92, 101, 104, 106-108, 111, 117, 119, 120, 123, 125, 130, 135-139, 141, 163-168, 169, 176, 177, 181-189, 191, 203-210, 212-214, 216, 217-221, 227-229, 231-233, 237-239, 253-259, 261-263, 265, 269-271, 272, 275, 276, 279, 284-290, 293-299, 302, 307, 308-309, 312, 316, 318, 320, 321-326, 327-329, 331, 332, 334, 337-339, 342-349, 351, 357-360, 365, 366, 373, 377, 395, 397, 399, 400-404, 405, 419-422, 424, 425, 433, 436-438, 459-496

Araguaia, rio, 23, 40, 106, 117, 201, 225, 226, 250, 306, 334, 349, 350, 396

Araguaia — histórias de amor e de guerra (Amorim), 11, 12

Aranha Filho, Idalísio Soares ("Aparício"), 371, 372, 476

Araújo, Maria Celina de, 359n

Araújo, Raimundo Nonato de, 493

Arns, Paulo Evaristo, 86n, 175

Arraes, Miguel, 126

Arroyo, Ângelo ("Joaquim"), 30, 56, 59, 164, 169, 181, 182, 187-188, 204-206, 228-231, 270, 307, 309-310, 315, 320, 341, 344-349, 352-355, 399, 461, 462, 480, 484, 494

Arruda, Diógenes de, 59

aruakis, índios, 114

Ásia, 58, 91, 252, 441

Assalto ao poder (Amorim), 189n, 243n

Assembleia Legislativa da Guanabara, 143

Assis, Machado de, 84

Associação Brasileira de Imprensa (ABI), 60, 173

"Associação dos Torturados da Guerrilha do Araguaia", 24

Associação Metropolitana dos Estudantes Secundários (Ames), 178

Associated Press, 322

Ato Institucional nº 5 (AI-5), 70, 72 [entra?], 74, 75, 93, 127-128, 132n, 141, 144, 150-151, 176, 244, 249, 278, 281, 282, 286, 357, 475, 479, 484

Autopsia do medo (Souza), 78n

Avelar, dom Estevão Cardoso, 33

"Aventuras de Che na Bolívia, As" (Waghelstein), 289n

Azambuja, Carlos Illich Santos, 165

Bacabá, 24, 224, 311, 315, 464, 465, 474, 492, 493

Bahia, 26, 128, 129, 166, 176, 182, 213, 249, 332, 406, 434

Baía dos Porcos, Cuba, 63

Banco do Brasil, 114, 148, 444
Banco Mundial (BID), 53
"Banda, A" (Buarque de Holanda), 177
Bandeira, general Antônio, 225, 357-360, 467, 483, 489
Bandeira, Luiz Alberto Moniz, 50n
Bandeira, pico da, 152
Bar Don Juan (Callado), 68, 190
Barbosa, Joaquim, 278
Barrientos, René, 75-76
Barriga, serra da, 69-70
Barros, Ademar Pereira de, 82, 443, 445
Barroso, Jana Morone ("Cristina"), 392-393, 477-478
Barsotti, coronel Divo, 246
Bastos, Ronaldo, 235
"Batalha da Maria Antônia", 247
Batalha de Dien Bien Phu, 66, 196, 252
Batalha de Little Bighorn, 360n
Batalhão de Infantaria de Selva, 25, 105, 118, 123, 183-184, 191, 224, 231, 294, 303, 324, 486
Batalhão de Operações Especiais (Bope), 39
Batismo de sangue (Frei Betto), 242n
Batista, Fulgêncio, 189, 288
Batista, guerrilheiro, 390-391, 486
Batista, Uirassú Assis ("Valdir"), 488
BBC, 80, 254
Beatles, 71, 177
"Bêbado e a equilibrista, O" (Bosco e Blanc), 83
Belchior, Antônio Carlos Gomes, 179
Belém (PA), 118, 123, 238, 293-294, 296, 323, 334
Belem-Brasilia, rodovia, 285, 286
Bennett, Tony, 177
Bernardes, presidente Artur da Silva, 155
Bertolino, Osvaldo, 59-60, 63, 310
Bertolucci, Bernardo, 252n
Betancourt, Ingrid, 227n
Betim (MG), 81, 149, 282
Bezerra, Gregório, 243
Bezerra, José (Velho China, "gateiro"), 105-107, 117-121, 123-125, 136-137, 295

Bico do Papagaio, 23, 25, 34, 35, 44, 68, 76, 101, 106, 163, 186, 189, 191, 194, 205, 210, 213, 215, 225, 261, 262, 289, 295, 308, 318, 328, 345, 346, 349-350, 351, 355, 459, 466, 469, 475, 481, 489
Blanc, Aldir, 83
Boinas-verdes, Os, filme, 219
Bolívia, 74-75, 108-109, 136, 139, 189-191, 194, 195, 198, 199, 216, 227, 289, 349
Bolsonaro, deputado Jair, 27-28
Borges, João Bispo Ferreira, 463-464
Borges, Lô, 15, 69
Borges, Márcio, 15, 69
Borgeth, João Carlos *ver* Wisnesky, João Carlos ("Paulo Paquetá")
Bosco, João, 83
Braga, Susana dos Reis, 5
Branca de Neve e os sete anões tarados, peça, 127
Brant, Fernando, 73
Brasil, guerrilha e terror, documentário, 170n
Brasil: nunca mais (Arns), 86n, 175
Brasileiro: profissão esperança, documentário, 151n
Brasília, 27, 37, 80, 117, 123, 124, 133, 135, 141, 152-153, 165, 192, 214, 220, 267, 268, 270, 272, 279, 280, 306, 308, 311, 317, 331, 334, 338n, 344, 359, 463, 467, 478, 490
Brejo Grande do Araguaia (PA), 329-330, 368, 377, 384, 396, 474, 475, 486, 494
Brigada de Infantaria Paraquedista do Exército, 25, 27, 108, 216, 230, 231, 258, 301, 303, 461, 464, 467, 477, 480
Brilhante Ustra, coronel Carlos Alberto ("dr. Tibiriçá"), 270-271, 272
Brito, Elinor, 142
Brito, Hélio, 282n
Brizola, Leonel, 92, 126, 152, 154, 157, 190, 346
Bronca, José Humberto ("Zeca", "Zeca Fogoió"), 367, 464

Brum, Cilon Cunha ("Simão"), 124, 137, 295, 307-308, 327-329, 374, 376, 389, 391, 486
Brum, Liniane Haag, 327, 486
Buarque de Holanda, Chico, 83, 85-86, 150, 177
Buarque, Sérgio, 325
Bucher, Giovanni Enrico, 242
Burchett, Wilfred, 207
Buscetta, Tommaso (dom Masino), 72
Buzaid, Alfredo, 132

Cabo Verde, 65
Cabral, Otávio, 245n
Cabral, Pedro Corrêa, 184
Cadê Profiro?, documentário, 282n
Caetés, rio, 345
Caianos (PA), 136, 166, 261, 262, 459, 466, 467, 483, 489, 490, 494, 495
caiapós, índios, 324
Calabouço, restaurante, 83, 141-142
Calatroni, João Gualberto ("Zebão"), 314, 315, 474-475
Callado, Antonio, 68, 150, 190
Callado, Daniel ("Doca"), 389, 391, 487-488
Camboja, 149
"Caminhando e cantando" (Vandré), 82
Caminhos da Reportagem, 152
Camões, Luís de, 130, 131
Campos Júnior, Newton Monteiro de, 161
Canadá, 38, 475
Canudos, Guerra de (1896-1897), 11, 26-27, 29, 42, 50, 69, 209, 258
Caparaó, Guerrilha de, 132, 152, 162-163, 176, 298, 420
Caparaó: a primeira guerrilha contra a ditadura (Costa), 162
Capingó, fazenda, 167-168, 381
Capitólio, EUA, 175
Carandiru *ver* Casa de Detenção de São Paulo
Carbonários, Os (Sirkis), 178
Cardoso, Fernando Henrique, 52, 53, 84, 151, 299

Cardoso, José Romero Araújo, 308
Carelli, Vincent, 322, 324, 325
Caribe, 58, 62, 65
Carlos Marighella: o inimigo numero um da ditadura militar (José), 74-75
Carneiro, Danilo ("Nilo"), 366, 468
Carneiro, Orlando ("Belisca Lua"), 323
Carrillo, Manuel, 75
Carta, Mino, 322-323
"Carta de Pomar", 205, 399-404
"Carta del Lavoro"(Mussolini), 154
"Carta dos Cem, A", 60
Carvalho, Antônio Carlos de, 100
Carvalho, Apolônio de, 146
Carvalho, delegado Otávio Trabalhe de, 247
Carvalho, Édson Régis de, 92
Carvalho, Regilena da Silva ("Lena"), 370, 372, 467
Casa Branca, EUA, 57-58, 153, 159-160, 175
Casa de Detenção de São Paulo, 272-273, 275
Casa de Detenção do Recife, 99
Casaldáliga, dom Pedro, 34
Cassino do Chacrinha, 224
Castello Branco, Humberto de Alencar, 143, 158, 160, 271n
Castiglia, Libero Giancarlo ("Joca"), 305, 307, 315, 380, 388, 390, 391, 461, 463-464
Castro, Antonio Teodoro de ("Raul"), 376, 378, 388-391, 484
Castro, Celso, 359n
Castro, Fidel, 62-63, 76, 85, 152, 189, 194-195
Castro, Raul, 65, 76, 194
Cavalcante, Dower Moraes ("Domingos"), 370, 478
Cavalcanti, Klester, 263n, 265, 471
Ceará, 35, 182, 213n, 238, 243, 244, 248, 273, 284, 355, 366, 406, 434, 443, 484, 489
Ceará, zelador, 324
CEMDP, 169
Central do Brasil, 359
Centro de Informações da Marinha (Cenimar), 208, 319

Centro de Informações do Exército, 192

Centro de Informações e Segurança da Aeronáutica (CISA), 86

Centro de Inteligência do Exército (CIE), 105, 118

Centro de Preparação de Oficiais da Reserva (CPOR), 186

CGI, Comissões Gerais de Investigação, 152

Chade, Calil, 59

Chagas, Carlos, 135

Chaves, Aloysio ("Pavão"), 323

Chaves, Francisco Manoel ("Zé Francisco"), 495

"Che" Guevara, Ernesto, 62, 64-65, 68, 74-75, 89, 108, 136, 152, 189-190, 194-195, 199, 216, 227, 247, 252n, 277, 281, 288-289, 325

Chile, 81, 93, 126, 179, 198, 242, 417, 475

China, 46, 58, 64-65, 153, 252, 254, 281, 284-285, 287, 290, 307, 314, 345, 347-349, 450, 456, 462, 463, 488, 489, 494, 495

Cidade do México, 96

Classe Operaria, A, 60, 204, 317-318

Clube da Esquina (Borges e Borges), 15

Clube de Regatas Vasco da Gama, 186

Código Penal Militar, 166

Coelho, Juarez Rodrigo, 483

Collor de Melo, Fernando, 277

Colômbia, 39, 43, 53, 91, 139, 190, 198, 207, 211, 288; *ver também* Forças Armadas Revolucionárias da Colômbia (Farc)

Coluna Prestes, 50

Comando de Caça aos Comunistas (CCC), 73

Comando de Libertação Nacional (Colina), 178

Comando Militar do Planalto (CMP), 135, 224, 303

Comando Vermelho (Amorin), 129n

Comando Vermelho (CV), 129

Comissão da Anistia, 300

Comissão Especial sobre Mortos e Desaparecidos Políticos (CEMDP), 29, 167,

169-170, 465, 471, 472, 474, 477, 485, 490, 492, 493

Comissão Militar das Forças Guerrilheiras do Araguaia (CM), 56, 164, 187, 204, 226, 228, 230, 232, 257, 262, 301, 302, 307, 309, 313-315, 320, 329, 341, 343, 350, 352, 366-369, 371-373, 376-378, 380, 382-389, 391-393, 395, 400-402, 422, 427-428, 430, 431, 433, 459, 461, 463, 464, 468, 470, 473, 477, 478, 483, 485, 487, 489

Comissão Nacional da Verdade, 73, 99, 138, 173, 214, 220, 271, 329

Comissão Nacional de Direitos Humanos da Ordem dos Advogados do Brasil (OAB), 99, 100, 215

Comissão Secundarista (Cosec), 178-179

Comitê Central do PCdoB, 59, 74, 164, 166, 182, 187-188, 189, 204-206, 228, 253, 255, 270, 307, 309, 332, 342, 347, 365, 372, 399-404, 419, 431, 434, 437, 460, 461, 477, 489, 496

"Como nossos pais" (Belchior), 179

Companhia Energética do São Francisco, 92

"Comunicado nº 1", 224, 369, 395-398

Comunidade de Informações, 25, 215, 229, 303, 342

Conceição, Manoel da, 289-290

"Conexão Ilha Bela", 72

Conferência Nacional dos Bispos do Brasil (CNBB), 33

Confúcio, 197

Conselho de Segurança Nacional, 151

Conselho Mundial das Igrejas, 175

Constituição (1988), 51, 132n, 180, 277, 288

Contagem (MG), 282

Convento L'Arbresle, França, 243

Cony, Carlos Heitor, 150, 162

CooJornal, 321

Coqueiro, Dinaelza Santana ("Maria Dina", "Dinorá", "Mariadina"), 167, 380, 480-481

Coqueiro, Wandick Reidner Pereira ("João Goiano"), 391, 480
Corações sujos (Morais), 337n
Cordeiro, Marcus Vinícius, 98
   Cordeiro, Nilce, 98
   Cordeiro Filho, Henrique, 98
Coreia, 160, 281, 440, 442, 445, 456
Coronel Macedo (SP), 337
Correa, Carlos Hugo Studart *ver* Studart, Hugo
Corrêa, Elmo ("Lourival"), 388, 389-391, 481
Corrêa, Marcos Sá, 160n
Corrêa, Maria Célia ("Rosa"), 308, 309, 318, 319, 393, 481, 482
Corrêa, Maurício, 480
Corrêa, Telma Regina Cordeiro ("Lia"), 390-391, 481
Correio da Manhã, 130, 142 [miolo: "de"]
Cosa Nostra, 72
Costa, Antonio de Pádua ("Piauí"), 367, 474
Costa, Dagoberto Alves ("Miguel"), 270, 369, 370, 372, 490
Costa, José Caldas da, 162-163
Costa, Leontino Dias, 492
Costa, Osvaldo Orlando da ("Osvaldão", "Gigante"), 13, 124, 137, 139, 167-168, 170, 186, 187, 208, 229, 232, 255, 261, 263, 267, 287, 295, 297, 308, 324-325, 328, 346, 349, 350, 352, 367, 378, 380, 386, 390-392, 430, 458, 463, 469, 470, 486, 490, 493
Costa, Salvador Pires, 293, 298
Costa, Walquíria Afonso ("Walk", "Val"), 320, 376, 476-477
Costa e Silva, marechal Arthur da, 92, 135, 357
Couro D'Água, trilha do, 117, 118
Couro D'Anta, 301-302, 374; *ver também* Andorinhas, serra das
Couto e Silva, general Golbery do, 79, 158
Covas, Mário, 244, 288
Crato (CE), 250

Crespo, doutor, 128
"Crise dos Mísseis", 64, 193
Crônicas de Nárnia, As (Lewis), 111
Cruz, general Newton, 152
Cruz, Olindina Aniceta, 293, 296, 298
Cruz de Honra da França, 146
Cuiabá-Santarém, rodovia, 35
Cunha, Euclides da, 11, 69n
Cupull, Adys, 75n, 109n
Curió, José Sebastião *ver* Moura, Sebastião Rodrigues de
Cury, Luciano, 120
Custer, general George Armstrong, 360
CZ Agora, site, 308

D'Ávila Mello, general Ednardo, 273
Damous, Wadih, 99, 100, 215
Danielli, Carlos Nicolau ("Antônio"), 30, 59, 63, 496
Da-Rin, Silvio, 95, 245n
Debray, Régis, 68, 89
Denys, general Odílio, 155, 359
Departamento de Censura, 85
Departamento de Estradas de Rodagem (DER), 323, 325
Departamento de Ordem Política e Social (Dops), 72, 77-78, 84, 93, 127-128, 134, 147, 241-242, 246-247, 270, 470, 472, 473, 488
Departamento Nacional de Produção Mineral (DNPM), 106
Der Spiegel, 110
Destacamento de Operações e Informações do Centro de Operações de Defesa Interna (DOI-Codi), 87, 98, 128, 171, 242, 270, 273, 496
"Dez anos de Justiça Militar no Brasil", 144
Dia, O, 172
Diário de Noticias, 129
Diário de um combatente ("Che" Guevara), 289
Diário do Che na Bolívia, O (Cupull e González), 75n, 109n

490

"Diário do Velho Mário" (Grabois), 230, 312, 315, 319, 480

Dias, coronel Erasmo, **273**

Dias Gomes, Alfredo de Freitas, 150

Dien Bien Phu, Vietnã, 66, 196n, 252

Diniz, Leila, 178

Dirceu: a biografia (Cabral), 245n

Dirceu, José *ver* Oliveira e Silva, José Dirceu de

"Diretas Já", **126**

"Disparada" (Rodrigues), 177

Dissidência Comunista da Guanabara (DI-GB), 199, 244, 246, 463; *ver também* MR-8 (Movimento Revolucionário 8 de Outubro)

Ditadura derrotada, A (Gaspari), 79

Ditadura encurralada, A (Gaspari), 79n

Ditadura envergonhada, A (Gaspari), 79n, 160n

Ditadura escancarada, A (Gaspari), 79n

Dória, Palmério, 11, 34, 44, 212-213, 217, 219, 258n, 274, 321-326

Dornellas, sargento Daltro, 162-163

"Dossiê Araguaia" (Studart), 29-30, 296-297, 298, 305-306, 311, 312, 319, 464, 465, 469, 474, 478, 479

Dourado, José Lima Piauhy ("Ivo", "Zé Baiano"), 378, 380, 458-459

Dourado, José Ribeiro ("José da Madalena"), 493

Dourado, Nelson Lima Piauhy ("Nelito"), 380, 384-388, 392, 393, 459, 478

Duarte, José, 59

Dulles, John W. Foster, 60n

Dylan, Bob, 177

Editora Abril, 322

Editora Alfa-Omega, 326

Editora Bloch, 129

Editora Futuro, **64**

Edu Lobo, 150

Einstein, Albert, 64, 193

"El Bogotazo"/"La Violencia", 198

El Salvador, 198, 288

Elbrick, Charles Buck, 95, 96, 199-200, 245n, 246, 247, 415-417

Elis Regina, 150, 177, 179, 224

Elke Maravilha, 86n

Encina, José Carlos dos Reis ("Escadinha"), 129

Engels, Friedrich, 52

Entre o sonho e o poder (Genoino), depoimento, 240n, 241n, 249n, 251n, 265, 291n

Escola de Guerra das Américas, Panamá, 268

Escola Superior de Guerra (ESG), 97, 148

Espírito Santo, 57, 92, 144, 152, 159, 474

Estadão, 130-136

Estado de S. Paulo, O, 92, 125, 131, 132, 134-135, 167, 286

Estado Novo, 83, 238

Estado-Maior das Forças Armadas, 39, 142, 158

Estados Unidos, 42, 54-55, 57, 63, 64, 66, 72, 149, 159, 160, 196-197, 200, 268, 281, 289, 337n, 415, 417, 444

Estreito (MA), 35

Eu compro essa mulher, novela, 178

"Eu te amo, meu Brasil" (Dom), 82

Evening Standard, The, 177

Exército de Libertação Nacional (ELN), 39

Fagundes, Eduardo Seabra, 99

Fantástico, 67-68, 160, 468

Faria, Jorge, 135

Farias, Bergson Gurjão ("Jorge"), 369-370, 467, 489, 490

Fayal, Carlos Eduardo, 245

Fernandes, Eliane Moury, 359

Fernandes, Nelson Gomes, 92

Ferraz, Lucas, 214, 220

Ferreira, Luís Antônio, 215

Festival da Música Popular Brasileira, 177

Festival de Woodstock, 149

FFGG *ver* Forças Guerrilheiras do Araguaia

Fiel Filho, Manoel, 273

Figueiredo, general João Baptista de Oliveira, 126, 127, 209

Figueiredo, Lucas, 77n, 175, 220

Fleury, Sérgio Paranhos, 78, 241-242, 270, 272

Folha de S. Paulo, 78, 160n, 183, 210, 214, 220, 246

Fonseca, major Cleto da, 323, 325

Fonseca Filho, Adriano ("Chico"), 389, 490

Força Aérea Brasileira (FAB), 22, 80, 111, 161, 184, 470

Força Expedicionária Brasileira (FEB), 184, 218, 447

Força Expedicionária Francesa, 252

Forças Armadas Revolucionárias da Colômbia (Farc), 28, 39, 190, 198, 207, 211, 227

Forças Guerrilheiras do Araguaia, 49, 168, 188, 210, 257, 261, 273, 301, 304, 319, 320, 376, 378, 383, 395-398, 401, 422, 434, 457, 472

Formoso, rio, 346

Fortaleza (CE), 240-241, 243-244, 249, 250, 273-274, 475

Fortaleza, rio, 384, 385, 391, 478

Forte de Copacabana, 159

França, 66, 84, 146, 149, 175, 196-197, 243, 252, 275, 348

Franciscato Júnior, José, 279-280

Freitas, José Itamar de, 129

Freitas, padre Alípio de, 248

Frente de Libertação Nacional do Vietnã / "Vietminh"/ "vietcongue", 42, 46, 66, 196, 207, 211, 252, 259

Frente Democrática de Libertação Nacional, 283

Frente Nacional de Libertação do Vietnã, 46, 211n

Frente Patriótica Manuel Rodrigues, Chile, 198

Frente Unida dos Estudantes do Calabouço, 142

Fundação Maurício Grabois, 187n, 230, 318, 494

Fundação Nacional do Índio (Funai), 110, 111, 112, 115, 322

Galeano, Eduardo, 5

Gameleira, rio, 36, 117, 119, 123, 138, 168, 170, 186-187, 237, 255, 258, 261, 263, 294, 295, 298, 328, 338, 374, 381, 387, 389, 458, 467, 470, 476, 479, 480, 489

Garcia, família, 241

Garlippe, Luíza Augusta ("Tuca"), 167, 169, 232, 259, 260, 383, 391, 470

Gaspari, Elio, 79, 132n, 158, 160n, 165

gaviões, índios, 324

Gazeta Mercantil, 185n

Geisel, Orlando, 80-81, 155, 218, 232

Geisel, presidente Ernesto, 79, 126, 132n, 142, 155, 218, 232, 273, 303, 422

Genoino Neto, José ("Geraldo"), 36, 43, 45, 61n, 101, 137, 168-169, 201, 211-213, 238-286, 289-291, 295, 325, 331, 332, 334-335, 338-339, 344, 350, 352, 366, 372, 381, 458, 468, 469, 470, 472-473, 487

Gil, Gilberto, 72, 150

"Girl" (Beatles), 177

Globo, O, 72, 126, 130, 144-145, 156, 172, 482

"Gloriosa jornada de luta", 204, 399

Goiás, 36, 49, 51, 61, 213, 282, 285, 303, 308, 341, 345-348, 353, 355, 367, 395, 396, 406, 409, 424, 432, 458, 462, 495

Góis, Miguel, 245

Golpe de 1964, 12, 52, 57, 64, 73, 80, 88, 134n, 143, 148, 150, 156-158, 160, 161-176, 179, 186, 190, 197, 206, 243, 248, 281-282, 285, 346-347, 357, 360, 420, 462, 463, 484

Gomes, coronel Oswaldo Pereira, 482

Gonçalves, Alex, 279

Gonçalves, general Leônidas Pires, 175

González, Adolfo Mena, 189; *ver também* "Che" Guevara, Ernesto

González, Froilán, 75n, 109n

Gordon, Lincoln, 160

Goulart, João (Jango), 52, 57, 61, 80, 88, 144, 152-154, 156-159, 176, 279-281, 359

Grabois, Alzira Reis, 60

Grabois, André ("Zé Carlos", "ZC"), 41, 65, 167, 209, 211, 309, 314-317, 341-343, 348, 350, 367, 374, 380, 384-385, 387, 462, 463, 474, 475

Grabois, Maurício ("Velho Mário"), 41, 58-60, 63-65, 167, 187, 189, 192, 208, 209, 211, 229, 230, 232, 239, 304-307, 312, 314-316, 319, 320, 341, 352, 357, 391, 459-460, 461, 462, 463, 476, 480, 488, 489

Grabois, Victoria Lavínia, 307, 463

Graças, irmã Maria das, 33

"Grande Marcha", 251

Grande sertão: veredas (Rosa), 33

Granma, jornal cubano, 195

Grota da Borracheira (PA), 316

Grota Rasa, 119, 120, 125, 136-138, 215, 294, 295, 297, 328

Grupo de Combate D2, 301

Grupo dos Onze, 92, 346

Grupo Estado, 125, 130, 131, 132

Grupo Tortura Nunca Mais, 307

Guaranys, major, 108

Guatemala, 139, 198

Guedes, Beto, 235

Gueilburt, Matías, 191

Guerra de guerrilhas ("Che" Guevara), 64, 68, 227

Guerra de guerrilhas no Brasil (Portela), 33n, 125n, 137n, 211n, 338n

Guerra do Paraguai (1864-1870), 161

Guerra do povo (Vo Giap), 68, 252

Guerra do Vietnã, 39, 41, 42, 46-47, 141, 149, 159, 196-197, 287

Guerra Fria, 52, 57, 63, 86, 88, 149, 160, 216

Guerra irregular (Visacro), 289n

Guerra popular: caminho da luta armada no Brasil (PCdoB), 59, 253

Guerra Popular Prolongada (GPP), 46, 47, 55, 67, 70, 96, 184, 194, 239, 251, 252, 284, 302

Guerrilha do Araguaia, A (Dória), 11n, 34n, 258n, 321, 326

Guerrilha vista por dentro, A (Burchett), 207

Guimarães, Sebastião Genoino, 240

Guimarães, Ulysses, 288

Gustavo, membro da Cosec, 179

Haas Sobrinho, João Carlos ("dr. Juca"), 308, 318, 344, 348-350, 371-373, 376-377, 378, 459, 470, 494

Haiti, 219

Hamilton, Duda, 154, 155

Hanói, 196, 197

Havana, 74, 189, 192-194, 216

Hercules 56, documentário, 95n, 96, 245n

Herzog, Vladimir ("Vlado"), 171, 272, 273

"História Imediata", coleção, 326

Historias do rio Negro, documentário, 120

History Channel, 191

Ho Chi Minh, 252

Hospital Sírio-Libanês, 278

Hospital Souza Aguiar, 99

Hoxha, Enver, 342

ianomâmi, índios, 67

Ibiúna, São Paulo, 94, 163, 176, 241, 244-246 247, 248, 267, 273, 343, 463, 467, 474

IBM, 243, 244

"(I can't get no) Satisfaction" (Rolling Stones), 177

I-Ching (*Livro das transmutações*), 197

"I wanna hold your hand" (Beatles), 177

Igreja católica, 81, 97, 143, 178, 187, 239, 248, 346, 452

III Exercito na crise da renúncia de Jânio, O (Lopes), 155n

Ilha das Flores, Rio de Janeiro, 99, 488

Ilha de Paquetá, Rio de Janeiro, 308

Ilha Grande, Rio de Janeiro, 98-99, 129 248, 495

Ilhabela, São Paulo, 78

Ilusões armadas, As (Gaspari), 79, 132n, 158, 165
A ditadura envergonhada (vol. 1), 79n, 160n
A ditadura escancarada (vol.2), 79n
Imagens da revolução (Reis Filho), 94
Imperatriz (MA), 231, 250, 349, 351, 355, 377, 395, 434, 457, 461
Indochina, 54
Indochina, filme, 196n
Instituto Brasileiro de Geografia e Estatística (IBGE), 22
Instituto Nacional de Colonização e Reforma Agrária (Incra), 38, 67, 224, 296, 298, 378, 380, 421, 423, 434
Internacional Comunista, 249, 261
Ipavu, lagoa, 21-22
Isa, Semi, 247
IstoÉ!, 323
Itacaiúnas, rio, 323
Itália, 72, 186, 217-218, 258

Jango, documentário, 58n, 157, 158n
Japão, 66, 196, 197, 252, 337n
Jardim, general Darcy, 192
Jatene, Fábio, 278
Jefferson, Roberto, 277
Jequié (BA), 103-4
João Amazonas *ver* Pedroso, João Amazonas de Souza ("Velho Cid")
"João do Buraco", 483, 484
João Mateiro *ver* Pereira, João ("Jonas")
João Paulo II, papa, 177
Jobim, Nelson, 288
Johnson, Lyndon, 66, 159-160
Jones, Stuart Angel, 86
Jornal da Tarde, 130, 131, 133-134, 322
Jornal do Brasil, 74, 130, 160n, 172
Jornal dos Sports, 142
Jornal Nacional, 322, 331
José, Emiliano, 74, 75
Jovem Guarda, 71
Juiz de Fora, Minas Gerais, 12, 157

Julião, Francisco, 51, 63, 248, 283
Julinho da Adelaide *ver* Buarque de Holanda, Chico
Júlio César, 196
Jung, Roberto Rossi, 190n
Júnior, Henrique Gonzaga, 135-136
Justiça Militar, 144, 166, 242, 247, 258, 271, 338, 488, 489
Juventude Agrária Católica (JAC), 240
Juventude Estudantil Católica (JEC), 240, 241
Juventude Operária Católica (JOC), 346

kamaiurás, índios, 110, 112, 115
Kanayama, Suely Yumiko ("Chica"), 137, 167, 259, 260, 272, 337-339, 388,390, 391, 487
Kardiwiski, Luiz, 215
karibe, índios, 114
Kasato Maru, vapor, 337
Kayano, Rioco, 101, 272-273, 274, 276, 278, 279-280, 331-335, 339, 344, 472, 473, 483, 487
Kennedy, Jacqueline, 159n
Kennedy, John F., 55, 66, 159, 193
Kennedy, Robert, 194
Kinjô, Celso, 111
"Knockin' on heaven's door" (Dylan), 177
kren-a-karore, índios, 113
Kruchev, Nikita, 58, 62, 63, 65, 66, 193-194
kuicurus, índios, 110, 112

La Higuera, Bolívia, 75-76, 190
La Nación, 190
Lafer de Jesus, Paulo Orlando ("Polé"), 325
Lamarca, Carlos, 176, 242, 273
Lampião *ver* Silva, Virgulino Ferreira da
Lanata, Jorge, 191
Laos, 149
Le Monde, 84
Lei da Anistia (1979), 100, 126-127, 156, 179, 189, 213n, 248, 275, 342, 460, 475
Lei da selva, A (Studart), 30n, 257n, 296n, 311, 316n, 319n, 492

Lei de Imprensa, 132n
Lei de Segurança Nacional (LSN), 126, 129, 166, 175, 242, 248, 271, 279, 464, 467
Leme, Alexandre Vannucchi, 271
Lengruber, Rogério ("Bagulhão"), 129
Lenin, Vladimir, 39, 197, 204
Lennon, John, 177
Levi, David Salomão, 5
Levi, morador do Araguaia, 485
Lewis, Clive Staples, 111
Ligas Camponesas, 51, 52, 61, 63, 164, 248, 283
Lima, Antônio Alfredo ("Alfredo"), 314, 315-316, 384-385, 462, 494
Lima, Manuel Leal ("Vanu"), 474, 482, 496
Lima, Marcos José de ("Ari do A"), 478-479
Lima, Tito de Alencar ("Frei Tito"), 241-243
Lima, William da Silva ("Professor"), 129
Lima Sobrinho, Barbosa, 173
Lins e Silva, Evandro, 176
Lisboa, Marco Aurélio de Freitas, 485
"Lista oficial de mortos sob a ditadura pode ser ampliada" (Ferraz), 214n
Lopes, Adérito, 77n
Lopes, Frederico, 482
Lopes, general José Machado, 155
Lott, general Henrique Teixeira, 359
Lourine, sargento, 123, 125, 138, 295
Luchinni, Marco Antônio ver Moura, Sebastião Rodrigues de
Lula da Silva, Luiz Inácio, 51, 53, 81, 84, 100, 151-152, 200, 255, 275, 277-278, 281, 288, 300, 473
Lund, Guilherme Gomes ("Luís"), 307, 378, 473
Lusíadas, Os (Camões), 130

Macedo, Roberto, 297
Maciel, Antônio Vicente Mendes ver Antônio Conselheiro
Maciel, capitão Lício Augusto ("dr. Asdrúbal"), 56, 57, 314-317, 486-487
Maciel, Jair ("Zezinho"), 482

Maciel, Marco, 299
Madeira—Mamoré, ferrovia, 120
Magalhães Pinto, governador José de, 158
Magalhães, Hélio Luís Navarro de ("Edinho"), 392-393, 479
Magalhães, Mário, 78
Magalhães, Zélia, 443
Magno, Carlos, 133
"major Curió" ver Moura, Sebastião Rodrigues de
Malhães, coronel Paulo, 173
Malhães, Cristina, 173
Manaus (AM), 37, 191, 219
Manchete, 110, 111, 323, 472, 485
Manifesto comunista (Marx e Engels), 52
"Manifesto de agosto de 1950", 283n, 439 456
Mano Ferreira, fazenda, 368, 377, 390
Manual do guerrilheiro urbano (Marighella), 76-77
"Manuelzinho das Duas", 120
Mao Tse-tung, 46, 47, 58, 62, 66, 89, 153, 197, 251, 253, 345, 495
Marabá (PA), 24, 31, 33, 35, 105, 187, 213, 232, 250, 272, 297, 311, 316, 323, 324, 332-334, 358, 367-368, 377, 395, 398, 407, 409, 411, 422, 434, 459, 469, 471, 472, 473, 485, 489, 493, 494
Maranhão 66, documentário, 290
Maranhão, 35, 36, 119, 169, 231, 263, 285, 289, 307, 341, 345, 349, 351, 353, 355, 365, 367, 395, 396, 406, 424, 432, 457-458, 459, 461, 462, 495
Maria Bonita, 70
Maria, Gilberto Olímpio ("Pedro"), 209, 306-307, 378, 463, 469
Marighella, Carlos, 73-78, 89, 190, 193, 238, 241-242, 273, 420
Marighella: o guerrilheiro que incendiou o mundo (Magalhães), 78
Marinho, José Roberto, 146
Marinho, Manoel Pereira, 492
Marinho, Roberto, 145, 146, 157

Markun, Paulo, 154, 155
Marques, Paulo Roberto Pereira ("Amauri"), 374, 380, 391, 464, 472
Marra, delegado Carlos Teixeira, 168, 262-267, 470
Martins, Franklin, 200, 267
Martins, Lúcia Regina de Souza ("Regina"), 30, 128, 214, 460, 466, 475-476
Martins, Walter, 59
Martírios, serra dos, 119, 226, 301; ver também Andorinhas, serra das
Marx, Karl, 52
"Massacre da Lapa", 183, 342, 356, 461
Massacre da Lapa, O (Pomar), 188n, 206
Mato Grosso, 21, 33, 107, 190, 349, 406, 409, 463
Mauricio Grabois (Bertolino), 59n, 63, 310
Mavutsinim, índios, 21, 113
McNamara, Robert, 196
Mearim (MA), 289
"Medalha do Pacificador", 171
Medeiros, Maria Nazaré, 492
Médici, Emílio Garrastazu, 80-81, 173, 218, 232, 358
Meirelles, Domingos, 50n, 155n
Mekong, rio, 47
"Memorial da Liberdade", 271
Memorial dos Palmares (Alves Filho), 70n
Memórias (Bezerra), 243n
Memorias: a verdade de um revolucionário (Mourão), 158n
Memorias póstumas de Brás Cubas (Assis), 84
Mendes, Chico, 23
Mensalão, 277-280, 331, 473
Mesquita, família, 131-133
Mesquita, Ruy, 131-132, 135
México, 72, 96, 195, 200, 417
Miami (EUA), 57, 159
"Michelle" (Beatles), 177
Milhomem, Pedro Souza, 492
Ministério do silêncio (Figueiredo), 220
Miranda, Renan, 72

Miranda, Theócrito Rodrigues de, 127, 144, 146
Mitre, Fernando, 130-132, 133-134
Mobral (Movimento Brasileiro de Alfabetização), 150
Moçambique, 65
Molina Dias, coronel Júlio Miguel, 87
Momente, Orlando ("Landim"), 392, 484-485
Monnerat, Elza de Lima ("Dona Maria", "a Velha"), 30, 101, 183, 188-189, 203, 204, 208, 214, 240, 249, 258, 272, 305, 332, 333, 342, 355-356, 460, 466, 476, 483, 485
Montanha, coronel Cézar, 159
Monteiro Lobato, José Bento Renato, 111, 345
Monteiro, Dagmar, 161
Monteiro, Walter da Silva ("capitão Walter"), 183, 184
Montoneros, Argentina, 198
Moraes Neto, Geneton, 160
Moraes Netto, Manoel, 246
Morais, Fernando, 337n
Morais, sargento, 105, 123, 124-25, 215, 295, 328
Morais, Taís, 35, 37, 106, 165, 166, 213n, 220
Morato, Estela Borges, 77
Moscou, 46, 59, 60, 64, 74, 193, 216
Mossoró (RN), 309
Moura, Joaquim de Sousa, 478
Moura, Sebastião Rodrigues de ("doutor Luchinni", "major Curió"), 13, 38, 56, 104, 211, 232, 259, 316, 338n, 469, 487
Mourão Filho, general Olímpio, 12, 157-158
Movimento, 317n
Movimento de Esquerda Revolucionária (MIR), Chile, 198
Movimento de Libertação do Povo (MLP), 49, 101, 164, 188, 253, 261, 395-398, 405, 413, 414
Movimento de Libertação Popular (Molipo), 36, 49, 289

Movimento de Resistência Militar Nacionalista (MRMN), 156

Movimento Democrático Brasileiro (MDB), 74, 275

Movimento dos Trabalhadores Sem Terra (MST), 82

Movimento Nacionalista Revolucionário (MNR), 92, 132, 152, 162, 164, 189-190, 346

Movimento Revolucionário 26 de Julho (MR-26), 76, 194, 227

Movimento Revolucionário 8 de Outubro (MR-8), 86, 193, 199, 200, 215, 418

"Mulheres do Araguaia", 318

Mulheres na vida do Che Guevera, As (Jung), 190n

Munduru, sítio, Ibiúna, 245

Muro de Berlim, 149

Museu de Arte Moderna, 142

Mussolini, Benito, 154

Não há silêncio que não termine (Betancourt), 227n

Napoleão Bonaparte, 196, 197

Nara Leão, 177

Nascimento, Milton, 69, 73, 150

Nazareth, Helenira Resende de Souza ("Fátima"), 259, 373-374, 376, 378, 479-480, 487

Nélio, tenente *ver* Resende, tenente Nélio da Mata

Neto, Agostinho, 66

New York Times, The, 49, 136

Newton, Isaac, 147

Ngo Diem, 66

Nobre, Maria Laiz, 240, 249

Noites das grandes fogueiras, As (Meirelles), 50n, 155n

Nome da morte, O (Cavalcanti), 263n, 265

Nossa, Leonêncio, 167, 338n

Notícia, A, 128

Nova Democracia, A, 282-283

Nova Xavantina (MA), 33

Novos Baianos, 128

Novos Rumos, 59-60

Núcleo de Preparação de Oficiais da Reserva (NPOR), 186, 294

Nunes, Alacid, 323

Nunes, João Peres, 472

Nunes, Lázaro Peres, 472

Nurchis, Manuel José ("Gil"), 290, 371, 376-377, 480

Nutels, Noel, 111, 115

Odílio Cruz Rosa, centro de treinamento, 300

Oest, Lincoln Cordeiro, 59-60

Olho por olho (Figueiredo), 77n, 175, 220

Olinto, capitão, 168

Oliveira, Ciro Flávio Salazar de ("Flávio"), 472

Oliveira, Diógenes José Carvalho de ("Leonardo", "Pedro Luiz"), 134

Oliveira, Domingos de, 178

Oliveira, José de, 485

Oliveira, José Toledo de ("Vitor"), 367, 371, 375, 376, 377, 488

Oliveira, Pedro Matias de ("Pedro Carretel"), 464

Oliveira e Silva, José Dirceu de (José Dirceu), 83, 95-96, 244-247, 278

Oliveira Filho, Pedro Alexandrino de ("Peri"), 381, 390, 391, 470

"Operação Araguaia", 185, 216, 219, 220, 294

Operação Araguaia (Morais e Silva), 35n, 106n, 165, 213n, 296, 343

Operação Bandeirantes (Oban), 270-271, 272

"Operação Brother Sam", 57, 58, 159, 160n

Operação Carajás, 35, 349

"Operação Marajoara", 232, 304, 306, 310

"Operação Papagaio", 225

"Operação Presença", 223

"Operação Sucuri", 25, 229, 311, 457

"Operações Aciso", 135, 373, 421, 423, 434

Ordem dos Advogados do Brasil (OAB), 98, 99, 100, 215

Organização das Nações Unidas (ONU), 66, 442

Organização dos Estados Americanos (OEA), 63

Organização Latino-americana de Solidariedade (Olas), 74, 192, 194

Organização Revolucionária Marxista Política Operária (Polop), 178

Osasco (SP), 81, 149, 282

Osório, Jefferson Cardim de Alencar, 190

Paciente, ajude o seu médico, 247

Pacto de Varsóvia, 149

Pais & Filhos, 129

Paiva, Rubens, 80-81, 87, 172, 173

Palácio de La Moneda, Chile, 154

Palácio Monroe, 141

Palácio Piratini, 154, 155

Palestina do Pará (PA), 33, 368, 369, 374-375, 378, 381, 383, 384, 389, 464

Palmeira, Vladimir, 96, 244, 246

Paquistão, 348, 495

Paraíba do Sul, rio, 157

Paraná, 51, 61, 283

Paraná, Denise, 240n, 243, 250-251

Paranapanema, rio, 51, 283

PARA-SAR, 108

Parque Indígena do Xingu, 21, 107-109, 111, 114-116, 226, 227, 285, 313, 352, 361

"Partidão" *ver* Partido Comunista Brasileiro (PCB)

Partido Comunista Boliviano, 199

Partido Comunista Brasileiro (PCB), 37, 58-63, 74, 76, 81, 84, 145, 158, 176, 192, 193, 199, 244, 253, 282, 283, 346, 439-456, 460, 461, 484, 488

Partido Comunista Brasileiro Revolucionário (PCBR), 193

Partido Comunista do Brasil (PCdoB), 24, 29, 30, 36, 37, 40-49, 51, 55-56, 58-65, 69, 76, 92, 101, 104, 118, 137, 138, 143, 163-167, 169-171, 177, 182-184, 186, 187, 189-194, 201, 203-207, 209, 211, 213n,

214-216, 220, 225-227, 228-230, 232, 238-239, 250-251, 253-256, 258, 261, 266, 269-272, 274-275, 282-290, 294-295, 302-305, 308, 310, 312-318, 320, 325, 327-328, 334, 338, 343-345, 346-351, 357, 405, 419-438, 457, 458, 459, 460-490, 494-496

Partido da Social Democracia Brasileira (PSDB), 52, 53, 84

Partido do Movimento Democrático Brasileiro (PMDB), 69, 100

Partido do Trabalho da Albânia, 342

Partido dos Trabalhadores (PT), 52-54, 81, 84, 97, 255, 274, 276-279, 281, 288, 473

Partido Progressista (PP), 27

Partido Revolucionário Tiradentes (PRT), 248

Partido Socialista Brasileiro (PSB), 59

Partido Trabalhista Brasileiro (PTB), 59, 80, 277

Partido Verde (PV), 179

Passarinho, coronel Jarbas Gonçalves, 150, 151, 317

Patrício, José Maurílio ("Manuel do B", "Mané"), 388-390, 391, 483

Paulino, Lourival Moura, 40, 470-471

PC cubano, 76

PCdoB conta a sua historia, O (Sales), 205n

Pedro Paulo, tenente, 296

Pedroso, João Amazonas de Souza ("Velho Cid"), 30, 58-59, 62, 64, 67, 187-188, 189, 192, 204, 208, 237-239, 255-256, 264, 275, 317, 342, 350, 352, 460-461

Pelotão de Investigações Criminais (PIC), 268, 270, 272, 344, 472, 478

Penha, Emerson, 260

Penitenciária da Papuda, 279, 331

Pentágono, 55, 57, 159

Pequim, 65, 216, 252, 345, 348

Pereira, Antônio, 57

Pereira, Demerval da Silva ("João"), 385

Pereira, João ("Jonas"), 57, 164, 165, 167, 386, 389

Pereira, Raimundo Rodrigues, 322
Pereira Júnior, Tobias ("Josias"), 369, 370, 390, 488-489
Peri, morador da região, 372
Perimetral Norte, rodovia, 34, 67, 100
Peru, 139, 198
Petit, Laura, 209
Petit da Silva, Jaime, 209, 388, 467
Petit da Silva, Lúcio ("Beto"), 209, 214, 381, 466, 475
Petit da Silva, Maria Lúcia ("Maria"), 209, 370, 466-467
"Petróleo é nosso, O", campanha, 164
Philosophiae naturalis principia mathematica (Principios matemáticos da filosofia natural) (Newton), 147
Pinheiro, general Álvaro de Sousa, 138, 139, 233, 329, 469
Pinochet, general Augusto, 154
Pinto, Antônio Ferreira ("Antônio Alfaiate"), 465-466
Plano de Integração Nacional, 67
"Poeminha do contra" (Quintana), 278
Polícia do Exército, 39, 98, 268
Polícia Livre, site, 165n
Pomar, Pedro Estevam da Rocha, 30, 46, 59-60, 182-183, 188n, 205-206, 210, 238, 255, 356, 399-404
Pomar, Wladimir, 183, 458-459
Pontifícia Universidade Católica (PUC), 95, 128, 295, 328, 480
Porecatu, região de, 283
Portela, Fernando, 33n, 125, 130, 136-137, 177
Porto Alegre, 87, 152, 154-156, 327, 473
Porto da Faveira, 305
Porto Franco (MA), 263, 395, 457
Portugal, 65, 179
Posto Diauarum, 112, 115, 117
Posto Leonardo Villas-Bôas, 110, 111, 112
Povo na TV, O, 277
Prata, Mário, 85n
Prêmio Esso de Reportagem, 322

Presídio Cândido Mendes, ("Caldeirão do Diabo"), 129
Presídio Tiradentes, São Paulo, 98, 242, 248
Prestes, Luís Carlos, 59, 126
Primavera de Praga, 149
Primeira Guerra Mundial (1914-1918), 207
Primeira metade da minha vida, A (Puyi), 252n
Príncipe da privataria, O (Dória), 11n
Priori, Ângelo, 283
"Programa dos 27 Pontos", 49-50, 188, 405-414
"Projeto Orvil", 134n, 175
Projeto Rondon, 150
Puyi, Aisin-Gioro, 252

Quadros, presidente Jânio, 61, 88, 152-154, 277, 346, 359
Quatrocentos contra um (Lima), 129n
Que fazer? (Lenin), 204
"Quero que vá tudo pro inferno" (Roberto Carlos), 177
Quilombo dos Palmares, 69-70
Quintana, Mário, 278

Rádio da Legalidade, 152
Rádio Globo, 156
Rádio Guaíba, 152
Rádio Moscou, 254
Rádio Pequim, China, 254, 395
Rádio Tirana, Albânia, 224, 254, 281, 295
Ramalho Júnior, Amâncio, 5, 68
Realidade, 115, 148n, 322, 325
Recife (PE), 37, 58, 99, 243, 250, 357, 441, 475
Rede Bandeirantes, 115, 130-131
Rego, subtenente João Pedro do ("J. Peter"), 317
Reinações de Narizinho (Monteiro Lobato), 111
Reis Filho, Daniel Aarão, 94
"Relatório Arroyo", 228, 269-270, 341n, 365-393, 399, 466, 477, 478, 479, 483, 487, 488

Repressão e direito à resistência, 344, 347-348

República Camponesa do Norte de Goiás, 346

Resende, Sérgio, 86n

Resende, tenente Nélio da Mata, 105, 118, 123, 125, 137-138, 294-295

Resistência Armada Nacionalista (RAN), 92, 156

Resistencia, jornal clandestino, 179

Revolta popular de Porecatu, A (Priori), 283n

Revolução Chinesa, 46, 195

Revolução Constitucionalista, 155

Revolução Cubana, 64, 194, 275

Revolução de 1930, 51, 164

Revolução dos Cravos, Portugal, 65-66

Revolução Francesa, 275

Revolução Mexicana, 69

Revolução na revolução? (Debray), 68

Revoluções Russa, 195, 275

Rialland, padre Humberto, 33, 169, 485

Ribas, Antônio Guilherme Ribeiro ("Ferreira"), 244-245, 371, 389, 391, 462-463

Ribeiro, Darcy, 21

Ribeiro, Luzia Reis ("Baianinha"), 370, 372, 489-490

Ribeiro, Maria Augusta Carneiro, 245-246

Ribeiro, Sinésio Martins, 489

Ricardo, Newton, 111, 112

Riff, Raul, 157

Rio de Janeiro, 25, 36, 39, 57, 60, 64, 72-73, 80-83, 86-87, 92-93, 95-97, 99, 109, 141, 144, 148, 152, 156-161, 171, 178-179, 182, 189-190, 199, 233, 241-242, 244, 248, 269, 305, 308, 357, 359, 415, 472, 488

Roberto Carlos, 177, 224, 348

"Roberto Carlos", integrante do PCdoB, 348

Rocha, Glauber, 290

Rodrigues, Jair, 177

Rodrigues, Paulo Mendes ("Paulo"), 136, 137, 165, 169, 261, 307, 352-353, 367, 489

Rodrigues, Sílvio, 28-29

Rohmann, Friederich, 78

Rolling Stones, 177

Rosa, Adolfo da Cruz, 293, 486

Rosa, cabo Odílio Cruz, 105, 123-125, 137, 139, 191, 215, 293-300, 486

Rosa, Guimarães, 33

Rosário, ministra Maria do, 299-300

Rossi, Miguel, 443

Rousseff, Dilma, 53, 99-100, 151, 214, 271, 277, 299

Sá, Glênio Fernandes de ("Glênio"), 270, 372, 375, 377, 473

Sá, Jair Ferreira de, 94

Sacerdote e o feiticeiro, O (Gaspari), 79

    A ditadura derrotada (vol. 3), 79

    A ditadura encurralada (vol.4), 79n

Saigon, Vietnã, 196, 207

Sales, Jean Rodrigues, 205n

Salmito, padre, 240, 241

Salvador (BA), 12, 128, 166, 250, 469, 480

Sander, Pedro ("Pedro Onça"), 494

Santa Catarina, 162

Santa Clara, 288

Santa Cruz (PA), 106-107, 137, 368, 374-375, 377, 384, 396

Santa Isabel, cachoeira de, 187, 258, 351, 377

Santa Sé, Roma, 242

Santana, Júlio (Julão), 263-266, 268, 471

Santarém (PA), 44

Santiago do Chile, 154, 242

Santos, Antônio Borges dos, 493

Santos, Clóvis Ribeiro dos, 492

Santos, Joaquim de Oliveira dos, 492

Santos, José Ramiro dos, 99

Santos, Luís dos, 471

Santos, Miguel Pereira dos ("Cazuza"), 370, 375, 377, 494

Santos, Osmar Pereira ("Osmar"), 165, 169, 372, 375, 381

São Domingos da Prata (MG), 225

São Domingos das Latas *ver* São Domingos do Araguaia

São Domingos do Araguaia (PA), 308, 365, 367, 377, 381, 384, 385, 472, 493

São Félix, 34

São Geraldo do Araguaia (PA), 32, 187, 302, 311, 349, 365, 367, 368, 370, 371, 376, 377, 378, 383, 384

São Paulo, 30-31, 35-36, 50, 56, 72, 74, 76, 78, 94-98, 111, 132, 137, 149, 155, 163-164, 169, 174-176, 182, 188, 190, 193, 209, 211, 213, 231, 242, 244, 250, 269, 270-274, 276, 278, 289, 309, 321-322, 325, 332-335, 337-338, 342-344, 347-351, 355, 365, 377, 399, 434, 458, 461-463, 466, 476, 480, 484, 490, 494, 496

São Sebastião, serra de, 245

Saraiva Neto, Custódio ("Lauro"), 487

Sarney, José, 175

Sautchuk, Jaime, 325

Scope, 110

Segredo de Estado: o desaparecimento de Rubens Paiva (Tércio), 80-81, 172

Segunda Guerra Mundial, 36, 55, 66, 142, 184, 186, 196, 216, 217, 252, 337n

Sérgio, chefe do posto da funai, 115

Serra Pelada, 38-39, 209

Serra, general Gilberto, 299

Sertões, Os (Cunha), 69n

Serviço Nacional de Informações (SNI), 152

Severo, José Antônio, 50n, 185, 212-213, 216-217

"Shadow of your smile, The" (Bennett), 77

"She loves you" (Beatles), 177

Shibata, Harry, 171

Sierra Maestra, Cuba, 76, 189, 289

Silva, Eumano, 35, 37, 106, 165, 166, 213n, 220

Silva, Hélio, 158n

Silva, João Bispo Ferreira da *ver* Castiglia, Libero Giancarlo

Silva, José Machado da, 492-493

Silva, Kleber Lemos da ("Carlito"), 290, 371, 477

Silva, Lyda Monteiro da, 99-100

Silva, Maria da Conceição, 191-192

Silva, Marina, 23

Silva, Mário Abrahim da, 191-192

Silva, Pedro Ferreira da ("Pedro Mineiro"), 165, 167-169, 257, 262-263, 381

Silva, Pedro Moraes da, 479

Silva, Sabino Alves da, 485

Silva, Sebastião Vieira, 471

Silva, Simão Pereira da, 493

Silva, Virgulino Ferreira da ("Lampião", "Rei do Cangaço"), 69, 210

Silveira e Silva, Luz Renê ("Duda"), 386, 392-393, 479

Simões, Domingos, 245

Simon, senador Pedro, 69

Sirkis, Alfredo, 178-179

Soares, Glaucio Ary Dillon, 359n

Sobel, rabino Henry, 175

Sobral (CE), 355

Sodré, Abreu, 249

Sol de primavera, 235

"Sol de primavera" (Guedes e Bastos), 235

Sorocaba (SP), 245, 246

Sounds of silence, The (Simon e Garfunkel), 177

Souto, estudante Edson Luís de Lima, 83, 141-143

Souza, Divino Ferreira de ("Nunes"), 314, 315, 347-349, 374, 384-385, 495-496

Souza, José Porfírio de ("Profiro"), 282, 346

Souza, Lúcia Maria de ("Sônia"), 259, 316-318, 380, 385-386, 486-487

Souza, Percival de, 78n

Souza, Rosalindo Cruz ("Mundico"), 30, 164-167, 370, 378, 380, 383, 430, 483-484

Souza, sargento Joaquim Arthur Lopes de ("Ivan"), 170-171, 232-233, 469

"Soy loco por ti, America" (Veloso), 83

Special Warfare (EUA), 42, 268

Stalin, Josef, 39, 58

Studart, Hugo, 29-30, 296-297, 311-319, 492

Sudeste Asiático, 55, 67, 68, 160, 196

Superior Tribunal Eleitoral, 142
Superior Tribunal Militar (STM), 98, 175
"Suplantando a Guerrilha" (Studart), 29
Supremo Tribunal Federal (STF), 100, 156, 176, 277-279, 290
suruís, índios, 32, 226, 301, 324-325

Tapajós, rio, 44, 321
Tavares, general Aurélio Lyra, 357
Tchecoslováquia, 149, 186
"Te doy una canción" (Rodrigues), 28
Teixeira, Antônio Carlos Monteiro ("Antônio da Dina"), 104, 375, 465, 469, 483
Teixeira, Dinalva da Conceição Oliveira ("Dina"), 103-6, 137, 139, 165, 167, 169-171, 182, 229, 232-233, 259, 375, 376, 378, 380, 391, 465, 469, 470, 471, 480-481, 484
Teixeira, Eduardo Monteiro, 332, 483
Tendler, Silvio, 58n, 157, 158n
Tércio, Jason, 80, 172
Teresina (PI), 355
Terrorismo Nunca Mais, site, 164
Tet – ofensiva geral vietnamita, 196
"Ticket to ride" (Beatles), 177
Tiro de Guerra de Anápolis (GO), 347
Tocantins, rio, 23, 36, 250, 289, 349, 351
Todas as mulheres do mundo, filme, 178
Toledo, Márcio Leite de, 174
Totti, Paulo, 145
Transamazônica, rodovia, 35, 37, 42, 67, 100, 210, 285, 300, 314, 315, 322, 333, 334, 366, 368, 377, 381, 394, 386, 388, 409, 460, 462, 468, 476, 479, 483
Tratado do Rio de Janeiro, 450, 455
Travassos, Luís, 83, 95, 244, 246-248
Tribuna da Imprensa, 100, 172
Tribunal Revolucionário, 166, 167, 484
Troiano, Rodolfo de Carvalho ("Mané", "Manoel do A"), 385, 494
Trombas e Formoso (Goiás), revolta, 51, 282, 346n
Tuatuari, rio, 110, 114

Tucunduva, Rubens Cardoso, 77-78
"Tudo que você podia ser" (Borges e Borges), 15, 69
Tupamaros, Uruguai, 198-199
TV Brasil, 152, 260
TV Cultura, 171, 282n
TV Globo, 67, 160, 177, 325, 468
TV Rio, 159
txucarramães, índios, 113

Ulianov, Vladimir Ilitch *ver* Lenin, Vladimir
Última batalha da Indochina, A, filme, 196n
Último imperador, O, filme, 252n
Últimos dias de Che na Bolívia, Os, filme, 190-191
"Últimos homens livres, Os", 110, 111
União dos Proletários de Belém, 238
União Metropolitana dos Estudantes (UME), 244
União Nacional dos Estudantes (UNE), 94, 178, 244, 248, 272; *ver também congressos específicos*
União pelas Liberdades e Direitos do Povo (ULDP), 188, 224, 378, 380, 403, 405, 420, 424
União Soviética, 39, 58, 62, 64, 149, 441, 447, 450, 456
Uniões Estaduais dos Estudantes (UEEs), 178
Universidade Candido Mendes, 166
Universidade de Praga, 186
Universidade de São Paulo (USP), 83, 101, 206, 246-247, 271-272, 338, 473, 475, 479, 486, 487
Universidade Estadual de Maringá, 283
Universidade Estadual Paulista Júlio de Mesquita Filho (Unesp), 205n, 206
Universidade Federal da Bahia, 103, 166
Universidade Federal do Ceará, 213, 243, 484
Universidade Federal do Rio de Janeiro, 307, 342

502

Universidade Paris I, 175
Universidade Presbiteriana Mackenzie, 247
"Upa neguinho" (Elis), 177
Uruguai, 93, 126, 139, 156, 198, 349

V Congresso da agremiação (PCB), 59
Valadão, Arildo Aírton ("Ari"), 167, 315, 370, 495
Valadão, Áurea Elisa Pereira ("Áurea"), 167, 370, 390-391, 495
Valente, Rubens, 220
Vandré, Geraldo, 82, 150
Vanguarda Armada Revolucionária Palmares (VAR-Palmares), 99, 128, 178, 193, 215
Vanguarda Popular Revolucionária (VPR), 134, 176, 178, 193, 207n, 215, 242, 245, 287
Vargas, Getúlio, 51, 52, 83, 88, 144, 153-154, 157, 159, 184, 238, 281, 443, 445
Vaticano, 33, 177, 242, 452
Vaz, sargento Araken, 162-163
Veja, 79n
Veloso, Antônio Araújo ("Sitônio", "Seu Antônio"), 467-468
Veloso, Caetano, 83, 150
Ventura, Zuenir, 84
Vergatti, Luiz, 347
Verissimo, Erico, 150
Vianna Moog, general Olavo, 185-186, 217-219, 224, 232, 258, 303
Vieira, Arlindo ("Piauí"), 232, 315, 324
Vieira, Arlindo ("Piauí"), 232, 324
Vietnã, 55, 66, 160, 207, 213, 251, 252-253, 268, 281, 284-285, 360

Vietnã, bordel, 260, 264
Vietnã, local de tortura, 310
Villas-Bôas, Cláudio, 112, 114, 117
Villas-Bôas, Leonardo, 114
Villas-Bôas, Orlando, 114
Vinhedo (SP), 244
Visacro, Alessandro, 289n
Visões do golpe (Castro, Soares e Araújo), 359
Vitória da Conquista (BA), 249, 480
Vo Nguyen Giap, general vietnamita, 47, 68, 89, 196-197, 252

Waladares, Valter, 282-283
Wayne, John, 219
Wisnesky, João Carlos Campos ("Paulo Paquetá"), 308-309, 318-319, 369, 481-482
Wright, reverendo Jaime, 175

Xambioá (Cabral), 184n
Xambioá, 11, 24, 40, 106, 135, 168, 187, 237, 259, 260, 262, 264-265, 267, 268, 308-311, 367-368, 395, 459, 467, 470, 476, 477, 478, 481, 484, 486, 490, 494
xavantes, índios, 33

"Yesterday" (Beatles), 177

Zanconato, Mário, 95
Zapata, Emiliano, 69
Zé Dirceu *ver* Oliveira e Silva, José Dirceu de
Zumbi dos Palmares, 70
Zuzu Agel, 86
Zuzu Angel, filme, 86n
Zwetsch, Valdir, 115

Este livro foi composto na tipologia Minion Pro
Regular, em corpo 11,5/16, e impresso em
papel off-white no Sistema Cameron da
Divisão Gráfica da Distribuidora Record.